L'ÉCOLE NORMALE

DES

INSTITUTEURS

DE

VESOUL

(Monographie)

PAR

M. VALLÉE, Directeur

VESOUL
IMPRIMERIE ET LIBRAIRIE LOUIS BON
—
1901

L'ÉCOLE NORMALE

DES

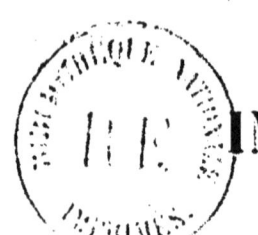INSTITUTEURS

DE

✸ VESOUL ✸

(Monographie)

PAR

M. VALLÉE, Directeur

———×———

VESOUL
IMPRIMERIE ET LIBRAIRIE LOUIS BON
—
1901

A Monsieur BUISSON

Professeur de pédagogie a la Sorbonne
Directeur honoraire de l'Enseignement primaire
au Ministère de l'Instruction publique

L'Auteur dédie ce modeste travail, en témoignage de la reconnaissance qu'il garde à son ancien chef, et de la profonde admiration qu'il professe pour un éminent pédagogue.

AVERTISSEMENT

Quand je fus appelé, en octobre 1883, à la direction de l'Ecole normale de Vesoul, je ne supposais guère que je la conserverais aussi longtemps. Mais à peine eus-je pris contact avec les excellents jeunes gens que sont les élèves-maitres de la Haute-Saône, que je me sentis saisi pour eux d'un vif attachement, que la manière dont ils répondirent à mes soins a de plus en plus fortifié. A mesure aussi que je connus mieux le glorieux passé de l'Ecole, qui a produit de nombreuses personnalités marquantes, je l'aimai davantage. Je conçus bientôt la pensée d'en écrire l'histoire. Sans les absorbantes occupations de la direction je n'aurais pas autant attendu. Il a fallu que l'Exposition universelle de 1900 fit demander aux directeurs et aux directrices, par M. le Ministre, les monographies de toutes les écoles normales, pour que je me misse à exécuter mon dessein, longtemps caressé, mais toujours retardé. Ce travail n'est pas une histoire à proprement parler; c'est une suite de monographies faisant connaitre l'Ecole dans le détail de ses différents services et aux différentes périodes de son existence. Tel qu'il est pourtant, son ensemble constitue bien au fond une histoire de l'Ecole.

J'ai voulu, à la fin de ma carrière, élever ce modeste monument de mes sentiments pour une maison où j'ai passé dix-huit laborieuses années, où j'ai goûté avec mes élèves des joies intenses qui m'ont aidé à supporter les souffrances d'un corps maladif et les peines morales dont aucune vie de fonctionnaire n'est exempte, où je laisserai le meilleur de mon âme en la quittant.

Comment avant de clore ces quelques lignes d'avertissement, ne remercierais-je pas du fond du cœur M. BUISSON de l'insigne honneur qu'il m'a fait en m'autorisant à lui dédier mon modeste travail? C'est sous l'égide de sa haute et bienveillante recommandation que je le présente au lecteur.

Après en avoir pris connaissance, M. BUISSON m'écrivit son appréciation en ces termes :

« *C'est une monographie du plus haut intérêt. Je n'en ai pas lu*
« *avec un soin suffisant tous les détails budgétaires et adminis-*
« *tratifs ; mais les parties pédagogiques et historiques m'ont*
« *captivé.*

. . . .

« *Il me semble que les âmes de l'établissement dont vous*
« *racontez l'histoire si attachante et si instructive, devraient*
« *obtenir du Conseil général l'impression de ce grand travail :*
« *il ferait honneur au Département, et tout le monde aurait*
« *quelque chose à y apprendre* ».

Encouragé par ce jugement flatteur d'un esprit si éminent, je me suis adressé au Conseil général, qui, dans sa séance du 17 avril 1901, après avoir eu le manuscrit à sa disposition, a, sur le rapport favorable de M. le Préfet, souscrit généreusement à la publication de la monographie.

A M. le Préfet et à la haute Assemblée j'exprime aussi toute ma reconnaissance, car c'est à cette souscription que l'ouvrage aura dû de voir le jour.

Vesoul, juin 1901.

J. VALLÉE.

L'ÉCOLE NORMALE D'INSTITUTEURS

DE VESOUL

I

CRÉATION

Il n'existe aucun document officiel qui nous renseigne sur les circonstances de la création de l'école normale d'instituteurs de Vesoul. Les procès-verbaux imprimés des délibérations du Conseil général ne remontent qu'à l'année 1837. Les autres ont disparu depuis longtemps dans la vente des vieux papiers déposés aux archives départementales.

Le *Recueil des actes administratifs de la Préfecture* de l'année 1834 contient le premier document authentique relatif à l'ouverture de l'Ecole. C'est une circulaire préfectorale aux maires, en date du 25 janvier 1834. Elle est signée de l'historien Amédée Thierry.

La circulaire rappelle d'abord l'article II de la loi du 28 juin 1833, aux termes duquel « *Tout département sera tenu d'entretenir une
« école normale primaire, soit par lui-même, soit en se réunissant
« à un ou plusieurs départements voisins* ».

« L'expérience, y est-il dit, démontre chaque jour plus haute-
« ment l'utilité des écoles normales destinées à former de bons
« instituteurs primaires.

« Dans tous les départements où l'administration est déjà par-
« venue à organiser un établissement de cette nature, l'instruction
« populaire fait de rapides et de véritables progrès. »

Après avoir ainsi justifié doublement, par la loi et par les résultats de l'expérience, la création du nouvel établissement, M. le Préfet continue :

« Pour faire jouir promptement des mêmes bienfaits les popu-
« lations de la Haute-Saône, le Conseil général avait mis à ma dispo-
« sition, dès le commencement de l'exercice 1833, les fonds néces-
« saires pour l'appropriation d'un local à Vesoul. Ces travaux
« d'appropriation viennent d'être terminés ; et au premier du mois
« de mai prochain, l'établissement sera en état de recevoir trente-
« six internes.

« Sur ces trente-six places, le Conseil général en a pris dix-huit
« à sa charge, en votant les fonds nécessaires pour dix-huit
« bourses départementales, qui seront ainsi divisées : neuf bourses
« entières et dix-huit demi-bourses. Il restera donc aux communes
« et aux particuliers, qui désireront prendre part à l'entretien et
« aux avantages de cet utile établissement un nombre pareil de
« neuf bourses entières et de dix-huit demi-bourses, c'est-à-dire
« trois bourses entières et six demi-bourses pour chaque arrondis-
« sement. »

Comme on le voit, le Conseil général, dont le Préfet ne fait ici qu'exécuter les décisions, a parfaitement compris qu'il ne suffisait pas de fonder une école, mais qu'il fallait lui assurer des recrues, en offrant les plus grandes facilités aux jeunes gens qu'il voulait y attirer. Non seulement il met à la charge du département la moitié des frais d'entretien des élèves par la création de dix-huit bourses pour trente-six places, mais il adresse formellement un appel aux communes et même aux particuliers. « Déjà, dit la circulaire, les
« villes importantes du département se sont empressées de réserver
« dans cette école des places pour ceux de leurs jeunes gens qui se
« destineraient à la carrière de l'enseignement. » Ce n'étaient pas en effet les brillants avantages offerts à leurs instituteurs par les communes, généralement peu importantes, du département, qui pouvaient solliciter les vocations. Il fallait un attrait plus immédiat : la possibilité de s'instruire gratuitement ou à peu de frais. L'espoir d'arriver à une situation en définitive très modeste ne venait qu'ensuite.

Aussi le Préfet insiste-t-il sur les services que peuvent rendre

les instituteurs formés à l'école normale, pour provoquer des sacrifices. « Je le disais tout à l'heure, Messieurs, ajoute-t-il, les écoles
« normales primaires ont déjà rendu les plus grands services aux
« départements qui les ont fondées. Elles procurent chaque année,
« aux communes qui en ont besoin, des instituteurs dûment pré-
« parés à leurs fonctions, pénétrés des devoirs de leur état, habi-
« tués à la pratique des meilleures méthodes, et doués, même pour
« des occupations étrangères à leurs attributions proprement dites,
« d'une aptitude que l'autorité administrative peut souvent mettre
« à profit.

« C'est là, Messieurs, une des causes les plus évidentes de la
« supériorité où s'élèvent ces départements en fait d'instruction,
« d'industrie commerciale ou manufacturière, de civilisation. Il est
« donc du plus grand intérêt pour le nôtre que l'entretien de son
« école normale soit assuré d'une manière stable, et que son
« entière organisation ne se fasse pas attendre. ».

Rien n'est donc négligé afin d'appeler l'attention sur l'utilité des écoles normales pour la vulgarisation de l'instruction. M. le Préfet craint même que cette unique considération ne pèse pas d'un poids suffisant ; aussi il montre discrètement déjà les jeunes gens qui en sortent en état de remplir les fonctions de secrétaire de mairie, et laisse deviner qu'ils pourront bien rendre des services aux particuliers ; enfin, comme argument de la fin il fait miroiter aux yeux de ses administrés la prospérité du pays comme une conséquence nécessaire et prochaine du fonctionnement de l'Ecole normale.

Cet appel fut entendu de quelques municipalités. Le budget prévu pour 1837, le premier dont conservent trace les registres de l'Ecole, fait état en recette d'une somme de 1,500 francs payée par les communes pour l'entretien d'élèves-maîtres boursiers. Comme le taux de la pension avait été fixé à 300 francs par le Conseil général, ainsi que le fait connaître la circulaire précitée, cette somme représente cinq bourses, probablement payées par cinq villes « importantes », selon l'expression de M. le Préfet. Rien ne nous révèle les noms de ces cinq villes.

La circulaire exprime l'espoir que « les personnes et les associa-
« tions charitables créeront des bourses dans cet établissement » ;
et que, comme le département est admis « à recevoir des fonda-

« tions, donations ou legs pour son école normale primaire », il pourra arriver que « les bourses deviennent un jour assez nom-
« breuses, non seulement pour couvrir toutes les dépenses, mais
« encore pour permettre de capitaliser les excédents de recettes, et
« donner ainsi à cette école les moyens de se soutenir avec ses
« propres ressources.

Hélas ! il s'en faut que cet espoir se soit réalisé. L'Ecole a dû bien vite se contenter des subventions pour bourses du département et de l'Etat, sans jamais recevoir ni dons ni legs. Sans doute pendant un certain nombre d'années ses excédents en fin d'exercice ont servi à acheter des rentes qui figurent au budget jusqu'en 1874. Mais les capitaux ainsi constitués servirent peu à peu à des améliorations aux locaux, au mobilier et au matériel d'enseignement.

Ensuite les lois des 16 juin 1881 et 19 juillet 1889, en faisant retomber les dépenses des écoles normales à la charge de l'Etat, ont mis fin par le fait à ces capitalisations d'excédents, qui auraient pu à la longue mettre les écoles normales en état de se suffire et leur assurer une existence plus stable.

Après avoir enfin annoncé qu'aucun élève n'entrera à l'Ecole normale primaire sans avoir subi un examen préalable qui « tom-
« bera sur les objets suivants : la lecture et l'écriture, les premières
« notions de la grammaire française et du calcul », et sans avoir justifié qu'il « possède en outre une connaissance suffisante de la
« religion qu'il professe », la circulaire ajoute que les bourses fondées par le département seront toujours données au concours, que les élèves-maîtres auront à fournir un trousseau dont elle énumère les parties, et elle se termine par une analyse assez détaillée de l'arrêté du 14 décembre 1832, relatif à l'organisation des écoles normales.

Peut-être lira-t-on avec intérêt la composition du trousseau, ainsi libellée :

« Un sac de toile pour serrer le linge sale,
« Quatre serre-tête ou bonnets de coton,
« Deux paires de draps,
« Une couverture,
« Une demi-douzaine de serviettes,
« Trois essuie-mains,

« Linge de corps pouvant suffire aux rechanges du jeudi
« et du dimanche,
« Habits ordinaires pour les jours non fériés,
« Chaussure convenable,
« Un couteau,
« Une cuiller et une fourchette en fer.

« Ces objets seront rendus à l'élève à sa sortie de l'établisse-
« ment. »

Cette énumération, autant par sa simplicité, sa brièveté que par le vague de quelques-uns de ses articles fera sûrement rêver plus d'un élève-maître de nos jours.

Parmi les dispositions rappelées du décret de 1832, il en est une qui mérite qu'on la cite.

« Les instituteurs primaires déjà en exercice pourront être admis
« dans le cours de l'année, et particulièrement pendant le temps
« où vaqueront les écoles primaires, à suivre comme externes les
« cours de l'Ecole normale, afin de se fortifier dans les connais-
« sances qu'ils possèdent ou d'apprendre à pratiquer les méthodes
« perfectionnées. »

S'il convenait en effet de préparer à leurs fonctions les jeunes gens qui voulaient se consacrer à l'enseignement populaire, il n'était pas moins expédient de songer aux maîtres malhabiles, faute d'un apprentissage professionnel, qui dirigeaient déjà des écoles. Les cours spéciaux, comme on les a appelés, fonctionnèrent donc bien vite à l'Ecole normale, et de nombreux maîtres n'hésitèrent pas pendant plusieurs années à profiter des facilités qu'elle leur offrait pour se rendre plus aptes à leur rôle.

C'est qu'en effet le département n'était dépourvu ni d'écoles ni d'instituteurs. Si aucun document officiel ne nous renseigne sur ce point, nous en trouvons l'affirmation dans « l'Annuaire historique « et statistique du département de la Haute-Saône » publié par N. D. Baulmont et L. Suchaux, qui paraissait régulièrement depuis plusieurs années. On y lit, en 1834, que les communes du département possèdent presque toutes une école primaire. On a pu remarquer d'ailleurs que la circulaire préfectorale relative à la création de l'Ecole normale ne déplore nullement l'absence d'écoles, mais

parle seulement de la nécessité de donner aux écoles des maîtres
« dûment préparés ».

Il y avait des écoles, car « les religieux de l'Institut de Marie »,
qui s'étaient établis en 1824 dans l'ancien château de Saint-Remy,
à 23 kilomètres au nord-ouest de Vesoul, et y avaient ouvert une
maison d'éducation, avaient, à côté de leur « pensionnat primaire »,
créé « une espèce de séminaire ou École normale pour former les
« jeunes instituteurs primaires aux vertus et aux connaissances
« propres à leur état, et en faire de bons maîtres d'école, pour les
« campagnes où ne peuvent s'établir les religieux voués à ce genre
« d'enseignement ». On emprunte cette citation à une notice sur la
« maison d'éducation de Saint-Remy, » insérée dans l'*Annuaire* de
1825, notice qui sort évidemment de la plume des religieux. La
notice contient deux pages sur lesquelles les deux premiers tiers
ont pour objet la section normale, preuve de l'importance que
l'Institut y attache. Malgré l'intérêt de tout le passage on se borne
à reproduire encore les extraits suivants bien caractéristiques :

« On reçoit, dit l'*Annuaire*, les jeunes gens, issus de parents
« honnêtes, qui jouissent d'une bonne réputation, et donnent des
« espérances réelles d'une piété distinguée et d'une capacité suffi-
« sante, et qui ont dessein de se vouer à l'enseignement primaire.

« On ne néglige rien, d'abord, pour leur inspirer les sentiments
« d'une véritable piété et le goût des choses du ciel, qui, seuls,
« peuvent donner l'énergie et le zèle nécessaires pour remplir
« dignement les importantes, mais pénibles fonctions d'instituteur
« primaire; ensuite, pour leur faire acquérir toutes les connais-
« sances désirables dans leur état.

« Des instructions fréquentes, des exercices de piété, des confé-
« rences familières en font de bons chrétiens et des maîtres reli-
« gieux.

« On leur enseigne : 1º la langue française; 2º l'écriture;
« 3º l'orthographe; 4º les éléments de géographie et d'histoire;
« 5º l'arithmétique; 6º le plain-chant; 7º la manière de tenir une
« classe, de maintenir la discipline, l'ordre intérieur et extérieur;
« 8º les moyens d'exciter l'émulation, d'exercer la surveillance en
« classe, en récréation, à l'église; 9º la civilité et généralement

« tout ce qui regarde une bonne éducation primaire, une éducation
« chrétienne et monarchique.

« Après un séjour assez prolongé et des connaissances suffi-
« santes, on pourra, dans les moments libres, les exercer dans
« quelques métiers compatibles avec leurs fonctions, pour leur
« fournir un moyen efficace d'éviter l'oisiveté, et de pourvoir plus
« facilement encore à leur subsistance.

« Le prix de la pension est de 25 francs par mois..... On paye
« d'avance par trimestre. On peut prendre des arrangements pour
« payer une partie en grains ou autres denrées. »

Si le programme est modeste, il répond bien aux besoins du temps. Une part sérieuse y est faite aux études professionnelles. Sans doute elle tient moins de place dans l'emploi du temps que la formule qui l'exprime dans l'énumération des objets d'étude. Le mot pédagogie pratique nous dirait cela plus clairement aujourd'hui, mais aurait-il eu même clarté pour les lecteurs de l'*Annuaire*? On en peut douter. L'apprentissage accessoire d'un métier par les futurs instituteurs préoccupe aussi les religieux. Seulement il ne s'agit pas ici d'exercices manuels propres à la culture des aptitudes corporelles, ce dont il n'y a pas lieu de s'étonner. C'est un souci qu'on n'avait guère, il y a soixante-quinze ans. Et si aujourd'hui l'Etat a inscrit dans ses programmes l'éducation physique, il s'en faut encore de beaucoup qu'elle reçoive dans toutes ses écoles la part de soins qui lui revient légitimement et réglementairement. En 1825, et longtemps après encore, — peut-on dire que beaucoup de ceux qui y envoient leurs enfants de notre temps pensent autrement? — on ne demandait à l'école populaire, surtout dans les villages, que de mettre les enfants en état de convenablement « lire, écrire et chiffrer » (selon les termes de la circulaire du 30 octobre 1854), pour qu'ils puissent faire eux-mêmes leurs petites affaires. A Saint-Remy, on voulait donc tout simplement munir les élèves-maîtres d'un métier manuel qui accrût les ressources très insuffisantes qu'ils tireraient de leurs écoles. Les Religieux montraient un sens très pratique en appropriant ainsi l'éducation des futurs maîtres aux conditions de temps et de milieu; de même aussi en accordant aux familles des jeunes gens la possibilité de se libérer du prix de pension « en grains ou autres denrées ».

Quant à l'esprit « chrétien et monarchique », s'ils insistent tant sur ce qu'ils font pour l'inculquer aux aspirants maîtres d'école, nous ne devons pas oublier que nous sommes en 1825, au début du règne de Charles X.

Que conclure de tout cela ? Qu'il y avait des écoles dans les campagnes, puisque la maison de Saint-Remy cherchait à se créer une clientèle parmi ceux qui se destinaient à les diriger.

Il y avait des écoles, et leur personnel enseignant pouvait se préparer à son rôle. Mais combien de maîtres passaient par Saint-Remy ? Combien possédaient les ressources que supposait un sacrifice de 25 francs par mois pour y séjourner ? Combien, y étant entrés, y demeuraient un temps assez long, pour un apprentissage sérieux ? Si on s'en rapporte au programme tracé à grands traits dans la notice précitée, on admettra volontiers qu'ils en sortaient suffisamment instruits et dressés à leur profession. Toutefois en y réfléchissant on se demande combien durait la préparation. La notice ne nous en dit rien. Or en établissant le taux de la pension par mois, les Religieux ne nous autorisent-ils pas à penser qu'ils n'avaient point organisé de cycle d'études et que, toujours pour se plier aux exigences des intéressés, ils les conduisaient en grande hâte au but, c'est-à-dire à l'obtention, assez facile du reste, d'un des trois brevets alors reconnus. Ils n'avaient d'autre objet, après tout, que d'exercer une industrie aussi productive que possible. Du moment que les intéressés supportaient seuls les charges de leur préparation, ils devaient fatalement l'abréger, d'autant plus que la position qu'ils recherchaient étant très modeste, ils sortaient eux-mêmes en général d'une origine très modeste. Leurs connaissances fort bornées et leur culture à peine ébauchée les condamnaient pour ainsi dire à n'être que des manouvriers d'enseignement. Qui, en définitive, en souffrait ? Le pays, dont les enfants apprenaient péniblement à lire, écrire et compter, sans recevoir des soins propres à leur ouvrir l'esprit. De même que la basse routine régnait dans les écoles, de même les populations devaient toujours continuer de vivre sur les vieilles traditions, sans aspirations ardentes vers le progrès, sans même le soupçonner.

Il fallait, pour que les écoles devinssent de vrais foyers de lumières, des maîtres solidement instruits, pénétrés de l'importance de leur mission, et aptes à s'en acquitter d'une manière intelligente.

Pour avoir de tels maîtres, non seulement on devait leur fournir des moyens d'instruction, mais on devait mettre ces moyens à la portée de leurs maigres ressources. C'est ce que faisait le Conseil général de la Haute-Saône en votant les crédits nécessaires à l'établissement d'une école normale au lendemain de la promulgation de la loi Guizot. A combien s'élèvent les sacrifices consentis par lui ? On ne saurait le dire, puisqu'il ne reste plus trace de ses délibérations dans les archives. Toutefois, en ce qui concerne le local, ils ne peuvent être bien élevés, puisqu'on prenait un immeuble départemental auquel on fit subir les modifications les plus indispensables. Trente ans après, un directeur, malgré les améliorations qui y avaient été successivement apportées, en trace un tableau si lamentable, qu'on se sent le cœur serré en pensant aux premiers élèves qu'il a accueillis. Et, après tout, s'y trouvaient-ils si mal ? Il existait encore à Vesoul, il y a une dizaine d'années, un des élèves de la première promotion. C'était un beau vieillard, bien conservé, arrivé à l'aisance, et sachant apprécier le bien-être dont il jouissait. Jamais on ne l'a entendu se plaindre du peu de confort qu'offrait à ses hôtes cette défectueuse installation. Un autre, plus jeune de deux ou trois ans, mort aujourd'hui dans le village même où il avait fait toute sa carrière comme instituteur, a voulu revoir il y a quelques années la maison où il avait reçu son initiation. Lui non plus il n'eut pas un mot amer contre elle, bien qu'il s'extasiât devant l'installation actuelle, moins étroite, moins incommode, il est vrai, mais combien imparfaite encore, eu égard aux exigences qu'ont fait naître les progrès de l'hygiène !

Seulement en 1834 on se contentait facilement, et les recrues, presque toutes d'origine rurale, que recevait la nouvelle École normale, y rencontraient des conditions matérielles moins mauvaises encore que celles de la maison paternelle.

Ce dont on ne saurait trop louer le Conseil général, c'est d'avoir mis à la disposition des jeunes gens qu'il appelait aux fonctions d'instituteur dix-huit bourses, dont neuf entières et neuf divisées en dix-huit demi-bourses. Comme le nombre des élèves devait être de trente-six, il ne restait que neuf places pour lesquelles il ne prévoyait aucune allocation. Du chef des bourses, il prenait à sa charge une somme annuelle de 5,400 francs.

Le 18 mars, un arrêté préfectoral décide que l'Ecole normale s'ouvrira le premier mai 1834, et reproduit sous forme d'articles les dispositions contenues dans la circulaire précitée du 25 janvier 1834, relativement au mode d'attribution des bourses, au concours d'admission, au trousseau, etc., etc.

Un arrêté rectoral du 31 mars, inséré dans le *Recueil des actes administratifs,* a fixé au 14 avril la date de l'examen d'entrée, qui sera fait par « la commission d'instruction primaire formée à Vesoul pour examiner les aspirants aux brevets de capacité. »

L'Ecole s'ouvrit donc le premier mai. Trente-trois élèves seulement y entrèrent ce même jour : neuf boursiers et quinze demi-boursiers du département, quatre boursiers des communes, quatre pensionnaires libres et un externe, d'après les renseignements fournis par le registre matricule. Trois demi-bourses départementales n'eurent donc pas de titulaires à cette date, ce dont on a lieu de s'étonner puisqu'il y a des pensionnaires libres.

Enfin, l'Etat ayant, à son tour, fondé deux bourses, une circulaire préfectorale annonça le 19 juillet que le 4 août suivant elles seraient données au concours. Les deux lauréats prirent place parmi les élèves-maîtres le 12 du même mois.

Sur les trente trois élèves entrés en 1834, dix-sept sortirent en septembre 1835. Les autres demeurèrent jusqu'en septembre 1836. Les premiers sortis étaient remplacés en octobre par une promotion de 22, que suivait en 1836 une promotion de treize. Ensuite les promotions comptent assez régulièrement de seize à dix-huit élèves pendant une quinzaine d'années.

II

LOCAUX ET DÉPENDANCES

C'est une dépendance d'un ancien couvent d'Ursulines qui sert de berceau à l'Ecole normale. Ce couvent, situé au centre de la ville, comprenait deux corps de bâtiments parfaitement reliés en deux points, mais bien distincts et séparés par trois courettes profondes de quelques mètres carrés chacune. Le couvent proprement dit, construction à un étage, formait autour d'une cour centrale un quadrilatère, isolé des rues environnantes par des habitations particulières et par ses propres dépendances. Celles-ci se composaient d'un grand et beau bâtiment de deux hauts étages, de la chapelle, en communication d'une part avec le couvent, d'autre part avec la rue, et d'une maison rattachée au tout. Cet ensemble de constructions à peu près de même importance que le couvent, s'élevait en bordure d'une rue en rampe si raide que le sol de la chapelle correspondait au premier étage, et que la maison lui faisant suite avait son rez-de-chaussée un étage plus haut encore.

Rien n'a été changé à cette disposition générale, ainsi qu'en font foi des plans conservés, l'un aux archives départementales, l'autre à la bibliothèque de la ville, et qui datent de près de deux siècles.

Les Ursulines étaient venues à Vesoul en 1615, au nombre de cinq, envoyées par leur maison de Dôle, pour tenir une école et un pensionnat, et fonder une nouvelle maison apte à s'agréger des recrues prises sur place. Elles occupèrent d'abord un local à bail. Ce ne fut que beaucoup plus tard, quand leur maison eut acquis sans doute assez d'importance et accru ses ressources, qu'elles construisirent leur couvent. Le quadrilatère intérieur date de 1680; il abritait les religieuses. En 1715 s'éleva la chapelle, avec tout le bâtiment extérieur dans lequel elle s'enclavait. Là, l'aumônier du couvent avait son appartement à l'étage supérieur. Au-dessous, dans des salles voûtées et superposées, était l'école pour les jeunes filles. A l'autre bout de la chapelle, on avait installé le pensionnat (1).

Les salles voûtées existent encore aujourd'hui. Celle du dessus fait premier étage à une de ses extrémités et rez-de-chaussée à l'autre. En insistant sur ces détails, on se propose de bien faire concevoir l'inégalité du sol sur lequel les Ursulines ont bâti. On y reviendra du reste.

Les Ursulines demeurèrent dans leur maison jusqu'à la dispersion des ordres religieux, en avril 1790. En 1793, on transforma en maison de détention pour hommes la partie destinée spécialement aux religieuses. Quant aux dépendances extérieures, il faut aller

(1) Renseignements puisés aux archives départementales.

jusqu'en 1810 pour savoir quelque peu ce qu'il en advint. Par un acte du 22 juin de cette année, la ville de Vesoul en acquit de l'Etat environ la moitié, celle qui servait d'école de jeunes filles. En vertu d'un décret du 9 avril 1811, le département devint propriétaire du reste, composé de la chapelle et de l'ancien pensionnat, où fut installée une sous-préfecture durant les années 1811 et 1812. Ensuite le bureau des mines remplaça la sous-préfecture.

Des travaux exécutés en 1816 et 1817 firent de la chapelle un théâtre, ce qu'elle est encore aujourd'hui.

Voilà tout ce que révèlent jusqu'en 1833 les documents conservés aux archives sur les bâtiments, dont la plus grande partie ont constitué morceau par morceau l'Ecole normale actuelle.

Une ordonnance royale du 21 septembre 1833 autorise le Préfet de la Haute-Saône et le Maire de Vesoul à échanger les deux portions que détiennent le département et la ville. Sans doute qu'à cette date déjà le Conseil général avait décidé la fondation de l'Ecole normale, qu'on ne pouvait songer à placer dans l'immeuble lui appartenant, tandis que celui de la ville se prêtait mieux à une semblable destination. Toujours est-il que l'acte d'échange eut lieu, sans soulte de part ni d'autre, le 25 février 1835, par devant Me Bailly, notaire à Vesoul, alors que l'Ecole normale fonctionnait depuis près de dix mois.

Cette pauvre Ecole ! elle étouffait dans un local exigu dont elle ne disposait même pas exclusivement. On lui soustrayait au rez-de-chaussée trois pièces, l'une à droite, deux à gauche de la porte d'entrée, la première pour la buanderie de la prison, les deux autres pour le bureau des mines. Il faudra de longues négociations pour que l'Ecole en obtienne la jouissance.

Notons enfin cette particularité, qu'on a pu deviner déjà, c'est que l'entrée extérieure est commune à l'Ecole, au bureau des mines et, chose plus étonnante, à la prison. Il en devait résulter plus d'un inconvénient qu'il est superflu d'indiquer. Les échos s'en retrouvent plus d'une fois dans le registre des délibérations de la Commission de surveillance jusqu'au jour assez éloigné où l'administration des mines vida les lieux. Quant à la prison, son transfert ne tarda pas à débarrasser l'Ecole de ce peu riant voisinage.

L'Ecole donc entassa littéralement ses services dans ce qui constituait autrefois l'école de filles dirigée par les Ursulines. Au rez-de-chaussée, que le sol montant de la rue transformait presque en cave, on plaça le réfectoire, l'office, et, s'enfonçant de plus en plus dans la terre, la cuisine. Au-dessus se trouvait la salle d'étude, suivie de l'unique salle de classe que possédât l'Ecole. On devait donc faire des leçons dans la salle d'étude, salle assez vaste et saine, mais dont les fenêtres, ouvrant sur deux rues en équerre, au coin de la place du marché quotidien du jardinage, permettaient aux bruits de la rue d'entrer et de troubler le travail solitaire des élèves ou les leçons des maîtres, sans parler d'autres inconvénients non moins graves.

A l'étage supérieur s'étendait le doctoir, et, jusqu'à la chapelle, l'appartement du directeur, composé de cinq pièces extrêmement exiguës et se commandant toutes. Il n'y avait de cheminée que dans l'une des chambres du directeur, et deux chambres seulement pouvaient recevoir un lit. Cela s'est prolongé trente ans, provoquant des plaintes fréquentes et justifiées, convenons-en.

A l'exception du réfectoire humide et sombre, en contre-bas de la rue qui le longeait, les pièces destinées aux élèves présentaient de suffisantes conditions de salubrité. Mais où se prenaient les récréations? La cour d'entrée, commune à la prison et au bureau des mines, ne convenait guère. Et d'ailleurs qu'y auraient fait les élèves? Sa surface libre n'atteignait pas celle de la salle d'étude, et le soleil n'y pénétrait jusqu'au sol, dans les plus grands jours, que sur moins de la moitié de sa longueur et durant quelques heures seulement du milieu de la journée. Une autre petite cour, de plain-pied avec la cuisine et le réfectoire, pouvait moins encore accueillir les élèves avec ses 40 mètres carrés de surface, les très hauts murs qui l'entouraient la faisant ressembler à un puits dont le fond n'a jamais vu un rayon de soleil. Heureusement que cette situation ne se prolongea pas plus de trois ans. Ce fut assez cependant pour qu'on éprouve une sincère compassion en faveur de ceux qui la subirent. On a déjà dit qu'ils n'en ont pas conservé un trop amer souvenir. Outre les raisons qui en ont été données, on ne doit pas oublier que l'institution était nouvelle et réalisait pour sa clientèle une grande amélioration sur le temps précédent. Que fallait-il de plus pour qu'on tint plus compte du bénéfice de l'hospitalité, généreuse en somme qu'on y trouvait, que des défectuosités qu'on ne sentait guère alors, ou dont, tout au moins, on souffrait moins vivement qu'aujourd'hui avec les habitudes de confort que l'hygiène a introduites dans les établissements d'éducation ?

On conçoit, d'après cela, que les efforts de l'administration de l'Ecole tendissent, dès sa création, à lui faire franchir les étroites limites qui l'enfermaient. Il fallut près de cinquante ans pour que, lambeau par lambeau, elle conquît tout l'espace qu'elle possède maintenant, et qui, sauf ce que la ville de Vesoul a obtenu par voie d'échange en vertu de l'ordonnance royale de 1833 (voir plus haut), comporte l'ensemble des constructions édifiées par les Ursulines.

Dès le 12 août 1838, en préparant le budget de 1839, la Commission de surveillance fait remarquer que « maintenant que les bâtiments de l'ancienne maison centrale de détention (1) restent vacants, on pourra y établir des écoles annexes ».

Le 2 février 1839, elle distribue les bâtiments concédés à l'Ecole entre les services à y installer, savoir : les écoles annexes et les « cours spéciaux », qui, ensuite « d'une appropriation incomplète et momentanée », y ont déjà fonctionné l'année précédente. Elle en affecte une moitié, la plus voisine de l'Ecole normale, aux cours spéciaux (salles « d'étude et de démonstration », réfectoire, cuisine, dortoirs et infirmerie) y réservant en outre une salle pour le laboratoire de chimie, une autre pour la bibliothèque et le cabinet de physique à l'usage exclusif des élèves-maîtres, et une salle pour les réunions de la Commission de surveillance. Aux écoles annexes, elle laisse le rez-de-chaussée de l'autre moitié, dont le premier étage, d'un côté, sera converti en salle d'examen « pour la commission d'instruction primaire établie à Vesoul », et de l'autre sera abandonné à la Société d'agriculture. Les cours spéciaux ont la même entrée que l'Ecole normale. La Société d'agriculture et les écoles annexes ont leur entrée commune sur la cour du théâtre, ancienne dépendance du couvent des Ursulines.

On donne au portier la pièce qui, à droite de la porte d'entrée, servait de buanderie à la prison. Pour lui assurer la jouissance de

---

(1) Ce sont les termes mêmes du procès-verbal de la délibération de la Commission. « Maison départementale de correction » eût été plus exact.

deux pièces, un plancher est pratiqué à mi-hauteur. Une trappe ménagée dans le plancher permet au pauvre homme de se hisser le soir avec une échelle mobile dans sa chambre (?) à coucher.

La dépense qu'entraînent ces appropriations s'élève à 18,788 fr. 24, entièrement supportée par le département. (Registre des délibérations de la Commission de surveillance).

Le 8 janvier 1842, sur la demande du Directeur, M. Olivier, la Commission se prononce pour la création dans l'Ecole d'un oratoire où, sans perte de temps en attentes prolongées au milieu des fidèles comme à l'église paroissiale, « les élèves pourront remplir une partie de leurs devoirs religieux, notamment celui de la confession », et assister à la messe basse du jeudi, sans préjudice de l'assistance obligatoire aux offices publics des dimanches et des fêtes. Dans la délibération du 20 août 1842, la Commission accueille la proposition du Préfet de couvrir la dépense de 2,100 francs qui en résultera, d'après le devis, à l'aide du boni de l'Ecole. La chapelle prit tout le rez-de-chaussée du côté sud du quadrilatère. L'Archevêque de Besançon vint la bénir solennellement le 10 août 1843 (délibération du 21 juillet 1843.)

Le premier avril 1848, le Directeur signale à la Commission divers empiétements de l'administration des mines, qui ne s'est pas contentée des pièces à elle abandonnées. La Commission en délibère et décide « qu'il en sera déféré à l'autorité supérieure, qui sera priée de tout remettre en l'état primitif ». Le principal inconvénient relevé dans la délibération est que des étrangers, « même des femmes », ont pu s'introduire dans l'Ecole à la faveur de l'abus dénoncé. Le 4 décembre 1848, comme aucune mesure n'est intervenue, la Commission revient à la charge. Enfin la délibération du premier décembre 1849 vote le prélèvement sur les crédits budgétaires de l'Ecole d'une somme de 262 fr. 40 dépensée pour l'appropriation « des deux pièces occupées autrefois par l'administration des mines ». On transfère le portier dans ce local, et de celui qu'il abandonne, débarrassé du plancher qui le partageait en deux parties superposées, on fait le parloir des élèves.

Le 23 avril 1866, la Commission délibère sur un projet d'agrandissement de l'appartement très insuffisant du Directeur, agrandissement à quoi servira le dortoir primitif qui y est contigu. Apparemment que le dortoir réservé aux cours spéciaux jusqu'en 1849, date de leur cessation, utilisé ensuite pour les instituteurs convoqués aux retraites religieuses et pédagogiques, jusqu'en 1859 est devenu le dortoir des élèves. Le registre des délibérations ne contient aucune mention à ce sujet. La dépense d'agrandissement et d'appropriation monte à 7,800 francs, prélevés sur le capital que possède l'Ecole par suite de ses bonis accumulés et placés en rente sur l'Etat.

A partir de 1866, pour suffire aux besoins du recrutement, les promotions comptent 14 élèves, et 16 en 1870. Après la guerre, Belfort envoie ses élèves-maîtres à Vesoul. Il faut, en 1872, agrandir le dortoir aux dépens du lavabo et du vestiaire, qui émigrent sous les combles. Les aménagements exécutés entraînent une dépense de 2,223 fr. 17, couverte par un prélèvement d'égale somme sur le boni de 1870. (Délibération du 13 janvier 1873).

En 1875, sur les observations venues du Ministère, à la suite de l'inspection générale de 1873, une maison voisine, qui a fait partie autrefois du couvent des Ursulines, est acquise et aménagée pour salles de classe, en même temps que s'enrichit le matériel d'enseignement (appareils, livres, modèles de dessin, mobilier de classe). La dépense totale atteint 36,366 fr. 12. L'Ecole y participe pour 20,766 fr. 12, le département pour 11,500 francs, l'Etat pour 4,100 francs. (Rapport du Directeur le 4 juillet 1877).

De nouveaux travaux pour l'agrandissement du préau, l'organisation d'une buanderie et d'un atelier de reliure et travaux manuels en 1877, pour la construction d'un réservoir d'alimentation et d'un escalier en 1878, entraînent de nouveaux frais : 3,237 fr. 87 pour les premiers; 3,050 francs pour les seconds, frais auxquels subviennent les réserves de l'Ecole.

La Société d'agriculture évacue enfin, en décembre 1880, le local où elle tenait ses séances, le laisse à la disposition de l'Ecole normale, qui jouit seule cette fois des bâtiments à elle attribués.

Comme déjà l'école annexe a cessé, dès octobre 1880, d'être école communale, et ne reçoit plus qu'une cinquantaine d'élèves, on songe à utiliser la place devenue libre pour y transporter les services de l'Ecole, qui, « installés dans les locaux qui longent la rue, y sont « les uns sur les autres, à l'étroit, gênés par le bruit du dehors,

« notamment dans les soirées où il y a représentation au théâtre. »
Un projet en vue de ce remaniement général prévoit une dépense
de 37,000 francs pour son exécution (délibération du 22 avril 1881),
qui a lieu en 1882 et 1883. Cette fois les bâtiments situés autour de
la cour centrale groupent tous les services de l'Ecole normale, y
compris l'économat. Le bâtiment extérieur reçoit l'école annexe à
la place des élèves-maîtres, et conserve l'appartement du Directeur
avec la loge du portier et le parloir. Dans ce grand bouleversement,
la chapelle qui n'a plus de raison d'être, par suite de la laïcisation
de l'enseignement (Loi du 28 mars 1882), passe à l'état de réfectoire. On a enfin une distribution d'ensemble aussi judicieuse que
le comporte la disposition des lieux. Il a fallu cinquante ans de
négociations, de tâtonnements, de transformations pour y arriver.

Le long et fastidieux exposé qui précède a eu précisément pour but
de montrer ce qu'a coûté de laborieux efforts l'enfantement d'une
institution mal venue. C'est ce qui se produit toujours d'ailleurs
lorsqu'une institution ne se crée pas de toutes pièces, mais s'impro-
vise avec des moyens imparfaits, qu'on compte que le temps améliorera. Il les améliore, sans doute, avec le concours actif des
volontés intéressées ; mais il ne supprime jamais certaines imperfections originelles.

C'est le cas ici. Aussi dans son rapport annuel du mois de juillet
1883, le Directeur, à la diligence de qui les dernières et heureuses
transformations s'opérèrent, ne peut s'empêcher de le constater.
Tout en se félicitant de ce qui s'achève, il ajoute mélancoliquement : « Si nécessaires qu'aient été les travaux entrepris, si intelli-
« gemment qu'ils soient exécutés, quelque amélioration qu'il en
« soit résulté pour la distribution des services, il ne feront
« malheureusement pas que les bâtiments étroits, bas sous plafond,
« trop resserrés autour d'une cour peu spacieuse et au pied d'une
« éminence qui les domine absolument, puissent jamais offrir aux
« élèves la quantité d'air et de lumière que réclament leur nombre,
« leur âge et les conditions de travail auxquels ils sont astreints. »
On ne saurait mieux condenser les critiques générales que soulèvent
les locaux.

Le successeur les reprend dans chacun de ses rapports annuels ;
Il y joint celles que l'expérience fait naître contre certaines des

dispositions récemment adoptées, et celles que suggèrent les nouvelles exigences de l'enseignement. Le mobilier grossier, primitif de la salle d'étude, appelle de son côté un complet renouvellement. Cette salle elle-même, qui ne reçoit pour ainsi dire pas de soleil, éclairée d'un seul côté sur la moitié de sa longueur, voit, par là, s'aggraver encore les inconvénients résultant de l'insuffisance de son cube d'air et de sa surface. Les 75 élèves qui s'y rassemblent y développent une telle chaleur, avec les douze becs de gaz qui l'éclairent, que, même en hiver, on doit ouvrir les fenêtres, aussi bien d'ailleurs pour en renouveler l'air corrompu que pour en abaisser la température. Au dortoir, trop étroit, on suffoque aussi littéralement lorsqu'on y entre à l'heure du lever. Ces défauts signalés périodiquement avec vigueur, engagent le Conseil général à voter de nouveaux subsides. En 1888, ensuite de sa décision, ont lieu les derniers changements introduits dans la maison. Par un échange avec les salles de sciences physiques, la salle d'étude vient, dans l'endroit le plus ensoleillé, occuper le rez-de-chaussée de tout le côté nord de la cour ; elle a cette fois des fenêtres dans ses deux murs longitudinaux, elle est gaie et s'aère facilement. L'économe abandonne son appartement pour l'agrandissement du dortoir, et se réfugie dans le bâtiment extérieur à côté du directeur. Un lambrissage, qui exclut tout luxe, rend moins inhospitaliers les vestiaires, où les élèves étaient restés jusque-là directement sous la tuile. Ces travaux ont absorbé une somme de 34,000 francs, dont 32,000 francs payés par le département et le reste par l'Etat.

Aujourd'hui, par suite de ces transformations successives, les bâtiments entourant la cour centrale sont en entier et exclusivement affectés au service des élèves-maîtres.

C'est beaucoup plus commode. Dans toutes les salles, grâce aux réductions que l'effectif a subies depuis plusieurs années, les élèves ont de l'espace. Ils sont donc beaucoup mieux que leurs devanciers; mais on n'affirmerait pas sans témérité que les mauvaises conditions d'hygiène autrefois dénoncées ont entièrement disparu. La maison souffre de plusieurs vices radicaux. Construite sur un sous-sol imperméable, au pied d'une éminence à pic, dont quelques mètres seulement la séparent, il y règne une humidité permanente. Encaissée entre cette éminence et les propriétés voisines, elle ne peut avoir son atmosphère balayée et renouvelée amplement. Ses cours étroites et profondes semblent témoigner qu'on avait peur d'y voir le soleil. Enfin l'économie des constructions, qui répondait aux besoins originels, s'oppose à une appropriation parfaite aux besoins d'une école normale. Malgré les sacrifices consentis à diverses reprises par le Conseil général, nous manquons d'un gymnase, et nos ateliers laissent énormément à désirer. Il faut en prendre son parti, car l'emplacement sur lequel s'élève l'Ecole présente, outre sa forme désavantageuse, une succession d'étages ou terrasses, qui s'oppose à toute modification de fond.

Veut-on se faire une idée de l'inégalité de cet emplacement ? Quelques mots suffiront. A l'extrémité sud de l'établissement, on entre directement de la rue dans le préau de l'école annexe. Montons au premier étage : nous trouvons les salles de classe de l'école annexe. Nous passons alors de plain-pied dans la cour d'entrée de l'Ecole normale, dont la cave a son sol au même niveau. Elevons-nous, maintenant, par le perron, à la hauteur d'un étage : nous atteignons l'aire du préau, des salles et de la cour de récréations destinés aux élèves-maîtres. Sortons du préau à l'extrémité opposée, et nous voilà, en montant deux marches, dans une cour orientée, de l'est à l'ouest, véritable fossé de quatre mètres de largeur, formé, d'un côté par le bâtiment haut d'un étage, et de l'autre par le mur soutenant le talus de l'éminence dont on a parlé plus haut. Ce n'est pas tout. Gravissons l'escalier accoté à ce talus : au niveau du deuxième étage, nous arrivons à un petit jardin de quelque trois cents mètres carrés de superficie, dont la partie la moins élevée vient mourir au niveau du toit du bâtiment précité, et du milieu duquel nous dominons tout l'établissement.

On conçoit, d'après cela, que l'Ecole ne soit pas très saine ni qu'elle n'admette aucun profond changement autre que celui des aménagements intérieurs. Et le pis, c'est qu'elle défie, grâce à la solidité de sa construction, les injures du temps.

Son défaut le plus saillant, c'est le séjour morne et triste qu'elle paraît être à première vue, et qu'elle est en effet. Ses hôtes n'ont pour horizon que les quatre hauts murs qui entourent la grande cour centrale (382 mq.), avec, pour échappée à la vue, l'unique lambeau de ciel qu'encadrent les toits. Au malaise corporel que cause au jeune campagnard le manque d'espace, de soleil et d'air, se joint la peine morale de se sentir ainsi séquestré de la nature et de ses joies. Chez plus d'un, la vocation, au dernier moment, a fléchi, quand il a vu le sacrifice qu'elle lui demandait. Il y a quelques années, un candidat, interné après les épreuves écrites, n'a pu envisager sans frayeur la perspective des trois années à passer au milieu de cette masse de pierre. Le second jour, il est venu supplier le Directeur de lui rendre sa liberté. « Oh! Monsieur, disait-il en promenant un regard navré autour de la cour, je ne puis pas rester ici! » On l'a d'autant mieux compris que, né dans la montagne, il y avait grandi, baigné d'air et de lumière, au sein des espaces infinis aux changeants aspects.

Un mot maintenant du petit jardin dont il a été question tout à l'heure. Il n'existait pas lors de la fondation de l'Ecole, qui n'avait aucune sortie par là et qu'enclosaient parfaitement ses constructions. Jardin et cour appartenaient à un terrain public en cul-de-sac où se passaient fréquemment des scènes peu édifiantes. Ce voisinage était d'autant plus fâcheux que deux fenêtres du dortoir s'ouvraient de ce côté. Le registre des délibérations conserve les traces des inquiétudes qu'en concevait l'administration. Pour la première fois, en 1849, un grand jardin situé dans le voisinage fut concédé à l'Ecole « pour expériences et travaux agricoles. » La Commission de surveillance l'accueillit sans enthousiasme. « Sans « attendre de grands résultats de ces nouvelles occupations que « l'on veut donner aux élèves-maîtres, elle pense que la durée du « cours normal, qui va être portée à trois années, permettra peut-« être d'appliquer ces jeunes gens à ce nouveau travail » (délibération du 4 décembre 1848).

Quoi qu'il en soit, les élèves cultivent le jardin et sont obligés de parcourir plusieurs rues de la ville avec brouettes et outils pour s'y rendre; tandis qu'ils n'auraient que quelques pas à faire si l'Ecole avait une sortie sur le talus. Dans une délibération du 2 février 1850, la Commission de surveillance, faisant valoir cette considération non moins que la nécessité d'éloigner les « scandales » dont la cour est le théâtre, demande à enclore d'un mur le terrain qui domine le talus, et à établir des portes de communication de l'Ecole avec ce terrain et, de là, avec le jardin. Il est pourvu à la dépense à l'aide d'un prélèvement de 1,500 francs sur le boni de l'Ecole.

L'Ecole conserva son jardin jusqu'en 1882. A cette date, on le lui retira pour y édifier l'école normale des institutrices, dont le Conseil général venait de voter la création par application de la loi du 9 août 1879. En échange l'Ecole reçut un jardin voisin rempli d'arbres fruitiers, mais dont la terre, en mauvais état, ne pouvait produire de jardinage qu'après des années de culture et des avances coûteuses d'engrais et d'amendements. La modicité du crédit budgétaire alloué pour l'entretien du jardin a empêché les avances. Les cultures données au sol l'ont quelque peu ameubli, mais non fertilisé. Pour fournir à la cuisine de l'Ecole les légumes nécessaires, le département loua en 1883 un second jardin en plein rapport et contigu au précédent. Les élèves eurent donc à cultiver un double jardin, ce qui ne leur imposa pas de trop grandes fatigues au début, car ils étaient 75. Mais peu à peu leur nombre diminua, et aujourd'hui, réduits à 32, ils ne peuvent entretenir convenablement, malgré toute leur bonne volonté, le vaste terrain dont l'Ecole dispose. En concentrant leur activité sur un seul jardin et en y appliquant le crédit qu'on disperse sur les deux, on n'obtiendrait pas sans doute en totalité d'aussi abondants produits, mais on les apprécierait mieux, parce qu'ils seraient en meilleure proportion avec les efforts et les sommes dépensés.

En résumé l'adaptation aux besoins d'une école normale des bâtiments utilisés a donné lieu à une suite de dépenses extraordinaires, qui se chiffrent par plus de 150,000 francs. On ne regretterait pas ces sacrifices si, par la force même des choses, des imperfections graves et irrémédiables ne subsistaient pas, dont souffrent les élèves-maîtres, plus encore aujourd'hui qu'autrefois, à cause de la comparaison qu'ils font avec d'autres établissements analogues. L'Ecole n'a pas cessé pour eux d'être une prison : ils y étouffent. C'est, dans tous les cas, un séjour peu enchanteur. Et l'immense jardin, séparé, dont ils cultivent péniblement le sol ingrat, ne la leur rend pas plus séduisante.

III

MOBILIER. — MATÉRIEL D'ENSEIGNEMENT
BIBLIOTHÈQUE

Mobilier

L'Ecole possède le mobilier nécessaire pour soixante élèves. Elle en a reçu davantage pendant plusieurs années. Ce mobilier a été acquis petit à petit à mesure de l'élévation progressive des effectifs. Au début, le Département en a fait les frais. Plus tard, c'est tantôt l'Ecole, tantôt le Département qui supporte la dépense, qu'il est difficile d'évaluer, même approximativement.

Ce sont les tables des élèves à la salle d'études qui ont bénéficié du dernier sacrifice important en faveur du mobilier. Jusqu'en 1888, on a conservé les tables datant de l'origine de l'Ecole. On ne saurait imaginer rien de plus massif, de plus grossier, de plus incommode. Plus de cinquante promotions s'y étaient assises, y laissant leurs traces indélébiles. En 1888, les remplaça un mobilier plus perfectionné, formé de tables à une place, bien conditionnées pour que les élèves, assis, s'y trouvent à l'aise, à l'abri des inconvénients de la communauté que créaient les longues tables d'autrefois. Le grand avantage que les élèves y reconnaissent, c'est qu'ils peuvent s'appuyer sur le dossier dont est muni le siège. Mais l'étroitesse de l'espace qui emprisonne leurs jambes, leur interdit bien des mouvements et des positions, possibles avec les vieilles tables, et qui, par le changement, leur reposaient reins et membres. Avec les tables isolées, on a bien aussi besoin d'une plus grande surface, mais nous n'en manquons pas. Le plus grand reproche à leur adresser concerne l'exiguïté du pupitre, insuffisant pour contenir tout ce dont l'élève a besoin. On est obligé de disposer, pour y suppléer, des casiers le long des murs. Cela provoque de fréquentes allées et venues qui troublent les études. Ce mobilier, tables et casiers, a coûté au Département 1,405 francs.

Gymnase

L'Ecole n'a pas et n'a jamais eu de gymnase. On ne s'en est préoccupé qu'après l'apparition du décret du 3 février 1869, rendant obligatoire l'enseignement de la gymnastique dans les établissements publics d'éducation.

Dans une délibération du 28 mai 1869, la Commission de surveillance, appelée par l'autorité supérieure à s'occuper de la question, fait remarquer que l'Ecole n'a qu'une cour de récréations de 380 m. q. et un préau de 70 m. q., avec 3^{m}60 de hauteur sous plafond. On sent qu'elle n'ose pas déclarer nettement qu'elle ne voit ni où ni comment on peut organiser un gymnase. Néanmoins elle est d'avis qu'il y a moyen de dresser un portique en plein air dans la cour, ainsi que des barres parallèles fixes. Elle propose d'y affecter 350 francs, prélevés sur les bonis. Cette installation existe encore aujourd'hui, si défectueuse qu'on a cherché plusieurs fois depuis, mais vainement, à lui en substituer une plus satisfaisante. On tremble toujours, quand les élèves vont aux agrès, tant on craint les chutes sur un sol qui est celui même de la cour.

L'impossibilité d'établir un gymnase fut constatée quelque temps après par M. l'Inspecteur général Villemereux, après visite minutieuse des lieux. Il chercha une autre solution : conduire les élèves-maîtres au gymnase du lycée, dont la proximité rendait la combinaison très pratique. Il vit M. le Proviseur qui y consentit. Dans son rapport annuel du 17 juillet 1869, le Directeur fait mention du projet de M. l'Inspecteur général. Il rappelle que, jusqu'à ce jour, l'enseignement de la gymnastique ne s'est donné qu'aux élèves de troisième année, pendant les deux mois de juin et de juillet, pour les mettre en mesure de subir l'épreuve de l'examen du brevet supérieur. Sur l'avis favorable de la Commission, on demanda l'autorisation nécessaire à M. le Recteur. Soit que cette autorisation ne vînt pas, soit que le changement du Directeur fît abandonner le projet, toujours est-il que, dès le mois de janvier suivant (1870), la gymnastique s'enseigne régulièrement par un professeur spécial, ainsi que les exercices militaires, dans l'Ecole même, avec le rudiment de gymnase voté par la Commission, et qui s'est seulement augmenté depuis d'haltères, de mils, et d'une barre fixe en plein air aussi. Dans ces mauvaises conditions, les exercices gymnastiques et militaires ne rendent pas tous les services qu'on pourrait en attendre. Ils sont d'autant plus utiles à Vesoul que l'étroitesse de la cour de récréations ne sollicite guère les élèves à prendre le mouvement dont ils auraient grand besoin, pour combattre la fâcheuse influence de leur grande sédentarité dans un milieu trop confiné. Néanmoins la gymnastique et les exercices militaires leur plaisent. Le Directeur le dit dans son rapport de 1870. Les successeurs font de même. Depuis dix-huit ans, le Directeur actuel a toujours vu les élèves manifester des dispositions à l'exercice de leur force musculaire. Aussi a-t-il cherché, comme ses prédécesseurs, à les doter d'un gymnase convenable, sans être plus heureux.

Il s'est efforcé de suppléer à l'absence du gymnase par les jeux de mouvement. Toujours le manque d'espace dans la cour, où les élèves ne peuvent franchir vingt pas sans se heurter à une muraille, y a mis obstacle. Cependant le jeu du ballon obtient quelque faveur auprès d'eux. C'est vraiment plaisir de les voir à de certains moments s'y livrer avec l'ardeur que les jeunes gens apportent à ce qui leur plaît. Toujours à la recherche de ce qui peut les exciter à dépenser leur activité, le Directeur a fini par leur organiser un jeu de quilles, comme il y en a un dans tous les villages de la Haute-Saône. C'est le long fossé qui forme petite cour derrière les bâtiments qui en a fourni l'emplacement : ce n'est ni gai, ni commode, et les vitres ont plus d'une fois souffert de la maladresse des joueurs ou de la trop grande vigueur avec laquelle se lançaient les boules. Ces petits inconvénients ne contrebalancent pas les avantages que les élèves retirent du jeu de quilles, pour lequel ils se passionnent au-delà de ce qu'on peut imaginer. Malheureusement il ne provoque pas l'activité générale et permanente de tous les joueurs, comme le ballon. Chacun n'est excité à dépenser sa force et son adresse qu'à son tour. Pourtant cela ne vaut-il pas encore mieux que l'immobilité ou la monotone promenade faite d'un pas languissant autour de la cour de récréations?

Depuis quelques années, le Lendit franc-comtois, œuvre de M. le Recteur, a stimulé la jeunesse des écoles secondaires, normales et primaires supérieures, en la conviant, aux quatre chefs-lieux de département de l'Académie alternativement, à fournir publiquement, dans la personne des champions de chaque établissement, la preuve des soins qu'elle accorde aux exercices physiques. Aux approches de chaque lendit, on voit redoubler l'ardeur des jeunes gymnastes. L'épreuve de foot-ball a rapproché à Vesoul le Lycée et l'Ecole normale, car chaque maison ne fournissant qu'une équipe, la préparation ne se peut faire qu'en commun. Dès la première année de l'institution, normaliens et lycéens, qui ne se fréquentaient qu'assez peu auparavant, ont vécu moins étrangers et ont très vite fraternisé. Les uns et les autres y ont gagné. Un fait significatif montrera quels sentiments les unissent. Au lendit de 1897, à Lons-le-Saulnier, le sort avait désigné les équipes du Lycée et de l'Ecole normale de Vesoul pour lutter l'une contre l'autre. Les lycéens s'y refusèrent, disant : « Nous ne voulons pas lutter contre des amis ». Cela n'est-il pas charmant? Sans doute, ils luttent bien quand ils se préparent au lendit ; mais alors on n'a pas à craindre l'entraînement qui se produit presque fatalement dans la chaleur de l'épreuve publique, où l'amour-propre et l'honneur de l'Ecole font parfois oublier la modération, sans laquelle ce n'est plus un jeu.

Le lendit a donc favorisé les exercices gymnastiques et, chose inattendue, rapproché intimement le Lycée et l'Ecole normale. Comme les deux maisons ont le même professeur, leur union a été facilitée. Les deux administrations s'entendent comme les élèves. L'accord est tel que le projet de M. l'Inspecteur général Villemereux s'est réalisé pour ainsi dire de lui-même. Les élèves-maîtres, privés d'un gymnase, profitent de celui du Lycée. Aujourd'hui, cela semble tout naturel, avec un proviseur qui, ancien élève de l'Ecole normale, se fait un plaisir de rendre ce service à ceux qu'il appelle très bienveillamment « ses jeunes camarades ». Nous nous félicitons de cette heureuse entente.

Travail manuel

Le travail manuel n'est qu'une gymnastique d'un caractère particulier. Il s'introduisit d'abord à l'Ecole normale sous la forme adoptée par M. Duruy. Une délibération de la Commission de surveillance, en date du 19 mai 1866, vote, sur le boni de 1865, un crédit de 300 francs pour l'acquisition d'un outillage complet de relieur, mis en vente après décès du propriétaire. C'était une bonne fortune, car l'outillage neuf aurait valu, est-il dit, douze cents francs. Une salle libre devint l'atelier, qui, laissant beaucoup à désirer, « nuisait aux progrès des élèves » (rapport annuel du Directeur en 1867).

Plus tard, en 1873, quelques outils (établis, scies, rabots, varlopes, tour à bois même) permettent d'occuper les élèves à divers travaux de menuiserie, mais sans organisation régulière.

Il faut aller jusqu'en 1884 pour trouver un véritable atelier à l'Ecole normale. Sa création souffrit quelques difficultés. En octobre 1883, le Ministre avait envoyé à Vesoul un professeur de travail manuel sortant de l'Ecole normale spéciale. L'embryon d'atelier dont il vient d'être parlé ne lui fournissait pas des éléments suffisants. La Commission fut appelée à délibérer. Elle manifesta son aversion pour le nouvel enseignement, sous prétexte que les élèves-maîtres avaient bien plus besoin d'enseignement agricole. M. le Recteur ne voyant que les prescriptions de la loi de 1882, qu'il devait appliquer, fit dresser par le Directeur un devis de l'outillage nécessaire. Quatre établis furent ajoutés aux deux que l'Ecole possédait déjà. Deux tours à bois et six étaux, avec l'outillage correspondant pour le travail du fer, s'y joignirent. Deux salles au premier étage, ne répondant guère aux conditions requises, furent prises pour ateliers. Mais on n'avait rien de mieux, et on ne pouvait rien faire. On dut donc s'en contenter. Aujourd'hui encore elles subsistent telles qu'elles. On s'y est habitué. Néanmoins, on ne laisse pas que de désirer mieux. Les deux ateliers du bois et du fer ont donné lieu à une dépense de onze cents francs, couverte par un prélèvement sur les bonis.

Musique. — Dessin

Musique. — Il est assez difficile de dire les sommes qui furent consacrées aux instruments de musique. La première fois qu'un crédit figure au budget, c'est en 1841, où une somme de 720 francs est allouée pour l'acquisition d'un piano. Auparavant les élèves disposaient d'un piano que leur fournissait le Directeur, moyennant un prix de location payé par l'établissement. Par la suite, le nombre des instruments augmenta, et ils se renouvelèrent à diverses reprises. On en voit des traces dans les délibérations, sans qu'il soit souvent possible de déterminer les dates des remplacements ni les frais occasionnés. Toutefois, le 9 juin 1855, la Commission de surveillance vote 800 francs à prendre sur les bonis, pour le payement d'un harmonium, qui, on le croit, existe encore, grâce aux dépenses qu'on n'a pas craint de faire pour son entretien. Destiné à la chapelle, il ne fut pas d'ailleurs malmené. Après 1870, d'après les rapports des directeurs, l'étude de l'harmonium se généralisa sous l'impulsion d'un professeur amoureux de son art, M. Battmann. Il fallut acheter de nouveaux instruments. On le constate dans le registre des délibérations, sans y trouver l'indication des crédits employés. En 1882, un piano est troqué contre les vieux instruments hors d'usage que possède l'Ecole, moyennant une soulte de 300 francs, que couvrent les bonis. Enfin, en 1896, M. le Ministre a concédé à l'Ecole un piano Elcké du prix de 640 francs. Maintenant ce ne sont pas les instruments qui manquent : deux pianos, un fort harmonium et quatre petits fournissent aux élèves le moyen d'étudier la musique instrumentale. Seulement ils n'ont plus, comme autrefois, pour les y exciter, la perspective d'une ressource complémentaire à en tirer, en exerçant les fonctions d'organiste à l'église dans les communes où on les enverra comme instituteurs. L'examen du brevet supérieur lui-même ne les y porte pas non plus, depuis que l'épreuve de musique en a disparu. Dans ces conditions, la musique instrumentale demande des efforts désintéressés qu'on ne saurait attendre de la plupart des jeunes gens sortis du milieu où se recrutent les écoles normales.

Dessin. — Ce n'est guère que vers 1873 que l'enseignement du dessin prit un vigoureux essor, sous l'action ardente d'un Directeur qui avait été lui-même professeur de dessin. Auparavant on ne pratiquait guère que le dessin linéaire et le lavis, pour lesquels il n'était besoin que d'un petit nombre de modèles. Bientôt le dessin à main levée le supplanta presque entièrement. Un professeur artiste avait contribué, avec le Directeur, plus encore que les programmes, à cette petite révolution, qu'on peut qualifier d'heureuse. De nombreuses estampes enrichirent la collection des modèles, et le mobilier de la salle de dessin se compléta. Quelle dépense en résulta-t-il ? Nous ne le savons pas. L'utilité des sacrifices consentis reçut sa consécration à l'Exposition universelle de Vienne, en 1873, et à celle de Paris, en 1878, où l'Ecole obtint de flatteuses récompenses. L'orientation du cours de dessin a changé depuis, avec les nouveaux programmes d'enseignement des écoles normales. Les modèles en plâtre ont pris la place des estampes. La petite collection officielle a été adressée à l'Ecole par le Ministère, lors de ce changement. En outre, le Conseil général a bien voulu, en 1894, allouer un crédit extraordinaire de 500 francs pour l'accroître, avec une série de modèles choisis dans la collection complète. Entre temps, en 1884 et 1885, l'Ecole s'est procuré avec ses propres ressources des tabourets et des appuis mobiles. Le matériel pour l'enseignement du dessin est donc suffisant et convenable.

Sciences physiques et naturelles

Dès l'ouverture de l'Ecole, on se préoccupe de la pourvoir du matériel indispensable pour l'étude des sciences. Dans le premier budget que contiennent les archives, celui de 1836, on voit une somme de 399 fr. 55 destinée à l'acquisition d'instruments. En 1837, c'est 800 francs, et, en 1838, 824 francs qui sont consacrés à cet objet. A partir de 1839, le crédit annuel s'abaisse à 100 francs ; et, en 1846, à 50 francs, jusqu'en 1875. On considère alors le matériel comme réunissant l'indispensable, et la somme allouée doit servir à son entretien aussi bien, suivant le libellé de l'article, qu'aux frais occasionnés par les expériences. Le chiffre paraîtra bien mesquin. Il l'est en effet. Aussi, en 1874, le Directeur, en présence du triste état du cabinet de physique, demande-t-il à acquérir une longue liste d'instruments et d'objets pour l'enseignement des sciences physiques et naturelles. La dépense monte à 4,000 francs, que la Commission sollicite de la générosité de M. le Ministre. Le Ministre voudrait la réduire. La Commission tient bon. En définitive, elle a le dernier mot. Dans son rapport de 1876, le Directeur constate que l'étude de la physique, de la chimie et de l'histoire naturelle est en progrès, grâce au matériel que l'Ecole a reçu.

La délibération du 22 avril 1881 mentionne un appel du Ministre qui, par une lettre du 21 février précédent, invite l'administration de l'Ecole à adresser la liste des objets et instruments nécessaires pour compléter le matériel de l'enseignement scientifique. La liste faite, on se trouve en présence d'une dépense de 962 francs à effectuer. Il y est pourvu de la manière suivante : 300 francs sont pris sur les bonis de l'Ecole, 300 francs sont fournis par le Département, et 362 francs par l'Etat. Plus tard, et à différentes reprises, l'Ecole reçoit du Ministère différentes séries de tableaux d'histoire naturelle, qui lui font maintenant une riche collection qu'on ne néglige pas d'utiliser.

On a enfin compris, et l'impulsion vient d'en haut, que sans matériel et sans expériences les études physiques et naturelles demeurent aussi infructueuses que dénuées d'intérêt.

Déjà en 1875, pour assurer le bon entretien du matériel existant, le crédit annuel du budget avait été porté à 300 francs et élevé à 400 francs en 1881. L'Ecole a pu ainsi se mettre au niveau de tous les besoins.

Depuis l'application de la loi du 19 juillet 1889, le crédit d'entretien figure au budget départemental. Le Conseil général n'a jamais refusé les sommes qui étaient nécessaires. Actuellement, il accorde chaque année 337 fr. 50, qui permettent de conserver en bon état le matériel très complet que l'Ecole possède. Au reste, si des besoins nouveaux se manifestaient, nous savons, pour l'avoir éprouvé, que nous pouvons compter sur le concours éclairé de l'Assemblée départementale.

Bibliothèque

La question des livres ne fut pas non plus négligée à l'origine. Toutefois on se demande si les sacrifices consentis répondent à l'importance de ces indispensables instruments d'étude. On sait d'ailleurs qu'assez longtemps dans les écoles normales le livre ne joua qu'un rôle très secondaire. L'enseignement oral y florissait presque exclusivement. Les élèves rédigeaient tous leurs cours. Cette pratique, qui a ses avantages et ses inconvénients, ceux-ci les plus nombreux d'ailleurs, souleva dans la suite de vives critiques.

On ne mit d'abord entre les mains des élèves que des livres si élémentaires que leurs titres font sourire. Cependant ce n'était pas sans raison qu'on les avait ainsi choisis. Les recrues des écoles normales, modestement instruites, ne pouvaient avoir que de modestes visées. Et puis, ne fallait-il pas les habituer à se servir des livres mêmes qu'auraient sans doute leurs élèves ? La première liste des ouvrages achetés qu'on trouve dans les registres (20 juin 1836) ne laisse pas que d'être édifiante. On y voit des dictionnaires de Noël et Chapsal (ici rien à dire); des grammaires du même auteur (cela répondait à l'idéal du jour en cette faculté); des arithmétiques de Tisserand, dont le prix (0 fr. 45) révèle l'importance; des « Physique et chimie » valant ensemble moins de 2 fr. 50, des Histoire de France de Mme de Saint-Ouen, etc., etc. Pendant des années, ce sont des livres de cette valeur qui se renouvellent entre les mains des générations successives d'élèves-maîtres. Mais, encore une fois, on ne doit pas oublier que l'enseignement oral suppléait à leur sécheresse et était le fond essentiel de la culture des futurs instituteurs.

En 1836, on a acheté pour 401 fr. 80 (délibération du 20 juin 1836) une provision de livres dans l'énumération desquels sont pris les titres qui viennent d'être cités. Il est probable que d'autres acquisitions avaient été faites en 1834 et 1835. Aucun document ne renseigne sur ce point. En 1837 et 1838, c'est 300 francs que le budget destine à l'achat de livres, pour l'usage journalier des élèvesboursiers, car les pensionnaires ne devaient pas bénéficier de cette faveur. Ils y participent tout de même, attendu « que le peu de « ressources pécuniaires de la plupart des élèves-maîtres les met « dans l'impossibilité de faire eux-mêmes l'acquisition des livres. » *(Note à l'appui du projet de budget)*. En 1839 le crédit s'abaisse à 200 francs et à 100 francs de 1840 à 1845 inclusivement. Notons que cette somme s'applique non seulement aux livres, mais encore « à ces instruments de mathématiques » que l'Ecole fournit aux élèves, selon le libellé de l'article du budget.

Lors de la préparation du projet de budget pour 1846 (le 29 juillet 1845), la Commission rappelle qu'elle a, dans ses rapports mensuels, « signalé plusieurs fois l'inconvénient qui résulte des écritures « trop multipliées qu'on exige des élèves »; et, pour y remédier, elle propose « de mettre un certain nombre de livres à la disposi- « tion des élèves ». Elle demande par suite un crédit exceptionnel de 200 francs.

Les années suivantes on revient au crédit antérieur de 100 francs. A partir de 1856, un seul crédit doit couvrir la dépense de « four- nitures de papier, plumes, encre, etc., achat de livres pour l'usage journalier des élèves boursiers. » Pendant quelque temps ce crédit total reste à 600 francs. Il s'élève par la suite avec le nombre des élèves, puisqu'il se calcule d'après un taux déterminé par élève.

On n'a pas tardé sans doute à renoncer à fournir aux élèves les ouvrages destinés à leur usage journalier, car déjà en 1883 il n'y en avait plus aucun stock ; chaque élève achetait ses livres. Cepen- dant exception avait été faite lors de l'apparition de la première liste des auteurs à expliquer à l'examen du brevet supérieur, de chacun desquels on avait acquis vingt-cinq exemplaires, autant que la troisième année comptait d'élèves. On avait craint sans doute de leur imposer d'un seul coup un trop lourd sacrifice en laissant cette fourniture à leur charge. On a eu tort. Qu'a voulu l'administration en obligeant les élèves à étudier un certain nombre d'ouvrages classiques à l'Ecole normale, sinon, en leur donnant le goût du bon et du beau littéraires, leur inspirer le désir de vivre dans la familiarité des classiques, pour le plus grand profit de leur esprit, de leur cœur et de leur caractère? On a voulu qu'ils se rendissent compte, par une étude véritable et non par une lecture rapide, des ressources qu'on y trouve, des joies qu'ils procurent ; on a voulu leur faire constater que loin qu'une première ou une deuxième lecture épuise les avantages intellectuels et les émotions qui en naissent, c'est au contraire, dans le commerce fréquent avec le même ouvrage qu'on en jouit davantage, parce qu'on y découvre chaque fois de nouvelles vérités et de nouvelles beautés ; on a voulu enfin les conquérir à la fréquentation assidue des œuvres des vrais éducateurs de l'humanité. S'ils n'emportent pas quelques livres de l'Ecole normale, il est bien à craindre que les besoins pressants de la vie matérielle, auxquels ils auront à pourvoir à leur sortie avec de trop maigres ressources, ne les empêchent de se procurer les quelques ouvrages qui devront constituer le premier fonds de leur bibliothèque, et dans la familiarité desquels il conviendrait qu'ils vécussent. Or, combien auront une bibliothèque publique à leur disposition ? D'ailleurs, quand on en a une à sa portée, y va-t-on si volontiers ? Et si on y recourt use-t-on des livres empruntés comme de son bien propre ? On ne les garde pas assez longtemps. Et puis, peut-on les consulter à tout instant ? Enfin, sur un ouvrage à soi, on n'hésite pas à inscrire une note marginale, qu'on retrouvera plus tard avec plaisir. Il faut donc que l'élève-maître possède, en se rendant à son poste, un noyau de bibliothèque. Rien ne le constituera mieux que les livres qui lui ont servi pour ses études à l'Ecole normale. Avec les uns, il rafraîchira et approfondira son instruction technique ; les autres entretiendront l'activité de sa pensée, et tous, plus d'une fois, raviveront des souvenirs scolaires délicieux, qu'on savoure davantage à mesure qu'on s'éloigne de l'heureux temps qu'ils rappellent.

Il est donc désirable que les élèves-maîtres achètent tous leurs livres d'étude.

Parallèlement à la fourniture des ouvrages pour l'usage journalier des élèves, le budget prévoyait la constitution d'une bibliothèque pour les élèves et les maîtres. Pendant la même période, de 1834 à 1855, des crédits égaux à ceux dont il a été parlé y sont ouverts chaque année comme dépense extraordinaire. Quels livres achetait-on ? D'abord, ceux qu'avait indiqués M. le Ministre dans des documents que citent souvent les délibérations de la Commission de surveillance. Après plusieurs années, on admit sans doute d'autres ouvrages. Toujours est-il que le fonds principal de la bibliothèque générale se compose, en 1878, de livres d'un caractère religieux. On n'en compte guère d'autres, sauf des œuvres bien plus propres à amuser l'esprit qu'à lui donner le solide aliment que réclame une forte culture.

Dans son rapport du mois de juillet 1881, le Directeur se plaint de la pauvreté des ressources que la bibliothèque offre aux élèves-maîtres. Elle ne « s'alimente, dit-il, que des concessions du Minis-
« tère (1), puisqu'il n'existe aucun crédit pour son entretien ou
« son accroissement. Beaucoup des ouvrages qui s'y trouvent sont
« surannés ou faits dans un esprit différent de celui d'aujourd'hui.
« Aussi avons-nous dû recourir cette année à la bibliothèque de la
« Société républicaine d'instruction de Vesoul, pour pouvoir pro-
« curer à nos élèves-maîtres des livres de sciences et de littérature
« en rapport avec leurs véritables besoins. »

En 1888, dans un rapport à l'Administration académique, le successeur renouvelle les mêmes critiques. Il connaissait bien ce dont il parlait, car il avait opéré, par ordre, une sélection néces-saire des livres de la bibliothèque. « En 1878, dit-il, elle se consti-
« tuait essentiellement d'ouvrages d'un caractère religieux, tels
« que les Annales de la propagation de la foi, le Catéchisme de
« l'abbé Gaume, etc. Beaucoup n'avaient pas même été coupés,
« quoique leur présence dans la bibliothèque remontât à trente et
« quarante ans. La poussière leur donnait un air vénérable.....
« Les quelques volumes intéressants, qu'une plus exacte intelli-
« gence des besoins de nos jeunes gens avait mis à leur disposition
« pendant les dernières années, attestaient par leur fatigue que ce
« n'était pas le goût de la lecture qui faisait défaut. De nombreux
« emprunts à la bibliothèque de la Société républicaine d'instruc-
« tion de la ville, pendant les années 1880, 1881 et 1882, disent
« non moins haut que l'aliment que la bibliothèque offrait à l'esprit
« des élèves ne répondait ni à leurs études ni à leurs goûts.
« Au renouvellement de l'inventaire général, en 1884, la biblio-
« thèque fut débarrassée des vieux livres hors d'usage et de ceux,
« en plus grand nombre, qui n'inspiraient qu'un respect trop

---

(1) On sait qu'alors elles n'étaient ni fréquentes ni abondantes.

« scrupuleux. Déjà à cé moment des envois fréquents du Ministère
« garnissaient nos rayons d'ouvrages utiles. En même temps des
« crédits, représentant une moyenne annuelle de trois cents francs
« environ, pris sur les bonis, ont servi régulièrement, depuis 1882,
« soit à l'accroissement, soit à l'entretien de la bibliothèque.

« Aujourd'hui (1888), ajoute l'auteur du rapport, elle compte
« environ 2,400 volumes, soit 1,282 ouvrages, répartis dans les
« diverses séries. La plus riche est incontestablement celle de la
« littérature. Mais les autres figurent honorablement à côté. »

Cette dernière appréciation, sauf le nombre des volumes qui, maintenant, dépasse 3,000, en comptant les périodiques et les ouvrages de références, cette appréciation est encore bien plus vraie en 1901. Les envois réguliers du Ministère, depuis une dizaine d'années, ont enrichi la bibliothèque d'ouvrages nouveaux et de valeur qu'on ne laisse pas dormir sur leurs rayons. Il y en a de toute espèce, excepté de mauvais et d'inutiles. La pédagogie, la philosophie, l'histoire, la géographie, les sciences, non plus que l'agriculture ne sont pas proportionnellement moins bien représentées, en nombre et en qualité, que la littérature proprement dite. La catégorie des livres relatifs aux arts industriels et aux beaux-arts s'est considérablement et avantageusement accrue aussi. Elle n'excite pas moins la curiosité des élèves que les autres.

Enfin, on a pensé que la bibliothèque ne s'entretiendrait pas sans imposer de dépense. Au budget, l'État nous alloue chaque année un crédit de 150 francs, qui ne demeure pas inemployé. Nous n'avons que le regret de le voir si modique. Il y aurait tant à faire pour la reliure des livres, et l'achat des œuvres dont nous sentons le besoin, sans que les envois du Ministère y pourvoient. Pourtant, l'Administration est entrée l'année dernière dans une voie nouvelle, plus propre à nous donner satisfaction. Antérieurement elle nous concédait des ouvrages, sans nous consulter. Aussi, bien souvent se rencontraient des doubles et des triples emplois que nous déplorions. La dépense n'eût-elle pas été mieux appliquée si on nous avait demandé ce qui nous convenait ? On l'a fait pour les dernières concessions. Nous n'avons qu'à nous en louer, bien qu'on y ait placé encore quelques publications que nous ne sollicitions pas et dont quelques-unes, représentées déjà dans la bibliothèque, n'ont servi qu'à l'encombrer et non à l'enrichir.

Le grand attrait de la bibliothèque aujourd'hui, c'est qu'outre les œuvres consacrées par les suffrages du public éclairé, elle contient des nouveautés au courant des progrès de la science sous toutes ses formes ; des publications très appréciées d'auteurs vivants ; des ouvrages intéressants, non seulement par les qualités du texte, mais encore par d'admirables illustrations.

Les élèves-maîtres de ce temps sont bien heureux. On ne les sèvre pas de lectures comme autrefois. On leur fournit, au contraire, abondamment tout ce qui peut contribuer à les cultiver profondément et largement. Loin de les confiner dans le domaine étroit de l'enseignement de la lecture, de l'écriture, du calcul et de la lettre du catéchisme, on excite leurs aspirations en mettant à leur disposition de nombreux moyens de s'instruire. Toutes les aptitudes ont de quoi se satisfaire dans la bibliothèque. On ne craint pas qu'une instruction variée fausse l'esprit de l'instituteur. On pense au contraire, — et on a raison, — que plus il sera instruit, plus son goût s'épurera, plus son jugement sera ferme, plus son esprit s'émancipera et plus il sera homme, partant capable d'élever d'autres hommes.

IV

COMMISSION DE SURVEILLANCE

ET CONSEIL D'ADMINISTRATION

Bien que ce soit la loi du 28 juin 1833 qui ait organisé pour la première fois l'enseignement primaire et, dans son article 11, rendu obligatoire pour les départements l'entretien d'une école normale d'instituteurs, c'est un arrêté du Conseil royal de l'Instruction publique du 14 décembre 1832, qui, tenant compte des dispositions observées dans le fonctionnement des écoles normales déjà existantes, règlemente l'organisation des écoles normales créées ou à créer. Le titre IV de ce règlement institue une commission, qui, nommée par le Ministre sur la présentation du préfet et du recteur, « est spécialement chargée de la surveillance de l'école
« normale primaire sous tous les rapports d'administration, d'en-
« seignement et de discipline (art. 17).

« Cette commission prend ou propose, selon les circonstances,
« les mesures qu'elle juge utiles pour le bien de l'école et pour les
« progrès des élèves-maîtres (art. 19).

« Elle « détermine chaque année..... le nombre des élèves qui
« doivent être admis à contracter l'engagement décennal, et qui
« seuls peuvent obtenir des bourses entières ou partielles » (art. 20).
« Elle examine chaque année le compte et le budget de l'école et y
« joint ses observations » (art. 21). Les notes sur le travail, le caractère et la conduite de chaque élève lui sont soumises chaque mois par le directeur (art. 22). Chaque mois elle visite l'école,
« examine les classes, interroge les élèves et tient note de leurs réponses. Elle reçoit chaque année du directeur un rapport sur tout

ce qui concerne les études et la discipline » (art. 23). Elle décide de l'admission, en seconde année, des élèves de première année. Elle dresse, après examen subi devant elle, un tableau par ordre de mérite de tous les élèves-maîtres sortants (art. 24). Enfin, « en cas de faute grave de la part d'un élève-maître, elle peut prononcer la réprimande ou la censure, ou même l'exclusion provisoire ou définitive, sauf, dans ce dernier cas, l'approbation du préfet s'il s'ag d'un boursier communal ou départemental, et l'approbation du recteur, s'il s'agit de tout autre élève-maître. » Elle ne peut prononcer l'exclusion « sans que l'élève ait été entendu ou dûment appelé ».

Cette rapide énumération montre l'importance du rôle de la commission de surveillance à l'origine de l'Ecole normale. Elle intervenait fréquemment, d'une manière générale et dans des circonstances particulières, s'occupant du personnel, de l'emploi du temps, de la distribution de l'enseignement, du travail des élèves, de la discipline, tout aussi bien que du budget, de l'alimentation et des locaux. Le directeur ne faisait rien sans la consulter. Dépourvu à peu près de toute initiative, il n'exécutait guère que les décisions qu'elle avait prises. Ces nombreuses attributions avaient leur raison d'être dans la nature même de l'Ecole normale qui, établissement départemental, subsistait avec les ressources que le Conseil général lui fournissait et qui devait subvenir au recrutement local des instituteurs. Nouvelle institution qui avait à créer ses traditions en s'adaptant aux besoins du milieu, tout en restant fidèle aux principes posés par le pouvoir central, sans que, comme aujourd'hui, une forte organisation administrative ayant un passé, la maintînt dans sa voie, elle avait besoin que des esprits éclairés présidassent à son premier développement, et assurassent sa parfaite accommodation au but visé. Les expériences locales éclairèrent l'administration centrale qui en tira à la longue des règles uniformes pour les diverses écoles, et réunit peu à peu entre ses mains les pouvoirs laissés au début à la Commission de surveillance.

Il fallut des hommes dévoués pour accepter des fonctions aussi multiples et aussi absorbantes, des hommes qui, par leur situation et leur caractère, inspirassent toute confiance au gouvernement qui les désignait, et dont le patronage fût pour l'Ecole normale une haute recommandation aux yeux des populations. Ces personnalités, l'administration les trouva toujours, et elles exercèrent leur rôle avec autant de zèle que d'intelligence.

La première commission se composa de sept membres :
MM. Hugon, président du tribunal ;
    Bouverey, avocat ;
    Le Baron Bouvier, adjoint au maire de Vesoul ;
    Courcelle, banquier ;
    Defresne, maire de Vesoul ;
    G. Genoux, député ;
    Parandier, principal du collège.

Le 20 janvier 1836, un arrêté ministériel pourvoit à deux vacances, et, par deux nouvelles nominations, porte à neuf le nombre des membres, selon le vœu exprimé par la Commission. Ensuite de cet arrêté, MM. Bailly, principal du collège, et Baulmont, maire, remplacent MM. Parandier et Courcelle, et MM. Bideaux, curé de Vesoul, et Bruneau, receveur général, forment les membres complémentaires. Dès le 27 juin 1836, M. le comte d'Audiffred succède à M. Bruneau. Le 26 octobre 1838, le Ministre nomme un dixième membre, M. le marquis d'Andelarre, qui, par la suite, fut longtemps député de la Haute-Saône. Le 3 décembre 1840, M. Galmiche, conseiller de préfecture, remplace M. le comte d'Audiffred, et la nomination de MM. Châlons, procureur du roi, et Cardot, juge de paix, élève à douze le nombre des membres de la Commission.

La Commission conserve la même composition jusqu'en 1851, c'est-à-dire que les titulaires de fonctions publiques, ont pour successeurs, dans la Commission, leurs successeurs dans leurs fonctions.

L'un de ces membres, M. Bailly, successeur de M. Parandier, principal du collège, a même fait partie de la Commission jusqu'à sa mort, en 1891, soit comme membre nommé, soit ensuite comme inspecteur d'académie, soit, après son admission à la retraite, en vertu d'une nouvelle nomination. On ne saurait dire, dans ces conditions, que la Commission ait pu manquer d'esprit de suite.

Le 24 mai 1851, une décision ministérielle réorganise la Commission de surveillance, qu'elle réduit à cinq membres en conformité du décret du 24 mars 1851.

En font partie :

MM. d'Andelarre, secrétaire du Conseil académique, membre du Conseil général de la Haute-Saône ;
Boilloz, curé de Vesoul ;
Galmiche, conseiller de préfecture ;
Bailly, principal du collège ;
Suchaux, imprimeur de la préfecture.

M. Suchaux appartenait déjà à la Commission depuis 1844. Il n'y avait donc là qu'une réduction dans le nombre des membres et non un changement de composition et par suite d'esprit. Ce n'est qu'en 1879 qu'une modification plus profonde se produit. A part M. Bailly, qui est immuable, un renouvellement complet a lieu par suite d'un arrêté du 12 juin 1879, qui appelle dans la Commission MM. Noirot, député ; Meillier, maire de Vesoul ; Bailly, président du Conseil général ; Clerc, conseiller général, et Reibel, docteur en médecine.

A partir de cette date, à part le député, qui se retire en 1888 parce qu'il se fixe à Paris et ne peut plus siéger, ce sont toujours à peu près les mêmes personnalités, sous des noms différents, qui la constituent, savoir : le Maire et le premier adjoint de Vesoul ; le vice-président du Conseil de préfecture ; en 1885, M. Bredin, professeur au lycée, ancien élève de l'Ecole normale ; en 1888, MM. Jolyet, conservateur des forêts, et Ayet, trésorier-payeur général ; en 1894, M. Grillon, avocat, dont le père, ancien président du tribunal civil, avait fait lui-même longtemps, en cette qualité, partie de la Commission.

Depuis août 1889, deux membres du Conseil général y sont entrés en vertu de l'art. 47 de la loi du 19 juillet. Avec les quatre membres à la désignation de M. le Recteur, elle se compose depuis lors de sept membres qui sont pour 1901 :

MM. Hodin, inspecteur d'académie, membre de droit, président ;
Grillon, maire de Vesoul ;
Moussu, adjoint à Vesoul ;   } Nommés par
Nectoux, président du tribunal ;   } M. le Recteur.
J. Muenier, artiste peintre ;

MM. Philippe, directeur d'un cours complémentaire à Gray ; Tisserand, industriel. } Conseillers généraux désignés par leurs collègues.

On voit en définitive, que toujours les personnes auxquelles l'administration a demandé de prêter à l'Ecole normale leur concours et leur patronage se recommandaient par leur situation, par suite par leur valeur et leur caractère.

Si, par la force même des choses et par suite de la régularité et de l'uniformité que le temps a introduites dans les Ecoles normales, l'administration a progressivement retenu pour elle un certain nombre des attributions dévolues originairement aux commissions, au début, on l'a vu, elles avaient des pouvoirs étendus, dont la commission de Vesoul a usé largement pour le plus grand bien de l'Ecole. Elle a pris son rôle au sérieux, s'en acquittant scrupuleusement. Aussi n'y a-t-il pas lieu de s'étonner qu'elle eût compté jusqu'à douze membres.

Non seulement elle rédige les règlements de l'Ecole, mais elle entre dans les plus minutieux détails d'administration, en ce qui concerne les budgets, qu'elle propose, et les comptes administratifs, qu'elle examine et discute. Elle passe les traités pour l'approvisionnement, détermine le régime économique, non sans revenir souvent et longuement sur la question ; arrête (12 décembre 1839) un règlement déterminant les attributions de l'économe ; choisit (22 décembre 1839), sauf approbation de l'administration, l'employé à qui il convient de confier l'économat. Elle suit le personnel dans l'exercice de ses fonctions, assiste aux leçons, apprécie l'enseignement, distribue les encouragements et les blâmes ; propose les élévations de traitements, des distributions de gratifications ; présente des candidats pour les cours à faire ; de sa propre initiative, engage des instructions très approfondies pour se renseigner sur l'attitude des maîtres dans l'établissement et leur conduite au dehors, et va même un jour (12 mars 1840) jusqu'à proposer la révocation d'un professeur qu'elle avait plusieurs fois rappelé à l'ordre, et qui, au lieu de « donner l'exemple de la retenue aux jeunes gens confiés à « sa surveillance, a oublié son caractère et méconnu ses devoirs « les plus impérieux », ce qui signifie que ce maître avait manqué de réserve à l'extérieur, et que, à l'intérieur, il était un ferment d'indiscipline.

Non seulement elle prend cette initiative à l'égard d'un professeur, mais un jour même, à la suite d'un fait très fâcheux, provoqué par des bavardages, qu'on peut ranger parmi les « cancans », elle se détermine à demander, dans les termes les plus mesurés, le remplacement du Directeur, après une enquête des plus circonstanciées, — témoignages nombreux, solennellement recueillis ; défense présentée par l'inculpé — relatée dans un très long procès-verbal écrit de la main même d'un membre, et dont toutes les phrases trahissent l'esprit de justice et la bienveillance de la Commission, non moins que le haut intérêt qu'elle porte à l'Ecole aux destinées de laquelle elle préside (10 mars 1841).

Le 25 décembre 1846, sur l'invitation du Préfet, la Commission pourvoit provisoirement à la direction de l'Ecole, devenue vacante par suite du décès du titulaire.

Elle distribue les cours entre les professeurs et détermine les heures des différents exercices, sans qu'aucun changement puisse être apporté à l'emploi du temps en dehors de ses décisions.

Elle donne des notes motivées sur tout le personnel.

Elle désigne chaque mois ceux de ses membres qui visiteront l'Ecole pendant le mois, visites très régulièrement faites d'ailleurs et dont la Commission entend le compte-rendu verbal.

Elle donne connaissance publiquement aux élèves des notes trimestrielles qu'ils ont méritées ; selon le cas, les félicite ou les rappelle à l'ordre, et, pendant les vingt premières années, prononce après sérieux examen, d'assez nombreuses exclusions, montrant par là le souci qu'elle prend de la bonne marche et du bon renom de l'Ecole.

On le voit, la Commission forme, dans le fonctionnement de l'Ecole normale, un rouage important, non pas seulement en vertu des textes administratifs, mais surtout par sa volonté persévérante d'exercer consciencieusement les attributions qu'ils lui confèrent.

Elle se réunit souvent. Ainsi en décembre 1839, on compte six réunions, les 12, 14, 20, 21, 22 et 28. Presque tous les membres y assistent. C'est un membre qui rédige les procès-verbaux en qualité de secrétaire, en vertu d'une désignation spéciale, et le secrétaire transcrit lui-même les délibérations sur le registre. Comme le secrétaire se trouve parfois empêché, la Commission nomme (délib. du 17 février 1842), un vice-secrétaire permanent, le Directeur. Mais, chaque fois que le secrétaire est présent, il s'acquitte de sa mission. Ce n'est que peu à peu que le Directeur en arrive à tenir seul la plume pour la rédaction des procès-verbaux.

Plus tard, sous l'empire du décret du 24 mars 1851, la Commission remplit encore scrupuleusement son obligation d'adresser annuellement un rapport au Recteur et au Ministre sur l'état et le personnel de l'établissement. Un de ses membres reçoit, par désignation spéciale, la charge de rédiger ces rapports en son nom. On sent à leur lecture qu'il ne s'agit pas seulement pour l'auteur de l'accomplissement d'une vaine formalité.

Ayant ainsi son rôle à cœur, mêlée aussi étroitement à toute la vie de l'Ecole, la Commission s'y attacha en raison même des soins qu'elle lui consacrait. Elle avait vu de longue date le personnel des maîtres à l'œuvre et avait pu se rendre compte de ses nombreuses qualités, en particulier de son dévouement, non seulement aux élèves, mais à l'éducation pupulaire. Elle avait vu aussi ce qu'il y avait de véritables trésors de bonne volonté, d'intelligence et d'énergie chez les jeunes gens qui venaient chercher à l'Ecole normale la manne céleste de l'instruction, qu'ils absorbaient avidement, pour la distribuer généreusement ensuite, à l'exemple de leurs maîtres, parmi le peuple, dont ils étaient eux-mêmes et à qui ils retournaient consacrer ce qu'ils possédaient de lumières et de forces. Elle s'était ainsi rendu compte de ce que valait l'établissement. Aussi, bien que composée d'hommes imbus de l'esprit de l'époque, elle prit avec une paternelle ardeur la défense de l'Ecole, menacée de suppression, en 1852, par le Conseil général, dont la commission d'instruction publique, composée d'hommes peu favorables au progrès, avait entraîné le vote d'une façon détournée.

L'Ecole a alors dépassé la période de jeunesse. La crise dont il vient d'être question, et qui a mis son existence en jeu, a pour ainsi dire marqué son passage à l'âge adulte, où la vie se déroule conséquemment au tempérament acquis par la seule observance des règles établies. La Commission n'intervient plus guère qu'à dates fixes, dans les circonstances nettement déterminées par les décrets de 1851, du 2 juillet 1866 et du 18 janvier 1887. En dehors des questions financières et d'ordre matériel, son rôle se réduit à peu près à rédiger le règlement particulier de l'Ecole, à donner des notes sur le personnel, à recevoir communication du rapport du Directeur et à y joindre ses observations, à arrêter la liste des candidats à l'Ecole.

L'Ecole a maintenant ses traditions ; elle a sa place faite et cause gagnée, et l'autorité administrative exerce effectivement la tutelle permanente confiée au début à la Commission de surveillance. Par la force même des choses, les visites trimestrielles que ses membres devraient faire dans les classes, pour interroger les élèves, sont abandonnées. Elle procède bien pendant quelques années à un classement trimestriel des élèves dans chaque promotion ; mais elle s'en rapporte pour cela aux notes données par les maîtres dans les compositions. Toutefois, jusqu'en 1866, c'est elle, en présence du personnel, qui publie l'ordre de classement, lui prêtant ainsi, aux yeux des élèves, une consécration solennelle. Elle désigne, mais d'après les simples notes du Directeur et des professeurs, les élèves qui, sous l'empire du décret de 1855, seront autorisés à suivre les cours sur les matières facultatives. Ce sont là de pures formalités, dont elle s'acquitte cependant, mais qui ne la font plus participer comme antérieurement à la vie intime de la maison. Aussi y renonce-t-elle naturellement. Le 15 janvier 1869 elle dresse et publie la liste de mérite pour la dernière fois.

Mais il est une de ses attributions qu'elle exerce même plus complètement que ne l'exigent les termes du règlement de 1851 et même son esprit, précisé par les instructions explicatives, c'est celle qui concerne la « préparation de la liste des candidats à l'Ecole normale ». Le décret la charge de préparer cette liste en y inscrivant les noms de ceux dont elle aura « constaté l'aptitude intellectuelle et morale, au vu des pièces exigées et d'après les résultats de l'enquête, faite par les soins du Recteur (départemental) et les inspecteurs de l'instruction primaire, sur la conduite et les antécédents des candidats » (art. 11 et 17 du décret de 1851). Il n'est en tout cela nullement question d'un examen d'instruction pour les candidats. L'instruction générale du 31 octobre 1851 aux préfets, après avoir rappelé que l'utilité des écoles normales est maintenant reconnue, ajoute que « la déclaration d'admissibilité est précédée,

« non pas d'un concours, mode de recrutement insuffisant et
« hasardeux, mais d'une enquête sur l'aptitude, sur la conduite,
« les dispositions morales, en un mot sur la vocation du candidat ».
Elle va plus loin encore, quand, quelques lignes plus bas, elle dit
au sujet de cette enquête : « La lettre du règlement serait impuis-
« sante si vous ne trouviez dans l'esprit même de ce texte, les ins-
« pirations qu'il est impossible de formuler et qu'un administrateur
« habile sait heureusement mettre en œuvre ». Ce n'était donc ni
des candidats déjà quelque peu instruits, ni des esprits ouverts
qu'on demandait, — on se défiait des intelligences trop cultivées, —
mais des caractères souples, sans aspirations indépendantes et sans
initiative. La simplicité intellectuelle devait même être une recommandation. Mais le sentiment de la responsabilité produisit là son
effet habituel. La Commission est le rouage important mis en jeu
dans l'opération du recrutement de l'Ecole. Bien que les idées de
ses membres ne soient pas en contradiction avec l'esprit du pouvoir
qui la choisit, elle ne se contente pas de l'enquête dont il a été parlé
plus haut, pour dresser la liste d'admissibilité. Sans écarter les
directions venues de haut, elle s'inspire naturellement de l'objet
même pour lequel l'Ecole existe : la formation d'instituteurs estimables, c'est-à-dire possédant, avec les qualités morales de l'éducateur, une instruction aussi étendue que possible. Aussi tient-elle à
ce que les candidats qu'elle admet sur la liste soient les mieux
préparés et les plus intelligents. Elle procède donc elle-même chaque
année, jusqu'en 1866, à l'examen des candidats, avant d'en faire le
classement. Ainsi elle introduit dans l'Ecole des recrues pouvant
lui faire honneur, et travaille consciencieusement à la prospérité
de l'établissement, dont, moralement, elle a encore en partie la
charge. Après 1866, son rôle se restreint encore. Les tendances
centralisatrices se reconnaissent là comme en toute l'administration. Si les candidats subissent un examen, c'est devant une commission nommée par le Recteur, commission dont le Directeur fait
nécessairement partie, et où siègent presque toujours les professeurs
mêmes, eux qui ont tout intérêt à faire de bons choix. Bien que la
Commission devienne presque étrangère à la vie intime de l'Ecole,
elle ne s'en désintéresse pas. Ses membres assistent régulièrement
aux réunions, où il n'est guère traité cependant que de questions

financières et d'organisation matérielle. Ils témoignent par là qu'ils reconnaissent à l'Ecole normale une réelle importance, ainsi qu'aux conditions de son bon fonctionnement. Ils apportent d'ailleurs à l'administration un concours très utile, en l'éclairant, toutes les fois qu'une décision grave est à prendre, des lumières spéciales qu'ils doivent à leurs études propres, à leurs fonctions diverses et à leur expérience de la vie et des affaires.

Jusqu'en octobre 1880 elle répartit bien, aux termes des décrets de 1851 et de 1866, les bourses ou portions de bourses entre les élèves des trois promotions. Mais elle ne peut, pour cette délicate opération, que s'en rapporter aux renseignements que lui fournit le Directeur. Ce n'est qu'exceptionnellement, et pour des raisons puisées en dehors de l'Ecole, que l'un ou l'autre de ses membres ferait adopter quelque changement aux propositions de répartition soumises à sa ratification. Rien d'ailleurs, dans les registres des délibérations, ne révèle de modification de ce genre.

En 1879, le renouvellement de la Commission, sauf un membre appartenant d'ailleurs à l'opinion dominante, fait pénétrer dans l'Ecole un esprit nouveau. Rien n'est changé dans l'organisation des services, mais, avant même que l'administration centrale envoie des instructions, la Commission introduit dans le règlement (1880) quelques dispositions libérales, qu'impose même celui de ses membres qui y exerce une influence prépondérante. Le registre des délibérations ne conserve aucune trace des discussions soulevées à cette occasion. Au reste, y en eut-il? C'est peu probable, vu l'homogénéité de la Commission. Mais c'est de l'histoire contemporaine. L'auteur de ce travail résidait alors à Vesoul ; sans appartenir à l'Ecole, il était au courant de ce dont il parle. C'est plutôt par la voie discrète de la suppression de certaines prescriptions inscrites dans les règlements antérieurs que procéda la Commission. Une personne étrangère aux écoles normales s'en apercevrait à peine à la lecture du règlement. Cependant elles avaient soulevé bien des révoltes au sein des consciences qui y étaient soumises. Leur suppression, sans rien changer à la marche de la maison, ne fut rien moins qu'une petite révolution, qui provoqua sur le moment, au dehors, plus d'une appréciation rigoureuse, mais que les plus intéressés accueillirent comme un bienfait. Depuis, des réformes plus profondes suivirent, parties de haut cette fois, qui firent oublier les premières, et avec lesquelles d'ailleurs le temps a familiarisé tout le monde, même les plus réfractaires.

Aujourd'hui, la Commission de surveillance s'appelle Conseil d'administration, aux termes de l'article 86 du décret du 18 janvier 1887. Ce nom répond plus exactement au rôle que lui confie ledit décret. A part l'avis qu'il doit donner sur le règlement particulier, il n'intervient plus que dans les circonstances où les « intérêts matériels de l'Ecole » sont en jeu. Il le fait toujours avec un grand souci du bien-être des élèves-maîtres, des exigences de leurs études, et de l'intérêt de l'État, sur qui, en définitive, retombent les charges résultant des améliorations réclamées. Quant aux visites mensuelles prescrites par le décret, à l'imitation des décrets antérieurs, il y a beau temps qu'elles n'ont plus lieu. Peu après 1851, elles cessèrent complètement, car elles avaient perdu leur utilité primitive en présence de l'action plus étroite et plus suivie de l'autorité académique sur l'Ecole.

Ce n'est que très exceptionnellement que le Conseil se réunit extraordinairement. Depuis la réorganisation des Ecoles normales, il ne se présente plus de grave question à résoudre d'urgence. La dernière réunion extraordinaire date du 27 mars 1888. La mort du médecin de l'Ecole dont le Conseil avait à proposer sans retard le remplaçant, l'avait rendue nécessaire. D'ordinaire, le Conseil examine, dans ses réunions périodiques, les questions nouvelles qu'il y a lieu, très rarement d'ailleurs, de lui soumettre.

Ses membres répondent régulièrement aux convocations. Ils ne s'abstiennent jamais sans motifs valables. Ils prennent leur mandat au sérieux. Par leur position et leur haute valeur personnelle, ils prêtent en quelque sorte à l'Ecole, une part du prestige qui s'attache à eux. Faut-il rappeler que les membres actuels du Conseil nommés par M. le Recteur sont :

1º M. Grillon, chevalier de la Légion d'honneur, avocat, maire de Vesoul, dont le père autrefois président du tribunal de Vesoul, fut pendant de longues années président de la Commission de surveillance ;

2º M. Moussu, chevalier de la Légion d'honneur, ancien ingénieur du service des ponts et chaussées, à Vesoul, adjoint au maire de Vesoul ;

3º M. J. Muenier, chevalier de la Légion d'honneur, artiste peintre, à qui ses œuvres ont acquis une juste célébrité ;

4º M. Nectoux, officier d'académie, président du tribunal civil de Vesoul.

L'Ecole est fière de son Conseil d'administration et garde à chacun de ses membres une juste reconnaissance d'avoir bien voulu l'honorer de son patronage.

A ces quatre membres nommés par le chef de l'Académie, il faut ajouter les deux délégués du Conseil général, dont la présence, au sein du Conseil d'administration, resserre le lien du Département avec son Ecole normale. Ces deux conseillers généraux ne peuvent être que des amis de la maison. En prenant part aux délibérations du Conseil d'administration, ils se rendent un compte exact de la situation et des besoins de l'Ecole. L'intérêt qu'elle leur inspire croît avec la connaissance plus intime qu'ils en prennent. Ils deviennent ainsi tout naturellement ses avocats dans le Conseil général, lorsqu'elle sollicite ses subsides. Nous l'avons éprouvé plus d'une fois.

Seulement, il faudrait pour que cela eût toujours lieu, que les délégués du Conseil général pussent assister aux séances du Conseil d'administration. Or quelquefois l'éloignement de leur résidence et leurs occupations les empêchent d'y venir. Ce n'est pas mauvaise volonté, c'est impossibilité pour ainsi dire toute matérielle. Alors, ils se désintéressent naturellement d'un établissement qu'ils connaissent peu, ou même, cela s'est vu, où ils n'ont jamais mis les pieds. On souhaite ardemment, pour le bien même de l'Ecole, que le cas ne se produise plus jamais. C'est dans cette vue d'ailleurs que le Conseil général a désigné (session d'avril 1899) MM. Philippe, ancien élève de l'Ecole, directeur du cours complémentaire de Gray, et Tisserand, grand industriel, qui demeure à proximité de Vesoul, que leur dévouement éclairé à la cause de l'enseignement populaire, partant à l'Ecole normale, signalait aux choix de leurs honorables collègues.

V

SERVICES BUDGÉTAIRES

Budgets

Ressources. — Sauf les quelques bourses qu'elle a touchées de deux ou trois communes pendant deux ou trois ans, l'École n'a jamais eu d'autres ressources que les sommes qu'elle a reçues du Département, de l'État et des élèves eux-mêmes.

Cependant elle eut, pendant près de quarante ans, des ressources propres, peu élevées, il est vrai. Ces ressources provenaient des bonis réalisés chaque année et placés en rentes sur l'État. Dès 1837, elle possède de ce chef 60 fr. 40 de rente ; — 140 francs en 1839 ; — 462 francs en 1848, et 1,066 francs (chiffre le plus fort qu'elle ait atteint), en 1866. Une première aliénation partielle, pour faire face aux frais de travaux extraordinaires, réduit ses rentes à 729 francs en 1868 ; et plusieurs aliénations successives font définitivement disparaître cette ressource de son budget, en 1874.

On ne peut que le regretter. Si les pratiques suivies dans les premiers temps, d'après les instructions ministérielles elle-mêmes, n'avaient pas été abandonnées, l'École posséderait aujourd'hui plusieurs milliers de francs de rentes, qui viendraient en déduction des sommes que l'État doit lui donner et feraient paraître moins lourde la charge de son entretien. Et puis qui sait si la connaissance que l'École avait des ressources à elle n'aurait pas suggéré à quelques personnes généreuses la pensée de les grossir par des dons ou des legs ? On dit qu'on ne prête qu'aux riches ; mais n'est-il pas aussi vrai de dire qu'on leur donne plus volontiers qu'aux pauvres ?

De 1835 à 1875, l'État verse annuellement dans la caisse de l'École une subvention de mille francs (1,000). En même temps, il prend à sa charge chaque année deux bourses jusqu'en 1872 ; six, dont trois pour la Haute-Saône et trois pour le territoire de Belfort, de 1873 à 1877 ; et dix de 1878 à 1881. D'octobre 1881 à 1889, le Département seul, sur le produit des centimes spéciaux à l'enseignement primaire, supporte les frais de l'Ecole normale, sauf la moitié du traitement du professeur d'agriculture (soit 1,500 fr.), qu'acquitte le Ministre de l'Instruction publique, par une subvention d'égale somme.

Depuis la loi de 1889, à part l'entretien des bâtiments, du mobilier et du matériel d'enseignement, c'est, d'après la règle générale, l'Etat qui, avec les centimes spéciaux, pourvoit aux dépenses de l'Ecole.

Voici un tableau résumant, d'après les budgets conservés aux archives, les dépenses de l'Ecole, de dix ans en dix ans, depuis l'année 1835, la première complète, après son ouverture en mai 1834. Pour la simplification, on a groupé les chiffres détaillés fournis par les budgets. En tête figurent les sommes payées à titre de traitements ou d'allocations au personnel enseignant. On a mis à part les frais d'entretien des bâtiments et du mobilier qui, avant même 1885, disparaissent du budget de l'Ecole. Suivant la règle établie par le décret du 18 janvier 1887 (art. 78), on a réuni les crédits relatifs à la nourriture, au blanchissage et aux fournitures classiques des élèves. Les autres dépenses sont placées sous le titre : « Dépenses diverses », à l'exception des frais de l'école annexe, que couvraient des recettes spéciales : rétribution scolaire, et allocations communales, car, pendant une vingtaine d'années, l'école annexe a tenu lieu d'école municipale laïque à la ville de Vesoul. On aurait désiré former un article spécial pour toutes les dépenses du service intérieur, qui rentrent dans les frais d'entretien des élèves-maîtres. On aurait pu ainsi calculer la dépense d'entretien pour un élève. Les cadres adoptés pour les budgets ne présentant pas d'uniformité depuis 1835, on s'est vu obligé de renoncer à cette disposition. Le tableau dès lors ne se prêtra pas à certaines comparaisons utiles qu'on se proposait de faire en recherchant les éléments qui y entrent. Ce n'est même qu'en compulsant avec soin les budgets économiques, et en se livrant à des calculs avec les indications qu'ils ont fournies, qu'on a pu reconstituer avec précision les sommes portées à l'art. 3 du tableau jusqu'en 1875.

(Voir le tableau d'autre part)

	1835	1845	1855	1865	1875	1885	1895	1899
1° Traitements et allocations payées au personnel enseignant............	3450	5350	6500	8600	10700	27800	24050 ᵃ	22760 ᵃ
2° Entretien des bâtiments et du mobilier.........	300	600	600	800	1200	1200	500 ᵃ	550 ᵃ
3° Entretien des élèves (nourriture, blanchissage et fournitures classiques)................	» ᶜ 11900	10760 ᵇ	10175 ᵇ	11450 ᵇ	21600 ᵇ	26600	13260	10602
4° Dépenses diverses................	»	4370	2705	3990	4918	6790	5935 ᵈ	5875 ᵈ
5° École annexe................	»	»	150	1970	3000	1250	L'école n'est plus municipale	
Totaux des budgets...........	15650	21080	20130	26810	41418	62440	49195	46477
Nombre des élèves-maîtres..................	35	38	35	36	60	70	39	31
Taux pris pour base de la dépense de nourriture...	(?)	250	200	280	320	330	300	300

(a) Ces chiffres ne figurent pas au budget de l'École. Ils ne sont donc pas compris dans les totaux placés au bas du tableau.
(b) De 1845 à 1875, les chiffres portés dans cette ligne sont tirés du budget économique, le budget général ne les fournissant pas d'une façon distincte.
(c) Le budget de 1835 donne ce chiffre en bloc. Il n'y a pas, dans les archives, de budget économique pour cette année.
(d) Ces chiffres comprennent les frais d'entretien des candidats pendant le concours d'admission, ainsi que le crédit d'entretien du jardin, dont le produit, à peu près équivalent, est également compté. De là pour ces deux crédits, une majoration de 550 francs par rapport aux crédits des années précédentes, où les dépenses des candidats et les produits du jardin n'entraient pas en compte.

Les chiffres relatifs aux traitements, à l'entretien des élèves et aux dépenses diverses appellent quelques observations. Dans chaque série ils vont en progressant jusqu'en 1885. Après, la réduction de l'effectif explique surtout la diminution des crédits.

On est frappé de la modicité des sommes allouées au personnel enseignant en 1835. On s'en étonnera moins quand on saura que l'Ecole n'avait qu'un maître-adjoint. Les cours dont n'étaient chargés ni le Directeur ni ce maître-adjoint étaient confiés à des professeurs externes. D'ailleurs les enseignements sont peu nombreux, et on ne doit pas oublier qu'il n'y a que deux années d'études. Le Directeur recevait 1,800 francs et le maître-adjoint 700 francs. Ce dernier jouissait en outre de la nourriture, du logement et des prestations en nature, avantage que la Commission estime à 350 francs. Les 950 francs restants servaient à rétribuer les professeurs auxiliaires : aumônier (200 francs); professeur de sciences du collège (350 francs) ; maître de dessin linéaire (150 francs), et maître de musique (300 francs). On se rendra bien compte de ce que représentent ces rétributions en apprenant que le professeur de sciences, chargé d'enseigner la géométrie, l'arpentage, la physique et la chimie, donnait « cinq » heures de leçons par semaine (1). Le taux de l'heure ressort donc à 70 francs, et, notons-le, pour des renseignements très importants. Il est vrai que la vie moins coûteuse de l'époque fait correspondre cette somme à 200 francs de nos jours. C'est en effet la rétribution que touchent à Vesoul les professeurs des cours secondaires de jeunes filles pour chaque heure de cours par semaine. D'après cela, si nous rapprochons les totaux des allocations diverses payées au personnel en 1835 et en 1899, malgré leur grande différence, ils demeurent exactement proportionnels au travail fourni. En 1899, aux termes de l'arrêté du 10 janvier 1889, le personnel donne au total 105 heures de leçons qui demandent, vu les exigences actuelles, une plus sérieuse préparation que celle dont on se contentait en 1835. A ces 105 heures correspond donc, d'après ce qui précède, un salaire *minimum* de 21,000 francs. Or dans ce calcul n'entrent pas les trente heures de

(1) Ces renseignements sont puisés dans la note explicative jointe au projet de budget proposé pour 1837, le premier budget dont il soit question dans le registre des délibérations. La note les donne explicitement comme s'appliquant au budget de 1835.

service du directeur de l'école annexe, dont le traitement, augmenté des indemnités de logement et pour heures supplémentaires, soit 3,100 francs, est compris dans les 22,760 francs payés en 1899 au personnel. La proportionnalité du travail et de sa rénumération paraît donc ainsi surabondamment établie. Cela ne signifie nullement qu'il n'y a pas eu amélioration pour le personnel. Les faits contrediraient une semblable assertion. Le progrès des traitements va de pair non seulement avec les prix des objets de première nécessité, mais aussi et surtout avec le besoin de bien-être qui s'étend de plus en plus, et que l'éducateur subit tout aussi bien que l'ouvrier. Les ressources du professeur d'école normale restent toujours modestes, mais, il faut le reconnaître, lui assurent une situation sinon brillante, du moins convenable. S'il en doutait, il n'aurait qu'à se reporter en 1835, où le maître-adjoint de l'Ecole normale gagnait 700 francs et sa nourriture. Sans remonter jusque-là, qu'il n'oublie pas que vingt ans après, en 1855, les deux maîtres-adjoints de l'école touchaient ensemble 1,750 francs *et jouissaient* (?) du logement et de la table, et que le directeur de l'école annexe recevait 1,200 francs, parce qu'il n'avait pas ces derniers avantages ; que plus près de nous encore, en 1875, avec le logement et la nourriture, les trois maîtres-adjoints avaient : l'un, âgé de cinquante ans, 1,600 francs de traitement ; les deux autres, plus jeunes, 1,400 francs chacun, et le directeur de l'école annexe, homme de 42 ans, 1,600 francs brut. Sans doute le maître-adjoint de ce passé, déjà effacé, n'avait pas à fournir des preuves de capacité comme le professeur d'aujourd'hui, dont on attend un enseignement plus relevé, mieux compris, quoique toujours simple, d'autant plus simple qu'il sera mieux compris, — et cela vaut bien quelque chose ; mais, demeurant et vivant à l'Ecole, il devait renoncer à la vie de famille, dure privation que ne connaît pas le professeur actuel, — et cela aussi a sa valeur. Sans prétendre qu'il n'y a plus d'amélioration à réaliser, on doit reconnaître qu'il a déjà beaucoup été fait, et on ne saurait trop en remercier et le Gouvernement et l'homme généreux qui en a été grand inspirateur.

Entretien des élèves. — Nourriture
Prix de pension

Le budget de 1835 présente en bloc les sommes affectées à l'entretien des élèves et aux différents services intérieurs. On n'a trouvé aucun renseignement indiquant la part réservée alors soit à la nourriture, soit au blanchissage, soit aux fournitures classiques.

Longtemps la dépense de blanchissage ne dépasse pas quinze francs. En 1865 elle atteint seize francs, et rapidement elle monte à vingt francs. Depuis 1897, les conditions de l'entreprise l'on fait arriver à vingt-deux francs.

Celle des fournitures classiques s'évalue invariablement à vingt francs. Quant à la dépense de nourriture, son chiffre, arrêté d'avance par le Ministre, figure au bas du tableau précédent. Ses variations résultent des fluctuations des prix des denrées.

On a retrouvé, dans le registre des délibérations, un état des prix des denrées, dressé par la Commission de surveillance en décembre 1836, pour 1837. On note ces prix pour le pain, le vin, la viande, le lard et le beurre, pendant les années 1875, 1885, 1895 et 1899, dans le tableau qui suit :

	1837	1875	1885	1895	1899
Pain, le kilogr.	0ʳ 275	0ʳ 2715	0ʳ 294	0ʳ 233	0ʳ 31
Vin, le litre	0 25	0 31	0 435	0 31	0 37
Viande, le kilogr.	0 80	1 40	1 38	1 60	1 28
Lard, id.	1 20	1 60	1 50	1 50	1 40
Beurre, id.	1 20	2 24	1 90	2 10	2 10

En rapprochant ce tableau du précédent, on voit que si le prix du pain ne varie pas dans de très sensibles proportions, le vin et la viande, deux consommations importantes, ont subi des augmentations de valeur considérables. Le beurre les suit, le lard aussi, mais de moins près. Ces changements justifient, avec l'accroissement du nombre des élèves jusqu'en 1885, les différences que dénonce le premier tableau dans la dépense de nourriture.

Si on s'en tient aux termes d'un règlement arrêté par la Commission de surveillance en décembre 1836, la nourriture servie aux élèves était suffisante. Ils faisaient chaque jour quatre repas. Au déjeuner et au goûter ils n'avaient que du pain. Aux deux autres repas de midi et du soir toujours deux plats, dont un de viande les jours gras, savoir : à midi, la soupe et 125 gr. de bœuf, et, le soir, 120 gr. de veau, de mouton, ou quelquefois, mais rarement, « de cochonnade avec un plat de légumes cuits au gras ». Les jours maigres, ils avaient deux plats de légumes, dont l'un, deux fois par semaine, était remplacé par des œufs. On leur donnait un kilogramme de « pain bis-blanc », et deux cinquièmes de litre de vin, moitié à midi, moitié le soir.

Ce règlement paraît avoir été appliqué jusqu'à l'apparition du décret du 26 décembre 1855, dont les prescriptions sont moins larges. Les décrets qui suivirent laissèrent plus d'initiative à la Commission de surveillance, qui se montra toujours soucieuse du bien-être des élèves, tout en ménageant, comme il convient, les deniers de l'Ecole, qui sont après tout les deniers publics.

Aujourd'hui le régime alimentaire est sagement réglé par l'arrêté du 17 décembre 1888. Les élèves ont du pain blanc, et à discrétion. On ne s'aperçoit pas qu'ils en abusent ; on y veille d'ailleurs soigneusement. Ils sont à cet égard mieux traités qu'autrefois. De même, leur ration quotidienne de viande dépasse celle qu'ils recevaient antérieurement : 170 gr. de viande cuite et désossée, équivalent à environ 375 gr. de viande crue et non désossée. Nous voilà loin des 250 gr. de viande crue et brute accordés de 1837 à 1855 ; presque aussi loin des 125 gr. (viande cuite et désossée) servis sous le régime du décret de 1855. Si on ajoute que l'observance des jours maigres a singulièrement perdu de sa rigueur, puisqu'on l'a réduite au vendredi, et que, depuis 1891, sur la demande de M. l'Inspecteur d'académie, il y a toujours au premier déjeuner de la soupe ou du café au lait, alors qu'auparavant, l'été, on supprimait la soupe, mais non le café, servi le jeudi et le dimanche seulement, on aura fait ressortir la profonde amélioration introduite, depuis une vingtaine d'années surtout, dans l'alimentation des élèves. Ils s'en aperçoivent peu, car ils ne peuvent faire la comparaison ; mais les anciens, qui, comme leurs maîtres, ont vécu sous l'ancien régime, savent ce qu'il en est, et ils n'hésitent pas à proclamer hautement qu'il fait bon s'asseoir aujourd'hui à la table de l'Ecole. Les élèves-maîtres d'ailleurs ne la déclarent pas mauvaise, tant s'en faut. Sur un point pourtant ils jugent qu'elle laisse à désirer : les 0 l. 33 de vin que l'arrêté de 1888 leur accorde leur semblent plus d'une fois insuffisants pendant les grandes chaleurs. Mais le vin, au reste, a-t-il dans l'alimentation autant d'importance qu'on lui en attribue communément ? Il est permis d'en douter après les expériences concluantes faites sur des travailleurs américains (1). Depuis que la lutte contre l'alcoolisme bat son plein, bien des personnes qui croyaient, sur la foi de l'habitude, le vin nécessaire à l'organisme, y ont renoncé et ne s'en trouvent pas plus mal. Ce n'est un mystère pour personne qu'en ce moment, à Paris, l'usage habituel du vin perd des fidèles, et particulièrement dans la classe éclairée et aisée. Sans aller jusqu'à l'abstinence absolue, on peut se restreindre à une mesure modeste, sans s'abandonner jamais à l'abus. La ration servie aux élèves-maîtres paraît très raisonnable. Comme on la leur donne pure, ils la prennent avec ou sans eau, à leur gré.

On reproduit ici le menu de la semaine du 20 au 27 mai 1901. C'est le meilleur moyen de faire connaître ce qu'est la table de l'Ecole.

(Voir tableau d'autre part)

(1) Voir le journal « La Nature », p. 375, du 1ᵉʳ semestre de 1897.

ÉCOLE NORMALE D'INSTITUTEURS DE VESOUL

MENU DES REPAS
Du 20 au 27 Mai 1901

JOURS		ORDINAIRE DES REPAS
Lundi 20	Déjeuner.	Soupe à l'oseille.
	Dîner....	Soupe aux pommes de terre. Purée de pommes de terre au jus. Bifteck.
	Souper..	Macaroni au jus. Mouton rôti.
Mardi 21	Déjeuner.	Soupe au lait et à l'oignon.
	Dîner....	Soupe aux haricots. Haricots. Petit salé et saucisse.
	Souper..	Pommes de terre en ragoût. Omelette. Salade.
Mercredi 22	Déjeuner.	Soupe aux herbes.
	Dîner....	Soupe grasse. Bœuf bouilli. Carottes et pommes de terre.
	Souper..	Riz au gras. Veau rôti.
Jeudi 23	Déjeuner.	Café au lait.
	Dîner....	Potage pâte d'Italie. Purée de pois. Porc rôti.
	Souper..	Pommes de terre frites. Rosbif. Salade.
Vendredi 24	Déjeuner.	Potage au riz et au lait.
	Dîner....	Soupe aux pommes de terre. Épinards au lait. Sardines et beurre frais.
	Souper..	Nouilles sautées. Œufs durs à la vinaigrette. Fromage.
Samedi 25	Déjeuner.	Soupe à l'oignon.
	Dîner....	Potage Julienne. Carottes et pommes de terre. Petit salé et saucisse.
	Souper..	Pommes de terre étuvée. Bœuf-daube.
Dimanche 26	Déjeuner.	Café au lait.
	Dîner....	Soupe grasse. Bœuf bouilli. Riz au gras. Gâteaux.
	Souper..	Purée de pois au jus. Mouton rôti. Salade.

VU ET APPROUVÉ :
Le Directeur,
J. VALLÉE.

DRESSÉ PAR L'ÉCONOME :
A Vesoul, le 20 Mai 1901.
E. BERTE.

. Maintenant une question se pose : quel était le taux de la bourse ou pension ?

Sans doute, par imitation de ce qui se faisait à Saint-Remy, on adopta d'abord le chiffre de 300 francs, qu'on reconnut bientôt insuffisant. Déjà dans une délibération du 24 mars 1836, la Commission de surveillance en fait la remarque. Le Directeur s'était chargé à forfait, avec le produit des bourses, de toutes les dépenses du service économique, en s'engageant à verser dans la caisse de l'Ecole, à la fin de l'année, un boni de mille francs. Le Recteur, frappé de cette clause singulière, avait fait observer qu'il serait préférable d'abaisser le prix de pension. La Commission s'y opposa pour diverses raisons, dont la dernière est qu'il « est à présumer « qu'il existe peu d'écoles normales où le prix d'une bourse soit « au-dessous de trois cents francs ». Dans sa délibération du mois d'août 1836 concernant la préparation du budget de 1837, la Commission réclame le taux de 350 francs, en rappelant que déjà pour 1835 et 1836, elle avait plaidé en faveur de cette élévation. « Elle « avait démontré, dit-elle, que cette somme (300 francs) ne pouvait « suffire que dans les années exceptionnelles, où les denrées descen- « daient, comme en 1835 et 1836, au plus bas prix possible, mais « que, dans les années ordinaires, cette fixation serait évidemment « trop faible. Une expérience de deux années a de plus en plus « convaincu la Commission de la justesse de ses prévisions. Il lui « est démontré par les faits et par les calculs des dépenses de l'année « 1836, que, quoique les prix des denrées et des objets de consom- « mation se soit maintenu à un taux peu élevé, le montant des « bourses n'aurait pas suffi à ces dépenses, et que M. le Directeur « de l'Ecole, qui s'était chargé par un traité à forfait de toutes « celles qui sont désignées à l'art. 11, éprouvera une perte que « l'administration la plus vigilante et la plus économique n'a pu « lui faire éviter ». Ces réclamations se renouvellent les années suivantes, et ne produisent d'effet que pour le budget de 1839, où le taux de 350 francs est admis.

Dans la suite, les bonis réalisés chaque année conduisent la Commission à examiner la question de savoir s'il ne conviendrait pas de réduire le prix de la bourse. Elle fait même, au budget de 1847, la proposition du taux de 325 francs que le Ministre n'adopte pas. Ce fut tant mieux. Peu à peu, en effet, le prix des denrées monte. Toutefois il faut aller jusqu'en 1864 (délibération du 1er juillet) pour que leur renchérissement décide la Commission à demander une augmentation. Elle fait d'ailleurs remarquer que les départements voisins ont devancé la Haute-Saône dans cette voie. M. le Ministre, accueillant l'avis de la Commission, fixe enfin à 400 francs le prix de la pension, qui ne subit plus aucun changement, jusqu'à sa suppression, par application de la loi du 16 juin 1881.

Economat

On a déjà dit que le premier directeur n'avait laissé aucun document se rapportant à son administration, sauf le budget. Les premiers renseignements fournis au sujet de l'économat se trouvent dans une délibération du 1er décembre 1836. A cette date la Commission a arrêté un règlement pour l'exécution des services prévus à l'article 11 du budget : nourriture, blanchissage, chauffage, éclairage, etc. Cela fait, elle « a examiné la question de savoir si « la fourniture des objets de dépenses indiqués devait s'opérer par « un traité à forfait ou par le mode de régie. Elle a reconnu à « l'unanimité que les mêmes motifs qui, l'année précédente, avaient « fait préférer le premier mode au second existaient encore dans « toute leur force ». Elle rappelle ces motifs : 1° « La régie présente « des difficultés d'exécution et de détail à peu près impossibles à « surmonter de la part surtout des membres de la Commission ; « d'où la nécessité d'instituer un économe spécial ; 2° le manque « de fonds nécessaires pour opérer en temps utile, et à un prix « avantageux, les approvisionnements » exposerait « l'établisse« ment à toutes les chances de hausse », et « il serait à craindre « que le produit des bourses ne devînt insuffisant pour subvenir à « toutes les dépenses qu'il est destiné à solder ».

De ce qui précède, il résulte qu'en 1836 il a été pourvu aux dépenses d'entretien des élèves en vertu d'un traité à forfait. Rien ne nous fait connaître le mode suivi en 1834 et en 1835.

On croit devoir reproduire ici textuellement le traité de 1836.

Règlement

pour « l'exécution de l'art. 11 du chapitre premier du budget des dépenses de l'École » (1er décembre 1836). (Entretien des élèves-maîtres et dépenses du service intérieur).

Article 1er

Les élèves feront quatre repas par jour ; à déjeuner et à goûter, ils auront du pain ; leur dîner et leur souper seront composés ainsi qu'il suit :

JOURS GRAS

A dîner, chaque élève aura de la soupe grasse, cent vingt-cinq grammes de bœuf et un plat de légumes ou, en remplacement des légumes, trente grammes de lard pour chaque élève.

A souper, chaque élève aura cent vingt grammes de veau ou de mouton et quelquefois, mais rarement, de cochonnade, avec un plat de légumes cuits au gras.

JOURS MAIGRES

A dîner, outre la soupe, il y aura pour chaque élève deux portions différentes de légumes.

A souper, deux plats de légumes, dont l'un pourra être remplacé quelquefois par de la salade ou par du fromage. Il sera donné des œufs deux fois par semaine en remplacement de l'un des deux plats maigres. Chaque élève aura dans ce cas un œuf et demi dans un assaisonnement, ou deux œufs sans assaisonnement. Cet article ne peut néanmoins être exigé pendant quatre mois d'hiver, attendu le prix trop élevé des œufs.

Article 2

Pain. — Le pain destiné à la nourriture des élèves sera du pain bis-blanc ou du pain de ménage de bonne qualité. Il auront droit chacun à un kilogramme de pain pour leurs quatre repas.

Article 3

Vin. — Chaque élève aura par jour deux cinquièmes de litre de vin de bonne qualité, un cinquième pour le dîner et un cinquième pour le souper.

Article 4

Chauffage. — Le Directeur sera tenu de chauffer convenablement les salles destinées à l'enseignement, notamment la salle d'étude et la salle destinée aux démonstrations et même le bureau d'administration, lorsqu'il y aura réunion de la Commission. Le bois nécessaire pour le service de la cuisine et des domestiques sera également à sa charge, de même que le chauffage du maître-adjoint interne, jusqu'à concurrence d'une somme de vingt francs.

Article 5

Éclairage. — Tout l'éclairage de l'établissement sera à la charge du Directeur. Il y aura cinq quinquets à un bec allumés dans la salle d'étude, trois au réfectoire pour le temps du souper, quand il sera nécessaire, deux au dortoir pour le lever et le coucher des élèves, et un sur l'escalier depuis la nuit tombante jusqu'au coucher. Une veilleuse aux lieux d'aisances et au dortoir pour toute la nuit.

Le Directeur sera en outre tenu de faire allumer devant la porte du portier une lanterne depuis la nuit tombante jusqu'à huit heures et demie du soir.

L'éclairage du maître-adjoint pour les moments que celui-ci occupera sa chambre sera aussi fourni par le Directeur.

Article 6

Blanchissage. — Tous les frais de blanchissage, soit de celui de la maison, soit du maître-adjoint, du maître d'études et de celui des domestiques seront à la charge du Directeur. Chaque élève-maître pourra faire blanchir et repasser par mois : 1° six chemises, repassées le plus simplement possible; 2° un bonnet de nuit; 3° une paire de draps; 4° quatre paires de bas; 5° quatre serviettes; 6° quatre mouchoirs de poche; 7° un caleçon; 8° une cravate blanche.

Le maître-adjoint et le maître d'études auront droit au même blanchissage que les élèves et deux chemises de plus par mois.

Article 7

Les honoraires du médecin, les gages des domestiques, le salaire du perruquier qui vient couper les cheveux et faire la barbe des élèves, seront à la charge du Directeur.

Article 8

Le Directeur sera tenu de fournir le cirage et les brosses pour la chaussure des élèves-maîtres, du maître-adjoint et du maître d'études.

Article 9

La nourriture du maître-adjoint et celle du maître d'études sera de même à la charge du Directeur. Elle consistera : 1º en un kilogramme de pain pour chacun d'eux, et en un litre et demi de vin par jour pour les deux ; 2º les jours gras, à dîner, ils auront une soupe grasse, chacun cent vingt-cinq grammes de bœuf, une portion de lard et une portion de légumes. — A souper, chacun dix-huit décigrammes soixante-quinze grammes (sic) environ de viande, un plat de légumes, une salade en été, et un plat de dessert.

Les jours maigres, à dîner, de la soupe, deux plats de maigre comme les élèves et un plat de dessert. — A souper, deux plats de maigre, dont l'un sera composé quelquefois d'œufs ou de poisson, plus un plat de dessert.

Article 10

Aux conditions et sur les bases indiquées au présent, toutes les dépenses prévues à l'article 11 du chapitre 1er du budget de l'Ecole normale tomberont à la charge du Directeur et seront faites à ses frais, à la seule exception des dépenses d'infirmerie s'il y a lieu, lesquelles seront payées sur les fonds du boni que le traité à forfait laissera à la disposition de la Commission.

« La Commission, qui n'a eu qu'à s'applaudir de l'exactitude et
« de la loyauté avec lesquelles M. Perney a rempli, pour l'année
« 1836, les obligations qui lui étaient imposées par le traité qu'elle
« avait passé avec lui, a décidé à l'*unanimité* qu'il lui serait pro-
« posé de se charger encore, pour l'année 1837, des différentes
« fournitures à faire pour l'Ecole ».

Toutefois, auparavant la Commission a chargé quatre de ses membres, parmi lesquels le principal du collège, « de calculer en détail d'après les prix probables des denrées et des objets de consommation, le montant de la dépense à faire », et de déterminer, d'après cela, « le boni que l'on pourrait espérer d'obtenir ». L'état dressé par ces Messieurs figure au registre. On juge utile de le transcrire ici, en raison de l'intérêt qui s'y attache à divers titres :

Pain................	33 kil. par jour font 12,045 par année à 0 fr. 275 le kil.	3.312f 27
Vin.................	131. 2 dl. par jour font 4,118 l. à 0 fr. 25 l'un.	1.204 50
Viande.............	8 kil. 25 décagr. par jour font 3,011 kil. 25 pour l'année à 0 fr. 80 l'un........	2.409 »
Lard................	1 kil. par jour : 365 kil. pour l'année à 1 fr. 20 le kil...............	438 »
Légumes, fromage ou salade.	Pour 365 jours du 4e plat maigre à 1 fr. 50.	547 50
Bois.................	65 stères de bois façonné................	690 »
Charbon............	8 mesures à 6 fr. l'une................	48 »
Eclairage...........	11,562 heures d'un bec pour l'année à 3,056 mill par heure...............	647 47
Blanchissage.......	Voir l'état détaillé montant à............	683 »
Chandelle..........	50 kil. pour l'année à 1 fr. 55 l'un......	77 50
Beurre..............	2 kil. 5 par semaine à 1 fr. 20 l'un......	156 »
Sel..................	200 kil. à 46 fr. les cent kil.............	92 »
Vinaigre............	150 litres pour les repas et les arrosements du dortoir et des salles en été à 0 fr. 25 l'un.	37 50
Poivre..............	Pour l'année......................	10 26
Légumes pour la soupe....	Pour l'année..........................	60 »
Gages des domestiques et leur nourriture..........	Pour le garçon....................... Pour la cuisinière.....................	450 » 400 »
Cirage et brosses...	Pour l'année........................	50 »
Honoraires de médecin...	Pour l'abonnement de l'année...........	100 »
Salaire du perruquier.....	Id. — —	100 »
Menues dépenses...	....	30 »
Nourriture du maître adjoint et du maître d'étude............		620 »
	Total général de la dépense...........	12.163 »

RECETTE

33 élèves à 350 fr. l'un font.....................................	11.550	»
Pour la nourriture des maîtres internes.....................	700	»
Rente sur l'État..	60	»
Total général de la recette............	12.310	»

BALANCE

Recette...	12.310	»
Dépense...	12.163	»
Excédent...........................	147	»
Boni des vacances........................	900	»
Boni total...........................	1.047	»

On voit que le calcul est fait pour l'année entière et que le temps des vacances doit donner lieu à une économie, évaluée à 900 francs sans indication plus explicite. La Commission décide donc que l'exécution du règlement arrêté par elle procurera un boni de 1,047 francs, à reverser en fin d'année dans la caisse de l'École par le souscripteur du marché à forfait.

Le Directeur, appelé à prendre connaissance du travail de la Commission, accepte le marché. Toutefois il « fait observer que, « pour acheter dès aujourd'hui une grande partie des provisions et « les différents ustensiles nécessaires pour les contenir, il sera « obligé de faire une avance assez considérable de fonds ; que, « devant en outre supporter personnellement toutes les pertes et « les chances de hausse dans le prix des approvisionnements, il « désirerait que la Commission réduisit le boni réel de 1,047 francs « à celui de 850 francs ». La proposition paraît « juste et fondée » à la Commission. « Voulant faciliter à M. Perney les moyens d'exé- « cuter convenablement les obligations du traité », elle « consent à « réduire le boni à la somme de 850 francs, lesquels serviront jus- « qu'à due concurrence, à acquitter les dépenses d'infirmerie, qui « seront faites pendant l'année 1837 ».

Le traité à forfait a en conséquence été rédigé ainsi qu'il suit :

« M. Perney, Directeur de l'École normale, s'engage à remplir

« toutes les conditions énumérées dans le règlement porté à la
« présente délibération, et à rendre à la fin de l'année mil huit cent
« trente-sept une somme de huit cent cinquante francs (avec
« laquelle la Commission restera obligée de pourvoir, ainsi qu'il a
« été dit, aux dépenses d'infirmerie) à titre de boni au profit de
« l'établissement, moyennant quoi il touchera à son bénéfice,
« savoir : 1° le produit de trente-trois bourses, dont le montant de
« chacune est de trois cent cinquante francs pour l'année, sans
« déduction de vacances et congés, ni même des absences de moins
« d'un mois que pourraient faire les élèves-maîtres pendant le cours
« de l'année ; et que le montant des bourses sera payé d'après les
« états mensuels ou trimestriels qui seront vus et arrêtés par la
« Commission de surveillance ;

« 2° Qu'il touchera également à son profit la somme de sept cents
« francs portée au budget pour la nourriture du maître-adjoint et
« pour celle du maître d'études, et pareillement enfin la somme de
« soixante francs provenant d'une rente sur l'Etat créée au profit
« de l'Ecole en 1835.

« Il est convenu que si le nombre des élèves dépasse celui de
« trente-trois, le Directeur remettra cinq francs par mois pour
« chaque élève en plus et réciproquement, si le nombre des élèves
« devenait inférieur à celui de trente-trois, il sera tenu compte au
« Directeur d'une diminution de cinq francs par mois pour chaque
« élève en moins.

« La présente convention est faite pour l'année mil huit cent
« trente-sept et devra être soumise immédiatement à l'approbation
« de M. le Ministre de l'instruction, par l'intermédiaire de M. le
« Préfet du département, et de M. le Recteur de l'académie, à
« chacun desquels il sera adressé une expédition du présent
« traité ».

« Fait et arrêté le premier décembre mil huit cent trente-six ».

Le traité fut approuvé et exécuté.

Après nouvel examen de la question, la Commission (délib. du 24 novembre 1837), satisfaite de la manière consciencieuse dont le Directeur s'est acquitté de ses obligations, et reconnaissant « qu'il était impossible de s'arrêter à la pensée d'une administration ou fourniture par régie », renouvela, pour 1838, un marché semblable avec le Directeur. Il en fut de même pour 1839. Mais le Directeur ayant refusé, sa mère étant malade, de se charger de ce service pour 1840, la Commission adopta le « mode d'administration par « régie, celui de presque tous les établissements d'instruction « publique et spécialement des écoles normales primaires », et décida « que le soin d'y pourvoir serait confié à un économe » (délib. du 23 novembre 1839).

Elle arrêta, le 12 décembre 1839, le règlement auquel devait se conformer l'économe, qu'elle plaça nettement sous le contrôle bien défini du directeur ; puis, sur la recommandation de plusieurs de ses membres, elle proposa à « l'autorité supérieure M. Larminat, « ancien capitaine d'infanterie en retraite, demeurant à Vesoul, « pour remplir les fonctions d'économe », avec « un traitement annuel de cinq cents francs », sans autre avantage, « à l'exception des fournitures de papier, plumes, encre, registres, etc., etc. ». « L'économe ne sera ni nourri ni logé à l'Ecole », ajouta-t-elle explicitement.

L'allocation à l'économe devait être et fut en effet prélevée sur le crédit qu'il avait à gérer.

La consécration de l'institution n'alla pas toute seule. Elle fonctionna pendant l'année 1840, de telle façon que, le 16 janvier 1841, lors de l'examen du compte de 1840, la Commission déclara « qu'elle n'avait que des éloges à donner à M. Larminat ». Cependant le même jour elle reçut communication d'une lettre rectorale lui annonçant que le Ministre avait « supprimé le crédit de « 500 francs proposé pour le traitement de l'économe, en 1841, et « décidé qu'il ne devait pas y avoir d'économe à l'Ecole normale, « le service économique devant être confié au directeur ou à l'un « des maîtres-adjoints, sauf une légère indemnité pour ce surcroît « de travail ».

La Commission se sentit piquée au vif. Dans une délibération longuement motivée et toujours respectueuse, elle rappela que le Ministre avait sérieusement examiné la question, qu'il avait même « jugé convenable de la mettre sous la garantie d'un vote spécial du Conseil général » et qu'il y avait donné « son approbation par l'arrêté du 4 novembre (1840) nommant M. Larminat économe de l'établissement ». Elle insista notamment sur les avantages que l'expérience d'une année, qu'on venait de réaliser, avait fait ressortir, avantages qui, outre la parfaite régularité du service, se traduisaient, après payement du titulaire, par un boni de 1,136 fr. 41. Elle fit plus. Se livrant à de copieuses considérations, elle prouva l'impossibilité pour le directeur d'accomplir convenablement sa mission très complexe de direction, de contrôle et d'enseignement, si on lui imposait en même temps l'économat. Sans doute, il avait bien, antérieurement, pris à forfait ce service ; mais ce n'était pas lui-même, c'était sa mère qui s'en occupait, et qui, en raison du marché, « n'avait de compte à rendre qu'à elle-même ». Quant aux maîtres-adjoints, « deux jeunes hommes, naguère encore élèves de « l'Ecole, pleins d'espérance et d'avenir, qui remplissent parfaite-« ment leurs fonctions, ils s'acquitteraient fort mal de celles de « l'économat ». Puisqu'on devait appliquer le système de la régie, « s'il se trouvait en dehors de l'Ecole, un homme probe, exact, « capable », il faudrait s'empresser de se l'attacher. Cet homme était trouvé : « il exerçait depuis une année, avec l'assentiment de « M. le Ministre, et à la satisfaction de la Commission ». Elle « suppliait M. le Ministre de le conserver à l'Ecole ».

Par une décision du 12 février 1841, le Ministre accueillit la réclamation de la Commission, et l'allocation à l'économe continua de figurer au budget parmi les dépenses à couvrir avec le produit des bourses ou pensions. Tout alla bien pendant quelque temps. La Commission, chaque année, adressait des félicitations à l'économe pour son « zèle », son « intelligence » et sa « probité ». Cependant la question revient encore sur le tapis en 1845, lors du règlement du budget du service intérieur pour 1846. Le Ministre ne voulut plus laisser parmi les dépenses du service intérieur les 500 francs attribués à l'économe (décision du 11 avril 1846). Toutefois devant les pressantes observations de la Commission, il consentit à les y maintenir pour l'année courante. Pour l'avenir, si on conservait un économe à l'Ecole, le Conseil général devrait en voter le traitement par un crédit spécial. En présence de cette situation, « la Commission de plus en plus convaincue de l'importance de la création proposée par elle en 1839 », après avoir reproduit en substance toutes les raisons qu'elle avait invoquées antérieurement, inscrivit au projet de budget préparé par elle pour 1847, en dehors des frais du service intérieur, l'allocation de 500 francs à l'économe, en insistant pour que le Conseil général ne la rejetât pas (délibération du 5 août 1846). Là encore, la Commission s'étendit complaisamment sur les qualités de l'homme qu'elle avait choisi. On serait presque tenté de se demander si elle ne se laissait pas entraîner par des considérations de personne. Le témoignage rendu par les anciens élèves du temps où fonctionnait cette organisation ne permet pas de le supposer. Ils en avaient gardé un excellent souvenir et ne pouvaient concevoir l'Ecole normale sans économe.

Il n'en est pas moins vrai qu'administrativement la question de l'économat était pour ainsi dire toujours en discussion, parce que la règle était que le directeur fût en même temps économe. Aussi, quand le premier économe de l'Ecole offrit sa démission, à cause de son grand âge (70 ans) et de ses infirmités, le 15 mars 1848, la Commission l'accepta-t-elle et jugea-t-elle qu'il convenait de remettre son service au directeur.

L'Ecole avait donc eu, contrairement à ce qui existait ailleurs, un économe spécial pendant plus de neuf ans. Durant cette période, jamais une voix discordante ne s'est élevée contre l'institution.

Jusqu'en 1881, la direction et l'économat furent réunis dans les mêmes mains. Qu'en doit-on penser? Tout dépend du point de vue. Pour l'administration il y avait économie d'un traitement. C'était l'avantage palpable du système. Mais le soin de l'économat, qui ne se restreint pas, on le sait, à la tenue de la comptabilité, n'avait-il pas l'inconvénient de détourner le directeur de la direction morale de la maison et du contrôle de l'enseignement? Absorbé par les minutieux et fréquents détails du service intérieur, qui exigeaient à tout instant son intervention, avait-il l'esprit assez tranquille pour se livrer à l'étude et rester, ce qu'il est désirable qu'il soit, le professeur non moins que l'éducateur modèle aux yeux des maîtres et des élèves? Obligé d'émietter son attention sur les mille petits riens dont se compose l'organisation de la vie matérielle, pouvait-il se livrer assez à la méditation pour élever sa pensée et son caractère au-dessus des mesquines difficultés qui surgissent incessamment de la vie commune entre individus venus de tous côtés, et, à l'origine, à peine dégrossis, avec, à l'âge où on les prenait alors, des habitudes déjà formées et tenaces, difficultés que l'internat imposé aux maîtres ne diminuait pas, tant s'en faut? On le jugeait beaucoup d'après les résultats financiers de son administration. Comment dès lors aurait-il résisté à la tentation de réaliser des économies là où elles n'étaient pas toujours à leur place? Et eût-il été à l'abri de tout reproche de ce côté qu'il n'eût pas échappé à la critique des intéressés, soit maîtres, soit élèves. Il est trop dans nos habitudes de nous plaindre de l'autorité pour que la table, si bien servie qu'elle pût être, n'ait pas donné lieu soit un jour, soit l'autre, soit de la part de celui-ci, soit de la part de celui-là, à des réflexions désobligeantes, et même à des accusations formelles, sinon publiques, contre celui qui réglait l'alimentation? Les attitudes non équivoques quoique contenues de ses pensionnaires lui révélaient clairement alors leur état d'esprit, qui ne contribuait guère à le rasséréner. Que devenait dans ce cas l'autorité morale dont il avait un si grand besoin pour le succès de sa haute mission? Ce n'est pas une vaine supposition qu'on fait là. Tous nous avons entendu l'écho d'appréciations de ce genre, que rien ne justifiait, il faut bien le croire, ou qui, tout au moins, étaient fort exagérées. N'eussent-elles eu aucun fondement qu'elles n'en étaient pas moins regrettables par leur fâcheux effet. L'administration le comprit.

Aussi, fût-ce une véritable délivrance pour les directeurs que d'être déchargés d'un service qui pouvait prêter prétexte à de pareilles atteintes à leur considération. Tout le monde se trouva bien de la réforme : le directeur, les maîtres, les élèves. Pour le directeur, cela ne soulève aucun doute d'après ce qu'on vient de dire. Les maîtres, ceux qui prenaient part à la table commune, se sentaient plus à leur aise pour présenter à un collègue leurs observations s'il y avait lieu. Les élèves n'étaient plus tentés de croire qu'on cherchait à obtenir des économies personnelles à leur détriment. L'esprit de l'internat en bénéficia d'autant. Il faut dire aussi que l'administration, depuis cette époque, se montra grandement préoccupée du bien-être des jeunes gens. Ce n'était pas le boni obtenu en fin d'année sur le crédit de nourriture qu'elle considérait avant tout. Elle demandait au contraire que les élèves reçussent une alimentation répondant aux exigences de leur développement physique et du travail intense qu'ils fournissent. L'arrêté du

17 décembre 1888, en réglant définitivement le régime, vint attester publiquement ces dispositions bienveillantes.

Le premier économe de l'école normale reçut sa nomination le 7 novembre 1881. Enfant du pays, élève de la maison, professeur titulaire, intelligent, actif, vigilant et ferme, en même temps que souple et bon, il sut remplir son rôle à la très grande satisfaction de tous. Secondant habilement le Directeur dans la tenue de l'Ecole, il se fit aimer des élèves en les traitant comme des jeunes gens désireux de bien faire, plutôt que comme des écoliers toujours prêts à s'affranchir de la règle. Il savait faire la part de la jeunesse. Il ne regardait pas comme un crime un léger oubli, souvent involontaire, dans un service. Un mot discret glissé à l'oreille du négligent, et celui-ci se hâtait de réparer sa faute, très reconnaissant au maître qui avait ménagé son amour-propre. Ainsi tout marchait à souhait sans à-coup, sans heurt, avec une entente parfaite, de la direction aux élèves, en passant par les maîtres. Jamais il n'y eut entre l'économe et le chef de l'établissement, qui ne fut pas toujours le même, le moindre froissement par suite de rivalité ou de prétentions déplacées à l'indépendance, comme cela s'est produit quelquefois, paraît-il, dans quelques écoles normales. Chacun se tint dans ses attributions propres : l'un gérant les deniers et les matières, l'autre contrôlant les opérations et tout le service. La comptabilité fut parfaitement tenue. Quand, sur sa demande, cet excellent fonctionnaire alla dans une autre école, les regrets de tous l'accompagnèrent. Il laissait un service bien organisé, en très bonne voie, et son successeur n'eût qu'à suivre les mêmes errements.

La multiplicité des écritures qui va toujours en croissant, impose aujourd'hui à l'économe, une besogne considérable, besogne qui ne dépend nullement de l'effectif de l'Ecole. Nous avons eu 75 élèves et maintenant nous en avons 32. Le travail de l'économe n'a pas varié, ou plutôt il a augmenté depuis la réduction du nombre des élèves. Surveiller la tenue de la maison, diriger les domestiques, recevoir ou délivrer une fourniture, écrire un chiffre de recette ou de dépense, enregistrer une entrée en magasin ou une consommation ne prend ni moins de temps ni moins de peine dans une école de 32 élèves que dans une école de 75. Bien plus, notre maison est plus difficile à entretenir propre par 32 élèves que par 75. Sous ce rapport, l'économe a besoin de se dépenser davantage aujourd'hui pour obtenir le même résultat qu'autrefois. Or avec cela, il doit encore donner dix heures d'enseignement littéraire. Sa fonction n'est donc pas une sénécure. Il ne peut la remplir convenablement qu'avec beaucoup de zèle.

VI

ÉCOLE ANNEXE

On a vu plus haut que l'École normale eut pour berceau un bâtiment dépendant d'un ancien couvent d'Ursulines, où elle n'avait que bien juste la place nécessaire pour les élèves-maîtres. Pour cette raison elle n'eut pas d'abord d'école annexe, ou, comme on disait alors, d'école d'application. Cependant un établissement destiné à former des maîtres de l'enfance, à qui on demandait d'être des éducateurs, ne pouvait se contenter de lester ses apprentis instituteurs de quelques connaissances générales et de quelques formules pédagogiques. Lancés dans la vie avec ce faible bagage, beaucoup n'auraient guère répondu à l'attente du pays. Qu'auraient-ils fait ? Ce qu'ils avaient vu pratiquer dans leurs villages. Or on sait, par l'enquête officiel de 1834, quel était l'état lamentable des écoles. Ce n'était pas seulement les locaux et le matériel qui appelaient de profondes réformes. Les maîtres eux-mêmes, sans instruction, sans dignité souvent, manquaient de beaucoup des qualités nécessaires. Non seulement ils ignoraient l'art difficile d'élever l'enfance, mais ils ne savaient même rien de la pratique de leur métier. Sans doute il se rencontrait d'honorables exceptions, et les grandes villes, qui offraient de sérieux avantages à leurs instituteurs, pouvaient avoir des écoles convenablement dirigées. Ce n'était pas le cas des communes rurales. Trop souvent elles devaient se contenter d'un pauvre diable, qui, incapable de faire autre chose, s'improvisait maître d'école. Pourvu qu'il chantât fort au lutrin, qu'il fît peur aux enfants, devant qui les parents l'évoquaient comme croquemitaine pour se faire obéir, le reste importait peu. S'il savait lire, écrire et compter, — et Dieu sait où sa science s'arrêtait parfois ! — on le tenait pour savant. Pour système d'éducation, il avait la baguette — quelquefois mieux ou pire même ! — dont il se servait magistralement. Son objectif, d'accord avec la conception du milieu et du temps, c'était de dompter par la violence les petits démons qu'on lui envoyait. Avait-il un but bien défini en enseignant le peu qu'il savait ? Il allait au hasard le plus souvent, poussé par les circonstances, entraîné par ceux de ses élèves, bien rares du reste, en qui, en dépit de sa routine, s'allumait le désir d'apprendre. De quel droit d'ailleurs espérer de lui davantage ?

Voilà les modèles qu'avaient vus les premières promotions d'élèves-maîtres. Négliger leur préparation pratique eût été les condamner par avance à retomber dans l'ornière d'où on voulait les tirer. Ils n'auraient pu qu'imiter leurs devanciers et maîtres. On alla au plus pressé, en les initiant aux règles extérieures de leur profession, à ce qui n'est guère que pur mécanisme.

Doit-on s'en étonner ? L'école primaire, en ce temps, était un véritable capharnaüm : aucune organisation ne présidait au groupement des élèves, à la marche des études. L'enseignement individuel y florissait, condamnant le maître à l'impuissance, malgré une dépense quelquefois considérable d'activité. Aussi le public ne lui demandait que de munir ses élèves de quelques bribes d'instruction usuelle : lecture, — et quelle ! — écriture et calcul. Ceux de qui elle tenait l'existence légale voyaient bien en elle un instrument de régénération morale et de progrès social. C'est les yeux fixés sur cet idéal qu'ils travaillaient à sa rénovation. Quand cet idéal serait-il atteint ? Les ouvriers de cette belle pensée, c'est-à-dire les fonctionnaires des écoles normales, durent songer à vaincre d'abord les obstacles immédiats : mettre l'ordre où le désordre régnait. A cette condition seulement l'école pourrait instruire, et, par suite élever les cœurs et discipliner les volontés. Tout l'apprentissage pédagogique se borna donc au début, pour les élèves-maîtres, à acquérir la connaissance du mécanisme du métier. Le reste viendrait en son temps, par un lent progrès, selon la marche même de la nature et le développement normal de toute institution née viable.

Mais qu'est-ce qu'une connaissance verbale en matière d'organisation scolaire ? C'est cependant tout le bagage pédagogique qu'emportèrent les premières promotions d'élèves-maîtres, jusqu'en 1839. Aussitôt que les circonstances s'y prêtèrent on songea à la création de l'école d'application, sans laquelle l'apprentissage professionnel n'est qu'un vain mot. L'occasion se présenta lors de l'évacuation, par la prison départementale, des locaux qu'elle occupait dans l'ancien couvent où on avait installé l'Ecole normale. Le projet s'annonce dans la délibération du 12 août 1838, où il est dit que « l'Administration départementale a conçu l'heureuse idée d'appro-« prier ces locaux à deux écoles, l'une d'enseignement primaire « supérieur, et l'autre d'enseignement mutuel et d'enseignement « simultané ». Les termes mêmes dont se sert la délibération montrent bien, selon ce qui a été dit tout à l'heure, qu'on n'a en vue que de mettre les jeunes maîtres au courant du mécanisme professionnel. Aussi bien, avec le temps dont on dispose et leur degré de culture, y aurait-il eu de la présomption à prétendre à plus. C'était déjà beaucoup que de les initier à l'usage des modes et des méthodes d'enseignement, qui, jusqu'en 1850 et même au-delà encore, constituèrent le grand fonds de la science pédagogique des instituteurs.

A chaque pas les documents de nos archives attestent qu'on ne se préoccupe que de cela. Dans son rapport du 14 septembre 1839, le Directeur fait connaître l'ouverture prochaine de l'école d'application dans les termes suivants : « Le 15 octobre, trois écoles vont « être annexées à l'Ecole normale dans les vastes locaux y atte-« nants, que le Conseil général a fait approprier à cet effet. La « méthode mutuelle, la simultanée et la mixte y seront suivies « dans toute leur pureté ». Ses successeurs s'expriment semblablement. Le rapport de 1851 contient ce bref passage : « Les écoles « annexes, utile création dans l'établissement, puisque c'est là que « nos jeunes maîtres apprennent à enseigner pendant les deux « dernières années de leur cours d'études, comprennent une école « mutuelle fréquentée en ce moment par 92 élèves, et une école « simultanée ou mixte, qui en compte 25 ». L'art même de l'éducation, cela se sent en parcourant les registres, n'est pas ce dont on s'efforce de munir les élèves-maîtres. On n'y arrivera que plus tard, quand la pratique courante d'une bonne organisation scolaire leur aura été rendue familière par la tradition. Faire une leçon et maintenir l'ordre dans l'école, selon les règles du système adopté, voilà ce dont on tâchait de les rendre capables. Cela ne signifie nullement qu'on n'avait pas dans l'Ecole normale une vue plus élevée du rôle réservé au maître Les hommes intelligents à qui était confiée la préparation des instituteurs savaient bien qu'ils devaient former des éducateurs, pour qui la pratique d'un système n'a qu'une valeur secondaire, et qu'elle n'est que peu de chose sans l'esprit qui lui donne la vie. Ils se contentaient de ce qui était possible en leur temps, et rendaient par là possibles les progrès ultérieurs. Ainsi chaque génération a sa tâche à accomplir dans la marche de l'humanité vers le mieux. Elle a droit à notre reconnaissance si elle s'en est acquittée. Pour nous, si nous ne conduisions pas plus loin que nos devanciers le sillon qu'ils ont commencé, ce serait avec raison qu'on nous le reprocherait.

L'école d'application s'est donc ouverte en octobre 1839. Elle eut pour directeur un ancien élève-maître, déjà en fonctions comme instituteur, que sa tenue, son instruction et ses succès recommandaient à l'administration. Il reçut 500 francs de traitement annuel, « non compris la nourriture, le blanchissage et le chauffage ».

Les archives ne nous renseignent pas sur le nombre des élèves fréquentant à l'origine « les écoles d'application ». Un peu plus tard les rapports du Directeur mentionnent assez régulièrement cette indication. L'effectif, ne s'écarte guère de cent à cent vingt élèves pendant une vingtaine d'années.

Quand à l'organisation même des écoles d'application, nulle part on ne trouve rien de plus complet que ce que contiennent les extraits reproduits plus haut. Il y avait une école primaire supérieure, une école simultanée et une école mutuelle. Ces deux dernières, bien entendu, appartenaient au degré élémentaire.

En 1843, il est dit, dans le rapport annuel, que « dix des candidats portés sur la liste d'admissibilité à l'École normale pour l'année scolaire 1843-44 ont été formés dans les écoles d'application ». L'auteur du rapport paraît satisfait de cette particularité. On ne doit pas s'en étonner. La préparation des candidats dans les écoles rurales se faisait d'une manière fort imparfaite. A l'école d'application, où l'enseignement se donnait avec suite, on les habituait déjà à la discipline intellectuelle qui les attendait comme élèves-maîtres. C'était une avance favorable aux études normales. Aussi leurs futurs maîtres, qui les connaissaient déjà, les regardaient-ils d'un œil plus bienveillant. Il en résulta que chaque année les écoles d'application eurent dans leur classe supérieure un noyau de candidats à l'Ecole normale, dont beaucoup devinrent des sujets distingués. A un moment donné même ce furent ces candidats qui formèrent le principal fond du recrutement des élèves-maîtres. D'après le rapport annuel de 1876, l'école annexe envoie chaque année au concours d'admission une trentaine de candidats.

Il y a tout lieu de penser qu'après la loi de 1850 l'école supérieure, comme on l'appelait, fut supprimée, de nom du moins, car en fait les candidats à l'Ecole normale constituaient, avec quelques jeunes gens de la ville qui se destinaient aux administrations, une véritable division d'enseignement primaire supérieure.

Le 4 avril 1859 l'école annexe change de caractère. Ensuite d'une entente entre la municipalité et l'administration départementale, elle tient lieu d'école communale. Le nombre de ses élèves est doublé du coup. Elle rend à la population des services appréciés, si bien qu'en 1873 la ville cesse d'entretenir son école mutuelle, et compte exclusivement sur l'école annexe pour lui servir d'école publique laïque. Trois cents élèves y sont inscrits. A la demande très légitime du Directeur de l'Ecole normale, la ville vote 800 francs pour le traitement d'un instituteur adjoint, chargé de seconder le directeur de l'école annexe.

Cette situation se prolonge jusqu'en août 1880. A la rentrée d'octobre, la ville, désireuse d'avoir son école à elle, ouvrit une école publique municipale dans des bâtiments qu'elle avait fait construire à cette intention. Elle allégeait ainsi l'Ecole normale d'un fardeau très lourd, qui apportait une grande gêne aux études des élèves-maîtres. Si la ville désirait être chez elle, l'Ecole normale ne souhaitait pas moins vivement de reprendre son indépendance.

Pendant la période de 1859 à 1880, l'école annexe reçut une subvention annuelle de la ville « pour fournitures aux indigents, distribution de prix, chauffage, éclairage et suppléments de traitements aux maîtres ». Cette subvention fixée au début à 1,700 francs s'éleva progressivement jusqu'à 3,000 francs dans les dernières années. Dès 1863, elle est portée à 1,820 francs. A cette date le Ministre avait demandé l'établissement d'une rétribution scolaire. La Commission de surveillance se montra défavorable à la mesure, en invoquant le sacrifice accepté par la ville et l'existence de la gratuité dans l'école congréganiste. Toutefois elle imposa aux élèves-forains « une rétribution mensuelle de 3 francs dans la classe supérieure, et de 1 fr. 50 dans les autres ». (Délibération du 11 juin 1863.)

Outre sa subvention annuelle, la ville supporta des dépenses extraordinaires pour l'acquisition du mobilier et l'exécution de travaux d'appropriation des locaux, rendues nécessaires par la prospérité croissante de l'école annexe. Il est dit, dans le rapport du Directeur en date du 26 juin 1878, qu'en quatre ans ces dépenses montèrent à plus de 6,000 francs. La ville ne cherchait donc pas à éluder les charges qui lui incombaient dans l'entretien de son école.

Néanmoins ce fut avec une vive satisfaction qu'à l'Ecole normale on vit la séparation s'effectuer. L'école annexe redevint ce qu'il est convenable qu'elle soit : une école d'un effectif moyen de quarante à cinquante élèves, où les élèves-maîtres peuvent, dans les conditions les plus ordinaires, s'exercer à la pratique de l'enseignement et de l'éducation, sous la direction et le contrôle, non plus seulement nominal, mais réel, d'un maître que de trop multiples soucis ne détournent pas de son rôle essentiel.

Service des élèves-maîtres à l'école annexe. — Comment se faisait l'apprentissage professionnel des élèves-maîtres à l'école annexe ? C'est une grave question, qui l'était plus encore autrefois qu'aujourd'hui. Outre les raisons qui ont été données plus haut de la nécessité d'initier, dans les premiers temps, les élèves-maîtres au maniement d'une école, parce qu'enfants ils n'avaient guère eu que de pauvres exemples sous les yeux, on peut ajouter qu'au sortir de l'Ecole normale chacun rentrait dans l'isolement pédagogique, car d'élève-maître il passait d'emblée directeur d'école communale. Aujourd'hui tout élève-maître devient d'abord instituteur adjoint. Placé à côté et sous l'autorité d'un instituteur expérimenté responsable de l'Ecole, il ne se voit plus entièrement abandonné à lui-même. Il trouve appui et lumières auprès de son directeur, qui lui rend les premiers pas plus faciles. Et même c'est dans les grandes écoles, où le directeur n'a pas la charge d'une classe, qu'il rencontre les meilleures conditions de rapide initiation. Là, en effet, le directeur disposant de son temps, peut se consacrer à lui d'une manière plus suivie. Dans les autres, quoique non isolé totalement, le jeune débutant doit bien cependant ne compter que sur lui durant les heures de classe, puisque son directeur est lui-même retenu auprès de ses propres élèves. Les conseils qu'il en recevrait avant ou après les classes ne suffiraient pas à lui épargner les fautes et les maladresses, si un apprentissage antérieur, à la fois théorique et pratique, ne l'avait pas mis à même, je ne dis pas de se passer de l'aide, mais de mieux profiter des avis de son directeur.

Donc l'école annexe a toujours une incontestable utilité.

Autant qu'on en peut juger, car rien d'explicite à ce sujet n'existe dans les archives pendant les premiers temps, seuls les élèves-maîtres de seconde année allaient à l'école annexe, sans qu'on sache en quoi consistait le service qu'ils y faisaient. Ils passaient sans doute successivement dans l'école mutuelle et dans l'école simultanée ; aux plus intelligents était réservée l'école supérieure.

Le rapport de 1855 nous apprend (le cours normal est alors de trois ans) que les élèves de troisième année et ceux de deuxième sont exercés à l'école annexe, et c'est tout. Jusqu'en 1869, l'exercice à l'annexe est réservé à ces deux promotions. Lorsque l'école annexe est devenue communale, son organisation, on l'a vu, fut transformée. Ses élèves furent répartis d'abord en quatre classes, puis en cinq. Alors le service des élèves-maîtres les y rappela à tour de rôle pendant une semaine à raison de quatre, puis de cinq par semaine, dont deux ou trois de troisième année et deux de deuxième année. Chaque élève-maître prenait la direction de sa classe et y donnait tout l'enseignement du matin au soir.

En 1868-69 (rapport du directeur), une nouvelle modification est introduite dans la tâche des élèves-maîtres à l'annexe. Vingt s'y exercent chaque jour pendant une heure et demie chacun, quatre dans chacune des cinq classes, savoir deux le matin et deux le soir.

En 1870, on revient au système du service quotidien. Cinq élèves-maîtres, deux de troisième année, deux de deuxième et un de première, se succèdent de jour en jour à l'annexe.

D'après le rapport de 1872, un nouveau service a été organisé ; on est revenu au roulement de vingt élèves-maîtres par jour, une heure et demie chacun, les mêmes élèves, cette fois, demeurant un mois à l'école annexe.

En 1874-75 on a rétabli le service hebdomadaire de cinq élèves-maîtres.

Deux ans plus tard on a adopté une autre combinaison : « Dix-« huit élèves-maîtres, pendant une heure chaque jour, paraissent « à l'école d'application, y enseignent la même matière toute la « durée de leur service (un mois), et se familiarisent avec cette « matière. Les études normales n'en souffrent pas sérieusement et « les études professionnelles y gagnent ». Ainsi s'exprime le rapport de 1877. L'appréciation relative aux études professionnelles est pour le moins très contestable.

Lorsque, en 1880, l'école annexe ne compta plus que quarante-cinq élèves, le service réorganisé y appela simultanément trois élèves-maîtres, un de chaque promotion, pendant une semaine. Chaque élève-maître prit pendant sa semaine la direction d'un cours, le cours supérieur étant confié à l'élève-maître de troisième année, le cours moyen à celui de deuxième et le cours élémentaire à celui de première. Comme les trois cours étaient réunis dans deux salles séparées seulement par une cloison vitrée, le directeur de l'annexe pouvait suivre aisément les trois élèves-maîtres dans leur travail et intervenir opportunément. Comme d'ailleurs il les avait constamment sous les yeux, il savait mieux, à la fin de la journée, quelles observations il devait adresser à chacun sur son attitude, son langage, sa méthode, son défaut de tact ou son habileté, son savoir-faire enfin. Ainsi l'apprentissage pratique était mieux assuré par des directions appropriées à chacun et un service complet d'enseignement. Au bout du cours normal les élèves-maîtres ayant passé successivement dans les trois cours élémentaires, moyen et supérieur, avaient acquis une notion exacte de ce qui convient aux divers degrés des études primaires élémentaires. Les différents problèmes d'éducation en présence desquels ils s'étaient trouvés, durant leur passage à l'annexe, leur avaient révélé les difficultés de cette partie de la tâche de l'instituteur, et, avec l'aide du directeur de l'école annexe, ils s'étaient rendus compte de la manière dont il convient de les résoudre.

Cette organisation existe encore aujourd'hui avec une modification assez sérieuse, — dont la raison va être donnée, — dans la durée du service.

Pourquoi a-t-on reproduit plus haut la succession ennuyeuse des changements introduits dans le service à l'annexe des élèves-maîtres? Pourquoi aussi ces changements si fréquents et si profonds?

C'est que la question de l'envoi des élèves-maîtres à l'école d'application n'est pas aussi simple qu'elle le paraît à son énoncé. Et en rappelant tous les tâtonnements auxquels elle a donné lieu antérieurement, on a voulu rendre plus évidente la difficulté que présente sa solution.

Les diverses combinaisons successivement adoptées, avec retour tantôt à l'une, tantôt à l'autre, sont la claire manifestation des préoccupations de la direction de l'Ecole normale au sujet de cette question, et la preuve éclatante qu'aucune solution ne la satisfaisait complètement. Est-il possible d'en trouver une bonne ne soulevant aucune critique?

On ne doit pas perdre de vue que le problème a une réelle complexité. Les élèves-maîtres ont à se familiariser avec la pratique de l'éducation; voilà la donnée simple. Or on se trouve en présence de deux intérêts opposés et également respectables: d'une part celui des études des élèves-maîtres; d'autre part celui des études des enfants de l'école annexe. Si on veut avant tout ne pas contrarier les études des élèves-maîtres, on les envoie à courtes périodes à l'école d'application. De cette façon leur instruction générale ne subit que de brèves lacunes, faciles à combler entre les périodes de service. Mais que deviennent les études à l'annexe dans ces conditions? Chacun sait que la prise du service par un élève-maître lui cause quelque hésitation pendant les premiers jours, hésitation dont souffrent les petits élèves. Ce n'est guère qu'au troisième jour qu'il se sent ferme dans sa tâche. Si on ne veut pas que les enfants de l'annexe soient soumis à de perpétuels et funestes essais il faut que la période de service s'étende au moins à la semaine, et pour eux il y aurait avantage à ce qu'on la prolongeât davantage, une quinzaine par exemple. Mais alors ce sont les études normales qui sont entravées; car les trous que d'aussi longues absences des leçons laissent dans les connaissances des élèves-maîtres ne se comblent pas et compromettent les études ultérieures. Or la première condition pour enseigner n'est-elle pas de savoir soi-même ?

Et puis est-il indifférent pour l'apprentissage pratique que l'élève-maître passe une heure par-ci par-là à l'école d'application ou qu'il y fasse un séjour d'une ou deux semaines ? Dans une apparition d'une heure on ne peut lui demander que de faire une leçon, non de « tenir l'école », c'est-à-dire, avec l'enseignement, de mener de front la discipline et l'éducation générale. Pour cette dernière partie de la tâche de l'instituteur, la plus délicate comme la plus difficile, il faut autre chose qu'un contact momentané du maître avec l'élève. Non seulement il faut que le maître ait le temps d'étudier l'enfant en classe pour le bien connaître, et exercer sur lui l'action intime sans laquelle il n'y a point d'éducation morale, mais il faut qu'il le voie en récréation, qu'il cause avec lui en particulier ; il faut aussi qu'il voie, aux différents moments de la journée, le directeur de l'école annexe s'entretenir avec les enfants, et même avec les parents qui viennent lui présenter leurs observations ou leurs réclamations, afin d'apprendre comment on sort des multiples incidents de la vie scolaire, pour le plus grand bien de l'enfant et à l'honneur du maître.

Le problème repose donc sur des données à peu près incompatibles. L'apprentissage professionnel et l'intérêt des enfants de l'école annexe exigent que les périodes d'exercice des élèves-maîtres s'étendent à une semaine au moins. De la brièveté de leurs absences des leçons de l'École normale dépend le succès de leurs études. De là les perpétuelles oscillations entre les deux solutions qui, en s'excluant, sollicitent l'esprit, et que dénoncent les changements fréquents relatés plus haut dans le roulement à l'école d'application. Il y avait bien un moyen de ne pas priver les élèves-maîtres des leçons de leurs professeurs : c'était de placer ces leçons en dehors des séances de l'école annexe. Le remède conseillé par l'administration à différentes reprises, a été essayé autrefois. Les premiers emplois du temps, conservés dans les registres, sont conçus d'après cette idée. La solution était trop simple pour être bonne. S'il est désirable que l'élève-maître assiste aux leçons des professeurs, a-t-il moins besoin de se livrer à la méditation et à l'étude libre pour les féconder ? Or avec ce système, à quel moment s'appartenait-il pour penser, pendant ses périodes de service à l'annexe? Non seulement il ne pouvait tirer un réel profit d'un enseignement sur lequel il n'avait pas le loisir de réfléchir ; mais, pour la même raison, son action à l'annexe livrée à tous les hasards de l'inspiration du moment perdait pour lui pratiquement tout caractère fécond. On avait voulu tout sauvegarder par une mesure radicale ; on avait tout compromis.

Plus tard, afin de moins nuire aux études normales, on érigea les élèves-maîtres en professeurs. Chacun ne restait qu'une heure et demie ou même qu'une heure à l'annexe, et n'y enseignait qu'une faculté, celle où le portaient ses préférences. L'un était professeur d'histoire, l'autre de grammaire, l'autre d'arithmétique. Les enfants entendaient peut-être ainsi de meilleures leçons, mais qui ne voit qu'on sacrifiait presque totalement, par cette organisation, la préparation professionnelle? Si professer convenablement est un art difficile, ce n'est cependant que la moindre partie et la plus facile de l'art de l'instituteur.

Donc il n'y a pas de solution radicale au problème. La plus sage est donc d'établir une sorte d'équilibre entre les intérêts en présence. C'est ce qu'on croit avoir réalisé avec l'organisation actuelle qui fonctionne depuis dix-huit ans sans avoir soulevé de réclamation. Trois élèves-maîtres, un de chaque promotion, vont simultanément à l'annexe pendant leur semaine et prennent chacun la direction d'un cours, pendant la récréation comme pendant la classe. La première année s'occupe du cours élémentaire, la seconde du cours moyen, et la troisième du cours supérieur. Dans leurs trois ans les élèves-maîtres ont donc franchi les trois degrés de l'école primaire. Jusqu'ici rien de nouveau, par rapport à ce qui a été dit tout à l'heure, en dernier lieu. Mais voici la différence. Au lieu de rester toute la semaine à l'annexe matin et soir, ce qui, en le privant de presque toutes les leçons de l'École normale, le mettrait à peu près dans l'impossibilité de se maintenir au niveau de ses camarades, l'élève-maître fait son service une semaine le matin, et la semaine suivante le soir. Ainsi point de trous béants dans ses études, car il dispose toujours d'une demi-journée pour se tenir au courant des leçons et d'autre part il a le temps de s'intéresser à sa besogne de maître. Les enfants de l'annexe ne souffrent pas de leur côté, des trop fréquents changements. Cette combinaison paraît la plus propre à répondre aux besoins à satisfaire. En la préconisant on ne songe nullement à s'en faire honneur, car on n'a pas le mérite de l'invention. On l'a importé de l'école normale de Châteauroux où on l'avait trouvée. Ses avantages paraissent tels qu'on se l'est appropriée et qu'on y est restée fidèle, tout prêt d'ailleurs à en adopter une autre dont la supériorité serait démontrée.

VII

COURS SPÉCIAUX

L'Ecole normale créée avec tous ses rouages essentiels, on songea à la faire servir à l'amélioration immédiate des écoles primaires du département. Si on s'était borné à lui demander seulement la préparation de nouveaux instituteurs, son influence ne se serait fait sentir que bien lentement. Qu'on en juge. Le département compte aujourd'hui 583 communes, dont plusieurs sans doute n'avaient pas d'école, mais dont un certain nombre en possédaient au contraire plusieurs, notamment dans l'arrondissement de Lure. Cela représentait bien 600 écoles à pourvoir de maîtres. L'Ecole normale ne produisait, avec les déchets inévitables, qu'une quinzaine de brevetés chaque année. En supposant que tous fussent demeurés instituteurs toute leur vie, quarante années étaient nécessaires pour fournir le département de maîtres convenablement préparés. Mais combien d'instituteurs abandonnaient la carrière après quelques années seulement d'exercice ! Le renouvellement des maîtres devait donc demander un temps beaucoup plus long. Sans doute il n'est pas indispensable que tous sans exception sortent de l'Ecole normale, mais il est désirable que le plus grand nombre en vienne, pour l'unité de vues et de méthodes, l'uniformité de l'enseignement et surtout l'unité d'esprit qui convient à l'éducation. Ceux d'une autre origine, noyés dans la masse des normaliens, en subissent naturellement l'influence, s'imprègnent à la longue des idées communes emportées de la maison-mère, et se fondent petit à petit avec eux dans un ensemble homogène. C'est, on le répète, à la condition pourtant que les normaliens forment la très grande majorité du personnel des maîtres d'école. Aujourd'hui si on ne tenait compte que de l'intérêt exclusivement pédagogique, on pourrait admettre à la rigueur que le recrutement se fît, pour une faible partie, en dehors de l'Ecole normale. Mais n'y a-t-il pas au-dessus de l'intérêt purement scolaire de fortes raisons de souhaiter que les instituteurs, dans l'accomplissement de leur tâche d'éducateurs des intelligences, des cœurs et des volontés, s'inspirent de principes communs et fermes ? Evidemment, si on veut réaliser l'unité morale de la Patrie. Or elle est loin d'être faite, si on en juge par les diverses divisions profondes et les luttes ardentes qui se produisent à chaque instant sur des objets où il semblerait que des hommes mus par le seul désir du vrai et du juste dussent s'entendre pourtant. Qui peut y contribuer plus efficacement que les écoles normales, dont les professeurs, qu'ils sortent ou non de Saint-Cloud, pénètrent leurs élèves de l'admirable esprit de notre école normale primaire supérieure, et dont les élèves répandent dans le peuple tout entier la manne divine qui, pendant trois ans, leur a été libéralement distribuée ? Les instituteurs qui se sont formés ailleurs ou n'ont en général qu'une médiocre instruction, ou sortent d'établissements qui ont un tout autre idéal que celui que nous poursuivons. Les écoles normales ont donc un rôle pédagogique, et, maintenant plus que jamais, de la plus haute importance. Aussi convient-il de les fortifier et de les rendre prospères. Les amoindrir c'est affaiblir une des forces vives, et non la moindre, de notre société démocratique.

Au début on ne portait peut-être pas si haut les regards. Et encore ? Toutefois le plus pressant c'était d'étendre au plus grand nombre possible d'écoles populaires le mouvement pédagogique d'où sortaient les écoles normales et qu'elles mêmes devaient propager. Nous avons vu que la production annuelle des brevetés de l'Ecole normale représentait une bien minime proportion de l'ensemble des maîtres d'école du département. Quelle lenteur dans les progrès si on s'en était contenté ! Aussi, conformément à une disposition du décret du 14 décembre 1832, citée dans le premier chapitre de cette monographie, on appela à l'Ecole normale, chaque année, un certain nombre des maîtres en exercice, pour les sortir de leur routine. Pendant deux mois, on les soumit à un entraînement intellectuel et pédagogique. Ils suivirent des cours destinés à étendre leurs connaissances, et entendirent des instructions sur la manière de conduire une classe. C'était le personnel même de l'Ecole normale qui, à sa besogne ordinaire, joignait cette tâche supplémentaire fort lourde, mais que des besoins d'une extrême urgence réclamaient de leur dévouement.

Les cours auxquels on conviait les instituteurs en exercice reçurent le nom de « cours spéciaux. » C'est dans un règlement du 27 juin 1836, qui les concerne exclusivement, qu'il en est question pour la première fois dans le registre des délibérations de la Commission de surveillance. Cependant ils avaient déjà fonctionné en 1835, ainsi que cela résulte de la note très explicite qui accompagne le projet de budget de 1836. *(Délibération du 7 août 1836)* « L'expérience faite depuis deux ans à l'Ecole normale de
« Vesoul, y est-il dit, a suffisamment démontré, par les progrès
« qu'y ont faits les instituteurs qui sont venus y prendre des
« leçons, combien il serait à désirer que tous ceux du Département
« puissent y venir successivement. »

Les cours spéciaux ont donc commencé en 1835. Mais en dehors de ce qui précède nous ne trouvons dans nos archives aucun renseignement s'y rapportant. Il est permis de supposer que c'est l'expérience acquise cette première année qui a inspiré les principales dispositions du règlement du 27 juin 1893, reproduites ci-après :

Article premier. — « Nul ne peut être admis à suivre les cours
« spéciaux qui seront ouverts le 1er juillet prochain, s'il n'y a été
« autorisé par M. le Préfet, ensuite d'une demande écrite adressée
« à ce magistrat. »

Art. 2. — « Chaque instituteur, au moment de son entrée à
« l'Ecole, remettra par écrit au Directeur l'indication de son
« logement et celle sa pension. »

Si on se rappelle ce qui a été dit du local, dans le premier chapitre de cette monographie, on s'expliquera très bien cette prescription. L'Ecole n'avait que bien juste la place nécessaire pour hospitaliser les élèves-maîtres. Or ils ne la quittaient pas lorsque arrivaient les instituteurs. Ceux-ci devaient donc chercher en ville un gîte et une table. C'était pour eux une assez lourde dépense. On verra plus loin comment il y était pourvu.

L'article 3 concerne l'emploi du temps. Les instituteurs entraient à l'établissement à 5 h. 1/2 du matin. Voici d'ailleurs textuellement transcrite la distribution des heures :

« MATINÉE

« De 5 h. 1/2 à 6 h. 1/2.	Prière du matin et étude.
« De 6 h. 1/2 à 7 h. 1/2.	Ecriture.
« De 7 h. 1/2 à 8 h.....	Déjeuner et repos.
« De 8 h. à 9 h........	Grammaire française et principes de lecture à haute voix.
« De 9 h. à 10 h........	Etude ou leçons pratiques de méthodes d'enseignement.
« De 10 h. à 11 h......	Arithmétique ou géométrie.
« De 11 h. à 1 h........	Dîner et repos.

« APRÈS-MIDI

« De 1 h. à 2 h........	Exercices d'écriture.
« De 2 h. à 3 h........	Géographie.
« De 3 h. à 4 h........	Histoire ou instruction morale et religieuse ou théorie des méthodes d'enseignement.
« De 4 h. à 4 h. 1/2. ...	Repos.
« De 4 h. 1/2 à 6 h.....	Etude.
« De 6 h. à 7 h. 1/2....	Souper et repos.
« De 7 h. 1/2 à 8 h. 1/2.	Plain-chant ou rédaction des actes de l'état-civil et prière du soir. »

Les instituteurs ne quittaient donc la maison, au cours de la journée, que de 11 h. à 1 heure et de 6 h. à 7 h. 1/2 du soir, pour aller prendre les deux repas principaux. La demi-heure laissée pour le déjeuner ne leur permettait guère de sortir, mais leur suffisait pour manger le morceau de pain, dont sans doute ils se contentaient, à l'exemple de ce que, en vertu du règlement, recevaient les élèves-maîtres.

Le programme comporte les connaissances qui font partie de l'instruction primaire élémentaire, selon l'ordonnance du 19 juillet 1833. Le plain-chant et la rédaction des actes de l'état civil, qu'on y a ajoutés, montrent que, si on songeait aux écoles, on n'oubliait pas que l'instituteur joignait à ses fonctions scolaires celles de chantre à l'église et de secrétaire de mairie, que les populations ne regardaient pas comme les moins importantes de ses attributions. La tenue des écritures de la mairie, et particulièrement la confection des affiches, qu'un public peu lettré n'aurait pu lire si elles n'avaient été parfaitement calligraphiées, expliquent sans doute qu'on ait consacré deux heures chaque jour aux exercices d'écriture, tandis qu'on octroyait seulement une heure à la langue française, réduite simplement à la « grammaire française » et « aux principes de lecture à haute voix. » L'heure quotidienne accordée à l'arithmétique ou à la géométrie paraît raisonnable. Mais n'y a-t-il pas rupture d'équilibre en faveur de la géographie, qui reçoit chaque jour une heure, au détriment de l'histoire, qui partage la sienne avec l'instruction religieuse et la « théorie des méthodes d'enseignement » ? Il y aurait peut-être lieu de s'étonner de la distinction entre « les leçons pratiques de méthodes d'enseignement » et leur « théorie, » dans un établissement où l'école annexe n'existait pas. Ne nous montrons pas trop formalistes pourtant, et contentons-nous de remarquer que les études pédagogiques sont une des principales raisons d'être des cours spéciaux. Si nous faisons attention aux deux formules par lesquelles on les désigne, nous nous confirmerons dans cette idée déjà émise qu'au début toute la pédagogie se renfermait dans l'étude des méthodes, nom sous lequel on comprenait également les modes. Qu'on se reporte d'ailleurs à l'ordonnance précitée du 19 juillet 1833, on y trouvera des indications analogues.

Mais continuons notre examen du règlement des cours, et résumons-le.

Les leçons durent une heure. Le son de la cloche les annonce. Elles commencent et finissent par la prière *(art. 4)*. Les instituteurs doivent assister à tous les cours, à moins d'une autorisation du Directeur, « ensuite d'une demande motivée par écrit ». Nul ne peut « quitter les cours spéciaux qu'en vertu d'une autorisation formelle de la Commission » *(art. 5)*. Le règlement prévoit des fautes contre l'ordre. Un rapport du Directeur en informera la Commission qui « prononcera le renvoi immédiat », « si la faute est grave » *(art. 6)*. Un instituteur, choisi par le Directeur, prendra

le rôle de surveillant. « Ce surveillant ou tout autre pourra aussi être chargé de faire des répétitions, selon la spécialité de ses connaissances » *(art. 7)*. « Chaque mois, les instituteurs composeront entre eux sur toutes les matières qui feront partie des cours ». Un tableau des compositions sera dressé et envoyé au Préfet et au Recteur avec des notes sur « la conduite, le zèle et l'exactitude de chaque instituteur » *(art. 9)*. « Le jeudi et le dimanche, les
« Instituteurs se réuniront à l'Ecole normale un quart d'heure
« avant l'heure des offices de la paroisse, et ils se rendront à ces
« offices en même temps que les élèves-maîtres. Ceux qui, à raison
« de la proximité de leurs communes, désireraient y aller le
« dimanche pour y chanter les offices, pourront y être autorisés
« par le Directeur » *(art. 11)*. « Tous les jeudis, il y aura une
« conférence présidée par le Directeur de l'Ecole normale ; il y sera
« spécialement traité de la bonne tenue des écoles primaires, des
« meilleures méthodes d'enseignement et des moyens de les mettre
« en pratique dans toutes les écoles » *(art. 12)*. On a tenu à citer textuellement ce dernier article pour justifier une fois de plus ce qu'on a dit de la pédagogie aux premiers temps des écoles normales,

Le régime auquel le règlement soumet les instituteurs en exercice peut sembler tout d'abord étroitement conçu. On les traite pour ainsi dire comme des écoliers. Aucune liberté ne leur est laissée, pendant le temps qu'ils passent dans l'Ecole. Ils ont un surveillant. Ils composent, comme des enfants qui ont besoin de ce stimulant. Enfin ils se rendent aux offices, en rangs comme les élèves-maîtres. Pourquoi ? Ne sont-ils pas des hommes sachant se conduire ? Hommes ? Sans doute, ils le sont : mais savent-ils bien l'importance de la discipline ? Ont-ils d'ailleurs le sentiment bien vif du respect d'eux-mêmes, que leur impose leur rôle, si modeste qu'on se le représente ? Ne convient-il pas de les astreindre à une règle ferme, qui, pesant sur eux à tous les instants du jour, fasse pénétrer en eux ce sentiment, non seulement par les enseignements qu'ils entendent, mais par ce concours extérieur de circonstances qui a souvent plus d'influence sur les esprits encore frustes que les leçons les mieux senties ? Ne fallait-il pas les familiariser avec la discipline scolaire en les y soumettant eux-mêmes, afin qu'ils se convainquissent par leur propre exemple de sa grande importance, et que leur foi dans son influence morale la leur fît pratiquer dans leurs écoles ? Leur insuffisante culture obligeait à compter bien plus sur ces moyens de leur inculquer de bonnes habitudes et de salutaires idées pédagogiques que sur la valeur d'une parole vigoureuse et chaude, surtout dans le court temps dont on disposait pour les redresser ou les former. C'est égal, aujourd'hui beaucoup auront de la peine à se représenter des hommes, des maîtres, contraints de garder constamment le silence dans les salles où ils se réunissent, de se mettre en rangs pour aller à l'église sous la surveillance d'autres hommes, qui n'étaient pas tous plus âgés qu'eux. Autre temps, autre mœurs, il est vrai.

Si étroites que fussent les prescriptions du règlement précédent, on trouva encore moyen de les aggraver dans un second, du 4 juin 1842, destiné à le remplacer. Depuis l'année 1839, par suite de l'extension de l'espace accordé à l'Ecole normale, les instituteurs suivant les cours spéciaux étaient hospitalisés dans l'établissement. Tout un mobilier avait été acquis spécialement pour eux. Ils avaient leur dortoir, leur cuisine avec leur réfectoire, leurs salles d'étude et de classe, le tout distinct des locaux dont jouissaient les élèves-maîtres.

On les traite alors exactement comme ces derniers. Ils ne peuvent « cesser de suivre les cours, ni même s'absenter sans une autorisation de M. le Préfet » *(art. 3)*. Aucune permission ne leur sera accordée « pour se rendre dans leurs communes le dimanche et les jours de fête, lors même qu'ils seront chargés du chant de l'église » *(art. 4)*. Ils ne peuvent avoir d'autorisation de sortir « que pour des raisons graves, aux jours et heures fixés par le Directeur. » Leurs « commissions ne seront faites que par le concierge » *(art. 5)*. Ils font tour à tour le service de propreté *(art. 9)*. « Le silence le plus profond est de rigueur, non seulement
« pendant les études, mais encore pendant tous les déplacements,
« qui doivent se faire en ordre » *(art. 12)*. « Les instituteurs
« marcheront en rangs et garderont le silence en se rendant à
« l'église pour les offices; et en allant en promenade jusqu'à ce
« qu'ils soient hors de la ville » *(art. 13)*. « Le lever est fixé à
« 4 h. 1/2 les jours ordinaires, et à 5 heures les jeudis et les

« dimanches ; le coucher à 9 heures » *(art. 14).* A noter ici des recommandations qui ne sont guère à leur place dans un règlement et que cependant on retrouve, pendant de longues années, dans les règlements successifs des écoles normales. Les voici :

« Le silence et les règles de la modestie seront strictement
« observés pendant toute la présence au dortoir » *(art. 14).* « Les
« instituteurs auront pour tous leurs maîtres la déférence et la
« docilité qui leur sont dues ; ils observent entre eux les règles des
« convenances et n'auront que des rapports de confraternité et de
« bienveillance ; ils montrent toujours dans leurs paroles et dans
« leurs actions cette réserve qu'on doit attendre d'hommes de leur
« profession » *(art. 15).*

Comment retenir un sourire à la lecture de semblables prescriptions ? Si les instituteurs ont besoin qu'on les leur rappelle, est-ce le règlement qui y pourvoira ? Si elles sont inutiles, à quoi bon les inscrire dans un règlement ? On croit peut-être leur donner ainsi plus d'autorité. Erreur ! C'est le moyen de les momifier. Qu'on prescrive le silence, passe encore. Mais la « modestie » ? Si les instituteurs l'oublient, — et n'est-ce pas leur faire injure que de le supposer ? — c'est la vigilance de la surveillance qui la leur fera observer ? N'en est-il pas de même du respect des convenances dans leurs mutuelles relations et de la réserve dans leurs paroles et leurs actions ? Quant à la déférence, les maîtres l'imposent par leur caractère ; ou bien ce n'est pas le règlement qui la leur vaudra. Et la « docilité » ! n'est-ce pas une perle dans un document de cette nature, rédigé pour des instituteurs en exercice ? On se demande malgré soi si c'est naïveté ou signe du temps.

Enfin il nous faut mentionner encore l'art. 16, ainsi conçu :
« En cas de faute grave la Commission de surveillance prononcera
« la réprimande ou la censure ou même l'exclusion, provisoire ou
« définitive, sauf l'approbation de M. le Préfet. »

En définitive les instituteurs étaient soumis au régime de l'internat avec toutes ses rigueurs, même les plus inutiles. Comment à cette lecture s'empêcher de faire un retour sur le temps présent et de se féliciter du progrès des idées ? Quel chemin parcouru ! et, il faut le dire bien haut, au grand avantage de l'éducation morale. On ne forme pas des personnalités, en effet, en les dépouillant entièrement de toute liberté.

On croit bon encore de transcrire ici le nouvel emploi du temps adopté et qui fait l'objet de l'art. 22 :

« MATIN

« De 4 h. 1/2 à 5 h.......	Lever et prière.
« De 5 h. à 6 h..........	Etude.
« De 6 h. à 7 h..........	Grammaire.
« De 7 h. à 7 h. 1/2......	Etude.
« De 7 h. 1/2 à 8 h.......	Déjeuner et récréation.
« De 8 h. à 9 h..........	Géométrie : mardi, vendredi. Histoire : lundi, mercredi, samedi.
« De 9 h. à 9 h. 1/2......	Etude.
« De 9 h. 1/2 à 10 h. 1/2..	Arithmétique.
« De 10 h. 1/2 à 11 h.....	Etude.
« De 11 h. à 12 h.........	Exercices de style et rédaction des actes de l'état civil.

« SOIR

« De midi à 1 h..........	Dîner et récréation.
« De 1 h. à 1 h. 1/2......	Etude.
« De 1 h. 1/2 à 2 h. 1/2...	Musique, chant.
« De 2 h. 1/2 à 3 h. 1/2...	Ecriture : lundi, mardi, mercredi. Méthodes d'enseignement : mardi, samedi.
« De 3 h. 1/2 à 4 h.......	Etude.
« De 4 h. à 4 h. 1/2......	Récréation.
« De 4 h. 1/2 à 5 h. 1/2...	Géographie : lundi, mercredi, vendredi. Dessin.
« De 5 h. 1/2 à 6 h.......	Etude.
« De 6 h. à 7 h..........	Instruction religieuse : lundi, mercredi, vendredi. Etude : mardi, samedi.
« De 7 h. à 9 h..........	Souper, récréation, prière, coucher. »

Bien que le morcellement du temps prête à la critique — car que peut-on faire dans des études d'une demi-heure ? — cette répartition vaut mieux que la première. Les divers enseignements y sont plus équitablement traités, et, chose digne de remarque, les « exercices de style » y ont leur place, nominativement assignée.

De 1835 à 1838, les instituteurs fréquentant les cours spéciaux durent se loger et se nourrir en dehors de l'établissement à leurs frais pendant les deux premières années. Quelque modique que fût la dépense, c'était une charge pour leurs maigres budgets. Rappelons que la loi du 28 juin 1833 ne leur assurait qu'un traitement fixe de deux cents francs, plus le produit de la rétribution scolaire, dont le taux était fixé par le conseil municipal. Beaucoup ne gagnaient guère que de 400 à 500 fr. par an. Un sacrifice comme celui auquel ils consentaient était donc grand de leur part. Nous en connaissons l'importance d'ailleurs. A la date du 7 août 1836, la note jointe au budget proposé pour 1837 et une délibération de la Commission nous renseignent sur ce point. On propose d'inscrire au budget de 1837 la somme de 1,500 fr. pour indemniser les instituteurs admis aux cours spéciaux. Chaque instituteur toucherait 50 fr., soit 25 fr. par mois. Le crédit fut accordé. La délibération concerne les cours de 1836, et demande avec instance, sous forme de crédit supplémentaire, la même indemnité pour 32 instituteurs sur les 40 qui les suivent. Les huit pour lesquels il n'est rien réclamé ont reçu une allocation de leurs communes.

Les raisons invoquées sont les suivantes : insuffisance des ressources, « zèle extraordinaire, » « efforts et travail soutenus et presque excessifs, » « conduite à tous égards irréprochable et succès de tous ces instituteurs ; » « aide puissante aux progrès de l'instruction primaire du Département » résultant de « l'instruction qu'ils recueillent » dans ces cours.

Il y a tout lieu de croire que les instituteurs ne reçurent rien en 1836, car dans la note à l'appui du projet de budget proposé pour 1838, il n'y est fait aucune allusion, tandis qu'on rappelle que l'allocation sollicitée pour 1837 fut accueillie. On insiste sur la nécessité d'indemniser les instituteurs sur les fonds départementaux qui alimentent le budget de l'Ecole, car on ne peut compter sur les sacrifices volontaires des communes, « presque toutes surchargées en ce moment de dépenses obligatoires de toute espèce. » Celles qui pourraient voter des allocations hésitent à le faire, de peur qu'ensuite leurs instituteurs ne cherchent ailleurs des écoles plus avantageuses. Quant aux communes pauvres, qui sont d'ordinaire les plus petites, leurs instituteurs « sont les moins capables et ont le plus besoin de recevoir de nouvelles leçons. » Cette fois le crédit sollicité s'élève à 2,250 fr. pour 45 instituteurs.

Dès lors, chaque année, jusqu'en 1847, figure au budget de l'Ecole une allocation avec cette destination. Généreusement même le Conseil général accorde 4,000 fr., en 1838, pour que 70 instituteurs puissent être admis aux cours spéciaux tant leur utilité paraît évidente. Lors de la préparation de chaque budget on en vante les avantages, pour l'instruction professionnelle des maîtres qui n'ont pas passé par l'Ecole normale. Il est considéré comme désirable, sinon comme indispensable, que tous viennent « dans le plus court délai » recevoir l'initiation destinée « à hâter le moment où l'unité « de méthodes sera établie pour l'ensei-« gnement primaire dans le Département, où les instituteurs « auront appris à connaître et à pratiquer celles qui doivent être « employées avec le plus de succès, et où ils auront sinon « complété les études qu'il leur importe de faire, du moins acquis « les moyens de les continuer eux-mêmes avec succès. » *(Note à l'appui du budget proposé pour 1839)*.

Pourquoi 4,000 fr. pour 70 instituteurs, quand le taux de l'indemnité payée à chacun avait été fixé à 50 fr.? C'est qu'en 1838 les instituteurs sont logés pour la première fois à l'Ecole normale, qu'ils y prennent leur nourriture et qu'il faudra qu'on se procure un matériel dont la dépense sera couverte avec une partie des 4,000 fr. Des bois de lit sont achetés ainsi que des ustensiles de cuisine. Les instituteurs se nourrissent eux-mêmes avec ce qui reste du crédit. Ils procèdent avec tant d'économie qu'après un prélèvement de 1,200 fr. sur les 4,000 fr., pour les acquisitions dont on vient de parler, ils laissent un boni de 519 fr., que la Commission de surveillance propose de répartir entre eux, attendu qu'ils ne se sont nourris aussi économiquement que dans l'espoir de toucher le reliquat. *(Délibération du 15 septembre 1838)*.

La manière dont ils pourvoient à leur nourriture mérite qu'on s'y arrête quelques instants. C'est un trait de mœurs qui nous surprendra, vu la sollicitude à laquelle l'administration nous a habitués depuis.

On a vu plus haut *(service économique)* que le Directeur se chargeait, durant les premières années, de l'entretien des élèves-maîtres, suivant un marché à forfait. Rien de pareil n'existe pour les instituteurs admis aux cours spéciaux. En 1838, ils sont installés à part dans les nouveaux locaux ajoutés à l'Ecole normale, et ont en quelque sorte leur autonomie. Ce sont eux-mêmes qui, sur le crédit mis à leur disposition, achètent en commun leurs denrées et s'occupent d'assurer la préparation de leurs aliments *(note annexée au budget proposé pour 1841)*. Quelques-uns d'entre eux reçoivent de tous cette mission et s'en acquittent au mieux des intérêts de la collectivité. Par un touchant accord tous se contentent de peu. Ils s'imposent même « les privations les « plus grandes, dans la vue d'avoir un reliquat qui leur permit de « couvrir une partie des autres dépenses que les cours spéciaux « leur ont occasionnées. » *(Délib. du 15 septembre 1838)*. Grâce à cette organisation économique la dépense d'entretien s'abaisse quel que peu, et au budget de 1840 on ne demande que 22 fr. 50 par mois et par instituteur, l'expérience de la gestion antérieure par les intéressés eux-mêmes ayant démontré que cette somme suffit. Comme d'autre part on a reconnu que pour le bon fonctionnement des cours spéciaux le nombre des instituteurs ne doit pas dépasser le maximum de 50, c'est sur ce chiffre qu'on calcule le crédit total à inscrire, soit 2,250 fr.

En 1840, c'est l'économe spécial de l'Ecole normale, dont l'emploi vient d'être créé, qui prend soin, au compte de l'Ecole même, de tout ce qui regarde le service économique des cours spéciaux. Les instituteurs, débarrassés de cette préoccupation, ne sont que mieux en état de se livrer à l'étude. La régie par l'économe procure, dès 1842, des bénéfices qu'on distribue chaque année en gratifications au personnel.

En somme le Conseil général, fidèle à l'idée qui l'a conduit à créer son école normale, n'hésite pas à faire tous les sacrifices nécessaires pour la propagation de l'instruction populaire. Non seulement il attire à l'Ecole normale les instituteurs en exercice, en leur offrant l'appât d'un séjour gratuit dans un établissement où ils recevront d'utiles leçons, mais il n'oublie pas les maîtres de l'Ecole, qui acceptent avec zèle, en sus de leur besogne ordinaire, la lourde tâche supplémentaire d'instruire et de tirer de leur routine ces élèves d'un nouveau genre. Dès 1836 *(délibérat. du 7 août)* la Commission sollicite pour eux des allocations montant ensemble à 325 francs, dont 150 francs pour le directeur, 50 francs pour un professeur de l'Ecole qui donne deux leçons d'une heure par jour, 25 francs pour un autre professeur qui donne une leçon quotidienne d'une heure, et 100 francs pour le professeur du collège « qui donne à l'Ecole des leçons de géométrie, d'arpentage, de physique et de chimie ». Ces propositions furent accueillies et les allocations payées sur les « fonds restés libres sur le budget de l'instruction ». De même en 1837 ; la note jointe au budget préparé pour 1838 le déclare formellement. Alors c'est 350 francs qu'on demande, avec inscription au budget cette fois. Voici d'ailleurs la répartition proposée entre les ayants-droit :

M. le Directeur....................	100f »
M. Pa..., professeur..............	50 »
M. Pr..., id.	50 »
M. R..., maître d'études...........	50 »
M. de la B..., professeur au collège..	50 »
M. l'Aumônier....................	25 »
M. le professeur de musique........	25 »
Total............	350f »

Ces détails fournissent un moyen, par la comparaison avec l'emploi du temps reproduit plus haut, de se faire une idée du prix auquel se cotait le travail scolaire vers 1840, et d'apprécier une fois de plus l'accroissement de sa valeur en numéraire depuis cette époque. Peut-être, cela a déjà été établi, reconnaîtra-t-on que toutes choses égales, il n'y a pas depuis un bien sensible progrès.

A partir de 1838, l'allocation au personnel enseignant devient une dépense ordinaire, jusqu'à la suppression des cours. Elle est même portée à 650 fr. (1) en 1839 et les années suivantes jusqu'en 1847. Le tableau suivant résume les renseignements numériques et financiers relatifs aux cours spéciaux.

ANNÉES	NOMBRE DES INSTITUTEURS ayant suivi les cours spéciaux	ALLOCATIONS BUDGÉTAIRES employées en indemnités aux instituteurs	TAUX de L'INDEMNITÉ	MONTANT TOTAL des INDEMNITÉS accordées au personnel enseignant
1835	Nombre inconnu	Néant.	Néant.	Néant.
1836	40	2.000 »	50 » versés en espèces	325 »
1837	45	2.250 »	50 » versés en espèces	350 »
1838	70	2.800 »	54 30 payés en nature et le complément en espèces	650 »
1839	50 (?)	2.250 »	45 »	650 »
1840	40	1.800 »	45 »	650 »
1841	40	1.800 »	45 »	650 »
1842	40	1.800 »	45 »	650 »
1843	40	1.800 »	45 »	650 »
1844	40	1.800 »	45 »	650 »
1845	40	1.800 »	45 »	650 »
1846	40	1.800 »	45 »	650 »
1847	20	900 »	45 »	650 »
1848	Cours supprimés par suppression des crédits y affectés.			»
1849	30 pendant 6 semaines.	1.000 »	33 33	100 »

A l'inspection de ce tableau on peut reconnaître que les cours furent prospères pendant une douzaine d'années ; ils répondaient à

(1) Avec la répartition suivante : « Directeur, 150 francs ; aumônier, 100 francs, pro-« fesseur de géographie et d'arithmétique, 125 francs ; professeur d'écriture et de « dessin linéaire, 75 francs ; professeur d'arpentage et de système métrique, 75 francs ; « professeur de chant, 75 francs ; prix aux instituteurs qui se seront le plus distingués, « 60 francs ». (Extrait littéralement de la note à l'appui du budget proposé pour 1843).

un vrai besoin. Plus de 550 instituteurs les ont suivis. On recherchait donc la faveur d'y être admis. Sans doute en y venant les instituteurs pensaient à se perfectionner pour leur propre satisfaction ; mais ils considéraient bien aussi les avantages palpables qu'ils en pouvaient retirer.

Et d'abord on a vu que parmi eux il en était qui remplissaient le rôle de surveillants et même de répétiteurs. Ceux-là, outre qu'ils se recommandaient à l'attention de l'administration, recevaient, à partir de 1840, une petite gratification, déterminée par la Commission, sur la somme affectée à l'entretien des cours. Et puis le règlement prescrivait, pour stimuler les efforts individuels, qu'à la fin de chaque mois, tous les instituteurs composassent dans toutes les matières étudiées, et que le tableau des places obtenues par eux fût adressé au Recteur et au Préfet. Ce tableau, auquel on joignait des notes particulières sur ceux qui s'étaient distingués « par leur conduite, leur application et leur progrès », signalait à qui de droit les plus méritants. L'administration songeait à eux quand une occasion favorable se présentait.

Ainsi les cours spéciaux se soutinrent et parce qu'ils étaient dotés de ressources matérielles suffisantes et parce que leur clientèle avait intérêt à s'y rendre.

Cependant ils ne tardèrent pas à dévier de leur vrai but. Dès 1839 le rapport annuel du Directeur nous apprend que huit anciens élèves les ont suivis brillamment. Il est probable que le fait se reproduisit dans la suite. Etait-ce pour les anciens élèves-maîtres qu'on les avait institués ? En 1843 le Directeur constate que les instituteurs brevetés n'y viennent pas avec assez d'empressement, et qu'on est obligé d'y accueillir des jeunes gens non brevetés n'ayant « encore exercé les fonctions d'enseignement qu'en vertu d'une autorisation provisoire », jeunes gens que guide seul le désir de « se préparer aux examens pour le brevet ». Il ajoute tristement que « les cours sont par là détournés de leur véritable destination ». L'Ecole normale se fait ainsi concurrence à elle-même. Le mal s'accentue chaque année. La Commission le dénonce à son tour lorsqu'elle prépare les budgets. Voilà pourquoi, en 1847, il n'y a plus que 20 instituteurs, mais 20 instituteurs en exercice, aux cours spéciaux. Les cours même sont jugés inutiles en 1848. Cependant le Ministre les rétablit en 1849, en inscrivant d'office au budget un crédit de 1,000 francs. Trente instituteurs en profitent encore cette année, mais ne demeurent à l'Ecole que pendant six semaines, temps bien court pour un entraînement devant laisser des traces fécondes.

Cette fois les cours spéciaux ont bien vécu. Ils disparaissent pour ainsi dire d'eux-mêmes.

Il serait intéressant de terminer ce chapitre par l'indication des résultats qu'ils ont produits au point de vue pédagogique ; mais il n'existe nulle part de renseignements sur ce point. Tout ce qu'on peut dire c'est que le département de la Haute-Saône avait une teinte assez claire sur la carte de l'ignorance publiée autrefois. N'est-on pas fondé à supposer qu'il en était redevable à son école normale, complétée par les cours spéciaux ?

Ce qu'il y a de sûr c'est que ceux qui voyaient de près les cours spéciaux regrettèrent leur disparition. Peut-être n'en apercevaient-ils pas d'une façon précise le vrai objet. Néanmoins les services qu'ils ont rendus et pourraient rendre encore sont hautement proclamés. En 1849, alors qu'un mouvement de réaction se dessinait déjà, le Préfet avait demandé à la Commission de surveillance un rapport sur toutes les parties du service de l'Ecole. C'est le président, M. d'Andelarre, en même temps conseiller général, qui, pour elle, rédige ce rapport, le 23 août. Arrivé aux cours spéciaux, il déplore, ou plutôt la Commission déplore leur suppression momentanée, en 1848, et célèbre ensuite leurs bienfaits. Mais rien ne vaut la lecture de ce passage tout lyrique du rapport :

« La Commission avait vu avec un vif regret les cours spéciaux
« abandonnés par le Conseil général, si éclairé sur tout ce qui
« touche aux besoins vrais et sérieux des populations, si dévoué à
« cet immense intérêt des générations futures, qu'on appelle l'ins-
« truction primaire. Les cours spéciaux, c'est le lien qui rappellera
« l'élève-maître à l'Ecole dont il s'éloigne ; c'est la piscine salutaire
« où il retrempera sa foi dans l'œuvre de sa vie entière ; c'est l'eau
« lustrale qui effacera des fautes qu'on n'aura point à punir ; c'est
« la retraite enfin qui l'arrêtera peut-être au moment où il allait
« faillir, et qui en fera un homme nouveau par la puissance et la

« force de la réflexion, à laquelle il ne se livre plus dans la vie
« active, à laquelle il est convié par l'étude et par le contact avec
« les hommes qui ont fait de la carrière de l'enseignement
« l'objet des méditations de leur vie entière.

« La Commission peut le dire hardiment : Suivis cette année,
« grâces à la munificence de M. le Ministre de l'Instruction publi-
« que, à qui elle adresse les plus sincères remerciements, suivis
« cette année par des instituteurs brevetés qui ont répondu à l'appel
« du premier magistrat du département, les cours spéciaux ont
« présenté cet émouvant spectacle de trente hommes pris sur tous
« les points du pays, sans choix, au hasard, presque tous mariés,
« habitués à l'indépendance de la vie, s'assouplissant à la règle,
« oubliant pour un moment leurs affections les plus chères, se
« refaisant, avec une joie sérieuse, écoliers comme ceux qu'ils diri-
« geaient hier, qu'ils dirigeront demain en leur apportant une
« leçon de plus, celle de l'exemple. Et si la Commission avait
« besoin d'un témoin des bonnes, simples et religieuses pensées qui
« vont sortir de cette réunion d'hommes, que quelques exemples
« fâcheux, plus isolés qu'on ne le croit généralement, ont fait
« regarder comme des ennemis de la société, elle n'en voudrait pas
« d'autre qu'une pièce qu'ils ont spontanément adressée à l'excel-
« lent directeur de cette école et à ses dignes auxiliaires, et qui
« respire des sentiments que la Commission a vus avec le plus rare
« bonheur germer dans cette retraite quadragésimale, qu'elle appe-
« lait de tous ses vœux et de sa conviction la plus fervente ».

Mais cette glorification des cours ne les sauva pas. Aussi bien n'avaient-ils plus une aussi impérieuse raison d'être qu'auparavant.

VIII

RETRAITES RELIGIEUSES
ET
PÉDAGOGIQUES

Pourquoi placer ici ce chapitre ? Parce que les retraites religieuses et pédagogiques ont succédé, après quelques années, aux cours spéciaux dont elles sont en quelque sorte la continuation. Evidemment elles eurent en principe, et conservèrent essentiellement un caractère religieux. Leur vrai fondateur, M. le Curé de Vesoul, ne voulait en effet qu'en faire un moyen d'édification pour les instituteurs. C'est à cela qu'il s'employa exclusivement, merveilleusement secondé d'ailleurs par le chef de l'établissement. Pourtant, vers la fin on introduisit au milieu des exercices de piété deux leçons quotidiennes d'un caractère pédagogique. C'était le moins qu'on pût faire dans une réunion d'instituteurs à l'Ecole normale.

Est-ce que d'ailleurs le plaidoyer qui termine le chapitre précédent ne les faisait pas déjà pressentir ? Les écoles normales et les instituteurs qu'elles ont formés ont suscité après 1848 des suspicions. Est-ce avec raison ? Ailleurs, peut-être ; ici, il n'y paraît pas, bien que le régime compressif auquel les élèves-maîtres avaient été soumis eût justifié leurs aspirations libérales. Toujours est-il que les écoles normales, en 1849, n'inspirent pas une confiance absolue à ceux qui détiennent l'autorité politique. L'esprit de réaction se montre et s'attaque à elles. Nous le savons d'une manière générale par l'histoire. A Vesoul, nous en avons la preuve par les documents de nos archives. La fin du rapport de M. d'Andelarre trahit le danger qui menace l'Ecole normale, sans que ce danger soit explicitement formulé. Il se révélera bientôt par des mesures dont il sera question dans une autre partie de cette monographie.

L'esprit d'où est sortie la loi du 15 mars 1850 se dénonce à Vesoul par l'entrée de M. le Curé de Vesoul dans la Commission de surveillance (arrêté ministériel du 1er juillet 1849. — Délibération du 23 août suivant). Que M. le Curé donne par lui-même ou par un suppléant l'instruction religieuse aux élèves-maîtres, rien de mieux puisqu'elle rentre dans le programme des études ; qu'il exerce de même les fonctions d'aumônier, on ne saurait non plus s'en étonner. Là, il est dans son rôle de ministre du culte et demeure, en tant que professeur, le subordonné du Directeur, sur qui retombe la responsabilité de la maison. Mais devenu membre de la Commission de surveillance, n'acquiert-il pas par le fait la supériorité légale sur son propre chef ? Ce renversement des rôles indique bien un aiguillage nouveau dans la direction des idées. Le prêtre sera le personnage prépondérant dans la Commission. On le sent en prenant connaissance du procès-verbal de la séance d'installation. « En lui remettant, y est-il dit, l'arrêté de sa nomination, « M. le Président se félicite de la mesure qui va permettre à la « Commission de profiter des lumières et du dévouement de M. le « Curé de Vesoul. M. B... répond que depuis longtemps il est « dévoué aux intérêts de l'Ecole et qu'il est heureux de pouvoir à « l'avenir unir ses efforts au dévouement éclairé des membres de « la Commission ». Les faits ne tarderont pas à nous confirmer dans cette opinion.

L'Ecole elle-même, dans son administration intime, lui sera entièrement soumise. Si le Directeur conserve officiellement ses fonctions, c'est M. le Curé qui la dirige effectivement. Il est la pensée qui anime tout ; le directeur n'est que le bras qui exécute. A tout instant on en a la preuve (1). Sans parler des retraites reli-

(1) A remarquer ce passage du rapport annuel de la Commission (9 août 1851) rédigé par l'un de ses membres : « Il y a un fonctionnaire dont la présence fréquente à l'Ecole « est déjà une garantie du côté de l'éducation morale des élèves : c'est l'honorable ecclé- « siastique qui s'est chargé du cours d'instruction morale et religieuse et qui ne s'en tient « point à un cours, c'est-à-dire à une simple classe. Il s'est imposé une action, une « surveillance presque incessante à côté de celle de M. le Directeur, et l'expérience de « plusieurs années prouve qu'elle donne les meilleurs résultats » — Et celui-ci : « Les « communications fréquentes de M. le Curé avec l'Ecole, l'autorité de sa parole, de ses « conseils, qu'il sait faire entendre en toute occasion, ont la plus heureuse influence sur « nos jeunes gens. Par suite les devoirs religieux sont accomplis exactement et avec une « piété vraiment exemplaire ». (Rapport du 11 août 1852.)

gieuses, où naturellement il a tout pouvoir, nous retrouvons dans les rapports annuels les traces indiscutables de la subordination morale et effective à son égard du chef de l'établissement, qui ne manque jamais d'appeler, à l'appui de ses dires sur l'état moral de la maison, le témoignage de M. le Curé. On éprouve à la longue un réel sentiment de compassion pour celui qui, investi en droit de l'autorité administrative dans l'Ecole, se place d'aussi bonne grâce sous l'égide d'un homme dont, après tout, le jugement ne devrait pas prévaloir sur le sien. Faut-il le lui reprocher ? Non, sans doute, car si par caractère il ne s'était porté de lui-même à ce rôle effacé, il eût dû l'accepter de par la force des circonstances. Peut-être même, — il en sera parlé ailleurs, — l'Ecole échappa-t-elle à la suppression, grâce à la dévote humilité qui y régna pendant cette sombre période, et qui apaisa des hostilités aussi ardentes que peu fondées.

Sans le parti pris qui avait présidé à la désignation de M. le Curé comme membre de la Commission, on se demanderait la raison de la présence d'un prêtre au sein du conseil d'un établissement laïque d'enseignement public. Qu'on y appelle des membres de l'enseignement, des magistrats, de hauts fonctionnaires, des personnes recommandables par leur situation, des industriels et des commerçants même, rien de mieux. Il faut des laïques, avec l'esprit laïque, et non des personnalités dont les aspirations soient tout autres, pour patronner une école laïque, surtout une école qui prépare des maîtres destinés à pétrir les âmes de ceux qui constitueront à leur heure la société laïque. Est-ce que les établissements religieux appellent des laïques dans leurs conseils ? Voit-on des laïques chargés de seconder l'administration des séminaires, et y exerçant un puissant contrôle ? On objectera peut-être que les petits séminaires ne sont pas des établissements publics. Mais les grands séminaires ne reçoivent-ils pas l'aide pécuniaire de l'Etat ? Cependant ont-ils près d'eux un comité quelconque, où la société laïque ait un ou plusieurs représentants ? L'autorité ecclésiastique, si jalouse de son autonomie, ne saurait se plaindre qu'à son imitation la société laïque se passe, dans les maisons où elle s'élabore, de son intervention dominatrice. Et d'ailleurs pourquoi cet avantage particulier attribué au représentant de l'Eglise ? Quand on choisit un

magistrat, un professeur, etc, pour conseiller d'une école publique
et laïque, est-ce le magistrat, le professeur qu'on distingue? Non,
c'est l'homme avec ses qualités personnelles, que peut rehausser la
position qu'il occupe, mais c'est l'homme mêlé à la société laïque,
la composant, en comprenant les besoins parce qu'il les partage
avec les autres membres de cette même société, ne s'en séparant
pas par une vie distincte, s'y plongeant au contraire, pourrait-on
dire, de façon que tout lui-même se confond en elle et qu'il ne
saurait avoir d'autres soucis que ceux qu'elle a elle-même. Ni l'un
ni l'autre ne s'imposent en vertu de l'autorité spéciale que possède-
rait sur la société le corps auquel ils appartiennent et au nom de
qui ils revendiquent un pouvoir de contrôle. Ce corps n'est lui-
même, dans son ensemble, qu'une des forces vives au service de la
société laïque. Et si l'Eglise qui n'est, elle non plus, dans son
essence, qu'une de ces forces vives, se contentait d'apporter son
contingent d'harmonieuse activité à l'ensemble ; en un mot, si
l'Eglise au lieu de prétendre dominer l'organisme social, dont,
après tout, elle n'est qu'un des éléments fonctionnels, acceptait de
s'y subordonner, alors on verrait sans surprise qu'un de ses représentants, si ses qualités personnelles le recommandaient, figurât,
non comme prêtre, mais au même titre que les autres, parmi les
membres d'un conseil d'établissement scolaire, public et laïque.

En venant à l'Ecole normale donner l'instruction religieuse, en
droit M. le Curé se reconnaissait le serviteur de la société. Membre
de la Commission, il y entre en maître, d'autant mieux qu'il sait
fort bien pourquoi on l'y appelle. Il a d'ailleurs l'esprit qui con
vient pour ce qu'on attend de lui, et il trouve bientôt dans la
maison la plus humble docilité qu'il pût souhaiter. L'Ecole normale
devient vite une simple annexe de l'église, et ce déplorable état de
choses se prolonge au-delà de la période des retraites religieuses.
L'Ecole prêtait, comme il est dit à chaque instant, son concours
dans les cérémonies de la paroisse. Cela signifie tout simplement
que chaque fois qu'on la demandait à l'église, les exercices de la
maison ne comptaient plus. Or c'était à tout propos qu'elle devait
intervenir, sans parler des pratiques dévotes, aussi fréquentes que
déplacées, auxquelles on asservissait les élèves au détriment de
leur travail, et qui laissaient sommeiller leur esprit, à moins

qu'elles ne le soulevassent. C'est de l'histoire assez récente pour n'être pas encore oubliée de ceux qui en ont été les acteurs contraints.

Dès le 2 novembre 1850, se dessinent dans une réunion de la Commission les desseins de M. le Curé. « M. le Président fait savoir « que M. le Curé de Vesoul l'a entretenu du projet d'établir chaque « année, pour les élèves-maîtres, au moment de la rentrée, une « retraite dont le but serait de graver plus profondément dans leur « esprit les principes religieux, et de les prémunir contre les dan-« gers qu'ils auront à courir en sortant de l'Ecole. Il engage M. le « Curé à développer sa proposition.

« M. le Curé dit : Nos jeunes gens font bien lorsqu'ils sont placés « sous notre direction ; mais assez souvent aussi ils se laissent « entraîner hors de la bonne voie, lorsqu'ils ne sont plus sous nos « yeux ; ce qui prouve que nos leçons n'ont pas fait assez d'impres-« sion sur leur esprit. C'est là ce qui m'a fait penser à l'utilité « d'une retraite.

« Nous avons dans la maison de nombreux exercices pour déve-« lopper leur intelligence ; un jardin a été mis à leur disposition, « où ils vont faire un exercice favorable à leur santé ; consacrons « aussi d'une manière toute spéciale, chaque année, quelques jours « pour semer dans leur cœur de solides principes de morale et de « religion ».

M. le Curé ajoute que cela se pratique dans les écoles normales de l'Alsace qu'il a visitées. Là, « les exercices religieux, continue-« t-il, tiennent une part bien plus large que dans la journée de nos « élèves-maîtres. Entrons un peu dans cette voie par une retraite, « et en faisant de mieux en mieux nous pourrons espérer de voir « entièrement tomber les quelques préventions qui s'attachent « encore à l'Ecole ».

Il n'est pas besoin de dire qui les a, ces préventions.

Quant à l'écart de la bonne voie reproché aux élèves-maîtres rentrés dans la vie, chacun sait ce que cela signifie. On aurait tort d'ailleurs d'en attribuer la cause au peu d'impression laissé par d'insuffisantes pratiques pieuses pendant leur séjour à l'Ecole. Qu'on lise les rapports annuels, et on se convaincra que trop astreints à les suivre, un certain nombre devaient avoir l'ardent désir de s'en affranchir en recouvrant leur indépendance. L'homme est ainsi fait que ce qu'on lui impose, il le subit, si son intérêt momentané le lui commande, avec une apparente soumission, mais en réalité avec une répulsion aussi secrète qu'invincible. Seulement, il attend impatiemment le moment heureux où il reprendra sa liberté, pour en user et quelquefois en abuser. Le mieux, en ces questions de conscience, c'est de laisser chacun se comporter comme il l'entend. On gagne ainsi en sincérité, c'est-à-dire en honnêteté, tout ce que le système contraire produit de basse et honteuse hypocrisie.

Une retraite religieuse pour des personnes entièrement maîtresses d'elles-mêmes ne blesse personne. Or il s'agit ici d'élèves-maîtres qui ne peuvent s'abstenir de la suivre. On a donc le droit de s'élever contre une semblable institution. Destinée aux instituteurs, elle prête aux mêmes critiques, quoique à un moindre degré. Evidemment les instituteurs sont libres de n'y pas venir. Qu'on se mette à leur place pourtant, et qu'on juge si on ne se sentira pas moralement forcé d'écouter l'appel adressé de la maison qui a la confiance du pouvoir dont on dépend.

Le procès-verbal de la délibération d'où est tiré l'extrait qui précède, se termine par les mots : « La Commission adopte les vues de M. le Curé, et le charge d'en préparer la réalisation ».

M. le Curé ne se désintéressa pas sans doute de la mise à exécution de son idée. Toutefois jusqu'en 1862 on ne trouve nulle trace d'une retraite religieuse pour les élèves-maîtres. En avaient-ils tant besoin d'ailleurs, avec les exercices de dévotion qu'ils pratiquaient ?

La preuve que M. le Curé n'abandonnait pas son projet tout en le modifiant, nous est fournie par la délibération du 19 mars 1853. Dans le procès-verbal on relate une lettre, en date du 14 février, de M. le Préfet à M. LE CURÉ pour l'informer « que son Excellence
« M. le Ministre de l'Instruction publique et des cultes, LUI accorde
« un crédit de 1,000 francs, destiné à subvenir aux dépenses de
« nourriture et d'entretien, pendant 10 jours, de 120 instituteurs,
« anciens élèves-maîtres de l'Ecole normale primaire de Vesoul,
« appelés à suivre les exercices d'une retraite spirituelle qui leur
« sera donnée à l'Ecole normale ».

Ainsi les négociations relatives à la retraite se font en dehors de l'administration de l'établissement où elle se donne ; c'est à M. le Curé qu'est accordé le crédit qui s'y rapporte, et la retraite, qui s'adresse aux instituteurs, est exclusivement « spirituelle ». Sur la demande de la Commission, le crédit, il est vrai, est versé dans la caisse de l'Ecole, dans les services économiques de laquelle rentre ainsi la retraite.

La retraite eut lieu, et aussi en 1854 sans doute, bien qu'il n'en existe aucun compte-rendu. Mais une note jointe au budget proposé pour 1855 (séance du 15 juillet 1854) justifie la demande d'un crédit de 1,000 francs pour le même objet, en rappelant que M. le Ministre ayant inscrit cette somme au budget de 1854, « la Commission pense suivre ses intentions » en la portant de nouveau.

Le crédit fut accueilli en 1855 et en 1856. En 1857 cela fit quelque difficulté. Rejeté d'abord, il fut rétabli ensuite, sur les pressantes sollicitations de la Commission, après qu'elle eut pris connaissance du budget arrêté par le Ministre. Dans sa délibération du 14 mars 1857 « elle exprime respectueusement le regret que l'allocation de
« 1,000 francs inscrite, comme les années précédentes, au budget
« de l'Ecole, pour frais d'une retraite religieuse et pédagogique aux
« instituteurs du département, n'ait pas obtenu l'approbation de
« son Excellence M. le Ministre. Les bons résultats obtenus dans
« les retraites précédentes font désirer vivement à la Commission
« le maintien de la mesure ». Elle eut gain de cause. Il est à remarquer que c'est le département qui fournissait le crédit, sauf la première année, où le Ministre l'avait prélevé sur les fonds de l'Etat. Il en fit autant au budget de 1859, « en considérant la modicité des ressources départementales », dit la note à l'appui du projet de budget pour 1861. Pour 1860 on avait également demandé l'allocation de l'Etat. Seulement la même note rappelle que son Excellence le Ministre, par sa lettre du 5 octobre 1859 « déclara ne pouvoir l'accorder » et elle se termine mélancoliquement par ces mots : « En
« sorte qu'il y aura, si l'on n'avise pas, une interruption regret-
« table ». Et l'on n'avisa pas et l'interruption se transforma en suppression définitive. Cela fût-il si fâcheux ? Il est probable que ni l'Etat, qui avait donné le branle, ni le Département, qui avait emboîté le pas, n'avaient la conviction que l'utilité de l'œuvre compensât les frais qu'elle occasionnait. On en jugera par ce qui suit.

Le premier rapport sur les retraites concerne celle de 1855. Dans la séance du 13 octobre 1855, « un membre rend compte à la Com-
« mission de la manière dont se sont passés les exercices de la
« retraite donnée à l'Ecole aux instituteurs et aux élèves-maîtres
« actuellement présents à l'Ecole normale ».

« Il résulte de ce rapport :
« Que 96 instituteurs et 36 élèves-maîtres ont, pendant huit jours,
« suivi, avec recueillement et édification, les exercices de cette
« retraite religieuse ;
« Que tous se sont montrés satisfaits d'y avoir été appelés ;
« Que M. l'Inspecteur de l'Académie, profitant de la présence de
« MM. les instituteurs, a voulu avoir avec chacun d'eux un entre-
« tien particulier..... ;
« Que les réunissant tous ensuite, il leur a adressé des conseils
« pédagogiques.....
« En présence de ces résultats tout à fait utiles aux instituteurs
« d'abord, par suite aux élèves de ceux-ci, et partant à la société
« tout entière, la Commission ne peut qu'applaudir à l'établisse-
« ment des retraites religieuses et pédagogiques....., et exprime
« le désir que des retraites semblables s'ouvrent chaque année pour
« de nouveaux instituteurs ».

La retraite de 1856 donne lieu (séance du 18 octobre) à un rapport rédigé par le directeur même de l'Ecole.

« Messieurs, dit-il, la retraite religieuse et pédagogique..... a
« commencé le 2 octobre au soir et s'est terminée le jeudi matin
« suivant, 9 octobre.
« Sur 108 instituteurs convoqués, 81 seulement ont répondu à
« l'appel et ont suivi jusqu'à la fin les exercices de la retraite. Nul
« ne pourra dire sans doute que les instituteurs viennent en retraite
« par contrainte : les lettres de ceux qui s'abstiennent sont là pour
« attester le contraire. L'obligation pour les instituteurs de fournir
« le couchage complet, a été le motif pour lequel un grand nombre
« d'entre eux ont déclaré ne pouvoir se rendre à l'invitation qui
« leur était faite.
« Cinquante instituteurs ont pris leur lit à l'Ecole, et *les 31 autres*
« *au séminaire*. Ceux-ci étaient conduits à 9 heures au séminaire
« par un des maîtres-adjoints qui couchait là, et rentraient à

« l'Ecole le lendemain matin à 5 h. 1/2, pour suivre les exercices
« de la journée. Aucune autre sortie n'était autorisée ».

« La journée était ainsi répartie entre les divers exercices :

« Prières.....................	3 h. 3/4	
« Instructions religieuses......	3 heures	
« Conférences pédagogiques....	2 heures	16 heures.
« Temps libre................	4 heures	
« Repas.....................	1 h. 1/4	
« Récréation et soins personnels.	2 heures	

« La retraite a été suivie avec plaisir et avec recueillement par
« nos instituteurs ; ils ont prêté, pendant les huit jours, une atten-
« tion soutenue aux instructions religieuses faites par M. Charde-
« not, missionnaire du diocèse, aux conseils si utiles de M. le Curé
« de Vesoul ; ils se sont montrés pieux dans les prières, silencieux
« pendant les temps libres, convenables partout. Assurément, la
« retraite de 1856 doit compter parmi les bonnes retraites : combien
« de fois n'ai-je pas désiré que le pays entier pût être témoin de la
« tenue et des dispositions de nos instituteurs ! Certes ! cela aurait
« été de nature à faire tomber bien des préventions que certaines
« personnes conservent contre les instituteurs laïques. M. le Curé
« de Vesoul, directeur de la retraite, et M. le Prédicateur ont, plus
« d'une fois, exprimé leur satisfaction.....

« Il est du reste certain que tous les instituteurs s'en sont
« retournés contents d'avoir pu suivre les exercices. Je l'affirme
« d'après les protestations d'un grand nombre d'entre eux ; voici
« d'ailleurs en quels termes M. C..., instituteur à M..., a exprimé
« au nom de tous ses confrères la satisfaction et la reconnaissance
« qu'ils éprouvaient. Il s'adressait à M. le Curé de Vesoul et à
« M. Chardenot, dans la cour de l'Ecole, après la cérémonie de
« clôture :

« Messieurs,

« Permettez-moi de venir, tant en mon nom qu'en celui de mes
« collègues ici présents, vous remercier du dévouement et du zèle que
« vous avez déployés en notre faveur pendant cette retraite. Nous
« ne saurions, Messieurs, vous dire assez combien nous sommes
« reconnaissants de tant de généreux efforts, et combien nous en

« sommes touchés. Remerclments donc bien sincères à M. le Curé
« de Vesoul, ce digne et zélé pasteur qui a pris l'initiative pour
« amener dans ce département l'usage des retraites en faveur des
« instituteurs, et qui nous a prodigué ses soins, ses avis, ses
« conseils, avec une bienveillance et une bonté vraiment parter-
« nelles ; remerclments à ce digne missionnaire qui nous a retracé
« nos devoirs spirituels avec tant de zèle et de talent, et qui nous a
« si bien enseigné la manière de persévérer dans les bonnes réso-
« lutions que ses exhortations, jointes à celles de M. le Curé, nous
« ont amenés à prendre ; remerclments au premier magistrat de ce
« département, au Conseil général, à la Commission administra-
« tive de l'Ecole d'avoir bien voulu nous ménager la faveur dont
« nous jouissons sans faire aucun sacrifice notable ; remerclments
« à M. l'Inspecteur de l'Académie, et à MM. les Inspecteurs pri-
« maires pour toute la bienveillante sollicitude dont ils nous hono-
« rent ; remerclments enfin au digne et zélé Directeur de l'Ecole
« normale, qui a mis tant d'activité à pourvoir à tous nos besoins
« pendant notre séjour ici, et qui nous a si bien édifiés en se con-
« fondant avec nous pour suivre les exercices de cette retraite. Le
« souvenir des heureux instants que nous avons passés ici, Mes-
« sieurs, restera à jamais gravé dans nos cœurs ; nous ne néglige-
« rons rien pour mettre en pratique les excellents conseils qui nous
« y ont été donnés ; ce sera d'ailleurs un vrai moyen de vous
« prouver combien nous en avons été touchés ».

N'eût-il pas été dommage de déflorer ces documents en n'en donnant qu'une pâle analyse ? Et leur reproduction textuelle ne
renseigne-t-elle pas mieux le lecteur que tous les commentaires
imaginables ? En les parcourant on est tenté de se demander s'il
n'y a pas erreur. Quiconque en prendrait connaissance sans en
savoir l'origine ne devinerait jamais qu'ils s'appliquent à un établissement laïque et à un personnel vivant librement dans le monde.
Au reste l'établissement est-il si laïque ? Par le vêtement qu'on y
porte, oui ; par l'esprit qu'on s'efforce d'y acclimater, nul doute
n'est permis. Mais n'insistons pas. Laissons chacun à ses réflexions.
Aussi bien y a-t-il là de quoi en faire ?

Est-ce à dire qu'on blâme le sentiment religieux chez l'instituteur ? Il faudrait bien de la mauvaise foi pour oser le prétendre. Ne peut-on être religieux, et profondément même, sans se livrer à de pareilles pratiques ? Dieu merci ! Et quand celui qui préside à l'éducation des instituteurs en est presque l'organisateur, comment ne pas se récrier contre une aussi singulière interprétation de la grande mission qu'il tient de la société ? On a beau admettre que les temps favorisaient l'épanouissement de pareilles idées chez certains prédestinés ; il semble qu'avec un peu de sens ils auraient échappé à d'aussi surprenants excès.

Mais continuons par la retraite de 1857, objet de la réunion tenue par la Commission le 17 octobre.

Le Directeur, invité à rendre compte de la retraite de 1857, s'exprime ainsi :

« La retraite a eu lieu cette année avant les vacances de
« septembre, du 24 au 31 août dernier. Cette époque est favorable
« en ce que les vacances, s'ouvrant immédiatement, permettent aux
« instituteurs de prendre un repos devenu nécessaire après huit
« jours de contention des facultés intellectuelles et morales et
« même de fatigues physiques assez grandes.

« 126 instituteurs ont été invités à la retraite, 95 seulement sont
« venus et 30 se sont excusés de ne pouvoir cette année profiter du
« bénéfice qui leur était offert, ce qui prouve que la participation
« aux retraites religieuses est pour MM. les instituteurs tout à fait
« volontaire et facultative.

« La plupart des instituteurs de la retraite étaient cette année
« les plus jeunes du personnel de la Haute-Saône, et presque tous
« sont étrangers à l'Ecole : on devait s'attendre pour cette double
« raison à trouver parmi eux moins de gravité et de discipline.
« C'est, en effet, ce qui s'est remarqué au commencement ; mais la
« dissipation des premiers moments n'a pas tardé à faire place au
« calme et aux réflexions sérieuses; la retraite s'est ensuite bien
« continuée et bien terminée ; et c'est surtout ici qu'on peut dire :
« *la fin couronne l'œuvre.*

« Il est donné lecture d'une adresse (1) par laquelle les institu-

(1) Qui n'a pas été transcrite au registre, comme la précédente.

« teurs remercient la Commission de surveillance pour la part
« qu'elle a prise à leur ménager le bienfait d'une retraite ».

Cette adresse ne dit pas grand'chose à la Commission. Peut-être a-t-elle des doutes sur la spontanéité des instituteurs? Peut-être leur sincérité lui semble-t-elle suspecte? Toujours est-il que M. le Président craint :

« 1º Que cette adresse, qui revient périodiquement, ne se tourne
« en habitude, en pure formalité, à laquelle le sentiment n'aurait
« plus de part ;

« 2º Que, pour des raisons qu'on ne peut prévoir, mais qui sont
« possibles, les instituteurs ne s'abstiennent, et que la Commission
« ne reçoive alors la leçon du silence.

« La Commission, partageant les craintes de son Président, est
« d'avis qu'on pare au double inconvénient ci-dessus indiqué, et
« confie au Directeur le soin d'empêcher que cette adresse n'ait lieu
« à l'avenir ».

C'était sagement penser et non moins sagement agir.

La retraite de 1858 n'est l'objet d'aucun rapport spécial. M. le Directeur la mentionne seulement dans son rapport annuel du 4 août 1859, où il dit que la rentrée des élèves-maîtres s'est effectuée « le 9 octobre 1858, le jour même de la sortie des intituteurs
« qui ont suivi, dans cette maison, la retraite religieuse de l'an
« dernier ».

Les élèves-maîtres n'y ont donc pas pris part. Mais nous lisons quelques lignes plus loin que le Directeur a « eu le bonheur de leur
« procurer quelques jours d'instruction de la part de leur ancien
« aumônier, M. le Curé de Vesoul, appelé ailleurs depuis quelque
« temps par l'autorité diocésaine. Cette retraite de trois jours a
« produit un excellent effet, elle a visiblement fortifié en eux ces
« sentiments chrétiens que vous savez être, Messieurs, des causes,
« des sources toujours fécondes de toutes sortes de biens ».

Pourquoi ce silence à l'endroit des instituteurs? Ne serait-ce pas qu'ils ne mettent plus l'empressement des premières années à répondre à l'appel que leur adresse le Directeur, docile instrument de M. le Curé? Cela paraît vraisemblable.

En 1859, silence plus absolu encore. Rien dans les registres, sauf la note jointe au projet de budget, et qu'a rédigée M. le Directeur, fervent partisan de l'institution. Rien ? Dans les registres, non. Mais on a eu l'heureuse chance, au cours des recherches faites sur ce sujet, de rencontrer une feuille volante, précieux document, qui a été affichée dans la salle d'étude, selon la mention qu'elle porte et que confirment les traces laissées aux quatre coins par les pains à cacheter. Ce document faisait connaître aux instituteurs le « règlement de leur journée ». M. le Directeur avait l'œuvre trop à cœur pour se décharger sur quelqu'un du soin de le rédiger. Aussi lui-même l'a écrit de sa main, lui imprimant ainsi une plus grande garantie d'authenticité. Il serait profondément regrettable qu'un tel document se fût égaré. On le transcrit ici, en se gardant bien d'en changer une seule lettre.

(Voir tableau ci-contre)

« Salle d'Étude »

RETRAITE DE 1889

RÈGLEMENT DE LA JOURNÉE

Nos d'ordre	HEURES	EXERCICES
		Matin
1	à 5 h.	Lever, soins personnels.
2	5 h. 1/2	Prière, méditation, angelus, prime du petit office de la Ste-V., temps libre.
3	7 h. 1/2	Sainte messe.
4	8 h.	Déjeuner en silence.
5	8 h. 1/4	Tierce, sexte et none, instruction, temps libre.
6	10 h.	Leçon pédagogique, notes sur cette leçon jusqu'à 11 h. 3/4.
7	11 h. 3/4	Petit examen.
8	à midi	Dîner, puis récréation.
		Soir
9	1 h. 1/2	Leçon pédagogique, notes sur cette leçon jusqu'à 3 h. 1/2.
10	3 h. 1/2	Temps libre.
11	4 h.	Vêpres et complies, conférence religieuse, temps libre.
12	6 h. 1/4	Matines et Laudes, instruction, salut du Très-Saint-Sacrement.
13	7 h. 1/2	Souper et récréation.
14	8 h. 1/2	Prières, sujet de la méditation du lendemain.
15	9 h.	Coucher.

Il n'y aura pas de leçon pédagogique le samedi 1er octobre.

RECOMMANDATIONS PARTICULIÈRES

1º Silence parfait, excepté pendant les récréations qui suivent le dîner.
2º Exactitude et ponctualité pour les exercices.
3º Courage et confiance.
4º Prier beaucoup.
5º Avertir aussitôt si l'on se trouvait indisposé.

NOTA. — Le temps libre pourra être passé soit à la Chapelle, soit dans la salle des exercices, soit dans la cour. Mais ce n'est pas un temps d'études et moins encore un temps de récréation. MM. les retraitants devront l'employer soit à préparer leur confession, soit à se confesser, soit à réfléchir, soit à prendre des notes, etc., etc.

Si en voyant dans les pages antérieures les réunions d'instituteurs à l'Ecole normale désignées par l'appellation de « Retraites religieuses et pédagogiques », on a cherché, malgré les copieux extraits cités, à se persuader qu'elles avaient un objet professionnel, on ne peut plus, après avoir parcouru l'invraisemblable document qui précède, se refuser à abandonner, malgré qu'on en ait, la plus légère illusion. Et cependant M. le Directeur dit, en 1857, qu'à partir de cette date la retraite est devenue plus pédagogique qu'auparavant. Qu'était-elle donc dans les premiers temps ?

Sans utilité réelle, l'œuvre devait disparaître avec les circonstances qui l'avaient fait naître. Elle dura péniblement pendant sept années, puis s'éteignit pour ainsi dire d'elle-même. Qui, parmi nous, oserait la regretter ?

IX

PERSONNEL ADMINISTRATIF

ET

ENSEIGNANT

Bien que dans les écoles normales l'administration ne se sépare pas de l'enseignement et de la surveillance, on croit devoir pour plus de clarté étudier à part chacune de ces questions sous les rubriques : directeurs, économes, professeurs, directeurs de l'école annexe, surveillants.

Directeurs

A l'origine le directeur de l'école administre, gère, enseigne, surveille. Evidemment il ne peut faire tout cela d'une façon convenable, surtout au moment où il s'agit de tout organiser. Et, en effet, le premier directeur s'acquitte si imparfaitement de cette tâche complexe qu'à la fin de l'année il doit céder la place à un plus habile, à qui il ne laisse aucun document sur l'œuvre déjà accomplie. Ni règlement intérieur, ni emploi du temps, ni comptabilité, ni correspondance, rien enfin ne reste de son passage, hors le budget de l'Ecole, ce qui, on en conviendra, est insuffisant. Aussi, en prenant le service, le successeur s'en plaint-il avec raison. Nous ignorerions même le nom de ce premier directeur, si l'Annuaire du département pour l'année 1835 ne nous l'avait transmis.

Le second directeur consent bien à se charger du service économique, mais, on l'a vu, dans des conditions singulières. Afin de n'avoir pas à tenir une comptabilité absorbante, il pourvoit à forfait à toutes les dépenses d'entretien des élèves et des maîtres. C'est sa mère qui s'occupe de tous les soins relatifs à l'alimentation.

Ainsi il peut se consacrer à la direction morale et matérielle de la maison. Puis quand, à la fin de 1839, sa mère ne se sent plus la force de continuer le rôle qu'elle a bien voulu accepter, contrairement à la règle, un économe spécial est institué, qui exerce ses fonctions jusqu'en mars 1848, date de sa démission volontaire.

Durant cette période, la direction a changé de mains, plusieurs fois même. Tous les services fonctionnent bien. Le Directeur est enfin plus à son aise pour s'acquitter de ses multiples devoirs. Il reprend l'économat et le conserve jusqu'en 1881, date de la séparation définitive, par mesure générale, de la direction et des fonctions d'économe.

On a apprécié plus haut les avantages de cette excellente mesure.

Qu'enseignait le Directeur ? L'article 6 de l'arrêté du 14 décembre 1832 posait en principe que « le directeur est toujours chargé d'une partie importante du cours d'études ».

Par la force même des choses, le Directeur, responsable de la marche de la maison, à qui incombe, avec la direction matérielle et morale qui n'est pas mince besogne, la surveillance générale de l'enseignement, le Directeur ne pouvait donner une grande part des leçons. Et, en effet, un règlement très détaillé du 2 octobre 1841, qui nous fait connaître l'emploi du temps des élèves, ne comporte que neuf heures par semaine d'enseignement attribuées au directeur, savoir : la langue française (lecture, grammaire, composition), et la rédaction des actes de l'état civil.

A une séance du 24 janvier 1846, la Commission de surveillance prend connaissance d'observations de M. le Ministre, présentées par M. le Recteur dans une lettre où on lit ce passage relatif aux neuf heures hebdomadaires de cours du Directeur : « Il est impos-
« sible qu'il suffise à cette tâche, qu'il faudra réduire au cours de
« pédagogie, à la surveillance générale et aux travaux de compta-
« bilité. A cet effet, on répartira les cours qui lui seront retirés
« entre les autres maîtres-adjoints ». C'est ce que fit la Commis-
« sion, qui ne laissa au Directeur, sur son désir, que « les cours
« d'histoire et de méthodes d'enseignement ». Il nous faut aller jusqu'au 5 juin 1847 pour trouver dans le registre des délibérations un emploi du temps qui nous éclaire sur le travail demandé ainsi au Directeur ; c'est deux heures de pédagogie et trois heures

d'histoire. Bien que l'enseignement tel qu'on le concevait n'imposât pas une grande préparation, ces heures suffisaient amplement à absorber l'activité d'un homme, avec les autres occupations qui s'y joignaient.

Une délibération du 18 octobre 1848 nous apprend que le Directeur, qui a changé d'enseignement, donne six heures de leçons de grammaire et de pédagogie.

La loi rétrograde du 15 mars 1850 provoque de nouveaux changements. Cependant on ne s'en douterait pas à la lecture de l'art. 7 du décret du 24 mars 1851, qui, reproduisant, sur le point qui nous occupe, à peu près les termes de l'arrêté de 1832, dispose que « le Directeur est chargé de la principale partie de l'enseignement ».

Un emploi du temps, transcrit dans le registre des délibérations à la date du 24 mai 1852 (c'est le dernier qu'on y trouve), confie au directeurs dix heures de leçons, savoir : six leçons de lecture, deux « d'exercices théoriques de langue française », et deux sur « les notions de sciences physiques et d'histoire naturelle ». La pédagogie n'apparaît sous aucune forme dans le tableau des études.

En lisant les rapports annuels jusqu'en 1870, on est porté à croire que, sauf quelques modifications dans la nature des enseignements que prend le Directeur, il garde, *au moins nominalement,* le même nombre d'heures. Pourquoi « nominalement? » Parce que très souvent, selon le témoignage des élèves de ce temps, le Directeur, empêché par ses occupations administratives, abandonnait ses leçons ou même n'y paraissait pas. Aussi en arriva-t-il peu à peu à ne retenir que le cours de pédagogie et quelques leçons de lecture, dont les interruptions ne causaient, au regard de l'examen final, qu'un tort peu sensible aux élèves. Il se conformait en cela aux prescriptions de l'art. 6 du décret du 2 juillet 1866, qui lui attribuait « les conférences pédagogiques et une partie de l'enseignement ». Ces termes mêmes lui laissaient une latitude dont il profita pour réduire ses cours à quelques heures de pédagogie et de lecture, absorbé qu'il était de plus en plus par l'administration, l'économat et la surveillance générale. Et les études n'en devinrent pas plus mauvaises, ainsi que l'attestent les résultats des examens. C'est que s'il est bon que du maître vienne l'exemple du travail, il n'est pas moins bon qu'il ait l'œil à tout.

Eclairée par l'expérience, l'autorité, par l'art. 8 du décret du 29 juillet 1881, précisa mieux et limita la tâche du directeur, en décidant que, « indépendamment de la direction matérielle et morale de l'établissement, et de la surveillance de l'enseignement, il est chargé des conférences pédagogiques ainsi que du cours de pédagogie et d'instruction morale et civique ».

Débarrassé de l'économat, il put ainsi exercer sa vraie mission, qui est de tout diriger et suivre de haut, plus encore que d'enseigner.

D'après le décret de 1881, il avait encore neuf heures de leçons, et de leçons qui lui demandaient une préparation d'autant plus sérieuse qu'il s'agissait là d'un enseignement tout nouveau, auquel ses études antérieures ne l'avaient guère initié, et qu'une révolution complète intronisait cette fois l'enseignement oral dans les écoles normales.

La réforme opérée par l'arrêté du 10 janvier 1889 réduisit à six leçons la part d'enseignement du directeur.

Aux yeux des profanes, c'est peu. Ceux qui se rendent compte de son rôle jugeront que c'est assez.

Et d'abord le directeur n'appartient pas exclusivement à l'Ecole, comme il y a quelques années encore. Membre du Conseil départemental, des commissions d'examen des brevets de capacités, et souvent d'autres commissions, il est fréquemment dérangé. Il n'est pas rare non plus que l'étude des questions diverses que lui demande l'administration centrale le détourne de ses occupations ordinaires. Ses fonctions administratives l'obligent à rendre et à recevoir de nombreuses visites, à entrer en pourparlers tantôt avec les fonctionnaires dont il dépend plus ou moins, tantôt avec ses collaborateurs qui ont à l'entretenir de leur besogne, ou à qui il a besoin de distribuer soit des encouragements, soit des critiques, pour que son esprit les anime et se répande dans toute la maison. Et pour qu'il le fasse en pleine connaissance de cause, ne doit-il pas, sur l'injonction de sa conscience non moins qu'en vertu des prescriptions du règlement, assister aux leçons ? Et depuis qu'on a supprimé la surveillance effective des élèves par les professeurs ou des maîtres spéciaux, c'est-à-dire à Vesoul depuis octobre 1892, a-t-il un seul instant de tranquillité ? Tout repose sur lui. Sans doute les élèves-maîtres ont le plus grand désir de se bien comporter. Mais qui ne sait que partout où les hommes se groupent il faut une règle, et que, la règle, ils ne l'observent que si une autorité y veille attentivement ? C'est le directeur qui s'assure si le lever a lieu à l'heure prescrite, si les heures d'étude sont bien employées, si les récréations se passent convenablement, si le coucher se fait en ordre et si rien d'insolite ne se produit dans les dortoirs. Quelque confiance que méritent les élèves-maîtres, la vie commune est si pleine de tentations de toute sorte, et l'esprit humain, en particulier l'esprit français, se sent si naturellement porté à s'affranchir du poids de toute règle, qu'il y aurait danger à ne compter que sur leur amour de l'ordre et le souci de leur intérêt pour que la discipline ne subisse aucun accroc. Voilà donc le directeur obligé à tout instant de paraître dans l'une ou dans l'autre partie de la maison ; et cela sans démoigner de défiance, car autrement dès qu'il aurait les talons tournés on en profiterait. Sa présence, sans paraître soupçonneuse, doit toujours se faire sentir. Mais n'a-t-il pas aussi à intervenir à tout propos auprès des élèves pour une observation bienveillante, un ferme reproche, un encouragement, ou un avis paternel à adresser tantôt à l'un, tantôt à l'autre ? Tout cela morcelle son temps lui ravit le calme intellectuel nécessaire au professeur, le loisir sans lequel le travail de l'esprit demeure infécond. Et c'est quand ses collaborateurs peuvent disposer librement d'eux-mêmes, c'est-à-dire le dimanche, que lui-même il s'appartient le moins, car alors seul il s'occupe des élèves.

Ne voit-on pas qu'avec six heures d'importantes leçons il y a là de quoi user les forces de l'homme même le plus laborieux ? Or le directeur a davantage encore à faire. Chaque semaine il préside à la conférence de pédagogie pratique, en dirige la discussion, qu'il précise et résume. Quel que soit le sujet traité : leçon à l'école primaire, ou, depuis que les œuvres post-scolaires attirent l'attention, conférence aux adultes, il lui en faut faire une étude préalable, plus sérieuse souvent que la préparation de ses propres leçons. C'est donc en réalité sept heures de leçons qui reviennent au directeur, avec les nombreuses et diverses besognes entre lesquelles se dispersent et son temps et ses forces.

Et c'est quand sa tâche est ainsi définie qu'une loi (30 mai 1899, art. 35) remet au directeur, dans les écoles qui n'ont pas plus de 36 élèves, seize heures d'enseignement scientifique, ou, ce qui semblera à tous une plus grande énormité encore, dix-huit heures d'enseignement littéraire ! En vérité agirait-on autrement si la mort des écoles normales avait été résolue en principe ? Car l'école normale ne se justifie que par son régime tout spécial, que caractérise avant tout l'action intime et toute particulière exercée par le directeur. Obliger ce fonctionnaire à faire seize ou dix-huit heures de leçons, c'est-à-dire en réalité dix-sept ou dix-neuf heures avec la conférence pédagogique, c'est lui enlever la possibilité de remplir sa véritable mission, c'est le réduire au rôle de professeur, attendu que ses cours et leur préparation lui prendront tout son temps. Les professeurs ont à peine plus d'heures de leçons et cependant une fois leur enseignement donné, rien ne les sollicite plus dans l'école. Avec ce système, qu'arrivera-t-il ? Le directeur, qui devra mener de front et l'enseignement et l'administration, se verra contraint de sacrifier l'un ou l'autre. Ce ne sera pas évidemment l'administration, car toute négligence à cet égard se manifestera immédiatement et sera relevée. Ce sera donc l'enseignement. Forcément il manquera des leçons ou ne les fera que dans de mauvaises conditions. Que deviendra alors son autorité morale sur ses collaborateurs et ses élèves ? Quant au reste, et c'est le plus important, il lui faudra malgré lui s'en désintéresser complètement ou à peu près. L'école normale ne sera plus dès lors qu'un établissement d'instruction comme un autre. Elle n'aura donc plus de raison d'être.

Liste des directeurs depuis la fondation de l'Ecole :

(Voir tableau ci-contre)

LISTE DES DIRECTEURS DEPUIS LA FONDATION DE L'ÉCOLE

NOMS	TITRES de CAPACITÉ	FONCTIONS ANTÉRIEURES	DATE DE L'ENTRÉE en fonctions	DATE DE LA CESSATION des fonctions	NOUVELLES FONCTIONS
MM.					
Morel	(?)	(?)	1er mai 1834	octobre 1835	(?)
Perney	(?)	(?)	octobre 1835	juin 1841	sous-inspecteur des écoles à Colmar
Olivier	(?)	s.-inspect. des éc. prim. du Jura	juillet 1841	avril 1846	secrétaire d'académie à Besançon
Béliard	baccalauréat ès-sciences	s.-inspect' du Doubs	avril 1846	septembre 1846	(M. Béliard est décédé)
Vitot, directeur provisoire	brevet supérieur	maître-adjt à l'école	septembre 1846	fin 1846 ou comm.t 1847	reste maître-adjoint
Revol	baccalauréat ès-sciences	directeur à Pau	fin 1846 ou janvier 1847	mars 1853	principal du collège de Vesoul
Vitot	brevet supérieur	maître-adjt à l'école	mars 1853	juin 1861	directeur à Nice
Labrunerie	certificat d'aptit. à l'inspection	directeur à Nice	juin 1861	octobre 1863	directeur à Tulle
Fontes	id.	maître-adjoint à Tulle	octobre 1863	janvier 1864	directeur à Foix
Gricourt	id.	inspectr primre à Laon	janvier 1864	janvier 1868	directeur à Commercy
Vermier-Lemercier	id.	directeur à Napoléon-Vendée	janvier 1868	octobre 1869	direct' à Lons-le-Saunier
Cordier	id.	directeur à Napoléon-Vendée	octobre 1869	mai 1873	directeur à Bourg
Mougel	id.	directeur à Bourges	mai 1873	octobre 1880	directeur de l'école normale française du Caire (Égypte)
Prost, direct. intérimaire	id.	inspr primre à Vesoul	1er octobre 1880	26 octobre 1880	inspectr prim. à Vesoul
Gence	id.	directeur à Melun	1er octobre 1880	1er octobre 1883	directeur à Chartres
Vallée	professeur des lettres, certificat d'aptit. à l'inspon primaire	direct' à Châteauroux	7 octobre 1883	»	»

Les dates inscrites dans ce tableau n'ont rien d'absolument précis. Elles résultent de recherches faites dans les registres des délibérations. On ne pourrait même pas affirmer que jusqu'à M. Gricourt les mois indiqués soient rigoureusement exacts.

On ne sait rien des titres possédés par les trois premiers directeurs. En était-il exigé ? Le baccalauréat, dont étaient munis les deux directeurs suivants, fait supposer que c'était une condition de fait pour accéder à ces fonctions. Après 1851 les directeurs nommés doivent justifier du certificat d'aptitude à l'inspection primaire et à la direction des écoles normales. Pourtant il en est un qui, appelé pour la première fois à la direction, ne remplit pas cette condition. A partir du 5 juin 1880, tout nouveau directeur doit posséder, outre le certificat d'aptitude à l'inspection et à la direction, le certificat d'aptitude au professorat, soit scientifique, soit littéraire, dans les écoles normales. C'est bien le moins qu'on exige du directeur le titre de professeur imposé à ses collaborateurs.

Quel traitement recevaient les directeurs ? A l'origine il n'existe pas de règle fixe. Nos archives nous apprennent que le premier directeur touchait annuellement 1,800 francs. Son successeur aussi jusqu'en 1837, où il reçoit 2,000 francs, sur la demande de la Commission. « Elle fonde » sa proposition « sur l'importance que prend de jour en jour l'établissement à la tête duquel se trouve M. Perney, sur le zèle, l'activité remarquables et le soin qu'il apporte à la direction, à la tenue et à la surveillance de toutes ses parties, etc..., etc..., » Ce sont là des raisons tirées des qualités personnelles de l'intéressé. En 1837, lors de la préparation du budget de 1838, elle en invoque d'un ordre plus général. « Il faut, dit-elle,
« pour diriger convenablement un établissement d'une aussi haute
« importance qu'une école normale, un homme d'élite, chez lequel
« on trouve réunis à un haut degré la science, l'intelligence,
« l'amour du bien public, le tact, la prudence, la probité, des
« mœurs exemplaires, un dévouement sans bornes à l'exercice de
« ses fonctions, qui doivent absorber tous ses moments pendant
« tous les jours de l'année : de pareils hommes sont rares : dans
« ce siècle d'industrie et d'argent, ils s'ouvriraient facilement une
« carrière lucrative : ils faut donc leur offrir un traitement qui
« soit en proportion avec leur valeur personnelle et avec les services
« que l'on attend d'eux ».

On a déjà eu l'occasion de dire que ce traitement correspond assez bien, toutes choses considérées, au traitement moyen d'aujourd'hui.

Naturellement, à mesure qu'on avance, le traitement du directeur grossit, malgré les changements de personne. En 1845 il atteint 2,200 francs ; 2,250 en 1846, et, sur la demande formelle de la Commission, il est porté à 2,600 francs en 1848 en raison de l'accroissement de travail que la démission de l'économe fait retomber sur le directeur.

Il reste fixé à ce chiffre jusqu'à l'application du décret du 26 décembre 1855, qui divise les directeurs en trois classes dont les traitements varient de 2,200 à 3,000 francs. A partir de ce moment une règle uniforme préside à la détermination des traitements.

Economes

Au 1er janvier 1840, on l'a dit, un économe spécial est attaché à l'Ecole normale. On le rétribue avec une allocation annuelle de 500 francs, sans autres avantages que « les fournitures de papier, plumes, encre, registres, etc..., etc... » Il ne demeure pas à l'Ecole et n'y a pas même de bureau. Les conditions qui lui sont faites ne lui permettraient pas de vivre. Aussi la Commission choisit-elle un homme pourvu d'autres ressources, et présentant d'ailleurs des garanties de probité et d'ordre : c'est un capitaine d'infanterie en retraite, qui justifie par sa bonne gestion la confiance qu'on lui a accordée.

Toutes ses attributions se bornaient à l'approvisionnement de la maison, à l'alimentation des élèves et à la tenue de la comptabilité. Néanmoins il ne put conserver bien longtemps ses fonctions, devenues trop fatigantes pour ses 70 ans : il démissionna en mars 1848, et ne fut pas remplacé.

Pendant toute la durée de son service, la Commission eut, pour le conserver à l'Ecole, à lutter contre l'Administration centrale, qui ne pouvait se résoudre à tolérer une pareille exception à la règle. Cependant les avantages qui en résultaient pour la maison, et par suite pour le département et l'Etat, éclataient aux yeux. La Commission les rappelait presque chaque année. Le principal est l'excédent réalisé sur les dépenses d'entretien, excédent supérieur à celui des années précédentes, et qui, pour 1840, s'éleva « à 1,136 fr. 41 », « après le prélèvement du traitement de l'économe ». Et puis, ne comptera-t-on pour rien la plus grande régularité du service, l'exercice d'un contrôle quotidien par le Directeur et, pour ce dernier fonctionnaire, plus de temps à consacrer à la direction morale qui le réclame impérieusement ? Mais cela a déjà été dit avec d'autres choses de non moindre valeur dans la première partie de ce chapitre.

Toujours est-il que, démissionnaire, l'économe n'eut pas de successeur. La Commission, après avoir célébré dans tous les modes et sur tous les tons les mérites de l'institution, y renonça sans difficulté. Ce fut le Directeur qui, selon les règlements, prit l'économat ; il eut pour ce motif son traitement porté de 2,250 à 2,600 francs. Financièrement le changement se traduisit au point de vue des débours en faveur des personnes par une économie apparente de 150 francs. Pourrait-on affirmer qu'elle ne fut pas compensée par l'augmentation des dépenses du service économique ? Et qui mettra en parallèle avec ce maigre bénéfice la suppression des avantages moraux qu'entraîna la suppression ?

Pendant la longue période qui s'étendit jusqu'en 1881, l'expérience ne servit qu'à démontrer de plus en plus fortement qu'administrativement, financièrement et moralement, l'enlèvement de l'économat aux directeurs s'imposait. Ce fut un soulagement pour eux quand ils apprirent enfin que la mesure était prise. Plus d'un fonctionnaire qui, auparavant, se sentait attiré vers la direction d'une école normale, avait reculé devant la nécessité d'y joindre les soins du service économique. La crainte de ne pouvoir mener de front deux tâches aussi absorbantes et aussi différentes les arrêtait. Aujourd'hui l'impossibilité de la réunion saute aux yeux par suite des minutieuses prescriptions auxquelles on a soumis la comptabilité. Chacune, avec la part d'enseignement qu'elle comporte dans le plus grand nombre des établissements, réclame autant de labeur qu'on en peut attendre d'un homme très actif. En particulier, demander à un économe de faire dix heures de cours scientifiques ou littéraires, c'est très souvent le placer dans la dangereuse alternative de négliger l'une de ses fonctions pour l'autre. En pareil cas, le fonctionnaire ne saurait hésiter. La besogne de bureau peut toujours se vérifier. Six mois, un an, dix ans après même, la constatation de son exécution complète, consciencieuse, se fait presque aussi aisément, d'une façon aussi sûre, que le jour même. Elle laisse des traces visibles, palpables. En dira-t-on autant de celle du professeur ? Comment, dans ces conditions, le choix du professeur économe serait-il douteux ?

On n'a pas à s'occuper du traitement des professeurs économes puisque, dès la création de leurs fonctions, leurs émoluments furent déterminés par les règlements administratifs.

Professeurs

Jusqu'en 1880 les professeurs d'école normale portent le titre de maîtres-adjoints. Cela s'explique et parce que les écoles normales ne sont que des écoles primaires d'un caractère particulier, et parce qu'on n'exigeait d'eux aucun diplôme spécial.

L'Ecole normale n'eut d'abord qu'un maître-adjoint, qui partageait toute la besogne intérieure avec le Directeur. Dans la réalité, il demeurait constamment avec les élèves, les suivant en dehors des leçons, de leur lever jusqu'à leur coucher.

A l'étude, au réfectoire, dans les récréations, au dortoir même, il ne les quittait pas. Ce service assujettissant ne lui laissait par jour que deux heures de liberté (délibération du 7 août 1836, relative au budget de 1837).

Combien cela nous semblerait dure et inacceptable aujourd'hui ! Un maître d'études ayant été ensuite attaché à l'Ecole normale, le maître-adjoint put disposer d'un peu plus de temps. Il forma le projet d'en user en donnant des leçons en ville, afin d'ajouter ainsi un complément à ses très modiques ressources. Le 13 avril 1838 la Commission délibéra sur le point de savoir s'il y avait lieu de l'y autoriser. On ne résiste pas au désir de transcrire cette délibération, tout à fait typique, en ce qu'elle montre bien l'étendue des pouvoirs de la Commission et surtout l'étroitesse des obligations du maître-adjoint.

« Il a été lu une lettre adressée à la Commission par M. P....
« maître-adjoint, par laquelle ce fonctionnaire demande à être

« autorisé à consacrer deux heures chaque jour à donner des leçons
« en ville ».

« M. P... expose : 1° que, déjà avancé en âge, sans patrimoine,
« ayant à sa charge des parents âgés et infirmes, il sent absolument
« le besoin d'utiliser tous les moments de sa journée afin de se
« procurer les ressources que réclame sa position ;

« 2° Qu'il a rédigé des cahiers pour ses différents cours, préparé
« ses matières et les a même divisées par leçons, ce qui diminue
« son travail intellectuel de plus de moitié ;

« 3° Que ses collègues des écoles normales de Dijon, de
« Besançon et de Chaumont jouissent de la faculté qu'il réclame
« lui-même ;

« 4° Enfin que son père aspire depuis longtemps après le moment
« où il le verra donner des soins particuliers à son jeune frère qui
« annonce de grandes dispositions.

« La Commission a entendu avec intérêt la demande de M. P...,
« elle en a trouvé les motifs louables et les termes dans lesquels
« elle est conçue très convenants *(sic)* ; mais elle a dû avant tout
« envisager les intérêts généraux de l'établissement confié à sa
« surveillance. Pour cela, elle a recouru aux délibérations et règle-
« ments en date du 26 juin 1836, — 4, 5, 7 août 1836, — 8 août
« 1837, concernant le traitement et les obligations imposées à
« M. P... en sa qualité de maître-adjoint interne, chargé non
« seulement de plusieurs cours, mais encore d'une grande partie
« de la surveillance des élèves-maîtres dans leurs différents exer-
« cices.

« La Commission a reconnu à l'unanimité de ses membres,
« qu'elle ne pourrait, sans des inconvénients assez graves pour
« l'École, accorder au réclamant la faculté de donner aucune leçon
« en ville, attendu qu'à l'exception de trois heures qu'il doit consa-
« crer au repos, tous ses autres moments sont dus aux nombreux
« soins que demandent des jeunes gens qui, pendant le court espace
« de deux années et à un âge critique, sont obligés d'acquérir non
« seulement les connaissances exigées par les programmes des
« études, mais les qualités morales, les habitudes d'ordre si néces-
« saires à ceux qui se destinent à l'enseignement de la jeunesse.

« L'augmentation du traitement (1) de M. P... n'a d'ailleurs
« été proposé au Conseil général par la Commission de surveillance
« et par M. le Préfet, qu'en donnant l'assurance que M. P... est
« obligé de consacrer tout son temps au bien de l'Ecole normale.
« Ce motif seul doit suffire pour déterminer la Commission à
« n'apporter aucune modification à la délibération du 26 juin 1836,
« par laquelle il est arrêté que M. P... ne devra pas donner de
« leçons en ville (2). Toutefois la Commission voulant faciliter à ce
« dernier les moyens d'être utile à son jeune frère, l'autorise à lui
« donner hors de l'Ecole une leçon, à lui seulement, pendant
« une heure de la journée. Et cette heure devra être fixée par le
« chef de l'établissement ».

On conçoit que malgré de pareilles exigences, le directeur et le maître-adjoint ne pouvaient à eux seuls pourvoir à tout l'enseignement. Des professeurs, en effet, venaient du dehors. Sans parler de l'aumônier, vicaire ou curé de Vesoul, qui demeura attaché à l'Ecole jusqu'à l'application de la loi du 28 mars 1882, un professeur du lycée, dans cinq leçons par semaine, enseigna la géométrie, l'arpentage, la physique et la chimie; un maître externe, qui changea plusieurs fois, fut chargé, tantôt de l'écriture, tantôt du dessin linéaire, tantôt des deux ensemble, et on confia les leçons de musique et de plain-chant à des professionnels. Sauf les cours de dessin et d'écriture, qui passèrent dès 1841 au personnel de la maison, les autres restèrent le lot des maîtres externes jusqu'aux vacances de 1850. Ce fut même un des vicaires de Vesoul, aumônier du lycée, qui enseigna l'histoire, de mars 1840 à novembre 1844, date de sa mort (délibérations du 14 mars 1840 et 1er mars 1845).

Malgré ces concours, auxquels se joignit momentanément celui de l'instituteur dirigeant les écoles d'application, il fallut bientôt appeler à l'Ecole un second maître-adjoint. Déjà à la rentrée de 1837 on avait dû créer l'emploi de maître d'études, pour alléger la besogne accablante du maître-adjoint qui, si nous en jugeons par nos habitudes actuelles, resta encore bien surchargé. Le maître

(1) A ce traitement, fixé au début à 70 francs, s'ajoutèrent, en 1836, la nourriture, le chauffage, l'éclairage et le blanchissage, évalués à 350 francs (délib. du 7 août 1836 relative au budget de 1837).

(2) « Ou chez lui, à des personnes étrangères à l'Ecole ». (Délib. du 26 juin 1836).

d'étude, qui réunissait à la surveillance « les fonctions de répétiteur », profitait de sa situation pour accroître son instruction, tout en faisant quelques cours en rapport avec ses aptitudes, tantôt celui d'écriture, tantôt celui de dessin linéaire. En réalité, le maître d'étude se transforma progressivement en maître-adjoint. C'est un arrêté rectoral du 9 octobre 1841 qui réalisa définitivement la transformation, en nommant maîtres-adjoints MM. Grosjean et Vitot, en remplacement de MM. Gueldry, maître-adjoint, et Daval, maître d'étude (délib. du 16 octobre 1841).

Cela marcha ainsi jusqu'à la rentrée d'octobre 1850. La loi Falloux venait d'être votée. Conformément à son esprit, ensuite d'une délibération du Conseil académique, la Commission de surveillance décida, le 5 octobre 1850, que les professeurs étrangers cesseraient de venir à l'Ecole, et que les seuls maîtres internes prendraient tout l'enseignement. A M. Vitot, qui avait déjà « dans plusieurs circonstances fait étudier aux élèves-maîtres des morceaux de chant exécutés par eux avec ensemble et méthode », échut le cours de plein-chant et de musique, au Directeur les mathématiques, « qu'il avait professées pendant de longues années dans divers collèges municipaux ».

Malgré le certificat d'habileté délivré par la Commission à M. Vitot, on s'aperçut bien vite qu'il ne valait pas un musicien. Dès le 18 octobre 1851, sur la proposition du Directeur, la Commission, s'en référant au décret du 24 mars 1851, « fait choix de M. Battmann, organiste de la paroisse, pour remplir dans l'Ecole les fonctions de maître de chant ». La désignation était heureuse. M. Battmann, ancien élève de l'école normale de Colmar, s'est fait un nom comme compositeur de musique d'orgue pour les commençants. Il inspira aux élèves l'ardent amour qui l'animait pour son art. Toutefois il les gagna plus à l'étude de l'harmonium qu'à la musique vocale, qu'on est étonné de voir si peu répandue dans un département voisin de la frontière de l'est. Aujourd'hui encore, malgré les efforts dépensés, depuis dix-huit ans, par un directeur, partisan passionné du chant dans les écoles, pour y attacher les élèves-maîtres et, par eux, le vulgariser dans la région, le chant n'est guère cultivé par les instituteurs. Les populations de la Haute-Saône, dont cependant de précieuses qualités rehaussent l'esprit, ne paraissent pas le goûter. Que vous alliez au nord, au sud, à l'est, à l'ouest, jamais, en passant dans un bourg ou un village, votre oreille ne s'éveille aux sons d'une voix jetant dans l'espace ses notes légères ou graves, qui vous apprennent que là est un cœur vibrant, apte à s'émouvoir à l'une des formes du beau et à s'en procurer la douce jouissance. Peut-être que, grâce aux chants de M. Maurice Bouchor, on parviendra à secouer une aussi regrettable indifférence. On a déjà commencé à faire connaître ces chants aux élèves-maîtres, qui les ont d'abord mal accueillis. Cette musique populaire, si belle souvent dans sa simplicité, ne leur disait rien du tout. Pourtant ils ont fini par y découvrir du charme, que la poésie si saine et si savoureuse de M. Bouchor leur fera à la longue, il faut l'espérer, mieux sentir encore.

L'augmentation de la durée du cours d'études, portée à trois ans par le décret du 24 mars 1851, multiplia les heures de travail imposées au personnel interne, bien qu'on réunît souvent deux années pour des leçons communes. Toutefois ce n'est que plus tard que la lourde besogne qu'il accomplissait émut l'autorité. Le 7 août 1861 seulement, intervint un décret qui autorisa la nomination d'un troisième maître-adjoint dans les écoles normales « sur la proposi-
« tion de MM. les Recteurs des Académies et après avis des com-
« missions de surveillance ». Appelée par M. le Recteur à donner son avis, dans sa séance du 23 octobre 1861, la Commission, « après
« s'être fait représenter le tableau de distribution du travail entre
« le Directeur et les deux maîtres adjoints » conclut qu'il n'y a pas lieu, « pour le moment, à demander l'adjonction d'un troisième
« maître-adjoint ». Néanmoins le Ministre, et il faut l'en féliciter, envoya, par un arrêté du 15 mars suivant, le troisième maître-adjoint jugé inutile par la Commission, qui en témoigna un peu de mauvaise humeur, dans sa délibération du 10 mai 1862, en déterminant la besogne de ce nouveau fonctionnaire.

En mai 1874, pour fortifier les études normales, trois professeurs du lycée furent chargés, concurremment avec les maîtres de l'Ecole, de « faire des conférences » aux élèves-maîtres. Il en sera parlé plus loin dans le chapitre consacré à l'enseignement.

Depuis 1866 le nombre des élèves s'était augmenté chaque année de quelques unités. Après 1870, l'arrivée des Belfortains avait enflé encore l'effectif, qui, en 1878, était arrivé à 73 élèves. En dépit de l'aide des professeurs du lycée, la tâche allait si bien s'alourdissant que le directeur songea à demander encore un collaborateur. Voici ce qu'il dit dans son rapport de 1879 :

« La tâche devient écrasante pour les maîtres-adjoints à raison « de leurs fonctions multiples et du nombre des élèves. Des efforts « qu'ils sont tenus de faire peuvent résulter de graves inconvé- « nients pour leur santé; celle de M. J... me paraît bien compro- « mise.
« Cette situation me presse de renouveler une demande que « j'avais déjà faite l'an dernier, tendant à la création d'un quatrième « poste de maître-adjoint. La commission de surveillance s'associa « alors à mon vœu. J'insiste d'autant plus aujourd'hui que de la « réalisation de ce vœu dépend aussi l'avenir de la maison, que « nous avons le devoir de ne pas laisser déchoir ».

Dans une délibération fortement motivée (8 juillet 1879), la Commission ayant appuyé chaleureusement cette requête, l'Ecole eut, pour la rentrée d'octobre, son quatrième maître-adjoint.

Déjà en 1868, en vertu du décret du 2 juillet 1866, qui ne limitait plus à l'enseignement de la musique, comme le règlement de 1851, les concours empruntés de l'extérieur, on avait appelé le professeur de dessin du lycée à enseigner à l'Ecole normale le dessin d'imitation. Ce professeur jouissait d'une réputation qui lui a survécu : c'est M. Jeanneney. Il obtint de si brillants résultats que toujours, depuis lors, le cours de dessin d'imitation, qui demande des aptitudes artistiques non moins que pédagogiques, est resté en partage à ses successeurs au lycée. Aussi bien personne ici jusqu'à présent n'a-t-il été assez qualifié pour prendre leur place.

De même, le 1er mars 1878, le professeur du lycée recevait le cours d'allemand définitivement constitué; et si la présence dans le personnel même de l'Ecole d'un professeur pourvu du diplôme spécial le lui a fait enlever en 1887, en octobre 1893, au départ de notre professeur diplômé, on devait de nouveau recourir au lycée pour rendre un professeur d'allemand aux élèves-maîtres.

La même année 1878 on créait la chaire départementale d'agriculture, dont le titulaire avait dans ses attributions l'enseignement agricole à l'Ecole normale.

Aux leçons de gymnastique, données dès 1875 par un maître gymnaste s'ajoutèrent, d'une façon régulière, au 1er janvier 1883, les exercices militaires, dirigés par un sous-officier. Le 1er octobre 1890, ces deux enseignements étaient confiés aussi, par suite du départ de l'instructeur, au professeur du lycée, pourvu des deux diplômes ad hoc.

Enfin le 16 mai 1883, la Commission sollicitait vivement « la « création d'un cours d'hygiène pratique, qui serait fait à raison « d'une leçon par semaine aux élèves de troisième année ». Ce cours, qui s'ouvrit le premier octobre suivant, subsiste encore aujourd'hui. Comme le demandait la Commission, il est fait par le médecin de l'Ecole, et suivi avec grand intérêt et incontestable profit par les auditeurs.

Nous voici arrivés à une période qu'on peut qualifier d'heureuse pour le personnel enseignant des écoles normales, particulièrement à Vesoul. C'est le décret du 29 juillet 1881 qui, administrativement, en trace la démarcation avec le temps précédent. Son article 9 pose en principe que l'enseignement dans les écoles normales « est « donné : 1° par des professeurs nommés par le Ministre, confor- « mément aux prescriptions du décret du 5 juin 1880 ; 2° par des « maîtres-adjoints pourvus du brevet supérieur et du certificat « d'aptitude pédagogique, délégués par le Ministre ; 3° par des « professeurs auxiliaires et des maîtres spéciaux délégués par le « Recteur, après création d'emploi par le Ministre ». Aux termes du deuxième paragraphe chaque école a, outre le directeur de l'école annexe, « au moins deux professeurs ou maîtres-adjoints de l'ordre « des lettres et autant de l'ordre de sciences ». L'un de ces professeurs ou maîtres-adjoints sera chargé de l'économat (art. 2).

Il convient de remarquer que le décret ne limite pas le nombre des professeurs ou maîtres-adjoints, mais qu'il dit qu'il y en aura « au moins » quatre.

Celui du 18 janvier 1887, plus net dans son article 68, porte à cinq (deux pour les lettres, trois pour les sciences et le travail manuel) le nombre des professeurs dans les écoles normales de plus de soixante élèves, et fixe ce nombre à quatre (deux de chaque ordre) dans les autres. L'économe n'est pas compris dans ces chiffres.

Dès octobre 1881, l'Ecole, par suite d'un changement de personne, reçoit son premier professeur titulaire qui, à ses fonctions d'enseignement, joint l'économat, qu'il inaugure.

En octobre 1883, sans qu'on les ait demandés, un professeur, de lettres cette fois, est ajouté aux deux maîtres de lettres qui existent déjà, et un délégué de l'ordre des sciences, pourvu du diplôme de professeur de travail manuel, vient lui aussi inaugurer ce nouvel enseignement.

L'Ecole possède dès lors six professeurs, trois de lettres, trois de science, dont trois titulaires. Ce n'est pas trop pour 72 élèves, surtout si l'on tient compte de l'impulsion nouvelle imprimée aux études et de la nécessité pour les maîtres-adjoints ou délégués de se pourvoir du diplôme de professeur.

Cette avantageuse organisation ne dura pas, malheureusement pour les intéressés. En mars 1885, le professeur de lettres, envoyé sans qu'on l'ait demandé, fut retiré de même. L'Ecole resta avec cinq professeurs, deux de lettres et trois de sciences, jusqu'en octobre 1886. Un arrêté du 5 mai précédent ayant par mesure générale porté à trois, en dehors de l'économe, le nombre des professeurs de sciences dans les écoles de plus de 60 élèves, l'Ecole se vit à la rentrée avec quatre professeurs de sciences, dont l'économe, et seulement deux professeurs de lettres. Il n'y avait pas équilibre. Aussi s'éleva-t-il des réclamations auxquelles le départ volontaire du nouveau professeur fournit l'occasion de donner satisfaction. Un professeur de lettres le remplaça le premier décembre, égalisant le personnel enseignant de chaque ordre.

C'est alors qu'un des professeurs de lettres ayant obtenu à la fin de l'année scolaire le certificat d'aptitude à l'enseignement de l'allemand, le cours de langue vivante lui fut confié à la rentrée de 1887.

Cette situation bien équilibrée ne se prolongea pas au-delà des vacances de 1888. Alors un maître de l'ordre des lettres fut enlevé à l'Ecole, qui resta avec deux professeurs de lettres et trois de sciences jusqu'en octobre 1891.

A cette date un économe professeur de lettres remplaça l'économe professeur de sciences. Cette mesure ne fit qu'aggraver la rupture d'équilibre de 1888. Sans doute le nombre des élèves avait sensiblement baissé puisqu'il n'y en avait plus que 37, et les corrections de devoirs n'imposaient plus un aussi grand travail, mais il fallait toujours faire le même nombre de leçons. La conséquence fut que chaque professeur de lettres fut surchargé l'un de quatre heures supplémentaires et l'autre, en même temps économe, de deux heures. Qui en définitive en souffrait ? D'abord les professeurs, qui ne pouvaient enseigner dans de bonnes conditions ; ensuite et surtout les élèves. On le comprit au Ministère, qui rendit à l'Ecole, en février 1892, un troisième professeur de lettres.

Mais l'Ecole n'en avait pas fini avec ces perpétuels remaniements, qui engendraient de nouvelles répartitions de cours et imprimaient trop fréquemment des changements d'orientation au travail personnel des maîtres. En décembre 1893, le troisième professeur de lettres était de nouveau enlevé. Il est vrai que deux mois auparavant le professeur diplômé d'allemand était parti, et que l'enseignement de la langue étrangère passait à un professeur étranger à l'Ecole. Ainsi les deux maîtres de lettres ne conservaient qu'une besogne qui n'avait rien d'excessif, mais qui était très suffisante. Enfin, en juillet 1894, l'Ecole perdait un de ses trois professeurs de sciences.

Depuis cette époque, elle est restée avec ses quatre professeurs, dont deux de chaque ordre, et tout le monde s'estimerait bien heureux si cet état de choses, qui remet à chacun une tâche assez lourde, mais non démesurée, devait persister. Mais hélas ! si le décret du 29 juillet 1881 avait ouvert une période d'évolution progressive pour les écoles normales, la loi du 19 juillet 1889 l'a close avec son article 21. Depuis, tristement, elles descendent avec rapidité la pente qu'elles avaient si joyeusement gravie. Comment s'en tireront-elles lorsqu'on leur appliquera les prescriptions, qu'on n'hésite pas à qualifier de funestes, de l'art. 35 de la loi de finance du 30 mai 1899 ? Sans doute, elles continueront de vivre languissamment, jusqu'au jour où d'anémie elles disparaîtront.

Ce qui précède était écrit avant la rentrée d'octobre 1899. La réduction eut lieu alors. Le directeur et l'économe, depuis ce moment doivent assurer à eux seuls, parallèlement à leurs obligations administratives déjà assez onéreuses, tout l'enseignement littéraire, moins la langue vivante. Ils savent, et les élèves-maîtres avec eux, ce que l'Ecole y a gagné. Souhaitons ardemment que cette regrettable situation prenne bientôt fin.

Comment à l'origine se recrutaient les maîtres-adjoints ? Aux termes de l'art. 7 du règlement du 14 décembre 1832, ils étaient « choisis par le Recteur sur le rapport de la Commission spéciale « chargée de la surveillance de l'Ecole et sauf l'approbation du « Ministre de l'Instruction publique ». Nulle part il n'est parlé de conditions d'âge ou de capacité exigées d'eux, ni dans le règlement de 1832, ni dans les décrets ultérieurs du 24 mars 1851 et du 2 juillet 1866, qui ont successivement remplacé le premier. Evidemment ils devaient posséder au moins le brevet supérieur et l'âge minimum imposé aux instituteurs. Cependant après 1851 on a vu des exemples de maîtres-adjoints non pourvus du brevet complet. Il en existe un à Vesoul. Le maître qui le fournit sortait, il est vrai, de Cluny, dont il n'avait pas non plus d'ailleurs le brevet.

On ne connaît ni le titre de capacité, ni les fonctions antérieures, ni l'âge du premier maître-adjoint. Tous les autres, jusqu'en 1862, sortaient de l'Ecole même. La Commission les désignait donc en parfaite connaissance de cause.

A partir de 1851 c'est au recteur que, jusqu'en 1866, revint le droit de proposition. Pendant cette période encore, tous les maîtres nommés furent d'anciens élèves, sauf un, en 1862, déjà maître-adjoint à l'école normale de Bourg.

Après 1866, le Ministre nommant directement les maîtres-adjoints, il en vint de partout, quoique, jusqu'en 1880, la majorité sortît de l'Ecole normale. S'il y a lieu de craindre qu'un recrutement aussi étroit enferme trop les élèves dans le cercle des idées locales, il ne paraît pas qu'à Vesoul ce danger fût sans compensation. Les jeunes gens qu'on élevait à la dignité de maîtres d'élèves-maîtres avaient déjà fourni leurs preuves. Ils donnaient l'exemple des qualités qui les avaient fait distinguer, à leurs élèves qu'ils entraînaient d'autant mieux à leur suite qu'ils étaient pour ainsi dire des leurs. On ne saurait douter que ce ne fut là une des causes qui ont fait produire à l'Ecole de Vesoul les nombreux sujets distingués dont elle a droit de tirer honneur. (1)

(1) Voir le chapitre intitulé : « Livre d'or de l'Ecole normale ».

Qu'avaient à faire les maîtres-adjoints ? La délibération de la Commission, reproduite dans ce chapitre, nous l'apprend. Leur emploi n'était pas une sinécure. Dans les deux emplois du temps du 5 juin 1847 et du 24 mai 1851, dont il a déjà été parlé, on constate pourtant qu'ils n'avaient pas trop de leçons : quatorze ou quinze en moyenne par semaine. La surprise qu'on en éprouve tout d'abord s'évanouit promptement à l'examen détaillé de ces emplois du temps. Les leçons quotidiennes de lecture et d'écriture et celles de récitation, qui reviennent tous les deux jours, sont communes aux deux années dans le premier, aux trois années dans le second. Et ce ne sont pas les seules. On sursaute par exemple en lisant que les « exercices pratiques de langue française » (?) se donnent chaque jour aux trois années réunies. Enfin si, après 1850, les deux maîtres-adjoints, avec trois années d'études, ont à peine plus d'heures de leçons qu'auparavant, c'est que les enseignements qui s'opposent à la réunion des promotions, c'est-à-dire tout ce qui constitue le programme facultatif, ont été rejetés entièrement en troisième année.

Ce qui aggravait le travail des maîtres, sans contribuer à leur perfectionnement, c'était surtout l'absence de toute spécialisation. Tel maître passait d'une année à l'autre aux enseignements les plus différents : le professeur de grammaire ou d'histoire devenait professeur d'arithmétique ou d'histoire naturelle. Jusque vers 1880 on a même vu les mathémathiques et l'orthographe se partager les soins du même professeur. Et, en 1886, était admis à la retraite un très estimable maître qui, entré dans les écoles normales après la guerre franco-allemande et venu à Vesoul en 1873, y avait enseigné successivement, avant 1881, toutes les matières composant le programme des études, à l'exception de l'allemand.

A côté de ces attributions professorales, les maîtres-adjoints en avaient de plus onéreuses encore dans celles de surveillance, qui leur laissaient à peine un moment de liberté. Elles les enchaînaient littéralement dans l'Ecole, le jour et la nuit. On s'explique sans trop de peine que, quand il n'y avait qu'un maître, il ait dû subir d'aussi assujettissantes conditions. Mais après, la charge des maîtres ne s'allégea-t-elle pas ? est-on tenté de se demander. La meilleure réponse nous est donnée par le règlement intérieur du

5 novembre 1851, dont voici les articles les plus topiques sur l'étendue de leur rôle :.

Article 5. — « Les maîtres-adjoints ne sont pas seulement chargés « de l'enseignement, ils doivent encore profiter de toutes les occa- « sions qui se présentent pour rappeler aux élèves leurs devoirs « envers Dieu, envers leurs parents et envers la société ».

Article 8. — « Les maîtres-adjoints doivent à l'Ecole l'emploi de « tout leur temps. Il leur est interdit de donner des leçons particu- « lières en ville ».

Article 9. — « Ils sont chargés de présider aux études, aux « récréations, aux repas, au lever et au coucher des élèves- « maîtres ».

Article 11. — « Les maîtres-adjoints accompagnent les élèves « aux offices divins ; ils les accompagnent aussi à la promenade ».

Article 15. — « Les maîtres-adjoints ne doivent sortir de l'Ecole « qu'avec l'autorisation du Directeur ».

Enfin pour couronner le tout, quoique le règlement reste muet sur ce point, ils étaient soumis à l'obligation de coucher au dortoir, ou, mais seulement bien plus tard, quand l'état des locaux s'y prêta, dans une chambre y communiquant directement.

En fait on interdisait par là la vie de famille aux maîtres-adjoints, qui tous furent célibataires pendant les trente premières années. D'autres vinrent ensuite, qui avaient un foyer. Et cependant il leur fallut se soumettre à ce rigoureux régime. Tout ce qu'ils avaient gagné, lorsque leur nombre avait été porté à trois, c'est de jouir, durant la journée, de quelques heures libres, quand leurs leçons ou la surveillance plus fractionnée ne les retenaient plus forcément dans l'intérieur de l'Ecole.

En 1876 les quatre maîtres-adjoints, y compris le directeur de l'école annexe, sont mariés. Celui-ci, en vertu de l'art. 5 du décret du 2 juillet 1866, vit chez lui et touche une indemnité de nourriture de 400 francs. Ses collègues réclament le même avantage et l'obtiennent à partir du premier avril (délibération du 8 février et rapport annuel du 4 juillet 1876); mais ils ont dû s'engager aupa- ravant à accomplir leur service de surveillance de sept heures du matin à neuf heures du soir, dans les études, au réfectoire et pen- dant les récréations comme par le passé. C'est l'instituteur-adjoint de l'école annexe qui couche au dortoir et surveille l'étude du matin jusqu'à sept heures.

Bien que déjà considérablement atténuée par cette gracieuse mesure, la tâche des maîtres-adjoints n'en demeure pas moins fort peu attrayante. Elle ne devient réellement acceptable pour tous que lorsque le décret du 29 juillet 1881 ne leur fait plus de la surveillance une stricte obligation, en posant le principe que ceux qui l'accepteront jouiront de tous les avantages de l'internat : nourriture, logement et prestations en nature. Dès ce moment le maître-adjoint a grande hâte de devenir exclusivement professeur. Pendant quelques années les célibataires, peu certains de leur droit de se soustraire à l'internat, s'y soumettent encore, mais de moins en moins volontiers. Des tiraillements se produisent même à plusieurs reprises, quand ces célibataires ont leur diplôme, c'est-à-dire dès 1887. Un déplacement volontaire y met fin momentanément ; mais ils ne cessent que le jour où toute surveillance par les professeurs est radicalement supprimée par M. le Recteur, en octobre 1892. La plus grande stabilité des professeurs a été la conséquence de cette mesure, accueillie avec satisfaction par les plus intéressés, mais qui, à d'autres égards, présente bien quelques inconvénients. Plus loin on dira ce qui se fait pour les réduire à leur minimum.

Quels étaient les avantages assurés aux maîtres-adjoints en retour du dur service qu'on réclamait d'eux ? La question n'offre d'intérêt véritable qu'antérieurement au décret du 26 décembre 1855, qui, pour la première fois, a classé les maîtres-adjoints, en déterminant les traitements affectés à chaque classe.

Le premier maître-adjoint attaché à l'Ecole jouissait d'un traitement de 700 francs, auquel s'ajoutaient la nourriture et les prestations de chauffage, éclairage et blanchissage, évaluées en totalité à 350 francs, taux de la pension. Son successeur, en 1840, mieux traité, reçut 800 francs, plus les mêmes avantages en nature (délib. du 13 juin 1840). Les deux maîtres adjoints nommés en 1841 touchèrent : le premier 850 francs ; le second 650 (délib. du 13 août 1842). En 1852 leurs émoluments s'élevèrent respectivement à 900 francs et à 850 francs (v. le budget). En 1856, les maîtres-adjoints étant des débutants reçurent : l'un 850 francs et l'autre 800 francs. Après on leur appliqua les prescriptions du décret de 1855.

On se demande comment, avec ces maigres avantages, on pouvait trouver des maîtres réunissant toutes les qualités qu'exigeaient leurs absorbantes fonctions. Et d'abord ils changeaient fréquemment. En outre pour des jeunes gens sortis de l'Ecole et venus de la campagne les avantages étaient plus alléchants qu'ils ne nous le paraissent aujourd'hui. Et puis ils entraient à l'Ecole comme maîtres, avec le dessein d'y travailler à étendre leur instruction en vue de la première occasion favorable qui se présenterait.

Plusieurs allèrent ensuite dans les collèges ; un est devenu par la suite chargé de cours au lycée de Vesoul, et après 1850 on en vit un, M. Truchot, qui, après avoir enseigné à l'Ecole, en 1853, parallèlement l'arithmétique, la langue française et la géographie (délib. du 19 mars 1853), avec jouissance d'un traitement de 800 francs plus la table, parvint par cette voie au doctorat ès sciences et au décanat de la faculté de Clermont-Ferrand. Il est vrai qu'alors l'accès des élèves-maîtres à l'enseignement secondaire était plus aisé qu'aujourd'hui.

Tout ce qu'il y a à retenir de cette étude sur la situation des maîtres-adjoints à l'Ecole normale de Vesoul, qui ne différait guère sans doute des autres écoles normales sous ce rapport, c'est qu'il fait meilleur être professeur d'école normale maintenant qu'il y a seulement vingt-cinq ans ; à plus forte raison qu'il y a quarante, cinquante et soixante ans. La comparaison nous permet de mesurer le progrès réalisé et pécuniairement et surtout moralement.

Directeurs de l'Ecole annexe

Dans les premiers temps, on ne juge pas qu'il soit d'absolue nécessité que les « écoles d'application » aient un directeur spécial. On ne se doute pas du tout de la difficulté que présente la tenue d'une école ordinaire, ni de l'importance capitale pour le futur instituteur de s'y préparer sous la direction permanente d'un guide éclairé par l'expérience. Néanmoins en préparant, en septembre 1839, le budget de 1840, on prévoit le traitement du maître-adjoint chargé des écoles d'application, qui doivent s'ouvrir à la rentrée prochaine.

Le 19 novembre suivant, la Commission, d'accord avec le Directeur, qui recommande « M. C..., instituteur à Nantilly, ancien élève de l'Ecole normale, muni du brevet d'instruction primaire supérieure ;

« Considérant que le sieur C... possède très bien les matières
« d'instruction pour tous les degrés d'enseignement primaire, et
« qu'il a une grande facilité de les transmettre,

« Propose le sieur C... à la nomination de maître-adjoint
« interne, chargé de la direction des écoles d'application annexées
« à l'Ecole normale, sous la haute surveillance du directeur de
« l'établissement, avec la jouissance du traitement annuel de
« cinq cents francs, qu'il percevra à dater du premier janvier 1840,
« non compris la nourriture, le blanchissage et le chauffage ».

Les mots « sous la haute surveillance du directeur de l'établissement » nous font sourire. Mais le soin que prend la Commission de les inscrire dans le procès-verbal n'indique-t-il pas la crainte secrète qu'on avait de voir le nouveau fonctionnaire tendre à l'indépendance?

Ce « maître-adjoint interne », comme la délibération le désigne, devait comme tel prendre part, avec son collègue chargé de l'enseignement, à la surveillance intérieure à exercer jour et nuit sur les élèves-maîtres.

Il entra en fonctions immédiatement, car dès le 28 décembre 1839 la Commission lui vota, « pour l'indemniser de ses frais de nourriture et d'entretien depuis son arrivée », une gratification de 150 francs « en considération des services rendus par lui pendant les mois de novembre et de décembre ».

Le Directeur et la Commission n'avaient pas eu la main heureuse. Dès le 21 mars 1840, M. C... donna sa démission qui fut acceptée avec d'autant moins de difficultés, lit-on dans la délibération de ce jour, « que ce fonctionnaire a, depuis le mois de janvier dernier,
« donné lieu à de graves reproches par sa conduite et par de nota-
« bles négligences, qui auraient pu déterminer la Commission à
« provoquer des mesures sévères ». (1)

---

(1) Le 20 février, M. C..., avec l'autorisation du directeur, était allé dîner en ville à midi et n'était rentré qu'à trois heures au lieu de deux, heure à lui fixée ; puis le soir à cinq heures il était reparti, sans nouvelle permission, pour souper dans une maison particulière, et n'était rentré « qu'à dix heures au dortoir, qu'il était chargé de surveiller ». (Délibération du 22 février 1840.)

La délibération continue en ces termes :

« M. Perney, directeur de l'Ecole, demande à la Commission que
« les élèves-maîtres de seconde année soient seuls chargés dorénaā
« vant, sous la haute surveillance de la direction, des écoles d'ap-
« plication, en s'y rendant alternativement au nombre de trois,
« lesquels seront constamment surveillés, soit par le directeur lui-
« même, soit par l'un des deux maîtres-adjoints. (1)
« La Commission, après avoir entendu divers membres sur les
« avantages de la proposition de M. Perney, décide qu'elle doit être
« accueillie ; et elle applaudit au zèle du chef de l'Ecole normale,
« qui veut bien ajouter à ses nombreux et pénibles travaux toute
« la surveillance nécessaire à la prospérité des écoles d'appli-
« cation ».

Cette délibération justifie ce qui a été avancé tout à l'heure, à savoir qu'on ne se rendait nullement compte encore de ce que doit être l'école d'application et du rôle qui incombe à celui qui la dirige. Ainsi la délibération ne parle que de surveillance et non de direction. Il faut le temps et l'observation pour que les institutions nouvelles se définissent bien, même aux yeux des esprits réfléchis. L'ignorance des membres de la Commission n'a rien de surprenant. Celle du Directeur semble plus singulière. Cependant comme il n'avait pas été instituteur (on croit, d'après des témoignages d'anciens élèves, qu'il était conseiller de préfecture avant de devenir directeur), il pouvait fort bien avoir sur ce point des idées inexactes. Eût-il été maître d'école, que son erreur s'expliquerait tout aussi bien par le pauvre idéal qu'on se faisait alors de l'école primaire.

Toujours est-il que l'organisation adoptée fonctionna tant bien que mal jusqu'en 1845, plutôt mal que bien, au jugement des membres mêmes de la Commission, chargés des visites mensuelles. La délibération du 1er mars 1845 rappelle qu'il a déjà été exprimé plusieurs fois le vœu qu'un maître adjoint soit « spécialement chargé des écoles d'application ». Et comme il y a lieu de donner un successeur au professeur d'histoire (l'abbé Poirot) décédé en novembre

---

(1) Ces deux maîtres-adjoints sont : l'un le maître-adjoint proprement dit ; l'autre le maître d'écriture, appelé quelques jours après (28 mars) aux fonctions de maître-surveillant.

1844, et non encore remplacé, la Commission pense que le même maître-adjoint pourrait prendre ces deux services, attendu qu'il « donnerait ses leçons d'histoire aux élèves-maîtres à des heures différentes de celles où sa présence serait due aux écoles d'application ». La proposition fut agréée, et l'Ecole normale eut un troisième maître-adjoint dans la personne de M. Ménigoz, ancien élève-maître, instituteur à Genevreuille, qui cumula les triples fonctions de directeur de l'école d'application, de professeur d'histoire et de maître surveillant. C'était beaucoup pour une seule personne. Si on était convaincu de la nécessité d'un fonctionnaire spécial pour diriger les exercices pratiques des élèves-maîtres, on ne se doutait guère encore de l'étendue de la tâche qui lui revenait par la nature même des choses. Tout marcha de la sorte jusqu'en 1851, où un nouveau directeur d'école annexe remplaça le précédent, démissionnaire. On appela l'instituteur de l'importante commune de Jussey, ancien élève maître aussi, M. Rigaud, qui avait de l'expérience et convenait pour le rôle qu'on lui confiait. Il n'eût point de leçons à faire aux élèves-maîtres, et, marié, il fut dispensé de surveillance intérieure. Cette fois, le directeur de l'école annexe pouvait se consacrer exclusivement à ses importantes fonctions. Il en fut toujours ainsi par la suite avec les deux seuls directeurs que l'école annexe a eus à sa tête : MM. Loyez (1868-1886) et Grégoire (1886).

Quelles conditions devaient remplir au début les directeurs de l'école d'application ? Aucune qui leur fût particulière. Naturellement, puisqu'on les prenait parmi les anciens élèves de l'Ecole normale, on tâchait de choisir ceux qui s'étaient distingués dans leurs études. La garantie était cependant bien incertaine. On peut avoir été élève intelligent et n'être qu'un instituteur médiocre. Et puis, l'homme chargé d'initier les élèves-maîtres à la pratique de l'éducation dans l'école a besoin de qualités, instruction, habileté pédagogique, tact, prudence, maturité enfin, dont peut se passer l'instituteur ordinaire. Est-ce chez le jeune maître frais émoulu qu'on a des chances de les rencontrer ? Les premiers temps, on n'avait cependant pas d'autre ressource que de s'adresser aux jeunes. Qu'espérer d'un directeur comme M. C... qui, né le 6 juillet 1818, avait vingt et un ans quand on le chargea de l'école d'application ? Quoi d'étonnant qu'on ait dû renoncer si promptement à ses services, et qu'on ait hésité à lui donner un successeur qui n'aurait pas été mieux qualifié? On eut la main plus heureuse avec le second qui, de lui-même, se retira après quelques années, attiré par les plus grands avantages que lui assurait la direction d'une école communale. Enfin on se décida à choisir un homme ayant fait ses preuves comme maître d'une importante école, et on n'eut pas à le regretter. Il devint en 1868 inspecteur primaire, justifiant ainsi la confiance dont il avait été l'objet. Son successeur mourut en fonctions dans la force de l'âge. Il avait obtenu de nombreuses médailles dans les expositions scolaires, reçu les palmes académiques en 1878, à la suite de l'Exposition universelle, et la croix du mérite agricole en 1884. Le quatrième, pourvu du certificat d'aptitude pédagogique, alors que ce n'était qu'un titre facultatif, s'était en outre recommandé à l'attention de l'administration comme directeur d'une grande école communale. Il a conquis depuis le certificat d'aptitude au professorat, et possède ainsi, avec l'habileté professionnelle, les titres de capacité qui lui assurent, auprès des élèves-maîtres, une autorité morale et pédagogique indiscutée.

On a donc bien vite compris que le directeur de l'école annexe ne pouvait être le premier instituteur venu. Prétendre qu'il lui faut aujourd'hui le diplôme de professeur, qui atteste une spécialisation que sa tâche ne comporte pas, serait peut-être aller un peu loin; mais il ne saurait avoir moins que le brevet supérieur pour diriger avec compétence les élèves-maîtres. Quant aux autres qualités, comment admettre qu'il les possède pleinement s'il ne les a acquises par une pratique de plusieurs années dans une école primaire? Il va de soi qu'aujourd'hui on ne se le représente guère sans le certificat d'aptitude pédagogique. Ce sont maintenant les conditions minima requises de ces fonctionnaires, par le décret du 31 juillet 1890 et par le décret du 4 octobre 1894 (art. 4).

Le traitement accordé aux premiers directeurs de l'école d'application n'était guère propre à rehausser leur prestige. Au projet de budget présenté le 10 août 1839, pour 1840, la Commission proposa de le fixer à 500 francs, les avantages de l'internat devant s'y joindre. Le chiffre fut adopté. En 1845, le second directeur reçut d'abord, avec les mêmes avantages, un traitement provisoire de 400 francs alors disponible (délibération du 5 avril 1845), traitement porté à 650 francs au budget de 1846 (délibération du 29 juillet 1845). Aucune modification n'y fut apportée jusqu'à l'arrivée du successeur, en 1851. Celui-ci, homme ayant dépassé la trentaine, marié, logé en ville et prenant chez lui ses repas, se vit gratifié de la grosse allocation de 1,150 francs, qui s'enfla modérément jusqu'à 1,200 francs, en 1855 (délibération du 15 juillet 1854), et à 1.300 francs en 1856 (délibération du 14 juillet 1855). On rentrait dans la limite des taux déterminés par le décret du 26 décembre 1855. A partir de cette date, la rétribution des directeurs de l'école annexe est soumise à la réglementation générale concernant les fonctionnaires des écoles normales. C'est le décret du 4 octobre 1894 qui la régit actuellement, attribuant aux professeurs directeurs, outre le traitement de professeur afférent à leur classe, une indemnité spéciale de 300 francs, justifiée par leurs trente heures de travail, et le logement ou une indemnité représentative. Quant à ceux qui n'ont que le titre d'instituteurs, avec le traitement de leur classe ils jouissent d'avantages pécuniaires (art. 7 du décret) qui leur sont bien dus et qui relèvent leurs fonctions à leurs yeux et aux yeux du personnel non moins qu'à ceux du public.

Surveillants

En préparant le projet de budget pour 1837, la Commission fit valoir les raisons qui militaient en faveur de la création de l'emploi de maître d'étude. « La présence d'un maître d'étude au moins, « dit-elle, est indispensable au milieu des élèves-maîtres, soit pen- « dant les moments consacrés à l'étude, soit pendant ceux des « récréations ; il n'est pas moins certain que le directeur et le « maître-adjoint interne ne peuvent pas être exclusivement sur- « tout, chargés de ce soin ». (délibération du 7 août 1835).

Un crédit de 100 francs avait déjà été inscrit au budget de 1837 ; mais, autant qu'on en peut juger à la lecture de la délibération où la Commission proclame cette somme « insuffisante pour payer le « temps et l'aptitude du maître d'étude, s'il est nécessaire d'en « admettre au moins un », aucun candidat ne s'était laissé tenter par une aussi modique allocation. La Commission jugea donc nécessaire de voter, au budget de 1838, un crédit de 550 francs, dont 350 francs serviraient à payer les frais de l'internat. Le maître d'étude toucherait en espèces les 200 francs restants. L'Ecole eut ainsi son maître d'étude dès octobre 1837. C'était un ancien élève-maître de la première promotion, M. Prévost, qui se contenta de cette situation bien modeste, parce qu'elle lui fournissait le moyen d'étendre son instruction. Dès qu'il put la troquer contre une plus avantageuse, il l'abandonna. Ce fut en mai 1839, pour aller diriger l'école primaire annexée au collège de Beauvais. Un ancien élève comme lui le remplaça, qui, pour continuer d'étudier, aima mieux rentrer en cette qualité à l'Ecole normale que d'accepter « la place « d'instituteur à Bucey-les-Gy, malgré les avantages pécuniaires « que cette commune lui offrait, en portant son traitement à plus « de 1,200 francs » (délibération du 10 août 1839). Il est vrai qu'en raison de ce que M. Prévost « s'était acquitté de sa fonction à la satisfaction du Directeur et de la Commission » (délibération du 8 août 1837), on avait élevé l'allocation monnayée au maître d'étude à 400 francs au budget de 1838, et à 450 francs à celui de 1839. Avec sa surveillance M. Gueldry s'exerçait aussi à l'enseignement en donnant des leçons de dessin linéaire. Aussi, quand partit le premier maître-adjoint, en mars 1840, en recueillait-il la succession, transmettant la sienne à M. Daval, ancien élève-maître, attaché déjà à l'établissement, sans y demeurer, en qualité de maître d'écriture au traitement de 400 francs. On alloua à ce dernier, comme à M. Gueldry, 450 francs et la table, quoiqu'il ne fût que débutant. La raison ? C'est que M. Daval fut chargé de « sur- « veiller conjointement avec M. Gueldry les écoles d'application et « la salle d'étude des élèves-maîtres, ainsi que les divers mouve- « ments de tous les élèves de l'établissement » (délibération du 13 juin 1840). Le traitement net fut même porté à 550 francs au budget de 1841, en augmentation de 100 francs sur le précédent. La situation du maître d'étude se rapprochait donc de plus en plus de celle de maître-adjoint. L'assimilation se fit le 9 octobre 1841, quand le recteur nomma « maîtres-adjoints » MM. Grosjean et Vitot à la place de MM. Gueldry et Daval, démissionnaires (1).

Il n'y aura plus maintenant de maître d'études spécial avant 1880.

(1) Voir page 131.

L'enseignement et la surveillance ne sont plus des fonctions distinctes. Ce fut, pendant cette longue période, un des traits caractéristiques des écoles normales. On avait voulu par là y faire régner la vie familiale. Sans doute le contact permanent des maîtres et des élèves amena entre eux plus d'intimité, et c'était fort heureux quand les maîtres étaient parfaits ; ce permanent exemple de leur vie modèle et de leurs qualités morales aussi bien que l'action persuasive de leurs doux et insinuants propos ne pouvaient manquer d'améliorer rapidement les élèves-maîtres ; mais chez combien de maîtres existait cette perfection ? Qui affirmera que dans le cas contraire, leurs petits travers, grossis par des manifestations quotidiennement renouvelées dans la vie en commun ; qu'une surveillance indiscrète, taquine ; que des interventions tatillonnes, inopportunes, provoquées par cette existence étroite, confinée, mesquine, n'aient pas suscité plus d'une fois des irritations sourdes, des dispositions frondeuses et même des résistances secrètes, sinon ouvertes, aux avis et aux directions des maîtres ? Le tableau qu'on vient de tracer est-il aussi hypothétique qu'il le paraît. Ceux qui ont connu le système dont il s'agit répondront. S'ils n'ont jamais rien eu personnellement à se reprocher, ils savent, pour l'avoir observé autour d'eux plus d'une fois, que d'autres avaient la conscience moins nette.

Jusqu'à 1866 la Commission de surveillance eût à s'occuper à différentes reprises d'affaires disciplinaires sorties de l'hostilité des sentiments de quelques élèves pour leurs maîtres. Quelques exclusions furent prononcées. Plusieurs fois on se contenta de la réprimande publique par la Commission. Une fois, en 1862, cinq élèves coupables d'un fait d'insubordination envers les maîtres-adjoints (rapport annuel de 1862) furent admonestés par le Directeur et l'Inspecteur d'Académie, et « condamnés à être privés de vacances de Pâques » (délibération du 19 avril).

Cependant à Vesoul l'esprit des élèves-maîtres est bon. C'était la situation faite aux maîtres et aux élèves qui était mauvaise. Qu'un maître-adjoint manquât de tact, aussitôt l'antagonisme apparaissait.

Le décret du 2 juillet 1866 en permettant d'associer (art. 8) les élèves-maîtres de troisième année à la surveillance fut le signal d'une amélioration fort désirable. Dès lors on ne trouve plus trace, dans le registre des délibérations, d'une seule affaire du genre des précédentes.

Mais les maîtres-adjoints n'en continuaient pas moins à appartenir à l'Ecole jour et nuit. La vie toute claustrale que ce régime leur imposait les vouait au célibat. Etait-ce d'un si bon exemple pour les élèves-maîtres? On ne pouvait conserver en général à l'Ecole que des maîtres jeunes et sans expérience, qui, par cela même, étaient incapables de répondre pleinement aux vues de l'administration dans leur rôle d'éducateurs moraux des futurs instituteurs. Car que voulait-on ? Que les maîtres-adjoints, presque continuellement au milieu des élèves, saisissent toutes les occasions de cultiver leurs sentiments. Cela demande des qualités qui ne sont d'ordinaire que le lot des esprits déjà mûrs.

Peu à peu pourtant des maîtres-adjoints mariés arrivent à l'Ecole. En 1876, tous le sont. Il font néanmoins leur service de jour et de nuit, à tour de rôle, il est vrai, ce qui l'allège ; mais ils prennent tous, sauf le directeur de l'école annexe, leurs repas à la table commune. Ainsi le voulait leur mission de surveillants. Ils s'en plaignaient et n'avaient pas tort. Comme à l'Ecole vivait et couchait l'instituteur-adjoint depuis quelque temps attaché à l'école annexe, on songea à utiliser ses services. D'accord avec le chef de la maison, les maîtres-adjoints adressèrent une demande au Ministre qui la renvoya à l'examen de la Commission de surveillance. Naturellement la Commission l'appuya chaleureusement, et le Ministre, à partir du premier avril 1876, autorisa les maîtres-adjoints à prendre leurs repas chez eux, leur accorda une indemnité de 400 francs égale au prix de la pension, et les dispensa de tout service de nuit. Ce fut l'instituteur-adjoint de l'école annexe qui coucha au dortoir et surveilla l'étude du matin jusqu'à sept heures. Le reste du temps, pendant les repas, les récréations, les études, jusqu'au coucher, la surveillance incombait aux maîtres-adjoints, qui se la partageaient. (Délibération du 8 février et rapport annuel du 4 juillet 1876). Ainsi le maître d'études reparaissait à l'Ecole normale, mais dans des conditions acceptables ; les maîtres-adjoints demeuraient, en dehors des leçons, assez longtemps en contact avec les élèves, pour travailler à leur éducation morale, sans souffrir des inconvénients d'une communauté étroite et épineuse, et les élèves n'échappaient pas à la surveillance, que, quelle que soit leur bonne volonté, il y aurait eu péril à supprimer tout d'un coup.

Mais en octobre 1880, par suite de la suppression de l'emploi d'instituteur-adjoint à l'annexe, et de l'arrivée de deux maîtres-adjoints célibataires, la surveillance fit retour au personnel enseignant. Elle fut confiée aux deux nouveaux venus, en conformité d'une doctrine longuement formulée et motivée dans la circulaire ministérielle du 21 octobre 1880. Le Ministre tient à ce que les écoles normales conservent « leur caractère familial et le régime en « quelque sorte démocratique qui convient à l'éducation de nos « jeunes instituteurs ». Il répugne à l'idée d'y faire entrer « des « surveillants étrangers à l'enseignement, des maîtres d'études « inférieurs aux professeurs. J'ai donné, ajoute-t-il, les ordres les « plus formels pour que, tant dans les nominations que dans les « mutations, on s'arrange le plus possible de manière à donner à « chaque école normale un ou deux maîtres célibataires, que l'ha-« bitation à l'intérieur et la surveillance du dortoir n'incommodera « pas ».

Et cependant moins d'un an après, le 29 juillet 1881, paraissait le décret sur la réorganisation des écoles normales, dont l'art. 14 était ainsi conçu : « Dans le cas où il ne se trouverait pas dans le « personnel enseignant un nombre de maîtres suffisant pour assurer « la surveillance, le Recteur peut, à titre provisoire, et sur la pro-« position du directeur, déléguer pour prendre part à ce service « d'anciens élèves de l'École pourvus du brevet supérieur. L'émo-« lument qui leur sera alloué, en outre du logement et de la nour-« riture, sera soumis à la retenue ». Si on voulait conserver aux écoles normales des maîtres d'âge et d'expérience, on ne pouvait pas cependant, pour assurer la surveillance, les condamner à des migrations fréquentes, pour placer dans chaque école des maîtres célibataires. Or en octobre 1881, l'École de Vesoul n'a plus que des maîtres mariés. Conformément à la disposition dudit article 14, un ancien élève-maître reçut de M. le Recteur une délégation provisoire de maître surveillant, au traitement de 1,000 francs. C'était pécuniairement une position enviable pour un jeune homme désireux de perfectionner son instruction ; mais la tâche était lourde.

L'année suivante (octobre 1882), un second surveillant fut nommé dans les mêmes conditions. Cette fois tout le monde était content : les professeurs, les surveillants. Cela marchait trop bien pour durer longtemps.

L'arrivée de maîtres-adjoints célibataires et débutants chassa les surveillants spéciaux en octobre 1883. Après deux années du nouveau régime, les professeurs célibataires témoignèrent de moins en moins d'empressement à accepter le rôle de surveillants, que l'article 77 de l'arrêté du 18 janvier 1887 leur donnait le droit de décliner. Il y eut même à ce propos quelques tiraillements. L'article 4 du décret du 29 juillet 1890, qui leur offrit même un léger avantage pécuniaire pour ce service, ne changea nullement leurs dispositions. Il faut bien reconnaître que prendre la surveillance, quand on est seul à l'exercer, c'est presque totalement aliéner sa liberté. Le sacrifice est grand, au regard de l'avantage que la charge procure. Le jeune professeur qui vient de conquérir son titre et entre en possession de son premier emploi, après les années de préparation à l'école de Saint-Cloud ou ailleurs, années qui ne l'ont généralement pas enrichi, veut bien pendant un court temps s'enfermer dans l'Ecole ; mais dès qu'entre dans son porte-monnaie un peu du lest qui permet à l'homme de faire figure dans le monde, le désir d'indépendance, que le besoin a passagèrement réduit au silence, se réveille et, avec lui, la soif de l'espace et du grand air.

Devant les difficultés qui surgissaient, M. le Recteur s'arrêta à une mesure radicale : en juillet 1892, il vint à l'Ecole et annonça qu'on se passerait de surveillants à la rentrée.

Supprimer les surveillants est chose extrêmement facile ; mais supprime-t-on la surveillance ? Les élèves-maîtres et le Directeur de l'Ecole savent à quoi s'en tenir. On a dit dans la première partie de ce chapitre comment la principale portion de l'héritage des surveillants est passée au Directeur ; on n'y revient pas. Mais les élèves en ont aussi une part qui échoit au président institué par le règlement intérieur, conformément aux prescriptions de la circulaire ministérielle du 7 février 1884. Ce président, désigné, on peut le dire, d'un commun accord par le Directeur, les professeurs et les élèves, est assurément très flatté de la distinction dont il est l'objet. Cependant la responsabilité qu'elle lui confère a paru bien lourde à plus d'un. On a beau avoir des condisciples naturellement disciplinés ; leur groupement dans une même salle engendre, quoi qu'on veuille et quoi qu'on pense, de temps en temps quelque petit trouble, sans gravité sans doute, et pourtant répréhensible. Quiconque en manifesterait de la surprise, sous le prétexte que les élèves-maîtres doivent être sérieux, prouverait tout simplement qu'il n'a jamais observé des hommes ensemble. Or nous avons à faire à des jeunes gens en pleine exubérance. Que le président n'arrête pas un trouble subit, le Directeur survenant lui rappelle son devoir. Qu'au contraire il se montre consciencieux, il s'aliène ses camarades. C'est une alternative à laquelle il n'échappe pas. Et, on le répète, sans que la moindre tendance à l'indiscipline règne dans l'École. Il y a bien un moyen commode d'éviter ce désagrément, c'est que le Directeur ferme résolûment les yeux et les oreilles à tout ce qui se passe parmi les élèves durant les heures d'étude, ou qu'il ne mette jamais les pieds au milieu d'eux ; mais qui consentirait à adopter un aussi déplorable parti ? Toujours est-il que, placé entre le Directeur et ses condisciples, le président a une charge que nul n'envie, malgré tout ce qu'elle a d'honorable, et que, chaque année, celui qui en est revêtu voudrait bien déposer. Il faut qu'on le contraigne à la conserver, en lui disant qu'il n'a pas plus le droit de s'y soustraire que les professeurs aux obligations de leurs fonctions. C'est généralement le premier de la troisième année qu'on investit du titre de président (surveillant provoquerait peut-être des susceptibilités). Sa supériorité, appelle naturellement l'autorité et avec elle la responsabilité, qu'il ne lui est pas loisible de rejeter.

Mais avec ce système, que devient le caractère familial de l'école normale ? Comment les professeurs s'acquittent-ils de leur mission d'éducateurs moraux ? Ce n'est pas dans les leçons. Il est vrai qu'ils accompagnent les élèves en promenade ; mais l'intimité n'y règne entre eux et les élèves que pendant de courts instants. Quand donc alors s'établira le contact si désirable, où le professeur, prenant intérêt au travail de l'élève, à ses joies, à ses peines, gagne sa confiance et lui insinue de bonnes idées, lui inspire d'heureux sentiments et des résolutions généreuses ? A Vesoul, pour rapprocher en dehors des leçons professeurs et élèves, on a établi un roulement qui appelle chaque jour, pendant une heure à l'étude du soir, un professeur dans la salle de travail. Le professeur se tient à la disposition des élèves ou entre de lui-même en communication avec eux. Ainsi ni lui ni eux ne considèrent le professeur comme un homme qui, sa leçon terminée, se croit quitte de tout devoir. Ainsi encore une familiarité de bon aloi s'établit entre les maîtres et les élèves, familiarité faite de confiance et d'estime chez les uns, d'affectueuse bonté chez les autres, pour le plus grand bien des études et de l'esprit de la maison.

X

PERSONNEL DES ÉLÈVES

Effectifs

On aurait désiré ouvrir ce chapitre par un tableau statistique faisant connaître les effectifs annuels, depuis l'entrée de la première promotion à l'École normale, le premier mai 1834. On y a renoncé devant l'impossibilité de tenir compte exactement des vides produits par les exclusions, les décès et surtout les sorties volontaires, dont on n'a pas toujours retrouvé la mention précise dans les archives. On se contentera dès lors du tableau suivant présentant les effectifs numériques des promotions successives, au moment où elles se sont assises pour la première fois sur les bancs de l'École.

		Report. .	328	Report. .	544	Report. .	921
1834	35	1851	9	1868	16	1885	21
1835	22	1852	12	1869	16	1886	20
1836	13	1853	13	1870	18	1887	21
1837	18	1854	11	1871	17	1888	19
1838	15	1855	12	1872	20	1889	11
1839	22	1856	11	1873	21	1890	11
1840	22	1857	16	1874	20	1891	16
1841	19	1858	13	1875	25	1892	16
1842	19	1859	13	1876	26	1893	13
1843	20	1860	12	1877	27	1894	12
1844	21	1861	11	1878	26	1895	11
1845	17	1862	12	1879	26	1896	10
1846	20	1863	16	1880	25	1897	10
1847	16	1864	11	1881	25	1898	11
1848	20	1865	9	1882	25	1899	10
1849	16	1866	14	1883	21	1900	13
1850	13	1867	15	1884	23		
À reporter.	328	À reporter.	544	À reporter.	921	Total. .	1.153

L'Ecole a donc reçu 1,152 élèves du premier mai 1834 à la rentrée d'octobre 1900, c'est-à-dire une moyenne de 17 13/67 par promotion.

Ce total ne concorde pas avec celui du registre matricule, par suite de lacunes et de doubles emplois, en divers endroits, dans la série des numéros de ce registre, qui s'arrête en octobre 1900 au numéro 1,142.

Dix-sept élèves de la promotion de 1834 sortirent en 1835. Les autres demeurèrent à l'Ecole jusqu'en 1836. Toutes les promotions, jusqu'à celle de 1848 inclusivement, passèrent deux années à l'Ecole normale. La promotion de 1849 y fut retenue trois ans, en conformité d'une décision du Conseil général (voir plus loin). Depuis, le cours normal a toujours eu une durée triennale.

L'effectif total des élèves pendant les années de la première période a oscillé dans les limites de 35 à 40. La moyenne serait même de 40 sans les sorties anticipées pour les causes indiquées plus haut.

De 1849 à 1898 on peut distinguer trois périodes : une première période de 18 années, de 1849 à 1866, avec des promotions moyennes de 12 à 13 élèves, représentant pour chaque année un effectif total sensiblement égal à celui de la période précédente ; une deuxième période de 22 années, de 1867 à 1888, avec des promotions variant de 20 à 27 élèves (moyenne : 21 17/20), et un effectif qui s'étend annuellement de 45 à 78 unités (moyenne : 65) ; enfin une troisième période de 12 années, de 1889 à 1900, avec des promotions de 10 à 16 élèves (moyenne : 12 3/12), et un effectif qui va de 31 unités, en 1898, à 50 unités, en 1889 (moyenne : 37 élèves). Ce n'est qu'à partir de 1895 que l'Ecole a compté moins de 40 élèves, et de 1897 qu'elle est descendue au-dessous de 36.

Une question qu'on est naturellement conduit à se poser est celle de savoir si l'Ecole suffisait à fournir de recrues le personnel enseignant primaire. Alors que jusqu'en 1850 elle produisait annuellement de 18 à 20 brevetés, des jeunes gens, préparés ailleurs, obtenaient concurremment avec eux leur brevet d'instituteur. Les rapports des directeurs nous l'apprennent en insistant sur la supériorité dont font preuve les élèves-maîtres. Nous savons même ainsi qu'il y eut en 1840 six brevets d'instituteur délivrés à des

candidats libres en sus de ceux des élèves de l'Ecole normale, et qu'il y en eut onze en 1850. Or à cette époque on ne se munissait guère du brevet que pour obtenir un emploi dans l'enseignement. C'est donc qu'il fallait plus de débutants que l'Ecole n'en préparait. Seulement ces candidats du dehors étaient placés à mesure des vacances, et, en 1848, il y eut pléthore de brevetés normaliens et autres. « Suivant M. l'Inspecteur des écoles, dit M. le Préfet dans
« son rapport de novembre 1848 au Conseil général, le nombre des
« places d'instituteurs disponibles est inférieur à celui des jeunes
« gens pourvus du brevet de capacité ; douze sujets au moins reste-
« ront sans emploi cette année. Il serait convenable de profiter de
« cet état de choses pour augmenter d'une année les cours de
« l'Ecole normale, en diminuant le nombre des brevets délivrés à
« la fin de l'année scolaire ; on arriverait ainsi sans accroissement
« de dépense pour le département, à des cours de trois ans, qui
« donneront des instituteurs plus capables, plus pénétrés de leurs
« devoirs si étendus, et à même d'imprimer une meilleure direction
« à l'éducation populaire.

« Vous voudrez bien examiner, Messieurs, s'il faut entrer dans
« cette voie et si le moment est opportun... » (Rapport, pages 56 et 57).

La commission du Conseil général se déclara favorable à la proposition. « La prolongation du séjour des élèves-maîtres à l'Ecole,
« lit-on dans son rapport, leur donnera davantage l'habitude de la
« discipline, l'habitude d'une vie régulière et retirée, et ils sortiront
« de là tout à la fois plus instruits, plus moraux et plus capables
« de faire respecter la règle du travail, de l'ordre et de la bonne
« conduite, à laquelle ils auront été soumis eux-mêmes plus long-
« temps ».

Elle ajoute que les brevetés n'attendront plus aussi longtemps un emploi, après s'être imposé de lourds sacrifices pour leurs études, puisque leur nombre se réduira d'un tiers chaque année, et elle fait remarquer que l'augmentation de la durée des études normales élèvera le niveau de l'instruction des élèves-maîtres et par cela même celui des examens du brevet.

Le Conseil adoptant l'avis de sa Commission décida : « que la
« durée des cours à l'Ecole normale primaire de la Haute-Saône

« serait portée à trois ans ». (Délibération du Conseil général, session de novembre 1848, pages 171 à 173).

Par suite, la promotion qui entra à l'Ecole en octobre 1849 ne devait terminer ses études qu'en 1852. Le décret du 24 mars 1851 vint consacrer, pour toute la France, cette mesure originairement toute locale. Les promotions, dès lors, ne comptèrent plus, comme on l'a dit plus haut, qu'une moyenne de 12 à 13 élèves, laissant l'effectif total comme auparavant.

Mais à partir de 1866 s'affirme un relèvement subit et continu des promotions. Nous en avons l'explication dans le rapport du Directeur, en 1867 : « Les besoins du Département, y lit-on, exigent
« chaque année, d'après les renseignements administratifs qui
« m'ont été fournis il y a trois ans, vingt-quatre instituteurs nou-
« veaux. La moyenne de ceux qui sortent de l'Ecole normale est de
« douze. Ne serait-ce point ici le cas d'exprimer le regret qu'il n'en
« soit pas reçu un plus grand nombre ? Les locaux le permettraient ;
« le personnel enseignant resterait ce qu'il est, et il n'y aurait point
« d'augmentation dans les frais généraux ».

En 1872 le relèvement s'accentue encore. C'est qu'alors le territoire de Belfort, qui a conservé son autonomie administrative, envoie ses élèves-maîtres à Vesoul, savoir :

2 dans la promotion de 1871
5 dans la promotion de 1872
5 dans la promotion de 1873
4 dans la promotion de 1874
7 dans la promotion de 1875
7 dans la promotion de 1876
8 dans la promotion de 1877
6 dans la promotion de 1878
6 dans la promotion de 1879

A la fin de l'année scolaire 1879-80, les Belfortains sortirent tous pour terminer leurs études à l'école normale qui s'ouvrait à Belfort à la rentrée d'octobre suivant.

En défalquant, pour les années 1872 à 1879, les élèves venus du territoire de Belfort, on trouve que les promotions des élèves de la Haute-Saône ont compté jusqu'à vingt élèves en 1878 et 1879. Cela n'empêcha pas pourtant l'Administration de recourir, pour combler les vides du personnel enseignant, à des jeunes gens qui n'avaient pas passé par l'Ecole normale. Bien mieux, au départ des Belfortains, on conserva pendant plusieurs années des promotions de vingt-cinq élèves, sans qu'on fut embarrassé pour leur placement.

Après le vote de la loi du 30 octobre 1886, qui appela les institutrices à la direction des écoles mixtes, le nombre des admissions à l'Ecole aurait dû, semble-t-il, s'abaisser sensiblement. Le tableau nous montre que cependant le phénomène ne se produisit qu'un peu plus tard, en 1889. La raison nous en est donnée par le refus formel du préfet d'alors de nommer des institutrices dans les écoles mixtes, pour ne pas mécontenter les municipalités qui tenaient à leurs instituteurs. Après, la loi, appliquée avec modération, fit descendre, momentanément du moins, les besoins annuels pour le recrutement du personnel masculin.

Mais on devra revenir dans un temps prochain à des promotions plus fortes. Le département possède, en effet, 320 (1) écoles spéciales de garçons, avec un pareil nombre d'instituteurs, auquel il faut ajouter le nombre des adjoints, soit 96 (1). Cela fait un total de 416 emplois à pourvoir d'instituteurs. En supposant que chaque maître reste en exercice pendant 30 ans, ce qui est au-dessus de la réalité, cela représente un renouvellement de 14 fonctionnaires par année. L'Ecole devrait donc avoir un minimum de 42 élèves, et, si on veut bien tenir compte des déchets inévitables qui surviennent dans les promotions, c'est 45 élèves par année qu'il faudrait pour le moins.

Pour résumer, on dira que pendant la première moitié de son existence (33 ans, 1834 à 1866) l'Ecole a eu des effectifs moyens de 38 à 39 élèves ; que ses effectifs ont rapidement monté ensuite, pour atteindre leur maximum (78 élèves) en 1877 et 1878 ; qu'enfin ils ont décru rapidement après 1888, et qu'ils ne se tiennent au-dessous du chiffre de 36 élèves que depuis 1897. Il lui faudrait normalement un effectif *minimum* de 45 à 48 élèves ; elle n'en aurait même pas trop de 50.

(1) Chiffres extraits du rapport de M. l'Inspecteur d'Académie en 1899.

Recrutement

La possibilité non seulement du recrutement, mais d'un recrutement dont les éléments se recommandent par leurs qualités intellectuelles et morales, est une question capitale pour une maison destinée à former des éducateurs du peuple, c'est-à-dire des hommes chez qui on veut trouver une certaine supériorité de l'esprit et du cœur. Des jeunes gens dont l'intelligence ouverte et même brillante promet des succès d'examens, mais en qui manque la délicatesse des inclinations, font de mauvaises recrues pour une école normale. D'autre part il ne suffit pas qu'un jeune homme ait une conduite même exemplaire, s'il est dépourvu de quelque vivacité intellectuelle, pour qu'on en augure qu'il sera un bon instituteur. Autrefois on a pu essayer de se contenter de ce genre de distinction ; mais par la force des choses on a dû placer l'autre dans la balance des mérites. Et ce n'est pas à l'origine que cette singulière prétention a été émise sous forme de règlement administratif ; c'est pendant les années qui ont suivi la fameuse loi Falloux.

Il faut donc que les élèves-maîtres soient des jeunes gens convenables, et, sinon instruits, du moins d'esprit éveillé. Au début évidemment on ne pouvait exiger des candidats des connaissances bien étendues. On a indiqué, d'après les documents officiels, dans le premier chapitre de cette monographie, sur quoi portait l'examen d'admission. Mais aussitôt que des instituteurs sortis de l'Ecole normale se sont répandus dans le département, on a eu des candidats d'un niveau intellectuel de plus en plus relevé. Dès 1839, le Directeur le constate dans son rapport annuel, où il s'applaudit de l'état prospère de l'Ecole. « Rien ne fait mieux éclater, dit-il, les « progrès vrais et sérieux obtenus dans l'établissement que « l'affluence et la supériorité en tous genres des jeunes candidats « déjà formés par les anciens élèves-maîtres, et qui ont concouru « d'une manière si brillante, le 6 septembre dernier, pour être « jugés admissibles à l'Ecole normale : cette remarque a particu- « lièrement frappé la commission d'examen ». (Rapport du 14 septembre 1839).

Sous le rapport moral il y eut peut-être un progrès apparent moins rapide. Au fond toutefois les jeunes gens qui voulaient devenir instituteurs, possédaient de bons instincts, un vif désir de s'améliorer, une volonté ferme de profiter le plus possible de leur passage à l'Ecole normale. On ne devait pas s'attendre, en raison de leur origine, à trouver chez eux des manières ni un langage raffinés ; mais ils avaient de l'honnêteté et de la droiture. Si par hasard quelque brebis galeuse se glissait dans le troupeau, elle ne tardait pas à se dénoncer, et, d'elle-même ou par mesure disciplinaire, elle s'éloignait d'un milieu et d'une profession qui ne convenaient pas à ses dispositions.

La qualité qui, d'une façon générale, et presque sans éclipse depuis que l'Ecole existe, a toujours brillé chez les élèves-maîtres, c'est l'amour du travail, amour ardent et tenace, qui chez quelques-uns a produit à la longue de véritables miracles. Presque chaque année le rapport du Directeur fait allusion à l'application des élèves ou même la célèbre en termes chaleureux. Il sera établi plus loin que c'est avec justice.

Pour que le recrutement de l'Ecole normale se fît aisément d'après les conditions qu'on vient d'indiquer, il fallait un nombre de candidats tel qu'ils offrissent un choix large à l'Administration. C'est ce qui a toujours été à Vesoul. Avant 1864 il n'existe que des renseignements vagues sur ce point dans les archives de la maison. Cependant, jamais une seule fois les directeurs ne se sont plaints de la difficulté du recrutement. Si les candidats avaient fait défaut, pense-t-on que les chefs de l'établissement eussent négligé de le déplorer ? Les seules mentions de leurs rapports relatives à ce sujet concernent le rôle de l'école annexe, qui, jusqu'en 1886, a été, dans son cours supérieur, une véritable école préparatoire à l'Ecole normale. « Un tiers des candidats portés sur la liste d'admissibilité « sortent des écoles d'application », dit le rapport de 1841. En 1842, c'est « la moitié » ; « dix » en 1843.

« Lors des derniers examens, huit des jeunes gens qui suivaient « les écoles d'application ont été déclarés admissibles à l'Ecole « normale ». (Rapport de 1845).

« Douze, parmi les plus âgés » des élèves de l'école annexe, « sont « des jeunes gens qui aspirent à entrer comme élèves-maîtres à « l'Ecole normale ». (Rapport de 1856).

« Cinquante candidats s'étaient fait inscrire, et 46 ont pris part

« à l'examen » (rapport de 1865) pour la rentrée de 1864. Comme on prenait seulement onze élèves, on pouvait choisir.

En 1865, c'est parmi 40 candidats que s'effectue le choix, pour quatorze admissions. (Rapport de 1866).

En 1866, 48 candidats se présentent pour quatorze vacances.

Le Directeur, dans son rapport de 1867, où se trouve ce renseignement, y joint la remarque que « les jeunes gens qui se destinent « à l'enseignement sont plus nombreux dans la Haute-Saône que « dans d'autres départements ». Il ajoute que « presque tous cher- « chent à entrer à l'Ecole normale ».

Une délibération du 17 juillet 1869 nous apprend que pour 59 jeunes gens qui briguent la faveur d'entrer à l'Ecole, vingt-neuf suivent les cours de l'école annexe, et que seize seulement verront leur vœu satisfait.

Ces chiffres sont éloquents : il y avait chaque année de trois à quatre fois plus de candidats que de places à donner. En dehors des solides qualités natives des Franc-Comtois, n'est-ce pas une des raisons, et non la moindre, qui nous expliquent que l'Ecole normale de Vesoul ait produit de nombreux sujets qui lui font honneur et dont elle a le droit d'être fière ?

A partir de 1870 on trouve, dans les archives, sur les concours d'admission, des données numériques qu'on réunit dans le tableau suivant :

(Voir tableau ci-contre)

ANNÉES	CANDIDATS INSCRITS	CANDIDATS présents au concours	ADMIS	ANNÉES	CANDIDATS INSCRITS	CANDIDATS présents au concours	ADMIS
1870	58	»	18	1886	70	65	20
1871	29	»	15	1887	48	45	21
1872	54	»	15	1888	35	26	19
1873	68	»	16	1889	29	28	11
1874	70	»	16	1890	23	17	11
1875	86	»	18	1891	33	27	16
1876	67	»	19	1892	25	21	16
1877	75	»	19	1893	30	21	13
1878	79	»	20	1894	31	21	12
1879	69	»	20	1895	31	28	11
1880	78	»	25	1896	35	31	10
1881	70	»	25	1897	23	21	10
1882	112	102	25	1898	37	31	11
1883	75	70	24	1899	29	26	10
1884	76	67	23	1900	16	16	13
1885	96	80	24				

Si le nombre des inscriptions pour le concours d'admission est un heureux indice, le plus sûr est encore le nombre des candidats qui s'y présentent. Aussi n'a-t-on pas négligé ce dernier renseignement dès qu'on a pu le découvrir, c'est-à-dire dès 1882. L'examen du tableau permet de se convaincre que la proportion des concurrents effectifs et des admissions reste ce qu'on a dit tout à l'heure, au moins jusqu'en 1886. Alors se produit un abaissement subit, qui subsiste presque sans interruption depuis. Sauf deux années, en 1896 et en 1898, où reparaît la proportion ancienne, le rapport des concurrents aux admissions descend au-dessous de trois, et même plusieurs fois beaucoup au-dessous de deux.

Quelle peut-être la cause d'un phénomène si soudain et si persistant?

Au mois d'août 1884, le Conseil général avait eu à se prononcer sur une proposition de plusieurs de ses membres, à l'instigation du plus influent d'entre eux. « Pour remédier aux maux dont se plai-
« gnait l'agriculture », les auteurs de la proposition voulaient

répandre l'instruction agricole parmi les cultivateurs. Ils n'avaient rien trouvé de mieux, sous prétexte que les élèves-maîtres n'avaient pas d'assez solides connaissances agricoles, que de les contraindre à passer une année dans une école d'agriculture. Puisque l'Ecole normale était gratuite, les aspirants instituteurs pouvaient bien faire un sacrifice. Quant aux non normaliens, ils avaient encore plus besoin de se soumettre au stage agricole. Ce sont les raisons invoquées par les signataires de la proposition, qui demandèrent au Conseil général :

« 1° D'inviter M. le Préfet à ne nommer adjoint ou titulaire
« d'une école primaire du département, à partir de la rentrée des
« classes de 1886, que des brevetés qui justifieront avoir passé au
« moins un an dans une école d'agriculture ou une ferme-école des
« départements de la Haute-Saône, du Doubs, de la Côte-d'Or, du
« Jura, de la Haute-Marne ou des Vosges, et qui en seront sortis
« avec un certificat spécial d'aptitude à enseigner l'agriculture ;

« 2° De voter au budget de 1885 une somme de 2,000 francs, qui
« sera destinée à faciliter aux brevetés nécessiteux l'entrée dans
« une école d'agriculture ou une ferme-école, laquelle somme serait
« répartie par le Conseil général sur les propositions faites par
« M. le Préfet et M. l'Inspecteur d'Académie ».

Le Conseil général accueillit la proposition, et par la suite, cédant à l'entraînement de son inspirateur, exigea impérieusement l'exécution de sa décision, quand il vit que les élèves-maîtres, non seulement ne témoignaient aucun empressement à s'y soumettre, mais crurent pouvoir s'y soustraire.

Sans vouloir traiter à fond la question, ce qui demanderait un trop long examen, on se bornera à faire remarquer :

1° Que la première partie de la proposition était illégale ;

2° Que la seconde tendait, il est vrai, « à faciliter aux brevetés
« nécessiteux l'entrée dans une école d'agriculture », mais n'aboutissait pas à les indemniser de tous frais.

C'est bien une illégalité que d'imposer à des fonctionnaires publics une condition à remplir en sus de celles qui sont inscrites dans la loi. Sans le déclarer expressément, M. le Ministre de l'Instruction publique, dont le Conseil général avait sollicité une subvention, le laisse entendre dans sa réponse du 19 juin 1885, insérée dans le rapport de M. le Préfet (page 205). « Il ne peut « s'agir, dit-il, d'imposer à tout élève-maître d'une école normale « le séjour d'une année dans une école d'agriculture, mais seule- « ment d'attacher à ce stage volontaire un droit de préférence pour « les nominations ». Les mots « imposer » et « volontaire », dont se sert M. le Ministre, sont assez significatifs. Malheureusement les derniers mots de la phrase ouvraient la porte à l'arbitraire, qui s'installa triomphalement dans l'administration. L'assemblée départementale contraignit en fait l'autorité académique à nommer instituteurs les premiers les brevetés sortis d'une école agricole. Les refusés au concours d'admission à l'École normale se hâtèrent de satisfaire à la volonté du Conseil général pour obtenir un emploi, qu'ils auraient vainement attendu sans cela. Les normaliens se virent ainsi préférer des sujets qui valaient moins qu'eux et par l'instruction générale et même par les connaissances agricoles. Et voilà comment la décision du Conseil général tournait à l'encontre du but visé.

Ce n'était pas seulement l'illégalité de la mesure qui provoquait les résistances des élèves-maîtres ; c'était la nécessité, après avoir achevé leur cours d'études, de demeurer encore un an sans se créer de ressources, bien plus, d'obliger durant cette année leurs parents à des sacrifices pécuniaires, qui s'ajoutaient à ceux de leur séjour à l'École normale, et s'élevaient à un chiffre notablement plus considérable. Car peu d'entre eux devaient espérer une bourse entière pour leur stage agricole. Le plus grand nombre ne recevaient qu'une demi-bourse ; plusieurs qu'un quart, et il y en eut même qui se passèrent de toute subvention. Or le prix de la pension, selon les établissements où le stage s'est successivement accompli, a varié de 400, à 500 et 600 francs. Le résultat le plus clair de tout cela, ç'a été le mécontentement des élèves-maîtres, astreints à une année de noviciat supplémentaire, rebutant et même infructueux, le mécontentement des parents qui, au moment où ils auraient dû se croire libérés de tous frais, en avaient de plus onéreux à subir, sans en apercevoir l'utilité pour leurs enfants ; ç'a été le mécontentement même des parents peu aisés qui, grâce à la gratuité de l'École normale, y auraient pu envoyer leurs enfants, mais qui durent y renoncer, en présence des dépenses à supporter ensuite pour le stage agricole.

Quant à l'institution en elle-même, elle ne donna rien et ne pouvait rien donner de ce qu'on avait semblé en espérer.

Mais on n'insiste pas davantage, car en vérité il y aurait trop à dire sur un pareil sujet. Tout ce qu'il y a à en retenir, c'est que ce fut une expérience malheureuse, funeste.

On s'en est aperçu bien vite à l'École normale. Certains candidats qui avaient vainement essayé d'y entrer, profitèrent, on l'a dit, de la possibilité d'accéder aux fonctions d'instituteur en passant par une ferme-école. D'autres préférèrent s'éloigner d'une carrière à l'entrée de laquelle on accumulait les obstacles pour les élèves-maîtres.

Le nombre des candidats à l'École normale, qui avait été de 80 en 1884, à la veille de la décision du Conseil général, tomba brusquement à 65, en 1885 ; à 45, l'année suivante, et à 26, en 1888. Il ne s'est plus relevé depuis, quoique la cause première de sa chute n'ait pas été maintenue.

En présence des résistances que le stage agricole soulevait, même de la part de ceux qui l'avaient accepté ne pouvant faire autrement, le Conseil général reconnut son erreur. Tous les ans il reprenait la question pour affirmer sa volonté première, quand enfin un beau jour (séance du 19 août 1891), après un long échange d'observations, un membre prononça ces paroles inattendues : « On a pu se « tromper quand on a imposé aux instituteurs un stage d'une année « dans une école d'agriculture, et je n'hésite pas à le reconnaître. » C'était au fond, et depuis longtemps, l'opinion de la majorité de l'assemblée; mais personne n'osait le proclamer le premier. Aussitôt cette idée émise, un autre membre poursuivit ainsi : « M. X... envisage la question sous son véritable aspect ; nous « avons fait fausse route ». Puis ce fut à peu près tout. L'expérience ainsi jugée s'arrêta à la fin de l'année scolaire 1891-1892, après les négociations nécessaires avec l'établissement agricole intéressé. Il eût mieux valu qu'elle n'eût pas été tentée. Les personnes compétentes qu'on aurait dû consulter l'auraient déconseillée. Mais, comme il arrive souvent, seules elles n'avaient pas eu le droit d'exprimer leur avis.

L'institution du stage agricole avait fait baisser considérablement le nombre des candidats à l'École normale. Pourquoi sa suppression n'a-t-elle pas eu une influence opposée? Dans l'intervalle, deux faits étaient survenus, qui à leur tour apportèrent de nouvelles entraves à l'éclosion des vocations. Leur action se continue aujourd'hui, et peut-être s'aggravera-t-elle avec le temps. La loi militaire d'une part, et, d'autre part, les lois du 30 octobre 1886, dite organique, et des 19 juillet 1889 et 25 juillet 1893 sur les traitements, ont : la première amoindri l'un des avantages les plus considérables garantis antérieurement aux instituteurs; les autres trompé les espérances qu'elles avaient fait naître. Il faut avoir le courage de le dire.

Ce n'est un mystère pour personne que l'exemption du service militaire, avant la loi sur le service obligatoire, attirait dans l'enseignement bon nombre de jeunes gens. Sans doute eux-mêmes au moment où ils s'engageaient dans cette voie ne songeaient guère à s'affranchir des années de caserne; mais les mères, dans leur tendresse inquiète, portaient de bonne heure leurs regards vers les dangers que le soldat est exposé à courir, et inspiraient de tout leur pouvoir à l'enfant pour qui s'éveillaient leurs craintes le désir de se faire instituteur. Au moment voulu l'orientation était imprimée. Ce n'étaient certes pas les avantages pécuniaires de la position qui déterminaient le plus grand nombre des choix. Or la loi, en appelant l'instituteur un an au régiment, et en suspendant sur lui comme sur tous la menace des périls de la guerre, a détruit le principal attrait de sa modeste profession.

La loi sur les traitements, si elle fonctionnait normalement, aurait peut-être contrebalancé la suppression de l'exemption militaire, et rétabli et entretenu le courant qui entraînait autrefois les jeunes campagnards vers la carrière de l'enseignement primaire. La perspective des traitements attribués aux deux premières classes avait d'abord allumé des convoitises et fait concevoir des espérances. Seulement à l'user, il se trouva que la loi ne tenait pas ce qu'on avait cru qu'elle avait promis. Les déceptions soulevèrent d'ardentes plaintes, qui ruinèrent la confiance de ceux qui se disposaient à faire choix de la profession d'instituteur. Comment les vocations résisteraient-elles à ce mauvais vent?

Les premières déceptions naquirent d'abord des espérances mal fondées qu'avait fait naître la loi sur les traitements. La comparaison avec les bienfaits qu'elle assure aux institutrices a accru encore le mécontentement, sans que pourtant il y ait chez les instituteurs le moindre sentiment d'envie contre leurs collègues féminins. Ce qui a contribué à rendre la comparaison plus fâcheuse pour les instituteurs, c'est la prescription de la loi du 30 octobre 1886, aux termes de laquelle les écoles mixtes doivent être dirigées par des institutrices. Outre que le renouvellement plus rapide du personnel féminin hâte son ascension vers les classes supérieures et que l'année de service militaire retarde l'avancement des instituteurs, le remplacement dans les écoles mixtes des instituteurs par des institutrices précipite encore le progrès de ces dernières dans les diverses classes. Que dans vingt écoles mixtes par exemple la substitution se fasse, et comme conséquence la première classe des instituteurs perd une unité et la seconde deux unités ; par contre, les mêmes classes chez les institutrices gagnent une et deux unités. Aussi il n'est pas rare de rencontrer des instituteurs voisins de la trentaine en possession du traitement des stagiaires. Quant à ceux qui, à cet âge, n'ont que les mille francs de la cinquième classe, ils sont communs. Quoi d'étonnant qu'ils décrient leurs fonctions, auxquelles ils doivent à peine un morceau de pain et que leurs propos aigris en éloignent les jeunes gens !

Voilà les raisons trop fortes et d'une durée qui menace de se prolonger, auxquelles on doit attribuer la faible proportion des candidatures à l'Ecole normale dans ces dernières années. Extrêmement rares se font les instituteurs qui les cultivent ; nombreux ceux qui les combattent.

On n'a cependant pas eu lieu, dans ce département, de considérer la situation comme trop mauvaise, puisque jusqu'en 1890 l'Ecole a toujours pu se recruter et envoyer même des admissibles aux autres départements. Seulement qu'adviendrait-il si on avait annuellement besoin, comme cela ne tardera pas, de 15 et 18 nouveaux élèves-maîtres ?

Si dans les années où on avait moins d'une fois et demie autant de candidats que de places à leur donner à l'Ecole, on n'a pas manqué de sujets assez bien préparés, on n'oserait pas affirmer que les promotions ainsi constituées avaient l'homogénéité de celles dont on prenait les unités parmi de nombreux éléments. Sans doute les recrues actuelles ont reçu une culture plus soignée, mieux poussée que celles des recrues d'il y a seulement 20 ans ; — à quoi bon les sacrifices consentis par le pays, les perfectionnements introduits dans les programmes et les méthodes s'il n'en était pas ainsi ? — mais un candidat peut être bien à point pour subir l'examen d'admission sans être à même de profiter, comme il est souhaitable, de la culture intensive de l'Ecole normale. Or, avec la limitation progressive des choix n'est-on pas fondé à redouter d'en être réduit quelque jour à se contenter d'esprits gavés, avec lesquels on perdra son temps et sa peine. On fait des vœux pour que ce danger reste à l'état de chimère.

Or de graves symptômes se sont révélés en 1900. Seize candidats seulement se présentaient pour 13 places. On avait, avec assez de peine, formé la liste définitive, sans pouvoir inscrire un seul nom sur la liste supplémentaire. Parmi les admissibles se trouvaient des non brevetés. L'un d'eux, le 11e, échoua à l'examen du brevet et se vit exclu du bénéfice de l'admissibilité. Un autre, occupant le 3e rang, avait concouru aussi pour l'école des arts et métiers de Châlons. Le jour même de la rentrée il apprenait son admission à cet établissement, qui lui parut lui ouvrir de plus belles perspectives d'avenir que l'Ecole normale. Il a immédiatement donné sa démission d'élève-maître, malgré le vif désir que son père, instituteur estimé, avait de lui voir suivre ses traces. On a dû appeler des candidats étrangers au département pour combler les deux vides.

Un cas plus caractéristique encore ne tarda pas à se produire. Un candidat, admis le 8e, s'était présenté avec l'intention bien ferme de devenir instituteur, comme son père aussi. Or, en septembre, plusieurs de ses camarades d'école, prenant part au concours d'admission dans l'administration des Postes et télégraphes, l'entraînèrent avec eux, sans qu'auparavant il y eut jamais pensé. Sans souci du rang obtenu par lui à ce concours, il prend sa place à l'Ecole normale au mois d'octobre et fait toutes les dépenses nécessaires de trousseau, d'uniforme et de livres. Sa conduite, sa tenue, ses manières, ses goûts studieux faisaient bien augurer de lui. Tout le monde le tenait en grande estime. Tout-à-coup il reçoit, le 21 novembre, du ministère des Postes et télégraphes, l'avis de sa nomination comme surnuméraire à Dijon, avec six cents francs d'allocation annuelle. Il n'hésite pas une seconde. Il déclare au Directeur que, quel que soit son regret de quitter des condisciples à qui il s'est déjà attaché, des maîtres qu'il aime et respecte, il doit, pour abréger les sacrifices de ses parents, accepter la situation qui s'offre à lui. Sans doute, six cents francs par an ne sauraient couvrir les dépenses d'entretien d'un jeune homme obligé de pourvoir lui-même à tous ses besoins ; et, certainement, à l'Ecole normale il aurait moins à demander à ses parents. Notre candidat, qui ne l'ignorait pas, savait aussi qu'après six mois il recevrait douze cents francs, et deux ans plus tard quinze cents francs. Cela lui paraissait bien autrement tentant que trois années à passer enfermé dans l'Ecole, avec ensuite un traitement de début de neuf cents francs, qui pourrait durer des années, comme il en existe de décourageants exemples. Ainsi donc quand ses condisciples de quelques semaines sortiront de l'Ecole, où ils auront bien travaillé pendant trois années, chaque jour, de cinq heures du matin à neuf heures du soir, il émargera au budget pour quinze cents francs, et eux devront se contenter de neuf cents francs, avec l'espoir, bien lointain, d'arriver à son chiffre vers l'âge de quarante-cinq ans.

Si on tient compte du logement, assuré à l'instituteur, c'est tout au plus vers quarante ans que leurs ressources équivaudront aux siennes à dix-neuf ou vingt ans. Et ils auront fait pendant trois ans le dur sacrifice de leur liberté, et après ils devront toujours étudier, en dehors de leur besogne journalière, pour empêcher la rouille de s'attacher à leur esprit. Tandis que lui il n'aura qu'à faire tranquillement son travail de bureau pour avancer régulièrement et parvenir à un traitement et à une retraite, auxquels ils n'auront même jamais la tentation de rêver. Quand il adressa ses adieux à ses condisciples tous le regardaient d'un œil d'envie, et l'un d'eux, exprimant la pensée de tous, lui dit d'une façon plus énergique qu'élégante : « Je voudrais bien être dans ta peau ! » Et cependant celui-là est un brave garçon, simple, tranquille, rangé, rempli du désir de bien faire. Quand le personnel des maîtres connut ce cri du cœur, qui lui fut rapporté par le professeur qui l'avait entendu, nul n'eût le courage d'en condamner l'auteur. Les désertions apparurent menaçantes, prochaines ; et ce dont on s'alarma plus encore, c'est la pensée qui surgit en tous, du vide qu'allait produire autour de l'Ecole l'appel des candidats possibles par les Postes, où on entre facilement avec l'instruction demandée au futur élève-maître, sans parler des autres carrières plus lucratives que celle d'instituteur avec des obligations de toutes sortes infiniment moins onéreuses. C'est le tarissement à bref délai des sources du recrutement de l'Ecole normale. C'est, conséquence inévitable, l'abaissement du niveau intellectuel des candidats, qui ne viendront chez nous qu'après avoir en vain frappé à d'autres portes. Il est grand temps d'aviser au péril. Un relèvement sensible des traitements du début seul y parera utilement.

Le système adopté depuis 1881 pour la désignation des élus parmi les candidats présente d'incontestables avantages. L'enquête administrative, qui a toujours été de règle d'ailleurs, éclaire sur leur moralité. L'examen médical protège l'Etat contre les charges sans compensation que lui coûteraient des sujets physiquement incapables de lui rendre des services. Le concours proprement dit met en évidence les esprits les plus aptes à l'étude. Quand les épreuves ne duraient qu'un jour, le hasard y avait trop de place. En internant les candidats pour les épreuves orales, on rend moins lourds pour les familles les frais de séjour, et surtout on peut prendre son temps pour sonder en tout point les candidats et apprécier et ce qu'ils peuvent donner dans le présent et ce qu'on peut en attendre dans l'avenir. On se félicite donc de l'internement qui, nécessairement, dure plus ou moins selon le nombre des candidats. A Vesoul, depuis qu'ils se pressent moins au concours d'admission, la durée moyenne du concours est de trois jours.

La conclusion à tirer de cette étude c'est que le recrutement qui s'est autrefois opéré avec la plus grande facilité et dans d'excellentes conditions, n'est pas sans donner l'inquiétude.

Recrutement et gratuité. — Internat ou externat

Avant 1881, l'Ecole normale était payante. Les élèves-maîtres se divisaient en boursiers et en pensionnaires libres. Les bourses se partageaient en quarts. Jamais on n'attribuait moins d'un quart de bourse à un élève. Le reste était à la charge des parents du boursier. Les pensionnaires libres payaient la pension entière. L'élève entré comme pensionnaire libre pouvait obtenir par la suite une portion de bourse ou même une bourse entière.

C'était généralement l'ordre de mérite qui déterminait l'attribution des bourses ou des portions de bourses. On tenait compte aussi de la position des familles. Après la première année, les élèves qui se distinguaient étaient récompensés par l'augmentation de la portion de bourse dont ils avaient joui antérieurement. Ainsi tel, entré comme pensionnaire ou avec un quart ou une demi-bourse, arrivait en seconde et en troisième année avec un quart de bourse, une demi-bourse ou trois quarts de bourse, ou même avec une bourse entière. Ainsi les bourses constituaient un excellent moyen d'émulation. Les élèves avaient tout intérêt à se livrer à l'étude avec ardeur ou à se bien conduire, puisqu'il en pouvait résulter un sérieux allégement de charge pour leurs familles.

Quand au régime payant fut substitué le régime gratuit, il y avait à l'Ecole 24 bourses, entretenues : 7 par l'Etat et 17 par le département, pour les 58 élèves-maîtres de la Haute-Saône. Pour donner une idée de la manière dont ces bourses se distribuaient, on pense que le mieux est de reproduire en bloc la répartition adoptée par la Commission de surveillance dans sa séance du 4 août 1880, pour l'année scolaire 1880-81, la dernière où le système a fonctionné. C'est naturellement la troisième année qui a la part la plus belle : 11 bourses. La seconde année en a neuf et la première 4.

Des 20 élèves qui composent la troisième année, 4, entrés en première année comme pensionnaires libres, ont conservé cette qualité. Des 16 autres,

4 ont chacun une bourse entière : ce sont, par ordre de mérite, les 1er, 2e, 3e et 5e ;

4 ont chacun trois quarts de bourse : ce sont les 4e, 5e, 6e et 13e ;

8 ont chacun une demi-bourse : ce sont les 8ᵉ, 9ᵉ, 10ᵉ, 11ᵉ, 12ᵉ, 14ᵉ, 15ᵉ et 16ᵉ.

Le 5ᵉ et le 13ᵉ jouissent du privilège d'un quart de bourse qui ne leur revient pas d'après leur rang, en raison de ce qu'ils sont fils d'instituteurs chargés de famille.

En seconde année aussi il y a deux pensionnaires libres. Les 18 autres se partagent les 9 bourses à eux attribuées de la manière suivante :

5 ont trois quarts de bourse, les 1ᵉʳ, 2ᵉ, 3ᵉ, 5ᵉ et 8ᵉ ;

8 ont une demi-bourse, les 4ᵉ, 6ᵉ, 7ᵉ, 9ᵉ, 11ᵉ, 15ᵉ et 17ᵉ ;

et 5 autres un quart de bourse.

Ici encore, les favorisés en dehors du rang de mérite ont des parents besoigneux.

Parmi les 18 élèves de première année, 7 payent la pension entière. Les 11 boursiers reçoivent :

Les 5 premiers, une demi-bourse chacun ;

6 (les 6ᵉ, 7ᵉ, 9ᵉ, 10ᵉ, 11ᵉ et 12ᵉ) un quart de bourse chacun.

Le 8ᵉ, qui n'obtient rien sur les quatre bourses à répartir, bien que plusieurs de ceux qui le suivent soient avantagés, appartient à une famille très aisée.

On peut s'assurer, par ce qui précède, qu'un grand esprit d'équité présidait à la distribution des bourses.

Grâce à l'octroi des bourses, des jeunes gens de modeste origine, campagnards pour la plupart, fils d'instituteurs, de petits cultivateurs ou, plutôt encore, d'ouvriers agricoles, pouvaient ne pas reculer devant les frais occasionnés par les études à l'Ecole normale. Les bourses allégeaient les sacrifices des familles, mais ne les supprimaient pas. Il est assez facile d'apprécier l'importance en bloc de ces sacrifices pour la dernière année payante. Il y avait 58 élèves-maîtres et la pension était de 400 fr. Si tous avaient été pensionnaires, le débours total des familles se fut élevé à.. 23,200 fr.

Les 24 bourses de l'Etat et du département, qui représentaient..................................... 9,600 fr.

réduisaient le sacrifice qui leur était demandé à..... 13,600 fr.

C'était encore, par élève, pour une année, une dépense moyenne de $\frac{13,600}{58} = 234$ fr. 48, auxquels s'ajoutaient les faux frais. Les familles qui avaient quelques petites avances ne reculaient pas devant cette charge. C'étaient, on l'a dit, des familles modestes, mais habituées à l'ordre et à l'économie, dont les enfants portaient l'empreinte heureuse de ce milieu. Le recrutement y gagnait en qualité.

Quand la gratuité fut établie, il y eut tout à coup une poussée de candidats de plus humble condition. La loi supprimant le prix de la pension est du 16 juin 1881. Elle arrivait trop tard pour produire son effet dès la rentrée suivante; mais, en 1882, le nombre des candidats inscrits passa de 70 à 112, et 102 concoururent. L'afflux, moins prononcé, a persisté quelques années, puis des circonstances, étudiées dans les pages antérieures, l'arrêtèrent tout à coup.

La gratuité, mesure toute démocratique, avait été accueillie comme un bienfait par les humbles travailleurs, qui y virent pour leurs enfants la possibilité de parvenir à des fonctions, à cette époque encore, enviées des ouvriers de la campagne.

Une couche nouvelle de candidatures se hissa jusqu'à l'Ecole normale. Les fonctionnaires de ces établissements crurent même s'apercevoir que passagèrement le niveau moral des promotions en avait légèrement souffert. Tout se remit promptement. D'ailleurs, si l'Ecole normale est gratuite, la difficulté des concours d'admission oblige les candidats à une longue et coûteuse préparation, qui en écarte forcément les sujets sortis de trop bas. Est-ce un bien ? Est-ce un mal ? C'est un point sur lequel on n'ose pas se prononcer. Ce qu'il y a de certain, c'est que le recrutement s'est ressenti de la gratuité. On se demande même si, sans la gratuité, l'Ecole normale, peu recherchée déjà depuis la loi militaire, se recruterait encore aussi facilement.

Il n'y a jamais eu à l'Ecole normale que des élèves internes, sauf à la fin de l'année scolaire 1870-1871, où cinq élèves-maîtres de Colmar, expulsés à la suite de l'annexion, sollicitèrent et obtinrent, par faveur exceptionnelle, l'autorisation de suivre les cours en qualité d'externes.

La règle absolue dans les écoles normales était en effet l'internat.

On ne la fit fléchir, en l'espèce, qu'en raison de la situation très intéressante des demandeurs. C'est d'ailleurs faute de place dans les dortoirs et de literie qu'on ne les interna pas. On n'était pas sans souci au sujet d'une pareille dérogation aux usages et au règlement. Aussi la Commission de surveillance recommanda-t-elle expressément au Directeur de prendre les mesures qui lui paraîtraient « les meilleures pour que la discipline n'ait pas à souffrir de l'admission temporaire de ces élèves externes » *(Délibération du 6 mai 1871)*. L'exception ne se prolongea pas au-delà de la fin de l'année scolaire. A la rentrée suivante, grâce aux précautions prises, l'internat fut assuré aux élèves venus du territoire de Belfort.

Après l'apparition du règlement du 29 juillet 1881, un souffle plus libéral passa sur les écoles normales. En haut lieu on laissa percer plus d'une fois le désir de voir ces établissements transformés en externats. Quelques tentatives furent même essayées. Ceux qui y présidèrent s'en déclarèrent fort satisfaits. On se gardera bien de les juger bonnes ou mauvaises, quoique tout ce qu'on en a entendu dire ne semble pas exclusivement propre à les rendre recommandables. Qui sait pourtant si l'habitude ne pèse pas pour beaucoup là, comme en toute chose, dans nos appréciations?

L'article 2 du décret du 29 juillet 1881 contenait une disposition qui contrastait singulièrement avec la vie jusqu'alors si claustrale dans les écoles normales. « Sur la proposition du Recteur, et avec
« l'approbation du Ministre de l'Instruction publique, lit-on dans
« le second paragraphe, les écoles normales peuvent recevoir des
« demi-pensionnaires et des externes ».

C'était l'entrebâillement de la porte, qui devait préparer l'avènement de l'externat.

Dans sa séance du 7 juillet 1882, sur la demande de M. l'Inspecteur d'Académie, la Commission de surveillance eut à se prononcer sur la question de savoir s'il était « possible et convenable
« d'admettre des élèves externes à l'École normale de Vesoul ».
Des considérations d'ordre moral et disciplinaire déterminèrent particulièrement sa réponse négative.

« Pour se préparer aux fonctions sérieuses de l'éducation, il faut,
« disait-elle, le recueillement de l'internat, l'influence constante

« d'un milieu calme et studieux, le contact journalier et incessant
« des maîtres ». Elle ajoutait : « 1° que les distractions du dehors,
« en favorisant la dissipation, ne peuvent qu'ébranler les vocations,
« et devenir plus ou moins funestes à la moralité de jeunes gens
« de dix-huit ans laissés seuls, le soir, au milieu d'une ville, sans
« guide et sans surveillance effective ; — 2° que, d'autre part, les
« externes en racontant à leurs condisciples internes l'usage qu'ils
« feraient de leur liberté, ne manqueraient pas d'exciter les
« convoitises de ceux-ci, qui en viendraient bientôt à supporter
« impatiemment le joug de l'internat ; ce qui rendrait la discipline
« plus difficile, pour ne pas dire impossible ; — 3° que le meilleur
« système pour une école normale sera toujours l'internat, avec
« des sorties fréquentes accordées aux élèves qui savent les mériter
« et en faire bon usage ». Toutes ces raisons sont l'expression de
l'opinion régnante en 1882. Elles empruntaient surtout leur force,
pour la Commission, au régime traditionnel de l'Ecole, auquel ses
membres étaient accoutumés. Elles heurtaient, d'ailleurs, l'opinion
de l'administration centrale. Nous avons marché depuis, et si la
question se posait de nouveau, plus d'une des raisons invoquées,
en 1882, comme des vérités indiscutables, n'aurait guère de valeur.

Le principal inconvénient de l'externat est le danger que courent
des jeunes gens de seize ans, venus de la campagne, et tout d'un
coup abandonnés, dans une entière liberté, aux tentations de tout
genre qu'une ville sème sous leurs pas. Un autre, qui a moins de
poids pour l'esprit qui se tient dans le domaine des idées, mais qui
emportera longtemps encore la décision de l'homme pratique,
est tirée de l'ordre financier, On va l'examiner.

Ecarté une première fois par la Commission, l'externat partiel
fut, en 1887, l'objet d'une étude nouvelle. Il ne s'agissait plus de
savoir s'il convenait ou non d'admettre des externes : la question
était regardée comme tranchée. Et ne l'était-elle pas, en effet, par
le décret du 29 juillet 1881 ?

Des améliorations étaient réclamées dans les locaux occupés par
les élèves. En présence du confort que procuraient à leurs hôtes
les écoles normales nouvellement construites, on sentait plus
vivement à Vesoul les imperfections de plusieurs parties de la
maison, notamment du dortoir trop étroit. M. l'Inspecteur

d'académie chargea le Directeur de l'Ecole de rechercher « les moyens pratiques de placer les élèves de troisième année sous le régime de l'externat. » Le rapport du Directeur se trouve encore dans les archives de l'Ecole : il porte la date du 7 juillet 1887. Pour ce fonctionnaire, « la question est complexe ; toutefois, on
« peut la réduire à ces deux points : 1° Quel effet l'externat aura-
« t-il sur l'éducation des élèves-maîtres ? — 2° Quelles conséquences
« financières entraînera-t-elle ? »

A la première question il répond : « Moralement l'externat est
« un régime fortifiant pour les sujets dignes de la confiance de
« l'administration, mais fatalement il amènera, et on doit s'en
« louer, l'éloignement des caractères faibles, incapables de se
« conduire, de résister aux tentations de la vie libre. »

Mais comment les externes s'arrangeront-ils pour vivre ?
« Il conviendrait, continue le rapport, qu'ils reçussent asile par
« unité ou par groupe de deux ou trois au plus, dans des familles
« estimables de modestes fonctionnaires ou employés. Là, on ne
« chercherait pas à les exploiter, et ils pourraient respirer, dans
« un intérieur simple et calme, une saine atmosphère de bonnes
« pensées et de bons sentiments. Joint à cela qu'ils y contracte-
« raient sans doute des habitudes de bonne tenue et de politesse.
« dont la valeur sociale leur apparaîtrait mieux que lorsqu'ils
« vivent ensemble dans l'intérieur de l'Ecole. On m'affirme que des
« maisons convenables se trouveront le jour où on en aura
« besoin.

« Si l'externat était adopté il y aurait quelques mesures à
« prendre : on devrait, par exemple, appeler les personnes
« disposées à accueillir nos élèves comme pensionnaires à en
« donner avis à l'Administration, en indiquant leurs conditions.
« Faute de cette précaution ce seront des logeurs en garni, des
« gargotiers qui accapareront nos jeunes gens, et qui les gâteront en
« leur faisant connaître un monde et des habitudes, dont on ne
« saurait trop les garder. »

« Mais on les soustraira au moins aussi sûrement à ce danger
« en leur fournissant des ressources (1) qui leur permettent de se

(1) Les élèves-maîtres, en devenant externes, ne pouvaient perdre le droit à l'entretien par l'Etat, qui leur appartient en vertu de la loi du 16 juin 1881.

« montrer difficiles dans le choix de leurs hôtes. Je n'ai découvert
« pour Vesoul aucun chiffre positif comme base d'appréciation.
« Les quelques pensionnaires qui vivent ainsi dans les familles y
« sont admis à des conditions qui ne conviendraient pas à des
« élèves-maîtres. Mais à Dijon de nombreux élèves de l'école
« primaire supérieure annexée à l'école normale prennent pension
« en ville et ont, pour 60 francs par mois, le logement et la
« nourriture. On ne doit guère espérer qu'il en coûtera moins à
« nos élèves. A raison de dix mois cela fait, pour l'année,
« 600 francs. Or, à l'Ecole, ils ont gratuitement les fournitures
« classiques, le blanchissage, le chauffage, l'éclairage, etc., qui
« représentent bien pour chacun une centaine de francs. Aussi il
« me semble difficile de leur assurer les mêmes avantages dont ils
« jouissent à l'Ecole à moins de 700 francs par an ».

Le rapport poursuit en évaluant la dépense correspondante pour un interne : elle ne s'élève qu'à 375 francs, d'après les chiffres mêmes du budget. Chaque élève aurait donc coûté, par an, comme externe, 325 francs de plus à l'Etat que comme interne, en 1887, en s'en tenant aux évaluations fort modérées qui précèdent. Or, il n'est pas bien sûr qu'on ait rencontré des familles estimables qui aient consenti à prendre les élèves-maîtres pour 60 francs par mois. Aujourd'hui ce serait encore plus douteux. L'entretien d'un externe par l'Etat lui coûterait donc, sans exagération, au moins deux fois celui d'un interne. Et on peut avancer, sans crainte de se tromper, que l'externe jouirait d'un moindre bien-être que l'interne dans l'Ecole. Mais il y a plus ; il faut ajouter à ces dépenses indispensables les faux frais qu'auraient à supporter les familles, malgré toute la sagesse qu'on supposerait à leurs enfants.

Malgré son importance morale, la question de l'externat est donc, en définitive, une question budgétaire, puisque des ressources mises à la disposition des élèves dépend le bon choix des familles où ils chercheraient le vivre et le couvert, avec le sain milieu dont seul peut s'accommoder leur éducation morale. Se contenter de leur octroyer la maigre somme qu'ils coûtent avec l'internat serait faire retomber sur leurs parents des dépenses qui écarteraient de l'Ecole normale les enfants de la classe laborieuse et pauvre, qui fournit presque exclusivement des maîtres aux écoles populaires. Le recrutement, avec le régime de l'externat, ne serait donc possible que si l'Etat acceptait un accroissement de charge considérable. Cette conclusion, à laquelle on ne saurait échapper, a fait rejeter l'externat en 1887, et le fera vraisemblablement repousser longtemps encore.

Le recrutement suspendu, puis rétabli. — L'Ecole menacée de suppression

L'Ecole normale n'eut pas une existence constamment tranquille : elle eut son heure d'angoisse, comme plus d'un autre établissement de même nature. C'était après les événements de 1848. Les craintes qu'ils avaient fait naître engendrèrent chez ceux qui étaient revenus aux affaires, en majorité, sous le nom de « Parti de l'ordre, » des dispositions hostiles aux écoles normales et aux instituteurs qu'elles avaient formés. On affecta de rendre les unes et les autres responsables des idées libérales contre lesquelles la lutte fut ardemment conduite. Peut-être y avait-il eu de-ci de-là des imprudents qui avaient soulevé la réprobation des esprits mesurés. Quel corps en est absolument indemne ? Ces exceptions auraient dû, au contraire, contribuer à faire ressortir la sagesse de la masse. En réalité, c'était à l'instruction populaire elle-même qu'on en voulait.

On n'a pas connaissance que, dans le département, des actes regrettables aient été commis par les instituteurs sortis de l'Ecole normale, ni que leur langage ait donné lieu de les considérer comme adeptes de doctrines subversives. Encore un coup, c'était l'instruction trop libéralement répandue qu'on combattait en eux et dans l'établissement où ils se préparaient. La suite le prouvera surabondamment.

Les instituteurs qui vivaient à cette époque n'ont pas tous disparu. Ceux qui existent encore étaient jeunes en 1848 et auraient dû figurer parmi les exaltés. Or, ni eux ni aucun de ceux que l'auteur du présent travail a connus lorsqu'il est venu, pour la première fois, il y a vingt-deux ans passés, en qualité d'inspecteur primaire dans le département, aucun, ni des uns ni autres, n'a jamais pu être, avec quelque apparence de raison, rangé à aucun moment de sa vie en dehors de la catégorie des très grands amis de l'ordre.

Voici, d'ailleurs, un extrait du rapport de « l'Inspecteur des écoles primaires du département » *(c'est son titre)* au Préfet, qu'on a pris dans le *Recueil des délibérations du Conseil général pour l'année 1849*, à la page 206, et qui rend hommage à la sagesse des instituteurs :

« En 1849, les instituteurs ont écouté les avis de leurs
« supérieurs, de leurs véritables amis : aussi, point de correspon-
« dances, point de réunions politiques ; ils sont restés calmes ; ils
« se sont montrés, j'ose le dire, plus prudents, plus sages, que
« certains hommes passionnés, qui appartiennent à des corps plus
« dangereux que ne le sont nos pauvres et humbles instituteurs. »

Ce langage, qui n'a aucune prétention à l'habileté, souleva une tempête au Conseil général, non contre les instituteurs, — ce qui laisse croire qu'on leur rendait encore justice en 1849 — mais contre son auteur, en raison de l'allusion contenue dans les dernières lignes et que précise la suite. On n'a pas à s'occuper ici de la discussion à laquelle elle donna lieu.

Dans l'Ecole normale les mêmes constatations ont été faites. « Les bruits qui nous venaient du dehors, dit le Directeur,
« portaient à l'agitation, mais nos jeunes gens se sont peu associés
« au mouvement de l'extérieur, et la petite part qu'ils y ont prise
« n'a servi qu'à faire éclater leurs bons principes et les généreux
« sentiments qui les animent. » (Rapport annuel du 19 août 1848).

Le même Directeur se montre plus nettement affirmatif dans son rapport du 23 août 1849, où il s'exprime en ces termes : « Les
« élèves-maîtres se sont montrés respectueux et soumis au milieu
« des réprimandes ; ils se sont d'eux-mêmes portés vers les saintes
« pratiques de la Religion ; partout enfin, la règle a été observée
« et observée sans contrainte ».

Et néanmoins, l'Ecole éveillait des suspicions, non en elle-même, mais en tant qu'école normale. On en a la preuve dans le registre des délibérations de la Commission de surveillance, qui reproduit, à la date même du rapport dont on vient de citer un passage, une délibération qui porte en manchette la désignation : « Rapport de

M. d'Andelarre », (1) et qui est un chaleureux plaidoyer en faveur de l'Ecole. Elle avait donc besoin d'être défendue.

Voici les passages essentiels de cette délibération:

« Appelée par M. le Préfet à l'aider dans l'étude de la situation
« de l'Ecole normale, la Commission s'est interrogée dans le fond
« de la conscience. Elle s'est demandé si son zèle et son dévouement
« ne lui faisaient pas illusion sur les résultats de l'institution à
« laquelle elle s'est consacrée ; si elle ne se dévouait pas à une
« œuvre fatale pour la société, fatale pour le peuple de nos
« campagnes ; si au lieu d'un bienfait pour le pays, elle ne lui
« préparait pas un poison funeste et une démoralisation prochaine ;
« elle s'est demandé enfin si les élèves-maîtres sortaient de
« l'Ecole meilleurs, aussi bons, plus mauvais qu'ils n'y sont
« entrés. Elle s'est répondu, la main sur la conscience : les élèves-
« maîtres sortent de l'Ecole normale meilleurs qu'ils n'y sont
« entrés ; ils en sortent avec des idées plus justes et plus saines
« sur leurs devoirs envers Dieu, envers la société, envers eux-
« mêmes ; ils en sortent tous ou presque tous, la Commission peut
« l'attester, avec de bonnes résolutions pour l'avenir. Et si tous ne
« persévèrent point dans la pratique des principes qu'ils ont reçus,
« et dans les résolutions qu'ils ont prises, si des faits profondé-
« ment regrettables ont altéré la confiance du pays dans
« l'institution des écoles normales (2), il faut en accuser soit l'âge
« trop peu avancé auquel on les admet à l'Ecole et qui les jette
« presque sans expérience, dans une vie presque sans contrôle, soit
« la société qui vient les tenter à leur arrivée dans les communes,
« mais non l'Ecole, qui ne leur a donné que de bonnes impressions
« et qui les protège encore de loin par les souvenirs qu'ils
« emportent. »

. . . .

« Après avoir jeté un regard sur le passé et sur le présent de
« de l'Ecole normale, la Commission n'en jettera-t-elle pas un sur
« l'avenir ? Lorsqu'elle a la conviction profonde de la bonté de

---

(1) M. le marquis d'Andelarre était un membre influent du Conseil général et devint, sous l'Empire, député de poids au Corps législatif.

(2) Ces termes indiquent bien que l'Ecole normale de Vesoul échappait individuellement à l'accusation.

« l'œuvre à laquelle elle se dévoue ; lorsqu'elle croit que les
« résultats obtenus dans le passé sont le gage de l'avenir, lorsqu'elle
« ne met pas en doute l'utilité, l'indispensabilité d'une maison
« centrale surveillée et dirigée par la société elle-même, en
« opposition avec les écoles isolées, sans direction ni surveillance,
« que la force des choses, que la passion peut-être créerait sur les
« ruines de l'Ecole normale ; ne lui sera-t-il pas permis d'élever la
« voix pour défendre une institution qui peut laisser à désirer,
« mais qu'on n'améliorera qu'à la condition de la conserver ? Et
« lorsqu'elle sait que l'œuvre sociale est à l'heure qu'il est de
« servir la cause de la démocratie en la dégageant des erreurs et
« des crimes de la démagogie, n'est-il pas de son devoir de crier du
« fond de son obscurité aux pouvoirs appelés à exercer une légitime
« influence sur les destinées du pays. Etes-vous donc déjà las de la
« lutte et décidés à livrer la place parce qu'elle a quelques brèches
« plutôt que de la défendre ? Et quand la démagogie, vaincue par
« ses propres fureurs, expire dans son impuissance, lui livrerez-
« vous le puissant levier de l'instruction populaire dont vous vous
« effrayez parce qu'il pèse trop dans votre main fatiguée ? »

Le registre des délibérations fait suivre ce langage, où, à chaque
ligne, éclate le caractère de l'homme politique, des mots :

« La Commission a entendu avec un grand intérêt la lecture de
« ce rapport, et elle en remercie son président ».

Toutefois, l'Ecole n'avait pas encore cause gagnée. Les écoles
normales n'inspiraient aucune tendresse aux pouvoirs publics, dont
le désir tendait à leur suppression. L'article 35 de la loi du 15
mars 1850 marque assez, dans la rédaction de son premier
paragraphe, où allaient leurs préférences :

« Article 35. — Tout département est tenu de pourvoir au
« recrutement des instituteurs communaux, en entretenant des
« élèves-maîtres, soit dans les établissements d'instruction
« primaire désignés à cet effet par le Conseil académique, soit
« aussi dans l'école normale établie à cet effet par le département ».

Ce sont « les établissements désignés par le Conseil académique » qui passent en premier lieu. Et on sait assez quels devaient être ces établissements. Mais le « soit aussi » du dernier membre de phrase en dit beaucoup plus qu'il n'est gros. C'est un superbe exemple de l'art d'enfermer beaucoup de sens en peu de mots.

Cependant c'est dans le second paragraphe de l'article que se trouve la pensée de derrière la tête des auteurs de la loi :

« Les écoles normales peuvent être supprimées par le Conseil
« général du Département ; elles peuvent l'être également par le
« ministre en conseil supérieur sur le rapport du conseil
« académique, sauf, dans les deux cas, le droit acquis aux
« boursiers en jouissance de leur bourse. »

L'invite est-elle assez claire ? Et pourtant elle ne produisit pas d'effet immédiat.

Aussi le Préfet y reviendra-t-il, mais discrètement, en 1851, dans son rapport au Conseil général, où on remarque le passage suivant :

« Si l'esprit d'agitation qui paraissait avoir soufflé sur les
« instituteurs n'est pas entièrement apaisé, il faut reconnaître,
« cependant, qu'il s'est sensiblement affaibli. En continuant
« d'exercer une active surveillance, l'administration académique
« achèvera de ramener dans la voie du bien ceux qui s'en étaient
« écartés ; elle saura en même temps les préserver tous de ces
« doctrines déplorables qui ont été si funestes à quelques-uns et
« ont alarmé à juste titre le pays ». (page 197). . . . .
. . . .

Les termes dont se sert M. le Préfet sont bien vagues : « Qui paraissait avoir soufflé », dit-il. Et puis on sent qu'il ne s'agit nullement de faits précis et locaux, mais que M. le Préfet exprime là une opinion toute faite, reposant sur des bruits qui courent partout et non sur des actes déterminés, particuliers à la région. Il ne cherche certainement pas à entraîner le vote du Conseil général en faveur de l'Ecole. On devine, au contraire, à sa savante stratégie dans les lignes par lesquelles il va achever sa communication, qu'il ne serait pas fâché que l'assemblée en mît l'existence en question. Quoique, dans les Recueils des délibérations, on n'ait rien découvert antérieurement qui fasse supposer que le Conseil général se soit jamais entretenu de ce sujet, M. le Préfet termine par ces paroles :

« Le Conseil général me paraît avoir admis d'une manière
« définitive que l'Ecole normale primaire serait maintenue et qu'il
« continuerait à pourvoir au recrutement des instituteurs. Je vous
« propose donc le crédit nécessaire pour subvenir aux dépenses
« de cet établissement ». (Page 199).

« Me paraît avoir admis » est-il assez joli ? M. le Préfet en fut pourtant pour ses frais d'habileté. Le Conseil général, sur l'avis conforme de sa Commission, adopta la proposition et vota le crédit. (Séance du 31 août, page 317).

Pourtant l'Ecole n'était pas encore sauvée. Ce qu'on voulait en haut lieu c'était la disparition des écoles normales. Et un parti, qu'on n'a besoin de désigner d'une manière plus explicite, qui avait au moins un représentant actif dans presque toutes les communes de France, s'acharna à l'accomplissement de cette œuvre. Il eut bientôt des adeptes fervents au Conseil général. On ne se bornait pas à faire aux instituteurs un procès de tendance ; on reprochait aux écoles normales de leur donner trop d'instruction. Les programmes du 31 juillet 1851, destinés à remplacer ceux qu'on avait jugés trop étendus, en témoignent. La circulaire du 24 avril 1851, transmissive du décret du 24 mars précédent, l'avait déjà déclaré expressément, en rappelant qu'il avait « été reconnu qu'il était indispensable de réduire » le personnel enseignant, et que c'est là « surtout que le Conseil supérieur avait cherché une garantie contre *toute extension excessive à l'enseignement* ».

Le Directeur s'inspire de ces idées dans son rapport annuel du 20 juillet 1852.

Après avoir rappelé que, placé depuis près de six ans à la tête de l'établissement, il n'avait jusqu'alors jamais vu arriver sans inquiétude le moment « de rendre compte d'une année scolaire
« sur le point de se terminer », parce que, si beaucoup des élèves
« avaient répondu à son attente », et joignaient « à un modeste
« savoir les simples vertus qui font le bon instituteur, il en était

« encore qui pensaient que l'instruction est le seul but de leur
« séjour à l'Ecole » ; après avoir rappelé ces motifs de son inquiétude d'antan, il s'arrête sur l'idée que les derniers se font du rôle de l'Ecole. Cette idée, il la traite « d'erreur funeste, qui a déjà fait
« de ces jeunes gens des élèves-maîtres dont la conduite n'a pas été
« irréprochable, et qui en fera par la suite, il y a lieu de le craindre,
« des instituteurs qui se croiront toujours déplacés dans les modestes
« fonctions qu'ils auront à remplir ».

Pour mieux montrer qu'il est dans le courant du jour, M. le Directeur avoue ici des défauts dont aucun de ses rapports antérieurs ne révèle de trace. C'était au moins imprudent. Il s'efforce ensuite de faire valoir la bonne orientation qu'il a su imprimer à tous autour de lui, en entrant dans les vues du pouvoir. Qu'on en juge :

« Grâce à Dieu, continue-t-il, il n'en est plus de même aujour-
« d'hui, et j'ose aborder cette séance avec moins de défiance que
« par le passé ; car je puis vous dire : nous sommes sortis de cette
« voie dangereuse ; nos jeunes gens savent qu'ils viennent ici pour
« faire dans l'école annexe, sous la direction d'un maître plein
« d'expérience et de zèle, l'apprentissage de leur état ; qu'il *leur*
« *importe bien plus d'étudier la pratique des choses que de vaines*
« *théories* ; et que, destinés plus tard à commander à des enfants,
« ils doivent d'abord apprendre à obéir ».

Après avoir ensuite déclaré que la conduite des élèves a été bonne, « pourrais-je en appeler, ajoute-t-il, à M. le Curé, chargé
« dans la maison des fonctions d'aumônier et du cours d'instruction
« religieuse et morale ; et ne voudra-t-il pas ratifier mes paroles si
« je dis que nos jeunes gens se sont portés d'eux-mêmes à l'accom-
« plissement de tous leurs devoirs religieux, et que rien, grâce à
« Dieu, absolument rien ne peut porter à penser qu'ils l'aient fait
« sans une piété pleine de correction et de sincérité ? »

Ces dernières paroles n'effacèrent pas la dangereuse impression produite par les premières sur l'esprit de certains conseillers généraux, qui saisirent avec empressement cette belle occasion de partir en guerre contre l'Ecole normale. Ils réussirent d'abord, en abordant de biais la difficulté. Puis enfin le bon sens et la justice l'emportèrent : l'Ecole fut assurée de vivre. Mais la lutte avait été chaude. Pour ne pas risquer d'en défigurer le vrai objet, on reproduit purement et simplement les documents officiels. C'est la Commission du conseil général qui ouvrit le feu dans la séance du 27 août 1852. On lui laisse la parole.

« Votre Commission a pris connaissance de l'extrait des délibé-
« rations de la Commission de surveillance, du rapport du Direc-
« teur sur les études et la discipline de l'Ecole normale, de l'extrait
« des délibérations du Conseil académique sur le même sujet.

« Elle a constaté que de ces divers documents résultent les points
« de fait ou les opinions ci-après :

« Les études dans l'Ecole normale primaire sont fortes et bien
« suivies. La discipline y est forte aussi et respectée. Les exercices
« du culte sont suivis avec piété, et portent leur fruit ordinaire
« pour la moralité et la bonne conduite des élèves. Les trois docu-
« ments que votre Commission a eus sous les yeux rendent, pour ce
« dernier résultat, le plus plein hommage au zèle éclairé de M. le
« Curé de Vesoul.

. . . .

« Votre Commission a donc l'honneur de vous proposer de
« témoigner votre satisfaction de la manière dont est conduite
« l'Ecole normale primaire par son honorable Directeur, avec l'aide
« de ses maîtres-adjoints.

« Enfin, comme le nombre des aspirants aux places vacantes
« d'instituteurs communaux dépasse notablement les besoins du
« département (1), votre Commission vous propose de décider que,
« l'année prochaine, il n'y aura pas d'examen d'admission à l'Ecole
« normale, tout en regrettant que, cette année, à raison de ce que
« les examens sont maintenant passés, cette mesure n'ait pas pu vous
« être proposée.

« Un membre demande la parole pour combattre la dernière
« partie des conclusions de la Commission.

« Etes-vous bien sûrs, dit ce membre, qu'en proposant que
« l'Ecole ne se recrutera pas en 1853, votre proposition n'aura pas
« plus de portée que votre Commission ne veut lui en donner elle-

(1) On verra plus loin que c'était l'opinion de quelques conseillers généraux dont les propos avaient été accueillis sans contrôle.

« même ? C'est être ou ne pas être, pour une école, que de se
« recruter ou ne se recruter pas. Sous un autre rapport, la décision
« qu'on vous propose de prendre ne sera-t-elle pas, aux yeux du
« Gouvernement, une note défavorable, soit pour l'Ecole elle-même,
« que pourtant vous déclarez bonne, soit pour le maintien du
« principe, que vous ne paraissez pas vouloir abandonner ?

« Un membre appuie les conclusion de la Commission. Le vote
« qu'on vous propose d'émettre, dit ce membre, c'est la suppres-
« sion, et je la demande. Que les élèves qui sont actuellement à
« l'Ecole achèvent leurs études, je le veux bien, mais je regarde
« l'Ecole comme inutile.

« Un membre réplique. Si j'ai bien compris le rapport qui vous
« est présenté, dit ce membre, j'y vois un seul motif invoqué, le
« trop grand nombre d'instituteurs disponibles. Est-ce un mal que
« d'avoir un personnel dans lequel on puisse choisir, et n'y a-t-il
« pas, pour une question aussi importante, un grand avantage à
« avoir des instituteurs connus, qu'on a élevés, dont on connaît
« les bonnes ou mauvaises dispositions, tandis qu'on ne sait rien
« de ceux qui se présentent spontanément au brevet, sinon qu'ils
« ont la capacité nécessaire.

« L'Ecole normale, dit le préopinant, entraîne une dépense consi-
« dérable, vous pouvez arriver à avoir des instituteurs sans elle.
« Pourquoi grever les finances du département quand vous pouvez
« arriver, sans dépense, au même résultat ?

« M. le Préfet prend la parole. L'Ecole ne coûte pour ainsi dire
« rien au département, dit M. le Préfet. Si vous n'employiez pas,
« pour la soutenir, les 12,000 francs qu'elle vous coûte annuelle-
« ment, vous seriez obligés de les dépenser pour le complément de
« traitement des instituteurs. La suspension du recrutement des
« élèves-maîtres pendant une année est une mesure très grave.
« Qu'on cite des faits pour la motiver, je la comprendrai ; mais le
« nombre des candidats pour les places d'instituteurs ne peut être
« invoqué contre l'Ecole, puisque tout homme a le droit de se pré-
« senter pour obtenir, à ses risques et périls, un brevet, qui ne
« saurait lui être refusé s'il montre aux épreuves une capacité
« suffisante.

« M. le Rapporteur insiste pour établir qu'en proposant de

« suspendre le recrutement pendant une année, la commission n'a
« pas eu l'intention de porter atteinte à l'Ecole normale, dont elle
« apprécie l'excellente direction entre les mains de son Directeur
« actuel : c'est une mesure de prudence et de conduite, ce n'est pas
« autre chose que la Commission vous propose.

« Un membre demande la parole. La Commission, dit ce membre,
« ne me paraît pas s'être suffisamment rendu compte de ce que
« c'est que la pratique de l'Ecole. La suspension du recrutement
« pendant une année, c'est la perturbation dans tous les cours,
« c'est l'impossibilité de se conformer aux programmes et à la
« régularité, qui est la vie des écoles. Ce sera, aux yeux de bien
« des gens, un acheminement à la suppression, ce sera le découra-
« gement porté au cœur de tous ceux qui se préoccupent de la
« question de l'enseignement public et des fonctionnaires de l'Ecole,
« dont le dévouement mériterait une autre récompense. J'ajoute
« que le motif donné par la Commission est tout à fait dénué de
« fondement. Il n'est pas exact de dire que le nombre des institu-
« teurs dépasse les besoins : la liste d'admissibilité est à son chiffre
« normal. Ceux de nos collègues qui appartiennent au conseil aca-
« démique peuvent en témoigner. Je regrette de n'avoir pas prévu
« cette discussion, j'en aurais apporté la preuve à la séance. Il
« n'est pas exact de dire non plus qu'un grand nombre de jeunes
« gens avaient reçu leurs brevets aux derniers examens : neuf ou
« dix, au plus, ont été brevetés, et, sur ce nombre, plusieurs n'ont
« pas vingt et un ans, et ne peuvent exercer. A cette époque de
« l'année, il y a toujours des vacances pour placer les élèves de
« l'Ecole et les instituteurs brevetés. Les choses sont donc, dans
« l'état naturel, ordinaire : la Commission en aura la preuve si
« elle le désire. On annonce une nouvelle loi ; n'est-ce pas le cas
« de l'attendre avant de prendre une décision aussi importante,
« quand jamais l'Ecole n'a mieux mérité les félicitations que votre
« Commission s'est plu à lui donner ?

« Le Conseil passe aux voix.

« Il décide que, l'année prochaine, il n'y aura pas d'examen
« d'admission à l'Ecole normale des instituteurs de Vesoul ».
(*Recueil des délibérations* : 1852. Pages 245 à 248.)

L'examen d'admission était passé. La décision du Conseil général ne pouvait donc avoir d'effet que pour la rentrée de 1853. Cette heureuse circonstance permit aux amis de l'Ecole normale, car elle en avait encore, de travailler à lui ramener quelques-uns de ceux qui l'avaient victorieusement combattue. On verra dans les pages qui vont suivre que la résolution du Conseil général, au moins dans l'esprit de ceux qui l'avaient si habilement préparée, avait une portée bien plus grande qu'ils ne consentaient à l'avouer.

Et d'abord le nouveau Directeur, dont les idées religieuses cadraient mieux encore que celles de son prédécesseur, s'il est possible, avec celles des plus ardents adversaires de l'Ecole, s'employa du mieux qu'il put à les rassurer par le ton qu'il fit prendre à toute la maison ou plutôt en accentuant davantage le ton qui y régnait déjà. Il suffit de lire son rapport annuel du 18 juillet 1853 pour s'en convaincre.

La Commission de son côté lui vint en aide dans la rédaction du budget de 1854. Elle déplora la mesure prise par le Conseil général, sans se permettre « d'apprécier les motifs sur lesquels il s'est fondé » ; elle vanta « les soins, le zèle et le dévouement du Directeur et des professeurs de l'Ecole », et crut tout de même devoir « inscrire au budget de 1854 le chiffre ordinaire du montant des bourses payées par le département ». (Séance du 18 juillet 1853.)

A son tour le Préfet prit résolûment la défense de l'Ecole. « En
« ce qui concerne l'Ecole normale, dit-il, le Conseil académique
« émet le vœu que le Conseil général revienne sur la décision par
« laquelle aucune admission d'élèves-maîtres ne doit avoir lieu
« pour la nouvelle année scolaire.

« J'estime, comme je l'ai déjà dit dans la discussion de la der-
« nière session, que la suspension des admissions pendant une
« année aurait les plus regrettables conséquences pour l'avenir de
« l'Ecole. La régularité est une condition essentielle pour le succès
« d'un établissement d'instruction publique ; par suite de la mesure
« que vous avez adoptée, les cours se trouveront désorganisés, et
« il serait même difficile de prévenir le découragement du Directeur
« et des maîtres-adjoints, dont le zèle vous est connu. Ainsi que je
« l'ai fait remarquer également, la raison d'économie ne peut être
« invoquée, puisque les centimes départementaux pour l'instruc-
« tion primaire sont loin de suffire, et qu'une subvention de l'Etat

« est nécessaire pour compléter les ressources communales et
« départementales ». (Rapport du Préfet. Août 1853. Page 52).

La question donna lieu à un très vif débat au Conseil général.
Pour la même raison qu'on a donnée plus haut, on le reproduit
aussi textuellement.

M. le Rapporteur s'exprime ainsi :

« Votre Commission a à vous rendre compte de l'état de l'Ecole
« normale primaire, d'après les déclarations du Recteur de l'Aca-
« démie, l'avis du Conseil académique, du Directeur de l'Ecole et
« de son Conseil de surveillance, déclarations et avis unanimes, et
« d'où résultent brièvement les faits suivants :

« Dans l'année scolaire qui se termine, l'Ecole normale primaire
« du département de la Haute-Saône a continué à offrir les résul-
« tats les plus satisfaisants. Les devoirs religieux ont été remplis,
« non seulement avec ponctualité, mais avec une pieuse conviction.
« L'instruction religieuse a été reçue avec un respectueux empres-
« sement. Toutes les autres études, soit fondamentales, soit acces-
« soires, la lecture, l'écriture, le calcul, le plain-chant, etc., ont
« été l'objet des mêmes bonnes dispositions d'esprit. Les leçons
« faites à l'école annexe ont montré, de la part du plus grand
« nombre des élèves, des dispositions heureuses à l'exercice de leur
« future profession. Les travaux corporels exécutés dans le jardin
« et les ateliers dépendant de l'établissement ont été suivis avec
« activité et avec fruit. La discipline, enfin, n'a souffert aucune
« atteinte, ou plutôt elle n'a pas eu à s'exercer.

« C'est en présence de ces excellents résultats que votre Commis-
« sion a eu à examiner la demande que vous fait M. le Préfet,
« conformément au vœu et à l'avis exprimés par M. le Recteur de
« l'Académie, de revenir sur la décision que vous avez prise dans
« votre dernière session, décision de laquelle il résulterait que,
« pour l'année scolaire 1853-1854, il ne sera pas pourvu au rem-
« placement des élèves-maîtres sortant de l'Ecole normale.

« Le motif de cette décision avait été qu'un certain nombre
« d'instituteurs restaient sans emploi, et que le nombre des sujets
« disponibles sortant de l'Ecole normale dépassait les besoins du
« service.

« M. le Recteur de l'Académie de la Haute-Saône pense que ces
« allégations n'avaient pas le degré de vérité que leur a attribué le
« Conseil général. M. le Recteur manque, dit-il, de sujets remplis-
« sant les conditions voulues par la loi, et il a été obligé d'employer
« cette année, en qualité d'instituteurs, des jeunes gens n'ayant
« pas vingt-un ans, et des instituteurs anciennement révoqués et
« ne présentant pas toutes les garanties désirables. Des travaux
« nominatifs témoignant de ces faits et de ces nécessités sont joints
« à la lettre de M. le Recteur. Une autre liste indique même une
« quinzaine de communes qui, durant cette année, ont été plus ou
« moins longtemps privées d'instituteurs.

« Le Conseil se rappelle que la décision sur laquelle on lui
« demande de revenir n'est exécutoire que pour l'année scolaire
« 1853-1854. En effet, lorsque cette décision a été prise, les examens
« d'admission à l'Ecole normale étaient passés, les admissions pro-
« noncées; ce n'était donc que pour l'année qui va s'ouvrir que la
« décision était prise, et le Conseil est encore à même de l'annuler.

« Votre Commission ne se dissimule pas ce qu'il y a de délicat
« et de difficile à vous demander et à obtenir de vous de revenir
« sur une décision prise après une discussion où l'on a fait valoir
« des raisons de diverses sortes. C'est pourtant ce qu'elle se décide
« à vous proposer.

« Elle croit en premier lieu, conformément aux faits et aux allé-
« gations dont elle vous a déjà parlé, que le nombre des élèves
« sortant de l'Ecole normale est plutôt inférieur que supérieur aux
« besoins de l'instruction primaire dans le département.

« Elle croit, en second lieu, que les conditions d'instruction reli-
« gieuse, d'études à la fois sérieuses, simples et pratiques, de tra-
« vaux manuels applicables et bien appliqués, de forte et fructueuse
« discipline, dans lesquelles s'est de plus en plus placée l'Ecole,
« offrent de plus en plus aux familles et au département les garan-
« ties les plus sérieuses.

« Elle pense que, si, par son vote de l'année dernière, le Conseil
« général a pu vouloir donner à la direction de l'Ecole normale
« primaire un avertissement tendant à ramener à des conditions
« plus restreintes ou plus simples certaines parties de son ensei-
« gnement, ce but a été certainement atteint.

« Elle croit en outre que la régularité des études dans l'Ecole,
« par suite de leur division réglementaire en trois années ou trois
« classes, n'aurait qu'à gagner à ce que, dans l'année qui va s'ou-
« vrir, la première classe ou la première année ne manquât pas
« plus qu'elle n'a manqué jusqu'alors.

« Elle croit, enfin, que la décision qu'elle vous propose aurait
« cet excellent résultat de donner à l'Ecole normale primaire, ou
« plutôt à sa direction, à la fois intelligente et morale, les encoura-
« gements qu'elle semble mériter.

« En conséquence, Messieurs, votre Commission, conformément
« à l'avis et au désir exprimés par M. le Préfet, a l'honneur de vous
« proposer de décider que, pour l'année scolaire 1853-1854, il sera
« pourvu, comme les années précédentes, au remplacement des
« élèves-maîtres sortant de l'Ecole normale.

« Un membre demande la parole. — Il n'y a, dit-il, pas d'exemple
« dans les précédents du Conseil qu'on lui ait proposé de rapporter
« une décision prise par lui après de nombreux renseignements. Il
« n'est pas à sa connaissance, malgré ses recherches, qu'on ait
« réellement éprouvé cette année des difficultés pour trouver des
« instituteurs *en dehors des élèves* de l'Ecole normale. Les difficultés,
« s'il y en a eu, proviennent de ce que le Recteur ne porte les
« instituteurs libres sur le tableau d'admissibilité qu'après tous les
« élèves de son Ecole, et lorsqu'il ne peut s'en dispenser. La posi-
« tion des recteurs a été amoindrie ; ils cherchent à la rehausser
« en maintenant les établissements qui relèvent de leur juridiction.
« Mais le Conseil ne peut oublier les plaintes auxquelles a donné
« lieu, en 1848, la conduite des instituteurs de l'Ecole normale.
« Aussi je m'applaudis d'avoir contribué à en débarrasser mon
« canton.

« Un membre répond : Je tiens à faire connaître les motifs qui
« ont changé ma détermination de l'année dernière. On nous assu-
« rait alors que le nombre des instituteurs excédait notablement
« celui des places à pourvoir, et que l'ajournement des examens
« n'était pas une tendance à la suppression de l'Ecole. Depuis, j'ai
« reconnu que le nombre des instituteurs n'est pas excessif : une
« commune, notamment, ne peut être pourvue que d'un instituteur
« à qui il a fallu accorder des dispenses d'âge. Il me paraît en outre

« que le maintien de l'ajournement des examens serait maintenant
« une tendance non équivoque à la suppression de l'Ecole. La
« mauvaise direction dont on s'est plaint a tenu aux dispositions
« de la personne qui en était chargée il y a un certain temps. La
« direction actuelle est bonne ; maintenons-la tant qu'il en sera
« ainsi.

« Un membre répond : Le genre d'éducation et le régime matériel
« de l'Ecole sont cause des mauvaises tendances des élèves, ten-
« dances qu'on ne peut bien apprécier aujourd'hui par suite du
« calme dont la société jouit maintenant. Si les circonstances de
« 1848 eussent été les mêmes, on n'aurait pas eu à se plaindre des
« instituteurs. Le régime matériel de l'Ecole est meilleur que celui
« des lycées ; l'instruction n'est pas appropriée aux fonctions de
« l'instruction primaire : elle est trop élevée, et dispose ceux qui
« l'ont reçue à dédaigner l'existence modeste, les habitudes, les
« opinions de tout ce qui les entoure dans les communes rurales,
« où, loin d'apporter une pensée de soumission, ils se croient aptes
« à tout condamner. Voici que, pour compléter l'œuvre, on demande
« l'achat d'un piano pour l'Ecole.

« M. le rapporteur : Le piano dont il s'agit est destiné à accom-
« pagner le plain-chant. Les études de l'Ecole ne sont plus trop
« élevées ; elle compte des ateliers et un jardin, et, si la première
« division reste suspendue (1), les ateliers et le jardin resteront en
« souffrance.

« Un membre : Ce serait alors la destruction de l'Ecole ; il faut
« savoir sur quoi on vote.

« Un membre répond : La destruction est précisément le but
« auquel on veut arriver.

« Un membre : Il y a une décision qu'il faut respecter et je ne
« comprends pas qu'on veuille forcer la main au Conseil.

« M. le Préfet : Le vote de l'année dernière ne peut être assimilé
« à une décision ayant l'autorité de la chose jugée. On voulait pro-
« portionner le nombre des instituteurs à celui des places à donner.
« Ce nombre paraissait alors excessif ; il peut ne l'être plus ; il ne

---

(1) C'est-à-dire : s'il n'y a pas d'élèves nouveaux admis pour former la première
année.

« l'est certainement pas, et la décision proposée n'offrira aucune
« contradiction avec celle qu'on lui oppose.

« Un membre : On peut ajouter que, si la mesure qui a été prise
« est mauvaise, il n'y a pas de dignité à y persister.

« Un membre : Le rapport de la cinquième commission pour
« l'année dernière constate que le nombre des aspirants aux places
« vacantes dépasse notablement les besoins du département. Com-
« ment se fait-il que cette commission prétende cette année que le
« nombre des candidats est inférieur aux besoins du service ?

« M. le rapporteur : Les renseignements transmis l'année der-
« nière par M. le Recteur concordent avec ceux qu'il présente cette
« année. Mais on a statué alors en dehors de tout document, sur
« des renseignements verbaux donnés par quelques membres du
« Conseil. Or, M. le Recteur constate que les besoins du service
« ont été tels qu'il s'est vu obligé de remplacer des instituteurs
« n'offrant pas les garanties désirables.

« M. le Préfet et plusieurs membres appuient ces observations.
« On ajoute que depuis deux mois la commune de Ferrières ne
« peut, malgré ses instances, obtenir d'instituteur, parce que les
« sujets manquent.

« Un membre répond : Les renseignements donnés l'an dernier
« par le Recteur étaient identiques à ceux dont on se prévaut
« aujourd'hui, et n'ont pas empêché le vote du Conseil. Le Recteur
« manque d'instituteurs parce qu'il refuse d'inscrire sur la liste
« d'admissibilité les candidats qui ne sortent pas de l'École nor-
« male.

« M. le Préfet : On admet chaque année onze élèves à l'École
« normale. Il y a dans le département plus de six cents écoles :
« certainement, la moyenne des vacances dépasse le chiffre des
« élèves sortant de l'École, et il reste ainsi une large part pour les
« autres instituteurs.

« Les conclusions de la commission sont adoptées ». (Délibérations du Conseil général. Séance du 24 août 1853. Pages 154
à 159.)

Ainsi se termine la guerre entamée depuis plus d'un an contre
l'École. Elle put cette fois vivre en paix et remplir avec confiance

sa destination ; ce qu'elle a fait, depuis ces jours troublés, de la manière la plus honorable.

Si on n'a pas craint de s'arrêter si longuement sur un incident qui se présentait d'abord comme ne concernant que la suspension pendant une année, du recrutement de l'Ecole, c'est qu'au fond il est la manifestation de l'état d'esprit d'individualités qui voulaient profiter de leur retour au pouvoir pour ruiner une institution à leurs yeux dangereuse. Et ces dispositions hostiles ne se rencontraient pas que dans le département de la Haute-Saône. En relatant avec ce luxe de détails authentiques un épisode particulier de l'histoire de l'Ecole normale de Vesoul, on a pensé consigner ici en réalité une page émouvante de l'histoire même de l'enseignement populaire dans notre pays.

XI

ÉDUCATION ET DISCIPLINE

Si, dans toute maison destinée à former la jeunesse, le but suprême auquel doit tendre tout ce qui se fait est l'amélioration morale de chacun de ceux qui y viennent chercher le viatique de leur vie entière, à combien plus forte raison convient-il que dans l'établissement où on prépare des maîtres à l'enfance on s'inspire de cette règle ! Le jeune homme que reçoit l'Ecole normale y entre peut-être avec la seule pensée de se créer une position estimable. Ceux auxquels il vient demander leur aide répondraient mal à l'espoir du pays s'ils ne portaient pas plus haut leur ambition. Ils ont sans doute à munir leurs élèves des connaissances indispensables pour l'enseignement ; ils ont encore à les rendre aptes à transmettre ces connaissances ; mais ils ont à faire quelque chose de plus grand, de plus noble, de plus délicat et de plus difficile : l'éducation même des futurs éducateurs. Et il ne s'agit pas ici de l'éducation en général ni de l'éducation particulière qui prépare l'individu à l'exercice de son métier ; il s'agit tout simplement de ce que chacun entend par ce mot dans le langage courant, c'est-à-dire l'affinement des facultés morales : sensibilité, conscience ou raison et volonté.

Evidemment à l'Ecole normale on ne saurait se désintéresser de l'éducation physique ; encore moins de l'éducation intellectuelle et de l'éducation professionnelle, et en fait on s'en préoccupe d'une façon constante : la dernière est même l'aboutissement des autres. Or l'éducation physique se donne par le mélange pour ainsi dire systématique et pondéré des exercices corporels et des travaux de l'esprit ; l'éducation intellectuelle résulte de la forme de l'enseignement, de la manière dont se font les leçons, et l'éducation professionnelle s'effectue par les études de pédagogie théorique, et mieux encore par les exercices pratiques à l'école annexe. Mais l'éducation morale, qui oserait prétendre qu'elle se peut réaliser par de semblables moyens?

Sans doute elle ne s'accomplit pas sans l'observance d'un certain formalisme, d'autant plus nécessaire que les élèves-maîtres vivent en commun. Pourrait-on admettre en effet que chacun agît à sa guise? Il faut que les exercices aient lieu à heures fixes ; de même, le lever, le coucher, les repas. Qu'adviendrait-il si ceux-ci se dispensaient d'assister aux leçons ; si ceux-là se tenaient au lit ou prenaient des distractions pendant que les autres se livreraient au travail? Ce désordre matériel troublerait le calme dont l'esprit a besoin pour la méditation, et l'exemple que quelque-uns donneraient de la fantaisie dans l'emploi de leur temps, ne tarderait pas à entraîner ceux qui cependant auraient eu d'abord la ferme intention de suivre une règle. C'en serait fait des études, qu'on ne peut pourtant pas sacrifier. L'ordre moral lui-même serait fortement compromis. Dès que l'homme s'affranchit du travail, il abandonne le frein à son imagination et cède bientôt aux suggestions dangereuses de « la folle du logis ».

La règle extérieure vient en aide à l'individu pour se discipliner lui-même et atteindre ainsi progressivement à un perfectionnement plus grand. Or, doutera-t-on que c'est avant tout ce perfectionnement moral qui importe chez l'instituteur? Chargé d'élever les autres comment y parviendrait-il s'il ne s'est pas élevé lui-même? Elever, élève! quels beaux mots, dont le fréquent emploi a usé toute la force, et, l'expression n'a rien d'excessif, abaissé la majesté! Ils passent si facilement sur nos lèvres, ils se glissent si couramment dans nos discours que nous négligeons de les interroger au passage pour leur demander ce que recèle leur banale enveloppe. Pourquoi donc l'enfant se rend-il à l'école? Nous n'en sommes plus, nous, éducateurs de profession, à nous dire que c'est seulement pour acquérir quelques bribes de connaissances, qui lui seront utiles dans la vie. Nous savons tous, s'il l'ignore lui-même, et peut-être ses parents avec lui, que l'école a la mission de le rendre meilleur, plus intelligent, plus consciencieux, plus raisonnable et partant plus maître de lui ; de le tirer de sa bassesse, de son infériorité relative pour le porter à une supériorité morale de plus en plus grande ; d'en faire un être humain qui soit de plus en plus digne de son titre d'homme ; de le monter plus haut dans la hiérarchie des êtres, de l'*élever* enfin ! Voilà ce que c'est qu'*élever* et voilà pourquoi l'enfant dont on fait l'éducation s'appelle un *élève*. Peut-être que si nous y pensions chaque fois que nous prononçons l'un ou l'autre de ces mots, nous n'oublierions pas, dans l'école, que notre rôle n'est pas seulement d'instruire, qu'il est de hausser l'enfant à une vie supérieure en raison, c'est-à-dire en sagesse, en beauté. Ainsi, nous considérerions justement et avec respect notre tâche comme un noble sacerdoce. Et, loin de nous en enorgueillir, nous regarderions avec crainte notre infirmité, et nous nous travaillerions pour en devenir de plus en plus dignes.

Oui, l'éducation morale des élèves-maîtres est chose plus grave encore que l'éducation des autres jeunes gens, parce qu'ils auront eux-mêmes à élever les autres. Si on ne voulait obtenir, dans l'éducation, que l'ordre extérieur, le formalisme y pourvoirait. Des prescriptions nombreuses, minutieuses, maintenues par une autorité possédant le pouvoir, suffiraient à faire prendre aux élèves des habitudes régulières et comme automatiques, du moins tant que la force y présiderait. Chez quelques natures molles même elles persisteraient peut-être toutes seules à la longue. Chez les autres, plus ardentes, plus généreuses, et par cela même plus impatientes du joug, il n'est pas bien sûr qu'elles survivraient à la force qui les aurait imposées.

L'homme est doué de raison et de liberté, d'autant plus jaloux de sa liberté qu'il a moins de raison. Si l'enfant se révolte volontiers contre l'autorité qui le dirige, c'est qu'il n'en comprend pas la sagesse. Le jeune homme ne nous semble bien souvent si ingouvernable que parce que nous prétendons le conduire sans tenir compte de sa propre raison, dont il a de plus en plus conscience et qui aspire à son autonomie. Voyons ceux à qui on abandonne les rênes, sans cesser pourtant de les suivre de loin ; ils commettent ordinairement moins de sottises de marque que ceux qu'on retient sous une étroite domination, quand, par hasard, ils peuvent y échapper.

L'homme est né libre et il veut l'être ; et il ne l'est que s'il est raisonnable, que s'il a une conscience éclairée et délicate à laquelle il obéit ; et il obéit d'autant plus volontiers à sa conscience que ce qu'elle lui prescrit a pour lui de l'attrait. Ainsi toute éducation bien comprise doit avoir pour objet d'éclairer la conscience en cultivant la raison, de développer les inclinations qui portent naturellement l'âme vers le bon, le beau, le bien ; cela obtenu, la liberté d'elle-même se soumettra au guide que l'individu porte en soi et dont on l'aura habitué à entendre les ordres. De cette façon l'homme parvient au *self government*, qui est l'idéal proclamé par la raison, et aussi l'idéal du régime républicain qui, en essence, se confond avec le règne de la liberté pour tous, sous l'égide des lois.

Cette vérité, vieille comme le monde pour ceux qui pensent, rallie-t-elle depuis longtemps la grande majorité des hommes ? Il nous suffit d'ouvrir les yeux sur tout ce qui se passe autour de nous pour en douter. Combien de personnes vouées à l'éducation de l'enfance la méconnaissent, ou, si elles y adhèrent en esprit, la contredisent sans cesse dans la pratique ! Les parents, qui n'ont pas d'ordinaire spéculé ou longuement réfléchi sur l'éducation, guidés par leur cœur et le simple bon sens, s'y conforment mieux très souvent, au moins à un niveau social moyen. Mais y a-t-il tant de soi-disant éducateurs qui l'acceptent, même théoriquement ? Et si aujourd'hui, en particulier dans nos écoles normales, qui sont des établissements où s'enseigne la théorie en même temps qu'on s'y exerce à la pratique de l'éducation, si dans nos écoles normales le principe qu'il faut amener l'homme au self-government est celui sur lequel on s'appuie, son acclimatation y date-t-elle de si loin ? La réponse est facile. On ne doit donc pas s'étonner qu'il ne règne que de place en place, ou que là où il apparait il ne brille que par intermittences dans les écoles ordinaires. Il y a environ vingt ans qu'il anime sérieusement la pédagogie avec laquelle on familiarise les élèves-maîtres, ce qui ne signifie pas qu'on leur en pénètre si bien les moëlles qu'on n'a pas à craindre qu'il n'en sorte plus jamais.

C'est que nous avons derrière nous de quatorze à quinze siècles de christianisme et de monarchie qui pèsent sur notre pensée et dont il nous est bien difficile de nous détacher. L'homme se plaît dans le mal, enseigne l'Eglise ; il faut le contraindre au bien. Le monarque, pasteur du peuple, lui commandait pour son bien, sans avoir à rendre compte de ses actes à personne ; sa volonté remplaçait la loi. Obéir au pouvoir résumait toute vertu pour le sujet. Cet accord du principe de l'une et de l'action de l'autre fondit ces deux forces dans une union que scella leur intérêt commun.

La perfection humaine consista dès lors dans l'obéissance complète, absolue, aux puissances établies. Toute l'éducation, dans ces conditions, ne doit tendre qu'à l'assouplissement des volontés à la règle venue du dehors. Moins la personne a d'autonomie mieux elle a été élevée. Beaucoup sans doute, dans tous les siècles, ont résisté à la déformation que devait produire un pareil régime. Mais tel n'en était pas moins l'idéal poursuivi.

Depuis bientôt quatre siècles des penseurs travaillent à le renverser. Voilà cent ans que la lutte a pris un caractère violent, avec des alternatives de succès et de revers. Ce n'est que depuis quelques années que le libéralisme moral a enfin réussi à prendre officiellement place dans les maisons d'éducation de l'Etat.

Outre les deux grands intérêts ligués contre lui, il a encore pour adversaire la paresse humaine. Il est si commode de recourir à la contrainte, que c'est par là que nous sommes toujours tentés de commencer. Du coup elle arrête le désordre apparent, ou elle l'empêche de se produire. Nous ne nous demandons pas si son influence persistera après que son action aura cessé. L'ordre visible existe, nous sommes contents. Dans l'éducation libérale combien plus faut-il payer de sa personne ! Et d'abord, on vient de le dire, une menace ou une exécution, c'est fait en un instant. Mais convertir l'élève au bien, au devoir, suppose qu'on l'instruit, qu'on le persuade, qu'on l'aide, qu'on l'abandonne à lui-même, sans le perdre entièrement de vue, pour intervenir et relever sa raison et sa volonté défaillantes. Quand on croit que la victoire est complète, une faiblesse inattendue, et toujours possible, nous rappelle que l'œuvre, loin d'être achevée, réclame de nouveau notre concours actif, bienveillant, vigilant, mais non défiant. La vigilance est peut-être la première qualité de l'éducateur libéral, non une vigilance nerveuse, inquiète, qui suggère le mal par la crainte manifeste de le voir éclater, mais une vigilance indulgente et surtout confiante, qui se montre de préférence quand il y a lieu d'encourager et de louer, plutôt que quand on pourrait relever des fautes. Oh ! la confiance, elle va presque de pair avec la vigilance ! Quelle force elle communique à l'élève ! La pensée qu'on le croit incapable de mal agir le garde contre les chutes, le soulève vers le bien. Et pourquoi toujours soupçonner nos élèves de se plaire dans le mal? Sommes-nous donc nous-mêmes si mauvais? L'étions-nous tant dans notre jeunesse? Et si à ce point de vue nous nous jugeons d'une façon qui ne soit pas trop désavantageuse, pourquoi donc penser pis des autres?

Donc le libéralisme en éducation ne se confond ni avec l'indifférence, ni avec l'abstention. Au contraire il suppose une dépense continue de soi-même; et c'est pourquoi on préfère la contrainte. Mais il coûte encore davantage en ce que les appels à la raison et à la conscience de l'élève, les discours persuasifs, les paroles d'encouragement, les approbations discrètes ou chaleureuses, tout cela n'a d'effet certain et durable que si toute la conduite du maître l'appuie, loin de le contredire. Les parents désireux de bien élever leurs enfants le savent bien et se corrigent de leurs défauts pour se mieux faire écouter. Il est tel père qu'on pourrait citer qui jusqu'à plus de quarante ans avait fumé avec un déplorable excès, et qui, voyant son fils, jeune homme de dix-huit ans, s'adonner comme lui à la cigarette, renonça tout d'un coup à une habitude invétérée, dont jusqu'alors il avait essayé vainement de se débarrasser. La nécessité de fortifier ses paroles de son exemple lui était apparue alors si clairement qu'il avait pu se corriger du jour au lendemain. Quelqu'un l'a dit : Si le maître fait l'éducation de l'élève, celui-ci ne fait pas moins celle du maître. Donc encore le libéralisme en éducation oblige le maître à s'efforcer de servir de modèle à l'élève. Et en cela il lui coûte peut-être encore plus à pratiquer que la vigilance confiante, active et discrète, dont on a proclamé tout à l'heure l'impérieux besoin.

Et s'il est vrai que l'exemple du maître, ainsi que son intervention intelligente et persévérante auprès de l'élève, pour le gagner à la moralité, est indispensable dans toute éducation qui fait état de la constitution morale de l'individu, combien plus l'est-ce avec ceux qu'on forme au rôle d'éducateurs! L'élève-maître entre à l'Ecole normale à l'âge où l'homme aspire le plus vivement à l'usage et même à l'abus de sa liberté. Ne faut-il pas que ceux qui le dirigent lui inspirent, par leur vie régulière et dévouée, respect et affection, et par cela même lui rendent le devoir séduisant dans leurs propres personnes ? Ne faut-il pas qu'en en appelant à tout instant à sa raison et à sa conscience, lorsqu'il dispose de lui-même et de son temps, lorsqu'on lui donne un ordre ou qu'il oublie la règle, ne faut-il pas qu'en le faisant toujours ainsi rentrer en lui-même, on l'habitue à chercher dans sa raison et sa conscience en toute circonstance la loi morale, qui lui dictera avec une autorité souveraine et entraînante, mais non tyrannique, son devoir ? Ainsi évoqué le devoir lui semblera plus praticable, tandis, que venant d'une volonté étrangère, il serait plutôt tenté de le repousser. Qu'avec un intérêt non équivoque on porte son attention sur les émotions qui en accompagnent l'observance ou la violation, qu'on excite en lui petit à petit le désir et la satisfaction de se comporter en homme, qu'on le rende enfin sensible à sa propre estime plus encore qu'à celle des autres, et on en aura fait un fervent de la moralité, non de cette moralité extérieure et d'une valeur médiocre, mais de la moralité, la vraie, qui résulte de la claire conscience du devoir et de la volonté raisonnée de le suivre.

Et, en procédant ainsi avec l'élève-maître, on l'aura mis en possession de la seule méthode d'éducation qui donne des résultats heureux et définitifs. Exercé à se scruter, il se sera bien vite persuadé que la contrainte systématique est funeste ; qu'avant l'éveil de sa raison, l'enfant se laisse volontiers diriger par celui qu'il aime ; que ce n'est que peu à peu qu'on le met en état de découvrir en lui-même son devoir ; que lorsqu'il le connaît il peut très bien, malgré son désir de bien faire, y faillir ; qu'il n'y a pas lieu, pour une et mêmes plusieurs fautes, de désespérer de lui ; que, loin de trouver dans ses défaillances matière à s'irriter, on y doit voir le plus souvent raison de se montrer compatissant à sa faiblesse. Plein de ces idées, le jeune éducateur qu'on aura *élevé* à son apostolat comme il a été dit, saura lui-même *élever* à la qualité d'hommes ceux que leurs parents et le pays confieront à sa conscience d'honnête homme et de maître intelligent et réfléchi.

Est-ce à dire qu'un règlement de discipline ne serve à rien, et qu'il convient de s'en passer ? Ce serait aller trop loin. Ce qui fait la valeur éducative d'un pareil règlement, c'est l'esprit dont il procède et non le nombre et la minutie de ses nombreuses prescriptions, non plus que la parfaite gradation des punitions qu'il édicte. A l'Ecole normale on a affaire à des jeunes gens intelligents, qui doivent leur titre d'élèves-maîtres à une sélection intellectuelle et morale. Compter sur le règlement pour leur apprendre leurs devoirs d'hommes et de maîtres, c'est les rabaisser, c'est faire outrage à leur conscience. Le règlement n'est pas un cours de morale. Il indique simplement certaines actions précises à accomplir, pour que l'ordre matériel règne dans la maison, et, avec l'ordre, le travail, dont dépendent les progrès en instruction. La vie en commun exige impérieusement, on l'a déjà dit, l'harmonie des exercices par l'heureux concours de toutes les activités en vue de la fin pour laquelle l'école existe. Cette harmonie se révèle à première vue dans les mouvements et actes d'ensemble, dans la bonne ordonnance des objets mobiliers et dans la propreté des locaux, qui en est inséparable. C'est là-dessus que les articles du règlement ont à insister. Le reste tombe sous l'autorité de la conscience des élèves, que le Directeur et ses collaborateurs réveilleront, si par hasard elle sommeillait.

Or trop souvent ce qui se remarque dans les règlements c'est l'absence de distinction entre ces deux domaines. On croit diminuer la tâche de l'éducateur en multipliant les articles dont chacun rappelle à l'élève un devoir. On provoque ainsi une sorte de byzantinisme, qui fait oublier l'essentiel pour l'accessoire. Le respect de la lettre du règlement, avec ses nombreuses distinctions, absorbe trop l'attention pour qu'on songe à l'appliquer à ce qui cependant est la raison du règlement.

Ceci posé on peut avancer sans hésitation que les règlements les plus longs ne sont pas les meilleurs. Ceux-là sont rédigés avant tout sous la préoccupation que l'ordre extérieur est ce qui importe d'abord, comme si l'ordre moral en devait inévitablement sortir. Ils engendrent le formalisme, mais ils détruisent la vie de l'âme.

Que dire alors des règlements qui, violant le domaine sacré de la conscience, contraignent les élèves à des pratiques dévotieuses auxquelles leur corps se soumet, mais contre lesquelles leur âme proteste, dans le secret de son intimité, avec d'autant plus d'énergie qu'ils ne se sentent pas le pouvoir de s'en abstenir ? Voilà le comble du formalisme ; en voilà aussi l'odieux ! La nécessité fait accepter aux jeunes gens ces fausses démonstrations sans lesquelles ils briseraient leur avenir. L'hypocrisie entre ainsi dans leur âme : Dieu sait où s'arrêteront ses ravages !

On va être à l'aise maintenant pour examiner les divers règlements qui se sont succédé à l'Ecole depuis sa création. Elle en est à son septième.

  Le premier date du 10 décembre 1835.
  Le second, du 25 novembre 1841.
  Le troisième, du 5 novembre 1851.
  Le quatrième, du 1er avril 1867.
  Le cinquième, du 9 octobre 1879.
  Le sixième, du 27 décembre 1881.
  Le septième, du 26 avril 1884.

On en peut former deux groupes : l'un composé des quatre premiers, où le caractère autoritaire présente des nuances ; l'autre, composé des trois derniers, tout imprégné d'un goût libéral de plus en plus prononcé.

Le quatrième, sans les étroites prescriptions relatives aux devoirs de religion qu'il contient, est déjà teinté de libéralisme. Il est du temps du ministère Duruy, dont l'esprit libre et hardi ne pouvait cependant pas aller jusqu'à rayer la loi du 15 mars 1850, qui régissait encore l'enseignement primaire.

Mais commençons par le commencement.

En fait le règlement de l'Ecole est l'œuvre commune du personnel enseignant et de la Commission de surveillance. En droit, avant le décret du 18 janvier 1887, c'était la Commission qui devait le rédiger. Depuis cette date, la rédaction en est confiée au Conseil des professeurs sous la présidence du Directeur, puis il est soumis à l'avis de la Commission. Toujours, avant 1867, comme après, il a dû recevoir l'approbation du Recteur, pour être appliqué.

Les auteurs du règlement particulier de l'Ecole n'ont pas, comme bien on pense, libre carrière quand ils rédigent ce règlement : ils doivent se conformer aux instructions venues d'en haut, et notamment aux dispositions du décret en vigueur sur l'organisation des écoles normales. Si donc le règlement prête à critique, ce ne sont pas les auteurs immédiats qui en portent la plus grande responsabilité.

Le premier règlement (10 décembre 1835) se divise en trois parties : 1° « Des exercices religieux » ; 2° « Des études » ; 3° « Des punitions ».

La première partie se compose de trois articles, savoir :

« Article 1er. — Les journées ainsi que toutes les leçons et les
« repas commencent et finissent par une prière faite en commun ;
« les élèves feront cette prière alternativement ».

« Article 2. — Les élèves-maîtres assistent à la messe et aux
« vêpres du dimanche. Ils doivent y apporter tout le recueillement
« qui convient à des hommes sincères et religieux. Le jeudi ils
« assistent aussi à une messe basse. Le Directeur les accompagnera
« à ces offices religieux ou les y fera accompagner par un maître-
« adjoint ou par le maître d'études ».

« Article 3. — Quant aux différentes obligations imposées par la
« religion, le Directeur devra se concerter avec Messieurs les Ecclé-
« siastiques de la paroisse ou avec M. l'Aumônier de l'Ecole, pour
« faire en sorte que les élèves-maîtres soient le moins possible
« dérangés de leurs études, lorsqu'ils devront s'acquitter de leurs
« devoirs religieux ».

La partie relative aux études va de l'article 4 à l'article 24 inclusivement.

Les articles 4 et 6 concernent l'obligation pour le Directeur et les professeurs de dresser d'avance le programme de leurs cours et de donner leurs leçons. L'article 9 impose au maître-adjoint ou au maître d'étude le soin de surveiller partout les élèves. Ils devront même exercer « autant que possible » simultanément leur surveillance.

Que viennent faire là ces dispositions ?

Aux termes de l'article 5 les élèves feront du 15 au 25 de chaque mois « une composition dans toutes les parties de l'instruction
« qu'ils reçoivent à l'Ecole ». Les professeurs en remettront au
« Directeur, avant le dernier jour du mois », le résultat avec « des notes sur la conduite et l'application des élèves-maîtres ».

« Article 7. — Aucun élève ne pourra se dispenser de suivre une
« leçon quelconque sans en avoir obtenu l'autorisation du Directeur
« et sans avoir ensuite prévenu le professeur ».

« Article 8. — Dans le temps consacré à l'étude, il est défendu
« d'étudier à haute voix ou de causer ».

« Article 10. — Toutes les leçons et les différents exercices de
« l'Ecole seront annoncés au son de la cloche, et chaque élève sera
« tenu d'obéir promptement à ce signal donné ».

« Article 11. — La durée de chacune des leçons devra être d'une
« heure ».

« Article 12. — Pendant le dîner et le souper, qui ne devront
« durer que 20 à 25 minutes au plus, il sera fait une lecture à
« haute voix. Les élèves-maîtres en seront alternativement chargés
« chaque jour par le Directeur, qui indiquera lui-même les lectures ».

« Article 13. — Le lever est fixé à 4 heures et demie en été, et à
« 5 heures précises en hiver. Tous les élèves devront après une
« demi-heure s'être habillés, lavés, peignés, appropriés, et avoir
« fait leur lit avec soin, observant pour le tout beaucoup de décence
« et un grand silence, chose généralement et rigoureusement exigée
« pendant toute la présence au dortoir. Le coucher aura lieu à
« 9 heures en toutes saisons ; dix minutes après, il devra être
« entièrement terminé ».

« Article 14. — Aucun élève-maître ne peut sortir soit de l'étude,
« soit d'une leçon sans en avoir obtenu la permission, qui aura été
« demandée par un signe convenu. Jamais deux élèves ne seront
« autorisés à sortir ensemble ».

« Article 15. — Aucun élève ne peut sortir de l'établissement
« s'il n'est porteur d'un permis fixant la durée de la sortie, et
« délivré par le Directeur, ou, à son défaut, par un maître-adjoint
« ou par le maître d'étude qu'il aura autorisé à cet effet. Le permis
« sera déposé entre les mains du concierge, qui le remettra lui-
« même au Directeur en lui rendant compte de l'heure à laquelle
« l'élève sera rentré ».

« Article 16. — Il est interdit aux élèves et aux maîtres de com-
« muniquer pendant les heures de leçons avec les personnes du
« dehors, sans l'autorisation du Directeur ».

« Article 17. — Aucune personne étrangère ne peut être intro-
« duite dans l'établissement sans qu'elle en ait obtenu l'autorisation
« du Directeur ».

« Article 18. — Toutes les lettres que les élèves écriront ou rece-

« vront devront être remises au Directeur, qui les lira s'il le juge
« convenable. Il est laissé à la prudence de ce fonctionnaire de
« retenir celles qu'il ne croirait pas devoir laisser parvenir à leur
« adresse, à charge d'en rendre compte à la Commission dans la
« plus prochaine séance ».

« Article 19. — Aucun élève ne peut ni travailler ni coucher
« dans une chambre séparée sans la permission du Directeur; il ne
« pourra de même pendant le temps des récréations s'éloigner du
« lieu où elles devront être prises, sans y avoir été autorisé soit
« par le Directeur, soit par le maître-adjoint ou le maître d'étude
« qui y présidera ».

« Article 20. — La propreté la plus grande est prescrite très
« rigoureusement soit pour le corps, soit pour ce qui concerne les
« linges et habillements ; tous les effets devront être rangés avec
« ordre et dans la place qui leur aura été assignée. Deux fois par
« semaine il sera accordé aux élèves un temps convenable pour
« nettoyer et soigner les objets à leur usage ».

« Article 21. — Tous les quinze jours les élèves devront se laver
« les pieds au moins une fois ».

« Article 22. — Il ne doit être introduit dans l'Ecole aucune
« boisson ni aucune liqueur autres que celles qui sont destinées au
« service régulier de l'établissement ».

« Article 23. — Toute dégradation commise par un élève sera
« réparée à ses frais, sans préjudice des peines qu'il aurait pu
« encourir d'ailleurs en la commettant à dessein » (?!)

« Article 24. — Les maîtres-adjoints auront pour tous leurs
« chefs des égards, du respect et la plus grande soumission ».

C'est dans l'article 25, qui constitue à lui seul la troisième partie, réservée aux punitions, qu'on trouve les plus belles perles.

« Article 25. — Les punitions qui pourront être infligées aux
« élèves d'après la gravité des fautes qu'ils auront commises
« sont :

« 1º La privation de la totalité ou d'une partie des récréations
« de la journée avec ou sans une tâche supplémentaire ;

« 2º La privation de la promenade ou d'une portion de ce qui
« est donné pour la nourriture en outre de la soupe et du pain ;

« 3° Les arrêts dans un lieu séparé avec une tâche extraordi-
« naire ;

« Les deux premières punitions peuvent être infligées par le
« Directeur, par les professeurs et par le maître d'étude; la troisième
« ne peut être prononcée que par le Directeur ;

« 4° En cas de faute grave de la part d'un élève-maître, la cen-
« sure, la réprimande et même l'exclusion seront prononcées par
« la Commission de surveillance, conformément à l'article 26 du
« règlement du 14 décembre 1832.

Suit maintenant un dernier article renfermant les dispositions
générales, et qui prescrit au Directeur de lire le règlement aux élèves
« au moins une fois par mois le jeudi ou le dimanche », de le faire
« afficher dans la salle d'étude », de le faire exécuter strictement
dans toutes ses dispositions », et de veiller à l'exacte observation
de l'emploi du temps.

Ce règlement soulève un certain nombre d'observations.

Tout d'abord on est surpris de la manière discrète dont il s'exprime
(art. 3) à l'endroit des devoirs religieux.

La seconde partie contient jusqu'à l'article 11 inclusivement des
dispositions qu'on pouvait sans inconvénient passer sous silence.
Il en est d'autres ensuite qui sont ou inutiles ou mal placées sous
le titré qui les réunit, quelquefois l'un et l'autre.

Que dire de l'article 24 touchant les égards dus par les élèves-
maîtres à « tous leurs chefs » ?

Il y a d'ailleurs dans ce chapitre une contradiction choquante.
Les élèves sont, d'après le plus grand nombre des articles, l'objet
d'une constante suspicion : toujours, en tout, on les surveille
étroitement, et cependant, aux termes de l'article 15, ils peuvent
obtenir la permission d'aller librement en ville. Comment aussi
concilier cela avec le contrôle soupçonneux exercé sur leur correspondance, par exemple ?

Enfin on se demande, en lisant l'article 25, relatif aux punitions,
si on est bien dans une école normale, s'il s'agit réellement de
jeunes gens de seize ans au moins, d'élèves-maîtres qui doivent
avoir quelque souci de leur dignité. Se représente-t-on ces quasi-
hommes, sous le coup d'une privation de récréation, subissant les
arrêts, mangeant leur pain sec ? Ceci est le comble ! Est-ce ainsi

qu'ils prendront le respect d'eux-mêmes ? On ne se donne pas la peine de relever ce que ces punitions ont d'antihygiénique.

On ne saurait dire si la suppression des aliments a été souvent infligée, attendu qu'elle rentrait dans les attributions du Directeur et de ses collaborateurs. Mention n'en est partant pas faite dans les registres des délibérations. Cependant elle y apparaît une fois. Le Directeur ayant un jour saisi dans les papiers d'un élève une lettre « injurieuse pour les professeurs et même le chef de l'établissement », la Commission, après sérieux examen, adressa « une réprimande sévère » au coupable « en présence de tous les élèves », et lui appliqua en outre la peine suivante : « Le sieur X... sera « pendant un mois séparé de ses condisciples : à la salle d'étude et « au réfectoire, il occupera une table particulière placée près de la « porte ; à la promenade il marchera le dernier ; enfin il sera privé « de vin aux repas des quatre dimanches de ce mois ». (Délibéra-« tion du 21 décembre 1839).

Qu'on est loin des principes posés au commencement de ce chapitre et qui animent aujourd'hui la discipline de nos écoles normales.

Pour atténuer les critiques trop vives qu'on serait tenté de diriger contre le premier règlement de l'Ecole, il suffit qu'on pense que précisément il est le premier, qu'aucune tradition n'existait encore dont on pût s'inspirer ; que d'ailleurs les premiers élèves-maîtres étaient sans doute des esprits assez frustes.

Le règlement du 25 novembre 1841 a des proportions inhabituelles. Il embrasse tous les services de l'Ecole dans ses 108 articles répartis en sept chapitres, dont plusieurs se subdivisent en sections. On n'a à se préoccuper ici que du chapitre concernant les élèves-maîtres, lequel contient trois sections et vingt-huit articles, de l'article 26 à l'article 53 inclusivement.

La première section a pour objet les « devoirs religieux ». Les exigences sont plus nettes et plus accentuées qu'en 1835. Non seulement « la journée commence et finit par la prière faite en commun « et récitée alternativement par chacun des élèves-maîtres », mais (§ 2) « la prière est également faite au commencement des leçons

« du matin et à la fin de ces leçons ; au commencement des leçons
« du soir et à la fin de ces mêmes leçons ». (art. 26).

L'assistance aux offices a lieu dans les mêmes conditions qu'en 1835 (art. 27).

L'article 28 est moins discret que l'article correspondant du règlement précédent : « Ils (les élèves) devront se confesser au
« moins trois fois par trimestre. Il sera avisé, de concert avec
« M. l'Aumônier, à ce que les élèves soient le moins possible
« dérangés de leurs études pour l'accomplissement de ce devoir ».

La section relative aux études s'allège de nombre de prescriptions anciennes et en reçoit une nouvelle assez significative :

« Article 30. — Les élèves feront des résumés sur chacun des
« objets de leurs études : ces résumés seront réunis en cahiers, et
« mis sous les yeux des maîtres-adjoints toutes les fois que ceux-ci
« le jugeront convenable ». Quelques autres déterminent le roulement des élèves-maîtres aux écoles d'application. On laisse de côté l'article 36, qui est un emploi du temps longuement détaillé pour tous les jours de la semaine.

Dans la troisième section, qui a pour titre : « Ordre et discipline », se retrouvent les dispositions de 1835 se rapportant au même objet, avec quelques autres destinées à les compléter. On donne seulement les nouvelles :

« Article 38. — Pour les promenades, les élèves devront marcher
« en rangs et garder le silence jusqu'à ce qu'ils soient sortis de la
« ville ».

« Article 39. — Les élèves doivent à leurs maîtres respect et
« soumission. Ils doivent aussi observer entre eux les règles de la
« politesse et entretenir des rapports de bienveillance et de fra-
« ternité ».

« Article 40. — Tout acte réprouvé par la religion et la morale
« sera considéré comme faute grave ».

« Article 46. — Lorsque les élèves auront à demander une per-
« mission, soit pour une sortie particulière, soit pour l'acquisition
« d'un objet utile, ils devront le demander par écrit au Directeur ».

« Article 47. — Celui qui aura besoin de papier, de plumes, etc.
« dans l'intervalle des distributions, qui se feront deux fois par
« mois, devra en demander par écrit ».

Les heures du lever et du coucher sont les mêmes qu'auparavant. On avait accordé, en 1835, dix minutes pour se mettre au lit. Il a été reconnu à la pratique que c'était trop. « Après *huit* minutes, tous les élèves doivent être au lit », en 1841. Voilà les profondes réformes que l'expérience fait introduire !

« Article 50. — Il est strictement défendu de rien écrire sur les « murs. Toute dégradation commise par un élève sera réparée à « ses frais, etc... ».

« Article 52. — Les élèves dont la conduite aura donné lieu à « des reproches particuliers seront signalés à M. le Recteur dans « les rapports hebdomadaires, ainsi qu'à la Commission lors de « ses réunions ».

L'article 53 ajoute aux punitions antérieures « la défense » pour les élèves « d'aller voir leurs parents et même de recevoir leurs « visites ».

La même remarque dont on a fait suivre le règlement précédent, s'applique à celui-ci avec encore plus de force : à part le silence à garder dans les rangs, les demandes à faire par écrit, le reste est parfaitement déplacé dans un semblable document.

Le règlement du 24 mars 1851 reproduit la même division en chapitres et en sections que celui de 1841. Les articles sont plus brefs, mieux par suite dans le ton qui convient, mais presque aussi nombreux : il y en a 47. Ce qu'il vaut de mieux, il le doit au décret du 24 mars 1851, dans sa section sur la discipline.

Trois articles sont consacrés aux devoirs religieux. Ici se présente une aggravation nouvelle : « la prière en commun récitée « alternativement par chacun des élèves-maîtres » est « suivie « d'une lecture de piété ».

L'assistance aux offices demeure sans changement. Mais sur le point capital, une modification de forme se produit, qui, eu égard à l'esprit qui va s'acclimater dans la maison, ne se traduira pas par une atténuation des pratiques dévotes : « Article 18. — Il sera « avisé, de concert avec M. l'Aumônier, à ce que les élèves accom-« plissent leurs devoirs religieux en ce qui concerne la fréquenta-« tion des sacrements ». On arrive au temps des retraites religieuses dont il a été parlé dans un des chapitres précédents. Un homme de

foi profonde, presque un saint, dirige l'Ecole ; il ne voit rien au-dessus des exercices de piété, il en accable les élèves. Quelques lignes de lui, extraites du rapport annuel de 1853, donneront le diapason de son sentiment chrétien : « Messieurs, dit-il, rien au
« monde ne me charme plus, ne me cause plus de joie, ne me
« donne plus d'espérance que la manière dont nos élèves s'acquit-
« tent de leurs devoirs religieux. Fidèles et assidus aux exercices
« journaliers de la prière, où ils montrent un recueillement qui
« témoigne de leurs convictions, ils se portent aussi très facilement
« et d'eux-mêmes aux pratiques plus coûteuses que la religion leur
« impose ». Comment ne pas admirer cette superbe confiance ? Mais aussi comment ne pas faire un retour sur les élèves qui ne partageaient pas les ardeurs religieuses de leur principal maître, et qui néanmoins devaient s'assujettir aux pieux exercices qui inondaient de joie son âme dévote ?

En matière d'ordre le règlement de 1851 n'innove rien. Comme exemple de la brièveté signalée tout à l'heure, on peut citer l'article 27 : « Le lever est fixé à 4 h. 1/2 en été, à 5 heures en
« hiver : et le coucher, en toute saison, à 9 heures ». Puis c'est tout, les dix et les huit minutes, qui ornaient les règlements de 1835 et de 1841, ont disparu.

On voit enfin avec satisfaction les punitions sans valeur morale de la période antérieure abandonnées. L'article 32 qui, ainsi qu'on l'a dit, a été pris dans le décret du 24 mars 1851, ne conserve que
« la retenue, la réprimande, l'exclusion ».

« Le Directeur prononce la retenue ».

« La réprimande est prononcée suivant les cas par le Directeur,
« la Commission de surveillance ou le Recteur ».

« L'exclusion est prononcée par le Recteur, sur l'avis du Direc-
« teur, la Commission de surveillance entendue ».

« En cas de faute grave, le Directeur peut prononcer l'exclusion
« provisoire ».

« Lorsque l'exclusion provisoire est prononcée, le Ministre en
« est immédiatement informé ».

L'article 33, ainsi conçu : « Tout élève qui à la fin de l'année
« n'est pas jugé en état de passer au cours supérieur cesse de

« faire partie de l'Ecole », vient littéralement aussi du décret du 24 mars.

A quoi bon insérer dans le règlement de l'Ecole ces deux articles qui n'ajoutent rien à ce qui émane de la haute administration ?

Le règlement du 1er avril 1867 se restreint singulièrement. Il n'a plus que vingt articles, compris sous les trois titres : « Devoirs religieux », « Instruction », « Discipline ». C'est raisonnable, car il n'y en a presque plus que pour les élèves.

Toutefois sous le premier titre se rangent des dispositions où les idées et les habitudes locales se maintiennent fermement, conformément à la lettre du décret du 2 juillet 1866, qui a remplacé celui du 24 mars 1851. On ne peut mieux faire que de le transcrire textuellement :

« Article 1er. — La prière du matin et du soir est faite à haute « voix et à tour de rôle par un élève-maître ».

« Article 2. — Les jours de dimanche et de fêtes conservées, les « élèves, accompagnés du Directeur et des maîtres-adjoints, assis-« tent à la messe, aux vêpres et à la prière, à l'église de la paroisse. « Ils sont également conduits à la messe le jeudi ».

« Article 3. — Les études et les repas sont précédés et suivis des « prières d'usage, faites à haute voix par un élève-maître ou un « professeur ».

« Article 4. — Les élèves-maîtres s'approchent des sacrements à « Pâques et aux autres grandes fêtes de l'année; sous ce rapport « ils suivent les conseils de leur confesseur ».

Sous le titre : « Instruction », qui ne contient que cinq articles, de 5 à 9, on doit noter l'article 5, d'après lequel « les élèves-maîtres « de deuxième et de troisième année sont exercés à l'école annexe « à la pratique de l'enseignement »; l'article 6, aux termes duquel ils « travaillent au moins une heure par jour aux jardins de l'Ecole « ou aux ateliers de menuiserie et de cartonnage », article sans « utilité puisque l'emploi du temps y suppléait, et l'article 8, legs des trois règlements antérieurs, lequel dispose qu'à « la fin de chaque mois, les élèves-maîtres composent dans toutes les matières d'enseignement ». Quant aux deux autres articles, ils concernent la tenue, par chaque maître, d'un registre de notes sur les élèves, et l'assistance, si elle le juge convenable, de la Commission aux examens. De ces cinq articles, les seuls articles 5 et 8 sont à leur place, ce qui ne signifie pas que l'un d'eux, l'article 8, ne prête pas à de sérieuses critiques.

Que contient le titre « Discipline » ?

« Article 10. — Tous les mouvements se font en ordre et en
« silence ».

« Article 11. — Le tableau d'emploi du temps est affiché à la
« salle d'étude ».

« Article 12. — Les dortoirs, le grenier des malles, l'infirmerie,
« les salles de classes et la salle de bains sont nettoyés à tour de
« rôle par les élèves-maîtres ».

« Article 13. — Le jeudi et le dimanche les élèves sont conduits
« à la promenade ».

« Article 14. — Les élèves-maîtres ne peuvent rompre les rangs
« qu'à l'endroit désigné par le maître, et ils ne doivent jamais s'en
« éloigner assez pour ne pas être vus constamment par lui ».

Les articles 15 et 16 défendent toute communication avec les personnes du dehors ou les gens de service ; l'article 17, l'introduction de paquets ou lettres sans que le Directeur les ait vus ; et l'article 18, toute sortie particulière, sauf l'autorisation du Directeur, et en compagnie d'un maître-adjoint.

« Article 19. — Les élèves-maîtres sont en uniforme pour toutes
« leurs sorties ».

L'article 20 enfin prescrit la lecture du règlement aux élèves au commencement de chaque semestre.

Avec le règlement du 9 octobre 1879, on fait un grand saut. Il est précédé d'un court exposé des motifs qui vaut d'être reproduit, car il marque l'évolution qui s'est opérée dans l'espace de douze ans : « La Commission, usant du droit que lui confère le paragra-
« phe 3 de l'article 10 du décret du 2 juillet 1866, voulant seconder
« les vues libérales du Gouvernement et les efforts que fait l'Admi-
« nistration pour mettre d'accord l'éducation que l'École normale
« est chargée de donner aux futurs instituteurs avec les principes
« de la société moderne, propose, après discussion, non de renou-
« veler entièrement le règlement dès aujourd'hui, mais de le modi-

« fier ainsi qu'il suit, en attendant la réorganisation de notre
« système d'enseignement primaire ».

Suivent les modifications proposées. Ainsi la Commission propose une nouvelle rédaction de l'article 2, qui, sur l'observation de M. le Recteur, devient ce texte :

« Les jours de dimanches et de fêtes conservées les élèves sont
« conduits à la messe et aux vêpres, conformément aux prescrip-
« tions de l'article 18 du décret du 2 juillet 1866. Ils ne prêtent en
« aucun cas leur concours aux cérémonies du culte ».

La Commission propose encore la suppression pure et simple des articles 4 et 8. (Voir ci-dessus, Règlement de 1867).

Un simple changement de rédaction de l'art. 2 et l'amputation de l'art. 4, voilà à quoi la réforme se réduit. C'est peu comme texte ; c'est énorme comme portée. On entre par là résolûment dans la voie qui aboutira bientôt à la liberté de conscience, officiellement reconnue aux élèves-maîtres.

C'est le règlement du 27 décembre 1881 qui l'inaugure à Vesoul, conformément à l'article 31 du récent décret du 29 juillet 1881 sur l'organisation des écoles normales. Le paragraphe 2 de l'article 31 reproduit l'article 2 de la loi du 28 juin 1833, qu'aucune disposition postérieure n'avait abrogé, mais qui était en désuétude, à savoir : « Le vœu des pères de famille sera toujours consulté et « suivi en ce qui concerne la participation de leurs enfants à « l'enseignement et aux exercices religieux ». Le règlement du 27 décembre, en vertu de ce paragraphe, reste donc muet sur les devoirs religieux. Les élèves ont toute liberté, le dimanche, pour assister à la messe. Y va qui veut. Personne n'est contraint de s'y rendre ni de s'en abstenir. Peut-on un plus absolu respect des convictions religieuses ?

Pour analyser rapidement le nouveau règlement on le prendra chapitre par chapitre, sans s'astreindre à l'exactitude du texte, parce qu'un autre règlement d'un caractère encore plus libéral l'a, après peu de temps, à son tour détrôné.

Le nouveau règlement fait à peu près table rase de tout le passé. Il a trente et un articles, d'où sont exclues les prescriptions vagues. Tout y est net et précis. On sent qu'un autre temps est arrivé.

Les « Dispositions générales » concernent la surveillance par les maîtres ou professeurs, l'avis immédiat à donner au Directeur en cas « d'incident dans la marche ordinaire de l'Ecole, » le silence à observer rigoureusement dans les classes et au dortoir (« La permission de parler au réfectoire est accordée, sous la condition d'en user avec réserve »), la tenue de cahiers de notes par les maîtres sur le travail et la conduite des élèves.

Dans le chapitre consacré aux « Classes et études, » le règlement prescrit le silence et l'ordre dans les changements de classe, la demande d'une permission pour sortir momentanément des salles ; il interdit, « sauf permission du maître, les communications d'élève à élève pendant les études », et autorise cependant « les groupes de deux ou trois élèves aux tableaux noirs pour la préparation en commun d'une leçon ».

Le chapitre du « Matériel de classe » confie au Directeur le soin exclusif d'indiquer les livres de cours à acheter par les élèves, interdit l'introduction de tout livre ou cahier étranger, sans le « visa du directeur » ; oblige chaque élève à présenter tout cahier fini au visa du professeur intéressé, pour en obtenir le remplacement par l'Ecole ; déclare les élèves responsables de tous les objets à leur usage (« plâtres, fusils, orgues, pianos, instruments d'arpentage »), et met à leurs frais les dégradations qu'ils y auraient « faites ou laissé faire ».

Le chapitre intitulé : « Ordre et propreté » met le service de propreté et d'ordre « dans toutes les parties de la maison à leur usage », à la charge des élèves-maîtres, « d'après un tableau établi par le Directeur » ; fixe l'heure de la récréation du matin, après le déjeuner, pour « le nettoyage de la maison ; » rappelle aux élèves que « tous les objets à leur usage doivent être soigneusement rangés, à peine, pour les infractions à cette règle, d'une amende de 5 à 15 centimes, qui sera perçue par un élève pour former un fonds destiné à l'entretien de la bibliothèque » ; recommande aux élèves une mise « constamment propre, mais sans recherche », l'uniforme étant de règle pour « les promenades et les sorties particulières » ; exclut la blouse dans l'intérieur de la maison et ne permet que les souliers. Un article (17) charge encore les élèves-maîtres de la « culture et du nettoyage du jardin »,

« service qui a lieu dans l'après-dîner, aux heures indiquées par l'emploi du temps ».

Sous le titre : « Evolutions, récréations, promenades », on retrouve la prescription du silence et de la marche en rangs, « la troisième année en tête, dans les évolutions »; l'indication de la cour de l'Ecole comme lieu exclusif des récréations, sauf quand, le temps étant mauvais, elles ont lieu dans le préau; l'ordre de « prendre toutes précautions au moment où se fait entendre le premier coup de cloche », trois minutes avant la rentrée, pour qu'aucun retard ne se produise au second coup; la désignation du dimanche et du jeudi comme jours de promenade « aux heures indiquées par le Directeur, suivant la saison »; l'obligation, durant les promenades, de garder le silence dans les rangs tant qu'on est en ville, et de ne rompre les rangs qu'au signal du maître, et la défense d'acheter « des boissons ou des comestibles sans l'autorisation du maître »; de même l'interdiction de « l'usage du tabac, sous quelque forme que ce soit, tant dans l'intérieur de « l'établissement que dans les promenades et lieux publics ».

Aux « Dortoir et vestiaire » les élèves se rendent en rangs et en silence. « Ils y observent en tous points une décence extrême. L'accès leur en est interdit pendant la journée ». « Le lever a lieu à cinq heures en toute saison. Au coup de cloche les élèves sortent de leurs lits et s'habillent promptement. Ils découvrent ensuite leurs lits en rejetant aux pieds les couvertures et le drap supérieur, puis ils descendent à la salle d'étude ».

Le chapitre relatif aux « Relations avec le dehors » contient la plus grande innovation. Il n'y a pas à s'arrêter aux visites « dans le parloir de l'Ecole » avec la permission du maître de service, ni à la défense « d'introduire à l'Ecole des provisions de bouche à moins d'une autorisation spéciale du Directeur »; mais il convient de remarquer en passant l'article 26, qui fait pénétrer un peu de liberté dans la vie, auparavant si claustrale de l'élève-maître :

« Art. 26. — Tout élève bien noté pour la conduite et le travail
« pourra obtenir, une ou deux fois par mois, l'autorisation de
« sortir le dimanche, de midi à cinq heures en hiver, à six heures
« en été, accompagné de son père ou de sa mère ou de son tuteur ou
« d'un correspondant présenté par eux et agréé par le directeur ».

« Les élèves de troisième année auront en outre une sortie libre
« par mois, le dimanche, par groupes de cinq ou six, suivant un
« roulement établi par le Directeur.

« Ces sorties constituent à la fois une récompense et une marque
de confiance ».

Le titre des « Relations avec les domestiques » renferme une
interdiction de ces relations, et la prescription de la tenue, « par un
élève désigné à cet effet, d'un registre particulier des commissions »,
qu'il remet aux destinataires et dont il touche le prix sous le
contrôle du Directeur.

Dans les articles du chapitre « Service sanitaire et soins hygié-
niques », il n'y a que deux dispositions : « 1° Une permission spéciale est nécessaire pour entrer à l'infirmerie »; naturellement c'est
le Directeur qui la donne; « 2° les élèves prennent des bains »,
froids en été, « une ou deux fois par semaine, sur l'avis du médecin », chauds en hiver, « tous les trois mois »; tous les quinze jours
ils prennent un bain de pieds.

C'est tout.

Plus long que les autres règlements en ce qui concerne les élèves,
il est cependant plus précis, plus net, en définitive plus topique,
sans sortir, sauf en un ou deux passages, de son domaine propre.

Voici enfin le dernier règlement, datant du 26 avril 1884, dont le
sage esprit de liberté est encore mieux d'accord avec notre temps,
sans qu'il ait jamais mis en danger, bien au contraire, la discipline
nécessaire. On doit reconnaître en effet qu'il a procuré aux élèves
une meilleure santé morale, dont tout le monde a profité.

On le transcrit littéralement, en mettant en écriture droite et
entre parenthèse les parties que les documents officiels ultérieurs
ont abrogées ou fait tomber en désuétude. On commence par l'exposé des motifs.

« M. l'Inspecteur expose à la Commission qu'une circulaire
« ministérielle du 7 février dernier a pour objet la généralisation
« dans toutes les écoles normales du système de liberté essayé avec
« succès dans quelques-unes; que cette circulaire, en demandant
« que le maintien du bon ordre et de la discipline soit confié aux
« élèves-maîtres eux-mêmes sous la garantie de leur responsabilité

« personnelle, réclame, pour la détermination des limites et pour
« faciliter l'exercice de cette responsabilité, la rédaction d'un règle-
« ment précis dans ses dispositions faisant connaître nettement
« aux élèves-maîtres leurs obligations au double point de vue dont
« il s'agit ; que ce règlement a été préparé par M. le Directeur,
« conformément aux indications mêmes de M. le Recteur, et
« qu'enfin la Commission va en entendre la lecture, pour se pro-
« noncer, s'il y a lieu, sur son adoption.

« DISPOSITIONS GÉNÉRALES

« 1º Dans chaque année un président *(de semaine)* est chargé de
« veiller au maintien du bon ordre et de la discipline.

« 2º Lorsque les élèves-maîtres de deux ou des trois années sont
« réunis, le président *(de semaine)* de la plus ancienne promotion
« répond de l'ordre.

« 3º *(Les présidents de semaine, dans chaque année, sont de
« service à tour de rôle, sans distinction, dans l'ordre des numéros
« matricules.*

« *Leur service commence le dimanche matin à huit heures et se
« termine le dimanche suivant à la même heure).*

« 4º Chaque semaine, les présidents *(de semaine)* remettent au
« Directeur un rapport commun, dans lequel ils lui font connaître
« sommairement les incidents de la semaine.

« En cas d'urgence, le Directeur est immédiatement informé.

« 5º Tous les mouvements se font en ordre *(et en silence)* sur le
« signal du président *(de service)*, qu'un maître soit présent ou
« non.

« 6º Tous les changements d'exercice sont annoncés par la
« cloche, qu'un élève-maître est spécialement chargé de sonner.

« 7º Les élèves-maîtres sont chargés d'assurer par eux-mêmes
« l'ordre et la propreté dans les diverses parties de la maison qu'ils
« occupent, et le bon entretien des objets mobiliers à leur usage.

« 8º Les élèves-maîtres n'ont aucun rapport avec les gens de
« service. *(Si dans les sorties libres ils n'ont pu se procurer les
« objets dont ils ont besoin, ils les demandent en en remettant la
« liste au Directeur).*

« 9° Aucun livre, aucune publication ne peuvent être introduits
« dans l'Ecole sans avoir passé sous les yeux du Directeur.

« 10° Les élèves sont en uniforme pour toutes les sorties.

« 11° Les dimanches et jours de fête, les élèves qui désirent
« assister aux offices quittent l'étude dix minutes avant l'heure.

« RÈGLEMENT
« des salles d'étude et de classes

« 1° Le silence et l'application doivent régner constamment dans
« la salle d'étude.

« 2° Tout élève qui a besoin de changer de place doit le faire
« sans bruit et sans dérangement pour ses condisciples.

« 3° Un bon élève règle toujours minutieusement l'emploi de ses
« heures de travail personnel, de manière à n'en pas perdre une
« minute. Il n'oublie pas que la salle d'étude est comme le sanc-
« tuaire du travail.

« 4° Les élèves chargés des becs de gaz et des poêles s'acquittent
« de leur service de manière à assurer convenablement l'éclairage
« et le chauffage, sans excès ni insuffisance. La mesure doit être
« observée surtout.

« Les élèves chargés des soins de propreté veillent à ce que rien
« ne traîne dans les salles, ni papiers, ni autres objets. Ils ouvrent
« les fenêtres pendant le balayage et les récréations.

« 5° Livres et cahiers sont rangés en ordre *(soit dans l'estrade,*
« *soit)* dans les pupitres des élèves.

« Les élèves soignent les livres appartenant à l'Ecole comme les
« leurs. Ils font ainsi preuve de délicatesse.

« RÈGLEMENT
« des cours, préau, pianos, harmoniums

« 1° Les élèves sont chargés des soins de propreté des cabinets
« d'aisances. Comme partout ils y observent les convenances.

« 2° En récréation les élèves se livrent à des mouvements propres
« à rétablir l'équilibre du corps et de l'esprit, équilibre rompu par
« les longues heures de travail intellectuel. Ils se tiennent digne-
« ment et se gardent des conversations triviales.

« 3° L'étude individuelle de la musique aux instruments n'a lieu
« qu'aux heures de récréation, dans l'ordre fixé. Chaque élève a

« soin de ranger les objets dont il s'est servi, en quittant l'instru-
« ment.

« RÈGLEMENT
« *du dortoir*

« 1° Le silence et la décence la plus scrupuleuse sont strictement
« observés au dortoir.

« 2° Le matin, au premier coup de cloche, les élèves se lèvent et
« ramènent la couverture et le drap au pied du lit. Ensuite, ils
« vont en rang au lavabo et en sortent de même, sur le signal de
« l'élève désigné (du président), pour se rendre aux cabinets et de
« là à l'étude.

« 3° Toutes les fenêtres sont ouvertes et accrochées chacune par
« l'élève le plus proche avant la sortie du dortoir, si le temps le
« permet.

« 4° A chaque lit est fixé un carré de papier portant le nom de
« l'élève.

« 5° Après le déjeuner, les élèves vont en ordre au dortoir pour
« refaire les lits. Chaque jour les matelas sont battus et retournés.
« La propreté et l'hygiène l'exigent. Pour la même raison il n'y
« aura jamais sur le lit que la chemise et le bonnet de nuit parfai-
« tement dissimulés.

« 6° Tous les jours, après le service du dortoir, les élèves vont
« au grenier pour nettoyer leurs vêtements et leurs chaussures.

« 7° Les fenêtres sont fermées à quatre heures en hiver, et à
« l'heure du coucher en été.

« 8° Lorsqu'il pleut ou qu'il fait du vent, elles sont fermées
« immédiatement par l'élève de service.

« 9° Les taies d'oreiller et les draps de lit sont changés le pre-
« mier jour de chaque mois. Le linge de toilette l'est tous les
« dimanches.

« RÈGLEMENT
« *du grenier*

« 1° Chaque élève a son sac de linge sale derrière sa malle.

« 2° Chaque malle porte le nom de l'élève à qui elle appartient.

« 3° Le dimanche les élèves vont s'habiller après les soins de
« propreté, et, le jeudi, après le dîner en hiver, et après le goûter
« en été.

« 4° La porte du grenier sera fermée en dehors des heures régle-
« mentaires. La clef restera entre les mains d'un élève.

« RÈGLEMENT
« du réfectoire

« 1° Les conversations sont autorisées au réfectoire ; mais on y
« observe la réserve et le bon ton qu'on remarque chez les per-
« sonnes de bonne compagnie. *(Les élèves s'y inspirent de l'exemple*
« *des maîtres).*

« 2° Il convient que chacun s'efforce de manger de chacun des
« plats qui sont servis. Rien n'est gaspillé. Le pain notamment est
« de la part de tous l'objet d'une attention particulière.

« 3° Le dîner et le souper durent environ vingt-cinq minutes.

« 4° Les élèves ne se lèvent et ne s'assoient que sur le signal
« *(de l'élève de semaine)* du président.

« 5° Les serviettes sont changées tous les dimanches.

« RÈGLEMENT
« du parloir

« 1° Un élève ne peut passer au parloir que le temps de la récréa-
« tion, avec son père, sa mère, ses frères, ses sœurs, ses oncles,
« ses tantes, son instituteur. Pour d'autres personnes il demande
« une autorisation au Directeur.

« La discrétion est de rigueur ».

« Ainsi arrêté ce règlement soulève cependant quelques observa-
« tions de la part de plusieurs membres, qui estiment qu'on aurait
« pu y moins multiplier les prescriptions minutieuses, dont l'effet
« sera de détruire bien plus que de régler la liberté et l'initiative
« des élèves-maîtres. A quoi un membre répond qu'il est destiné à
« servir de transition, et que, plus tard, on pourra l'alléger ».

« La Commission se déclare satisfaite ».

Celui qui écrit ces lignes peut parler à son aise de ce règlement, dont il est l'auteur, pas exclusif toutefois. Après l'apparition de la circulaire du 7 février 1884, toutes les écoles normales refirent leur règlement, pour le mettre d'accord avec les principes qu'elle posait et que résume celui de self-government, le seul qui convienne dans une école de grands jeunes gens, surtout d'élèves-maîtres. M. le

Recteur envoya à Vesoul un modèle, pour qu'un peu d'uniformité se rencontrât dans l'Académie. Ce règlement modèle avait l'étendue et le caractère d'un traité de morale, avec divisions en chapitres, dont chacun constituait un règlement particulier, et multiplicité d'articles, qui revêtaient la forme d'avis, de recommandations ou de réflexions, dont on retrouve encore quelques traces plus haut. Il semble que ceux qui rédigent de tels règlements croient de très bonne foi que le respect qui leur est accordé s'accroît avec les dimensions qu'ils acquièrent, erreur fâcheuse qui résulte toujours de cette fausse idée que c'est surtout l'extérieur qui importe. On n'a pas osé trop s'écarter du modèle envoyé. Ainsi on a conservé la division en règlements particuliers, qui ne s'explique guère, et quelques articles ou quelques réflexions, sans valeur réglementaire, pour ne pas paraître faire foin de ce qui venait de M. le Recteur. Entièrement livré à soi-même, on n'aurait adopté qu'une seule série d'articles, en gardant les divisions actuelles, sans faire de chacune un règlement spécial ; surtout on aurait, par exemple, supprimé les articles qui recommandent les mouvements en récréation, le silence et l'application dans la salle d'études, « qui est comme le sanctuaire du travail » ; le bon ton des conversations au réfectoire ; la convenance pour tous de manger de tous les plats servis et de ne rien gaspiller ; l'observance de la discrétion au parloir. Ce sont là conseils de savoir-vivre et non matière à règlement. Le règlement ne conseille pas, il commande ou défend un certain nombre d'actes, qui importent au bon ordre matériel. Le reste rentre dans les attributions des maîtres, chargés de l'éducation morale non moins que de l'instruction des élèves. Si on le met dans le règlement, on s'imagine trop aisément que cela suffit. En cas d'oubli de la part des élèves, on sévit ou tout au moins on recourt aux reproches, sans penser qu'on est le premier coupable, parce qu'on s'est fié à un texte glacé pour communiquer la chaleur à des cœurs qui ne peuvent tirer leur chaleur que du cœur.

Tout en suivant d'assez près le modèle, on a tâché de le corriger en employant le ton bref et impératif exigé dans un règlement. On avait assez bien réussi au gré de M. le Recteur, puisque, lorsqu'il eut reçu le règlement de l'Ecole de Vesoul, il le prit à son tour comme modèle pour le reste de l'Académie.

Que dire, au fond, de ce règlement ? Son grand mérite, — il le tient de l'inspiration ministérielle, — c'est de placer la discipline extérieure sous la sauvegarde des élèves. La discipline intime, qui engendre l'autre, reçoit la vie des suggestions des maîtres et particulièrement du Directeur. Sans la discipline intime, la première est plus que compromise. Avec elle, l'existence de l'ordre visible est la preuve de l'ordre moral : le premier mesure rigoureusement le second. Il ne s'agit plus maintenant du respect servile de la règle écrite, qui s'astreint à prévoir minutieusement les fautes, mais de la pratique vivante de la loi que trouve en lui l'élève aidé des maîtres. On suppose l'élève plutôt bon, — on a dit plus haut pourquoi, — et par cela même on l'empêche souvent de faillir.

Quant aux devoirs religieux, a-t-on eu raison de les exclure du règlement ? On a déjà répondu rationnellement à cette question. On y répond encore en invoquant la loi du 28 mars 1882, qui a rendu laïque l'école primaire publique, proclamant ainsi le respect de l'État pour la liberté de conscience. L'importance prépondérante que les règlements antérieurs à celui du 9 octobre 1879 leur attribuaient, sur la foi des dispositions légales et des instructions officielles, provient d'une erreur capitale, et si commune qu'elle passe inaperçue. On les considérait, et beaucoup les considèrent encore, comme une fin, la fin même de l'éducation. Il était admis que leur observance supposait la perfection morale, bien que les faits eussent dû faire ouvrir les yeux aux moins clairvoyants. On oubliait que les pratiques religieuses sont l'effet du sentiment de la divinité et non sa cause. En supposant même qu'on n'eût pas renversé l'ordre naturel et logique existant entre ces deux choses si différentes, proposer la religion comme but aux efforts humains, c'était encore commettre une atteinte contre la raison. Ceux-là même dont les colères vont le plus violemment éclater contre une assertion si naturelle et si juste, sont les premiers à y adhérer sans s'en apercevoir. N'est-ce pas en persuadant aux hommes qu'on veut les rendre meilleurs qu'on s'efforce de les amener à la religion ? On reconnaît donc ainsi que la religion est le moyen, et la moralité le but. Tout le crie à ceux qui ne ferment pas leur esprit à la vérité. Il n'y a qu'une morale, il y a plusieurs religions.

Et d'ailleurs au fond n'y a-t-il pas qu'une religion, dont l'essence est la reconnaissance de la divinité et l'élan de l'âme humaine vers elle? Les devoirs religieux confessionnels n'ont que la valeur d'un système de manifestations de l'idée et du sentiment divins. Y insister dans un règlement c'est encore substituer l'accessoire au principal, la matière à l'esprit, la forme à l'idée; c'est s'enfoncer dans le formalisme mesquin, étroit, et mortel à l'âme, au lieu de s'attacher à la vie, qui l'échauffe, la soulève, l'épure et l'ennoblit.

Donc rendre l'homme meilleur, plus moral, tel est le but de l'éducation. Or l'homme est d'autant plus moral qu'il se rend mieux compte de ce qu'il doit faire et qu'il le fait plus librement, dans un élan de lui-même ardent et volontaire vers le bien. Il n'y a pour le conduire à ce noble but rien qui vaille l'aide d'un honnête homme, le chaleureux contact d'un être sensible, éclairé et libre, ce que doit être un éducateur digne de ce nom.

L'expérience confirme-t-elle ces idées dues au raisonnement? Un rapide examen de ce qu'a été en fait la discipline à l'Ecole depuis sa création l'apprendra.

A quels signes remarque-t-on qu'une bonne discipline règne dans une école normale? Si on laisse de côté la propreté et l'ordre matériel, il reste l'application des élèves à l'étude, leurs rapports avec leurs maîtres et leur tenue.

Les élèves-maîtres de Vesoul ont presque toujours montré une ardeur exemplaire pour l'étude. Si parfois ils ont éprouvé des échecs aux examens obligatoires, ce n'a été qu'exceptionnellement. On trouve rarement dans les archives l'expression d'un mécontentement à propos de tel ou tel élève sous le rapport du travail; une ou deux promotions seulement dans les premières années ont mérité une sévère appréciation.

Cependant l'Administration disposait alors de moyens d'émulation aujourd'hui supprimés. Il y avait d'abord les bourses ou portions de bourses, pour l'attribution desquelles le travail entrait en ligne de compte; il y avait en outre, ce dont on s'étonne à bon droit, une distribution de prix. Jusqu'en 1850, trois cents francs furent distribués, à la fin de l'année scolaire, en récompenses aux meilleurs élèves. C'est une lettre ministérielle du 28 mars 1851 qui annonce la suppression de l'allocation, attendu que « de semblables récompenses ne sauraient convenir ni à l'âge ni à la position des élèves-maîtres ». (Délibération du 12 juillet 1851).

Le travail ne diminue pas, tant s'en faut, malgré cette suppression. Il a déjà été dit d'ailleurs que la plus saine émulation a toujours animé sous ce rapport les élèves-maîtres. Dans chaque promotion, quelques esprits d'élite donnaient le ton à leurs condisciples, qu'ils entraînaient à leur suite. C'est surtout quand l'école de Cluny offrit un débouché aux élèves qui se distinguaient que redoubla l'ardeur de tous à l'étude. La possibilité de s'élever socialement par le travail a une bien autre influence que l'espoir d'obtenir un prix en livres, même dorés, ou en une somme d'argent forcément très modique, et qui cesse d'agir une fois donnée.

Il y eut, semble-t-il, un moment de relâchement chez quelques-uns, quand le brevet élémentaire s'obtint avant la fin du cours normal. On en a parlé dans le chapitre : « Personnel des élèves ».

Après 1881, le brevet supérieur fut regardé comme le couronnement naturel des études de l'élève-maître. Tous auraient bien désiré y parvenir, mais plusieurs, faute de moyens, ou de suffisante préparation, antérieurement à leur entrée à l'Ecole, étaient voués d'avance à un inévitable échec. Quelques autres, trois ou quatre au plus, sortis de bas, sans ambition, se disaient qu'ils n'avaient nul besoin d'un titre difficile à conquérir. On appliqua aux uns comme aux autres, la mesure réglementaire qui excluait, en fin d'année, tout élève incapable de profiter convenablement de l'enseignement de la seconde et de la troisième année. De cette façon, depuis 1881, quinze élèves, sur 305 qu'a reçus l'Ecole, n'ont pas bénéficié de l'admission dans la promotion supérieure. Ce ne fut pas une flétrissure pour la majorité, mais la simple conséquence d'une incapacité relative. L'administration les a d'ailleurs, sauf un ou deux, appelés à un emploi. C'est particulièrement dans la première moitié de la période en question que le fait s'est produit. Depuis dix ans, trois cas seulement sont à signaler. Cela n'infirme en rien du reste l'attestation précédemment émise, d'après les témoignages de tous les directeurs dans leurs rapports annuels, que le travail a toujours été en grand honneur à l'Ecole, et depuis qu'on ne dispose plus ni de prix ni de bourses plus que jamais. L'honneur est devenu pour tous les élèves un aiguillon très vif, maintenant qu'il joue non seulement le rôle capital mais l'unique rôle. On pourrait citer tel élève qui, assez récemment, bien qu'en queue de sa promotion, de dépit de n'avoir pas emporté le brevet supérieur à la sortie immédiate de l'Ecole normale, a résolu de prendre le sac. Son succès à la session d'automne n'a pas guéri la blessure de son amour-propre. Excellent soldat il a vite obtenu les galons de sergent-major. Il se prépare actuellement à l'école de Saint-Maixent.

On aura plus loin des preuves des goûts studieux qui ont de tout temps régné parmi les élèves-maîtres de Vesoul.

La discipline proprement dite a laissé parfois à désirer, si on en juge par les nombreux faits dont a eu à s'occuper la Commission de surveillance. Chose remarquable, c'est jusqu'en 1866 que des actes coupables ont appelé assez souvent une sévère répression. Chose non moins remarquable, c'est à partir de 1847, que les faits répréhensibles se multiplièrent. Jusqu'à cette année trois exclusions seulement, par mesure disciplinaire, furent prononcées, dont deux pour « mauvais esprit » à l'égard des maîtres. (Décembre 1839 et mai 1842). De 1848 à 1866, il y eut huit exclusions, un retrait de demi-bourse, une privation de vacances de Pâques, diverses réprimandes publiques par la Commission, pour des cas d'insubordination caractérisée. Et cependant c'est la période pendant laquelle les pratiques religieuses brillent du plus bel éclat. Une bonne partie du rapport annuel du Directeur leur est consacrée, à la place d'honneur. Pendant la première période, le chef de la maison se borne à constater que les élèves s'y soumettent volontiers. Dès 1848, où l'orientation dévote s'impose carrément par ordre supérieur, il célèbre la piété des élèves-maîtres. Le successeur en parle même avec des transports (1) qui peuvent paraître suspects à ceux qui ne l'ont pas connu, mais de la sincérité desquels ne doutent nullement les autres. Et c'est particulièrement sous l'autorité de ce digne homme que les résistances se sont produites. On en citera seulement quelques exemples. En 1860, un élève s'était mal comporté à l'égard de l'un des maîtres. Aux observations qu'on lui adressa, il répondit : « Qui me cherche me trouve ». Pressé de faire ses excuses au maître, il s'y refusa en disant : « C'est M. X... qui a com-

(1) Voir page 214 un exemple du langage qu'il tient dans tous ses rapports.

mencé ». L'exclusion s'ensuivit naturellement. Les cinq élèves privés de vacances de Pâques, en 1862, l'ont été pour « un fait d'insubordination à l'égard des maîtres ». (Délibération du 19 avril et rapport annuel du 24 juillet 1862). La direction passa en d'autres mains l'année suivante, mais les dispositions à la révolte persistèrent jusqu'en 1866. En novembre 1863 une exclusion fut encore rendue nécessaire, pour faits graves « d'indiscipline, d'insubordination ». D'après le rapport de 1864 la discipline est déjà devenue meilleure, « par suite de la sortie des élèves de troisième année ». Cette raison fournie du changement d'esprit constaté est la reconnaissance que les faits isolés contre lesquels il fallait sévir, n'étaient pas aussi isolés qu'on serait tenté de le croire. Enfin la dernière exclusion atteint, en mai 1866, un élève, parce qu'il a « commis un
« acte d'indiscipline, en résistant aux ordres d'un professeur ; qu'il
« n'a point accepté la punition qui lui a été infligée à cette occa-
« sion ; qu'il a exprimé avec une arrogance au même professeur
« son intention de quitter immédiatement l'Ecole, etc... » (Délibération du 19 mai).

On aurait tort certainement de prétendre qu'il existe autre chose qu'un rapport de simple coïncidence entre les pratiques dites religieuses, suivies si ponctuellement à l'Ecole, et les faits d'indiscipline relatés. Mais n'a-t-on pas eu raison d'affirmer qu'elles ne sont pas plus la cause que la preuve de la moralité ? On se figurait trop volontiers à tort qu'elles engendraient l'obéissance volontaire, aveugle à l'égard de l'autorité. Il suffit, pour s'en convaincre, de lire les instructions officielles de ce temps, sur lesquelles enchérissent encore les rapports des directeurs, surtout immédiatement après 1850. Obtenir l'obéissance, et l'obéissance absolue, telle est l'antienne toujours répétée. Il n'y a pas à douter qu'on a le droit de tout attendre de celui qui fait assez abnégation de ses plus intimes convictions, pour se plier à toutes les exigences d'une volonté dévote. On y compte trop et on abuse peut-être d'une soumission qui ne vient pas du fond même de l'individu. Un ancien élève, qui avait fait ses études au plus beau temps de la période en question, et qui est devenu un haut fonctionnaire de l'enseignement, critiquait il y a quelques années, peu de temps avant sa mort, la discipline sous laquelle il avait vécu. Oh ! il en parlait sans la moindre amertume ;

ce n'était pas du tout un révolutionnaire. Il rappelait que les maîtres prétendaient à une obéissance qu'aujourd'hui nous qualifierions sévèrement, d'après l'exemple qu'il en donnait. « Un jour, dit-il, « là, dans la cour où nous sommes, nous chargions de la terre « dans une brouette. Au moment où la cloche annonça la rentrée « en étude, je tenais une pelletée de terre en mains ; sans en penser « davantage, je la jetai dans la brouette, malgré les avertissements « de la cloche. Je fus puni par le Directeur, présent à l'opération, « pour avoir continué mon travail après l'heure. J'aurais dû laisser « tomber ma pelletée à terre au premier coup. Je jugeai tout de « même la punition un peu dure; mais je l'acceptai sans murmurer. « Voilà comment nos maîtres nous conduisaient. Et cependant « nous les aimions bien ! » Le fait est authentique et littéralement rapporté. Que M. C... ait accepté la punition sans mot dire, cela n'étonnera aucun de ceux qui l'ont connu. Qu'il ait aimé tout de même des maîtres qui agissaient ainsi, ils le croiront encore sans trop d'effort, mais ils ne pourront s'empêcher de le trouver bien osé dans l'emploi du pluriel : « nous les aimions bien ! » Il y a sur ce point divergence très accusée entre son témoignage et celui de nombre de ses contemporains.

Après 1866, il n'y a plus trace de faits d'insubordination. Les idées libérales du ministre Duruy apportèrent, avec le décret du 2 juillet de cette année, un heureux tempérament à la discipline. Aux termes du décret, les élèves de troisième année purent être associés aux maîtres pour la surveillance. Un directeur essaya même l'innovation et déclara qu'elle avait donné de bons résultats. Son successeur, d'esprit plus autoritaire, y renonça dès son arrivée, et se vanta d'avoir fortifié la discipline, « relâchée » auparavant. (Rapport de 1870). A cela rien de surprenant : les changements de cette nature, dont l'importance est plus grande qu'elle n'en a l'air aux yeux des profanes, demandent et du temps et de la patience et du tact de la part de leurs auteurs.

Depuis 1867, pas un seul cas d'insubordination n'est signalé. Quelques faits individuels ont cependant provoqué de temps à autre des exclusions. Ce ne sont que des fautes qu'explique trop bien la jeunesse des coupables, qui passeraient presque inaperçues dans tout autre établissement d'éducation, mais qu'on ne saurait tolérer dans une école normale. En acquérant plus de liberté, les élèves-maîtres sont devenus plus responsables d'eux-mêmes, et on a eu d'autant plus le droit de leur demander compte de leur conduite que l'autorité s'est montrée à leur égard moins mesquine, plus hautement raisonnable. Ce ne sont plus seulement des élèves, ce sont déjà des maîtres, que doit soutenir partout le constant souci de leur dignité propre et de l'honneur de l'Ecole.

Après 1870 la discipline générale ne donne lieu qu'à des appréciations favorables dans les rapports annuels. En voici quelques extraits :

« La discipline est excellente » (1872).

« La conduite a été constamment bonne » (1873).

« Le travail est en honneur, et la règle observée » (1878).

« La troisième année est une promotion d'élite, composée de
« jeunes gens bien élevés » (1882).

« Je n'ai qu'à me louer de leurs sentiments et de leur tendances.
« Nous comptons plus sur la vigilance et la persuasion que sur la
« contrainte pour leur faire observer la règle » (1884).

« Les élèves ne nous donnent en général que des satisfactions » (1886).

« Ils se montrent dignes en général de la confiance qu'on leur a
« témoignée » (1888).

« La discipline ne laisse rien à désirer » (1890).

« Jamais nous n'avons eu une faute grave à relever. Lorsqu'une
« négligence se produit, un avis amical fait rentrer aussitôt dans
« l'ordre l'élève surpris, mais oublieux plutôt que coupable. Tous
« ne demandent qu'à bien faire. On est heureux de pouvoir leur
« rendre ce témoignage flatteur.

« Ils se livrent à l'étude avec une ardeur infatigable, ceux dont
« les efforts ont moins de succès comme les mieux doués » (1892).

« Nos élèves se montrent pleins du désir de bien faire. La disci-
« pline ne leur pèse pas » (1894).

« Leur bonne volonté est vraiment exemplaire » (1896).

« Non seulement nos élèves travaillent avec une très louable
« ardeur dans les trois promotions, mais ils sont animés à
« l'envi du plus vif désir de répondre à nos soins » (1898).

Dans tout cela il n'est pas question des sorties libres, qui peuvent cependant servir de thermomètre pour l'appréciation du progrès moral des élèves. Leur introduction, en 1881, donna lieu à quelques abus. C'était inévitable, bien qu'on les accordât avec mesure. Le passage de la privation absolue à l'usage engendre toujours quelques excès. L'adolescent aime surtout à se prouver qu'il jouit de sa liberté de deux manières, dont chacune en elle-même n'est pas de grande conséquence, mais que la répétition transforme parfois en vices : il fume avec fureur, il se précipite dans les cafés. Il se grandit ainsi dans l'estime de ses camarades et dans sa propre estime, il ne voit pas de meilleur moyen de s'affirmer à lui-même et de leur affirmer qu'il est homme. Pendant quelque temps les élèves qui obtinrent leur liberté une partie du dimanche ne trouvèrent rien de mieux à faire que de fumer et de s'attabler au café. Ils s'y portaient d'autant plus volontiers qu'ils n'ignoraient pas que tel était le désir de l'homme le plus influent de la Commission de surveillance, celui qui disposait de tout à son gré dans le département. Dès que la porte de l'Ecole s'ouvrait, ils couraient au café et n'en sortaient que pour rentrer à l'Ecole. Ce n'était pas précisément ce qu'avait voulu l'Administration. Quant au Directeur, il n'avait qu'à laisser faire. Si en haut lieu on n'avait tenu bon, malgré ces constatations qui n'ont sans doute pas eu lieu qu'à Vesoul, les sorties libres eussent été jugées funestes au premier chef et radicalement supprimées. Heureusement tout s'améliora avec l'aide du temps et les avis multipliés de celui qui avait principalement la charge de l'éducation des élèves-maîtres. Un nouveau Directeur, moins lié à l'égard des personnalités locales, se montra plus parcimonieux dans l'octroi des sorties libres ; il ne les accorda qu'à ceux qui en profitaient raisonnablement, et en exliqua tant de fois aux élèves le véritable objet que, lorsqu'en 1887 elles devinrent la règle dans toutes les écoles normales, elles avaient perdu les inconvénients du début. Oh ! on ne veut pas dire que la cigarette et le café sont totalement délaissés. Ce serait trop beau. Si fumer n'est pas un crime, ce n'en est pas moins une faiblesse parfois onéreuse et rarement utile à la santé. Aussi s'efforce-t-on d'en détourner les élèves, sans le leur interdire. Beaucoup s'en abstiennent, et ils en ont du mérite. Les autres, moins forts contre l'exemple et le préjugé, cèdent à la tentation. Depuis des années on n'a jamais reconnu d'abus ni par soi-même ni par les bruits de l'opinion. On peut en dire autant de la fréquentation des cafés. Si quelques-uns y font encore de courtes stations, c'est par besoin, ou, il faut bien en convenir, par ennui. Car la pauvre petite ville de Vesoul n'offre pas de nombreuses distractions à ses promeneurs. Il y a bien la campagne. Tous les dimanches en effet on rencontre sur les chemins des groupes d'élèves qui vont respirer l'air pur et prendre l'exercice qui leur manquent dans l'Ecole. Beaucoup maintenant font de la bicyclette. Tant mieux ! Mais l'été il fait chaud, il faut bien se rafraîchir. Et l'hiver ! En temps de gelée, on a, il est vrai, la ressource du patinage, qui se généralise aussi ; mais s'il pleut, s'il neige, que devenir? Le café ouvre sa porte hospitalière. Eh bien, non ! tous ne cèdent pas à son accueil tentateur. Plus d'un rentre à l'Ecole. Et, chose plus extraordinaire, puisqu'ils peuvent sortir librement chaque semaine, ils n'ont plus la soif immodérée de la liberté d'autrefois. Presque tous les dimanches, même quand le soleil brille, même quand la nature se pare de toutes les séductions du printemps, des élèves ont assez de fermeté pour demeurer d'eux-mêmes dans l'Ecole et travailler pendant que leurs camarades s'ébattent au dehors. Il faut même parfois rappeler à ces jeunes gens trop sages qu'ils ont besoin de sortir. N'est-ce pas beau ?

En même temps se perdait l'attitude légèrement débraillée si chère aux collégiens en rupture de surveillance. Il ne faut pas évidemment attribuer à ce laisser-aller plus d'importance qu'il n'en a. Edmond About s'y est arrêté dans une de ses œuvres, le Roman d'un brave homme, et il a bien montré que c'est un genre tout superficiel, bien porté, surtout il y a quelques années, dans la clientèle des écoles secondaires, mais que le jeune homme dépouille bien vite avec la qualité d'écolier. C'était encore trop cependant que les élèves-maîtres y restassent fidèles, même de loin, durant le cours de leurs études. En parcourant librement rues, promenades, chemins ; en causant avec des personnes de diverses conditions, ils firent de salutaires remarques, qui rendirent plus efficaces les dicours qu'on leur tenait sur la nécessité pour tous, et plus spécialement pour eux, futurs éducateurs, d'attester par leur langage et leurs manières ce que vaut l'homme intérieur. Leur tenue s'améliora rapidement. Le préfet d'alors nota la transformation et crut devoir en exprimer toute sa satisfaction. Il alla plus loin : il en fit part à M. le Directeur de l'enseignement primaire, qui ne dut pas regretter les réformes qu'il avait inspirées, et qu'on peut qualifier d'heureuses, aujourd'hui qu'une expérience de plus de quatorze ans en a manifesté les incontestables avantages, sous tous les rapports, notamment au point de vue moral.

Ainsi l'éducation libérale a produit d'excellents fruits à l'Ecole normale. Elle a chassé tout prétexte à l'hypocrisie religieuse, la plus répugnante de toutes les hypocrisies. Elle a substitué la confiance et la sincérité à la lutte sourde et quelquefois ouverte, qui formait auparavant le fond des rapports des élèves et des maîtres. Les élèves ont acquis promptement, par le fait qu'ils se sentaient responsables d'eux-mêmes, au-dehors comme au dedans de la maison, un extérieur plus convenable, plus de dignité dans la tenue. Ils se respectent et font honneur à l'Ecole. On le proclame dans la ville, où rien de fâcheux ne pourrait se passer sans qu'on le sût aussitôt ; on le proclame dans les villages où les élèves-maîtres vivent pendant leurs vacances. C'est là la meilleure preuve que le nouveau régime a constitué un grand progrès.

XII

ENSEIGNEMENT

C'est l'arrêté du Conseil royal de l'Instruction publique en date du 14 décembre 1832 qui, avant même que la loi sur l'enseignement primaire fût votée, avait fixé le programme de l'enseignement dans les écoles normales primaires.

L'article 1er de cet arrêté est ainsi conçu :

« Article 1er. — Dans toute école destinée à former des institu-
« teurs primaires l'enseignement comprend :

« L'instruction morale et religieuse ;

« La lecture ;

« L'arithmétique, y compris le système légal des poids et
« mesures ;

« La grammaire française ;

« Le dessin linéaire, l'arpentage et les autres applications de la
« géométrie pratique ;

« Des notions de sciences physiques, applicables aux usages de
« la vie ;

« La musique et la gymnastique ;

« Les éléments de la géographie et de l'histoire, et surtout de la
« géographie et de l'histoire de la France ;

« L'instruction religieuse est donnée aux élèves-maîtres, suivant
« la religion qu'ils professent, par les ministres des divers cultes
« reconnus par la loi ».

Aux termes de l'article 2, le cours d'études était partagé en deux années.

L'article premier de la loi du 28 juin 1833 reproduisit à peu près textuellement le programme précédent, en y introduisant une répartition des matières entre l'enseignement primaire élémentaire et l'enseignement primaire supérieur. Voici cette répartition :

« L'instruction primaire élémentaire comprend nécessairement

« l'instruction morale et religieuse, la lecture, l'écriture, les
« éléments de la langue française et du calcul, le système légal des
« poids et mesures.

« L'instruction primaire supérieure comprend nécessairement en
« outre les éléments de la géométrie et ses applications usuelles,
« spécialement le dessin linéaire et l'arpentage ; des notions des
« sciences physiques et de l'histoire naturelle applicables aux usages
« de la vie ; le chant, les éléments de l'histoire et de la géographie,
« et surtout de l'histoire et de la géographie de la France... ».

C'est encore dans ses grandes lignes, le programme actuel allégé d'une langue vivante.

Naturellement, l'Ecole normale devait, dès le début, enseigner tout cela, pour permettre aux élèves de l'apprendre et de se rendre aptes à l'enseigner. Il ne paraît pas cependant que les études s'étendissent tout d'abord à tout le programme. Ce ne sont pas nos registres qui nous le disent, puisque le premier document qui y soit consigné est le règlement de l'Ecole, daté du 10 décembre 1835. Dans son rapport du 20 septembre 1836, le second Directeur se plaint d'ailleurs que son prédécesseur ne lui ait rien laissé sur le fonctionnement de l'Ecole, « pas même le programme des études ». Mais l'*Annuaire statistique et historique du département de la Haute-Saône*, auquel on a déjà emprunté divers renseignements, nous fait connaître (février 1835), à la suite d'une courte notice consacrée à l'Ecole normale, et due vraisemblablement à la plume du chef de la maison, la répartition des cours professés. On la transcrit ici littéralement :

« M. Morel, Directeur.

« Professeurs :

« Mathématiques. — M. de la Boullaye, professeur au collège
« de Vesoul.

« Grammaire française, rédaction des actes de l'état civil. —
« M. Morel.

« Histoire et géographie { M. Laurent, professeur au collège de Vesoul.
{ M. Paufert.

« Dessin linéaire et calligraphie. — M. Bôle.

« Instruction morale et religieuse. — M. l'abbé Noblet ».

Et c'est tout.

De cette note il résulte qu'on enseignait aux élèves-maîtres à rédiger les actes de l'état civil, bien que la loi n'en parle pas, que l'étude des éléments de la langue française se réduisait à celle de la grammaire française. Les sciences physiques et naturelles n'y sont même pas nommées, non plus que le chant.

Ce programme si incomplet répondait certainement aux besoins les plus pressants ; il eût peut-être été imprudent de l'étendre davantage avec des élèves à peine dégrossis à leur entrée à l'Ecole, et dont la moitié devaient terminer leurs études en quinze mois. Ouverte le 1er mai 1834, l'Ecole en effet lançait déjà dans le département, en août 1835, dix-sept des jeunes gens qu'elle avait formés.

Pendant quelques années les études se tinrent sans doute en-deçà des limites du programme légal. Cela semble du moins résulter d'un rapport du Directeur en date du 23 janvier 1836, sur l'examen trimestriel que la Commission a fait subir aux élèves-maîtres dans « les différentes branches d'études ». Si « celles qui font la base de l'enseignement primaire ont obtenu un succès vraiment remarquable », les autres ont mérité des appréciations variables. Le Directeur passe en revue ces dernières : ce sont l'histoire (et sans doute la géographie), la musique avec le plain-chant, la géométrie et le dessin linéaire. Ici non plus, on ne parle ni des sciences physiques, ni de l'histoire naturelle.

Cependant on lit, dans le rapport du 23 septembre 1836, que les onze élèves qui viennent de terminer leur cours normal ont subi l'examen sur « toutes les matières exigées pour le brevet supérieur, que trois brevets de ce degré leur ont été délivrés », et « qu'il ne manquait que fort peu de connaissances aux autres pour le mériter » Assurément la Commission d'examen avait montré une grande indulgence, comme cela s'impose d'ailleurs au début de toute institution.

Le rapport de 1837 s'exprime en termes plus généraux.

Les résultats obtenus n'y sont pas mentionnés ; mais, en quelques mots, il caractérise l'esprit de l'enseignement :

« Rien n'a été négligé pour que les raisonnements et les déve-
« loppements des diverses théories fûrent à la portée des élèves les
« moins intelligents ; ce qui a produit l'avantage immense de
« préparer les élèves-maîtres à donner eux-mêmes leurs leçons

« d'après ces mêmes principes, en se servant toujours des expres-
« sions les plus claires et les plus simples. »

. . . .

« Les meilleures méthodes d'enseignement ont été démontrées
« avec le plus grand soin, et il sera facile de se convaincre qu'elles
« auront été bien comprises d'après les heureuses applications que
« les élèves-maîtres sauront en faire lorsqu'ils auront des écoles à
« diriger.

« Les principes d'éducation ont fait l'objet des soins les plus
« particuliers, pour les bien graver dans le cœur et dans l'esprit
« des élèves-maîtres ; on leur a fait rédiger des analyses, des
« compositions sur tous les principes qui leur avaient été expliqués
« à cet égard ; tous ont prouvé qu'ils les avaient bien compris ».

Ces quelques lignes renferment tout ce que contient le rapport
sur l'enseignement. Elles révèlent un idéal plutôt modeste ! Pour la
première fois apparaît la pédagogie, qu'on ne peut négliger dans une
école normale. Seulement on la fait consister en peu de chose. Il
est vrai, cela a déjà été dit, qu'on allait au plus pressé, c'est-à-dire
à la connaissance des règles à suivre dans la forme des leçons et la
conduite d'une classe. Pouvait-on tenter davantage avec les recrues
que recevait l'Ecole ?

Le rapport de 1838 se plaint encore de leur « peu d'intelligence » ;
peut-être que « peu d'ouverture d'esprit » serait plus exact. On se
tient toujours terre à terre. « Il a été donné un soin tout particu-
« lier, dit-on, à la rédaction des cahiers ; nous y avons exigé
« beaucoup d'ordre, de clarté, de simplicité et surtout une grande
« exactitude orthographique. MM. les Inspecteurs généraux Cuvier
« et Dutrey ont bien voulu témoigner leur satisfaction des résultats
« obtenus sous ce rapport.

« Généralement nous nous sommes efforcés de suivre leurs
« conseils sur la direction générale des études, lors de leurs
« inspections successives, en 1836, 1837 et 1838. Nous avons
« cherché à bien saisir, pour ne pas la dépasser, l'intelligence de
« chacun de nos élèves : les moins avancés ont été tenus longtemps
« sur les matières élémentaires, et ils sont parvenus à les posséder
« très solidement, ce qui a été constaté dans les examens de fin
« d'année.

« Quant aux élèves les plus capables, nous leur avons fait suivre,
« avec les développements qu'ils pouvaient comprendre, tous les
« objets d'enseignement indiqués au programme pour l'obtention
« du brevet d'instruction primaire supérieure ».

« C'est ainsi que nous sommes arrivés aux heureux résultats que
« la Commission d'examen s'est plu à reconnaître par la compa-
« raison avantageuse qu'elle a faite de nos élèves-maîtres avec les
« instituteurs en exercice et les candidats qui se sont présentés en
« même temps pour obtenir des brevets de capacité : pas un de ces
« derniers n'a pu atteindre le degré de force dont a fait preuve le
« moins capable de nos élèves.

. . . .

« Nous avons la douce persuasion que les élèves sortants appor-
« teront du zèle et de la méthode dans la direction des écoles qui
« leur seront confiées : il leur a été indiqué les moyens à employer
« pour se faire bien comprendre, soit en donnant des soins assidus
« et persévérants, soit en présentant sous diverses formes ce que
« l'on doit enseigner aux enfants. »

Ainsi les études comprennent bien maintenant tout le programme de l'instruction primaire supérieure et donnent des résultats qui justifient, par les comparaisons des élèves-maîtres avec les candidats d'autre origine, la fondation et le maintien de l'École normale.

Ce qu'on aimerait à connaître ce serait le programme détaillé des corus et la méthode des études. Sur le premier point, rien n'existe dans les archives. On ne peut se contenter de cette phrase du rapport de 1839 : Les études « ont été dirigées conformément aux pro-
« grammes approuvés par le conseil royal pour l'enseignement de
« l'arithmétique, de la géométrie, de l'histoire, de la physique, de la
« chimie et des machines les plus simples ». Ce sont, avec quelques abréviations, les termes mêmes employés dans l'arrêté du 10 juillet 1833 réglementant l'examen. Ils ne suffisent ni dans le rapport ni dans l'arrêté, pour nous renseigner d'une façon précise. On en peut conclure du moins que les études recevaient tout le développement que comportait le programme des examens des brevets. Une remarque s'impose ici : c'est qu'en ce qui concerne la langue française, le programme de l'examen ne parle que de grammaire et d'orthographe, et que nulle part, dans les documents que nous

possédons, nous ne découvrons qu'on exerçât les élèves-maîtres à la composition française. Peut-être pensait-on que la rédaction des cours la remplaçait. Nous avons lieu de nous en étonner. Après tout on ne songeait qu'à suivre les règlements. Leur mutisme justifie les pratiques adoptées. Cependant un emploi du temps, arrêté par la Commission, le 26 juin 1841, pour la rentrée suivante, mentionne des « exercices de style » au « cours supérieur », trois fois par semaine. Il s'agirait de savoir en quoi consistaient ces exercices. Quelque temps après, un règlement général daté du 25 novembre 1841, indique, dans l'emploi du temps qui y est inséré, des « exercices de composition écrite » pendant une heure par semaine, en commun pour les élèves des deux années, et de la grammaire *tous les jours,* en commun aussi. On se rend ainsi compte de la place sacrifiée, accordée à la composition, alors qu'elle entre dans le cadre des études, surtout comparativement à celle de la grammaire. Enfin dans un emploi du temps du 5 juin 1847, la deuxième année a deux heures de « grammaire et style », et la première année deux heures de grammaire seulement par semaine.

Dans les cours spéciaux c'est bien pis : il n'est pas question du tout de composition française. Il faut bien reconnaître que cette étude si importante n'obtenait pas l'attention à laquelle elle a droit. Par contre la « rédaction des actes de l'état-civil » reçoit une heure commune chaque semaine dans l'emploi du temps de 1841, et une heure en seconde année dans celui de 1847. C'était beaucoup pour un enseignement peu propre à cultiver l'esprit.

Pour les autres études, à défaut de programme détaillé, les livres mis entre les mains des élèves nous édifieront sur leur portée. Or il n'a jamais été acheté d'autres livres, pendant de longues années, que ceux qui composent la liste suivante prise dans le registre des délibérations, à la date du 20 juin 1836, et textuellement transcrite. Les prix nous fournissent une indication de l'étendue et de la valeur des ouvrages, que peu de personnes connaissent aujourd'hui.

« 15 Dictionnaires de Noël et Chapsal pour.............. 98 »
« 15 Grammaires françaises, du même................. 21 »
« 15 Analyses grammaticales, par le même............. 21 »
                        A reporter............. 140 »

Report..................	140 »
« 15 Arithmétiques de Bourdon.....................	70 »
« 30 Petites arithmétiques de Tisserand...............	14 »
« 20 Physiques et chimies, par Bergery..............	47 50
« 30 Histoire de France, par Mme de Saint-Ouen........	16 80
« 20 Géographies de Letronne.....................	45 60
« 30 Abrégés de l'histoire sainte de Fleury............	14 40
« 1 Recueil de musique pour toutes les fêtes de l'année.	25 »
« 16 Méthodes de plain-chant.....................	28 50
« Total....................	401^f 80

A part les ouvrages de Noël et Chapsal, alors généralement en usage, et l'arithmétique de Bourdon, qui possédait de la réputation, quelle somme de science enfermaient des arithmétiques à 0 fr. 50, comme celle de Tisserand ; des livres de physique et de chimie à 2 fr. 50 ; des précis d'histoire à 0 fr. 50 et 0 fr. 60 ?

On aurait tort cependant de se hâter de porter un jugement sévère. Et d'abord, durant les premières années, l'enseignement ne pouvait recevoir de grands développements. Les passages des rapports directoriaux reproduits plus haut disent assez que les professeurs devaient ne pas trop s'élever. Mais chaque année marquait un progrès ouvrant la voie aux progrès ultérieurs. Les premiers élèves-maîtres, devenus instituteurs, envoyèrent aux concours d'admission des candidats mieux préparés qu'ils ne l'avaient été eux-mêmes. Nous en trouvons déjà l'attestation dans le rapport du 14 septembre 1839, dans un passage déjà cité, et qu'on n'hésite pas à reproduire encore : « Rien ne peut mieux
« constater les progrès vrais et sérieux obtenus depuis l'établis-
« sement de l'Ecole que l'affluence et la supériorité en tous genres
« des jeunes candidats déjà formés par les anciens élèves-maîtres,
« et qui ont concouru d'une manière si brillante, le six septembre
« dernier, pour être jugés admissibles à l'Ecole normale : cette
« remarque a particulièrement frappé la Commission d'examen ».
Si l'observation venait d'une commission composée de professeurs de l'Ecole, on serait tenté de la croire intéressée. Le soupçon ici n'est pas de mise, puisque les mêmes personnes, étrangères à la

maison, examinaient les candidats à l'Ecole et les aspirants au brevet de capacité.

La méthode des études nous apporte une autre raison de nous garder d'un jugement hâtif. Pendant la période antérieure à 1851, le livre jouait un rôle très secondaire. Tout l'enseignement se donnait oralement. Les élèves rédigeaient entièrement leurs cours. Ils s'habituaient assez vite à ce système, qu'ils jugeaient plus commode que de recourir au livre. Peut-être est-il aussi plus commode pour les professeurs qui sont à la hauteur de leur mission. Une fois leur cours composé et possédé par eux, leur tâche devient aisée. Ils ne sentent pas le besoin de rechercher le mieux et de se renseigner sur les meilleurs ouvrages à suivre; ne changeant pas de livre, ils n'ont pas à se préoccuper, pour faciliter le travail de leurs élèves, d'adapter leur leçon à celui qu'ils auraient choisi. De leur côté, les élèves, dans une leçon orale, vont aisément à ce qui est essentiel. En la rédigeant ils y portent naturellement leur effort principal, ne s'embarrassant pas de l'accessoire, au contraire de ce qui leur arrive quand ils étudient dans un livre, qui présente tout avec le même relief. Dans le livre, le texte lu et relu reparaît toujours à leurs yeux dans sa forme invariable, comme si, selon l'expression de Montaigne, « les mots étaient la substance de la chose ». Beaucoup se le persuadent et perdent ainsi la liberté de l'esprit, et la spontanéité qui en fait le charme et la force.

Aux avantages de l'enseignement oral correspondent pourtant des inconvénients sérieux, du côté des élèves. Souvent dans la reproduction des leçons se glissent des erreurs, surtout quand les élèves, comme les premiers que recevait l'Ecole normale, n'ont qu'une instruction rudimentaire. Comme le professeur ne peut s'imposer de revoir de près tous les cahiers, ces erreurs demeurent et laissent souvent des traces fâcheuses dans les esprits. Pour la même raison les incorrections et les inélégances fleurissent dans des rédactions faites avec précipitation. De sorte que si l'élève s'assimile assez bien la substance de l'enseignement il risque de se familiariser aussi avec des habitudes vicieuses de langage. Il en subit déjà assez d'autres. Et puis comme il s'est passé du livre, ou à peu près, pour étudier, il n'a pas su apprécier ce très nécessaire instrument de travail. Plus tard, il n'y recourt pas, et vit sur les maigres fonds de connaissances emportés de l'École normale. Ceci n'est pas un tableau fantaisiste. C'est la réalité qu'ont connue ceux qui ont vu nombre des instituteurs d'autrefois. Oh! il y en avait d'excellents. De tout temps les esprits bien doués ont bien profité de tous les systèmes. Celui dont on vient de passer en revue les principaux avantages et inconvénients leur convient tout particulièrement, parce que d'eux-mêmes ils ne s'y enferment pas exclusivement. Chez les autres ses bons effets s'arrêtent dès qu'ils redeviennent libres. Mais tant qu'ils y sont soumis, ils avancent beaucoup plus vite qu'avec l'étude par le seul livre.

C'est donc l'enseignement oral qui florissait à l'École normale avant 1851, et qui permettait tous les développements compatibles avec le temps dont on disposait. Aussi les études valaient-elles mieux que ne le feraient supposer les pauvres petits traités achetés pour les élèves. Beaucoup d'instituteurs sortis de l'École durant cette période songèrent à tirer parti de l'instruction qu'ils y avaient acquise, pour entrer dans d'autres carrières plus lucratives, où ils firent honorablement leur chemin. Les administrations des Postes, des Ponts-et-Chaussées, de la Voirie en accueillirent un certain nombre, qui ne regrettèrent pas leur changement d'aiguillage. Quelques autres mêmes gravirent les degrés de l'enseignement secondaire, dans l'ordre des sciences. C'était surtout, on le voit, l'enseignement scientifique qui prospérait. Il était confié à un professeur du Collège, qui le donna sans interruption de 1834 à 1850. Ce professeur, M. de la Boullaye, qui jouissait d'une excellente réputation, savait se rendre intéressant. Tous ceux qui l'ont entendu n'en parlaient qu'avec la plus respectueuse estime.

L'instruction que donnait l'École normale avait donc quelque valeur, valeur même qui, après 1848, souleva contre elle quelques esprits rétrogrades. De ce que dans certaines parties de la France des instituteurs n'avaient pas su se tenir en dehors des agitations de cette époque troublée, on affecta d'en rendre responsables les écoles normales. On les accusa de distribuer une instruction dangereuse, qui engendrait chez leurs élèves une funeste présomption. L'École normale de Vesoul n'échappa pas à la suspicion, bien que rien n'ait révélé que les instituteurs qu'elle avait produits aient jamais commis les excès dont on tirait argument contre elle. Elle fut même quelque temps, on l'a raconté dans la partie qui traite du recrutement des élèves, sous une menace de suppression. Toutefois l'application étroitement rigoureuse qu'on y fit de la loi du 15 mars 1850, dans sa lettre et dans son esprit, lui ramena les sympathies.

Il ne s'agissait plus alors d'éveiller les intelligences, de leur ouvrir des vues sur la science, pour leur inspirer le désir d'y pénétrer plus avant, d'attacher les esprits à l'étude, afin de les élever et de les émanciper, non, un pareil idéal eût compromis la solidité de l'édifice social en pleine restauration. On voulait abaisser l'instituteur en le faisant piétiner dans un programme restreint et terre-à-terre. La loi ne reconnaît plus d'enseignement primaire supérieur. L'enseignement primaire est un. Il comprend essentiellement : « l'instruction morale et religieuse, la lecture, « l'écriture, les éléments de la langue française, le calcul et le « système légale des poids et mesures ». Il pourra, il est vrai, « comprendre en outre l'arithmétique appliquée aux opérations « pratiques, les éléments de l'histoire et de la géographie, des « notions des sciences physiques et de l'histoire naturelle, applica- « bles aux usages de la vie ; des instructions élémentaires sur « l'agriculture, l'industrie et l'hygiène ; l'arpentage, le nivellement, « le dessin linéaire ; le chant et la gymnastique » (Art. 23 de la loi du 15 mars 1850) ; mais ce n'est qu'exceptionnellement, et lorsque l'instituteur possédera un brevet avec mention de ces diverses matières, en partie ou en totalité. Le brevet supérieur ne confère aucun avantage, ne vaut aucune considération particulière de la part de l'Administration à celui qui en est muni. On pourrait presque dire que c'est une recommandation que de n'avoir qu'un « *brevet simple* », comme on disait alors. A l'Ecole normale on doit donc toujours craindre de faire naître chez les élèves-maîtres des aspirations déplacées. On est pénétré de ces idées à Vesoul. Voici ce que dit, en effet, le Directeur dans son rapport annuel du 2 août 1850 à la Commission :

« Ne perdant jamais de vue que nous travaillons pour former « de modestes maîtres d'école, nous écartons de notre enseigne- « ment tout ce qui est purement spéculatif, et nous le renfermons

« toujours dans les détails d'une pratique facile et utile. Bien plus,
« toutes nos leçons, depuis les leçons d'histoire et de géographie
« jusqu'à celles d'arithmétique et de grammaire, sont présentées
« de manière à développer dans le cœur de nos élèves le germe de
« toutes les vertus qui honorent leur état, et à étouffer les senti-
« ments de vanité que ne manquerait pas de faire éclore l'étude
« faite en vue de l'étude elle-même ».

Les mêmes idées et les mêmes sentiments se retrouvent dans le rapport du 29 juillet 1852, œuvre du même Directeur.

« Dans nos études nous avons suivi, ainsi que nous le devions
« faire, les nouveaux programmes. Il n'y a pas lieu de regretter
« les propositions de géométrie que ces programmes ont retran-
« chées de nos études..... Les élèves-maîtres ont été formés à la
« pratique des applications usuelles de la géométrie, et quant à ce
« qui est de cette rectitude de jugement que l'on peut acquérir en
« s'adonnant journellement à suivre l'enchaînement des proposi-
« tions qui forment une démonstration, nous avons pris des soins
« tout particuliers pour la développer dans les jeunes gens que
« vous nous confiez. Je n'indiquerai pas ici les moyens que nous
« avons employés ; mais j'ose affirmer que nos élèves seront
« aussi aptes que par le passé à distinguer la vérité de l'erreur. En
« un mot : quelques études de moins, ce qui ici est peu important,
« mais un développement au moins aussi grand de l'intelligence,
« ce qui a un haut degré d'utilité ».

M. le Directeur fait donc bon marché des amputations subies par les programmes. Ne le lui reprochons pas : il devait parler ainsi. Pourtant on a quelque droit de s'étonner qu'il insiste en déclarant que les élèves ont retiré du nouveau régime un bénéfice intellectuel « au moins aussi grand » qu'auparavant.

Le successeur, qui, autant qu'on en peut juger par tout ce qu'il a écrit, est plus convaincu, s'il est possible, s'exprime semblablement dans son rapport de 1853 :

« Le règlement du 24 mars 1851 et les programmes du 31
« juillet de la même année ont restreint le cercle des études que
« les futurs instituteurs doivent faire à l'École normale, tout en
« portant à trois années la durée du cours. En cela l'autorité a
« voulu écarter d'eux cette fausse science qui n'était propre qu'à

« leur inspirer la vanité et l'orgueil, pour la remplacer par un
« savoir plus modeste, plus approfondi (?) et plus pratique. Vous
« savez, Messieurs, que nous nous sommes conformés à ce règlement
« et à ces programmes avec la plus rigoureuse ponctualité ! »

Et c'est vrai. L'homme qui parle ainsi n'était pas seulement modeste, il était humble avec la plus parfaite sincérité.

Et dans tous les rapports annuels, jusqu'à son remplacement, apparaît le même sentiment. Dans l'examen détaillé des cours on retrouve la même préoccupation de tenir à un faible niveau l'esprit et les connaissances des élèves.

Ensuite, si un sentiment plus relevé du caractère de l'instituteur se fait jour, on ne constate guère l'ascension des études avant le grand événement qui est venu changer notre organisation politique et bouleverser la quiétude funeste dans laquelle vivait la France.

Non seulement les programmes furent diminués ; mais les professeurs étrangers cessèrent leurs leçons à l'Ecole. En vertu d'une décision du Conseil académique, une délibération de la Commission (5 octobre 1850) remet au personnel de l'Ecole les cours de sciences, professé depuis seize ans, avec autant de talent que de succès, par M. de la Boullaye, et le cours de musique qu'avait fait jusque-là un artiste. On prenait ainsi des garanties de l'abaissement des études, décidé par la loi.

La méthode d'enseignement en usage pendant cette néfaste période en ajouta une non moins sûre. Si avant 1850 l'enseignement oral était en faveur, au point que le livre ne comptait guère, après, l'enseignement oral disparut ou à peu près, laissant au livre le rôle capital, on ferait mieux de dire l'unique rôle. Plus de cours rédigés après l'audition des leçons, mais seulement des pages apprises par cœur dans tous les petits traités que les élèves devaient s'assimuler. Le livre étudié ainsi, on le recommençait et ressassait jusqu'au terme du cours normal. Le maître faisait réciter leur leçon aux élèves en suivant la récitation sur le livre. Donner une leçon en ce temps, c'était indiquer aux élèves le nombre des pages à apprendre. Cet enseignement inerte, mort, n'éveille nullement l'esprit. Les élèves favorisés, comme toujours, en profitaient quand même ; les autres n'en conservaient d'indélébile que le dégoût de l'étude, objet de leur tourment pendant trois années. Tout à l'heure on n'approuvait pas sans réserve l'enseignement exclusivement oral ; maintenant on condamne l'enseignement exclusif par le livre. Lequel donc choisir ? Eh ! c'est par l'harmonieux concours de la parole vivante du maître, et du livre où l'élève retrouve sous une forme plus brève, plus condensée, ce qu'il a entendu, que les études deviennent plus fructueuses, et que partant l'élève y prend goût pour le présent et pour l'avenir.

C'est donc l'enseignement qui mettait surtout en jeu la mémoire, et la mémoire verbale, qui ne demandait des efforts qu'à l'élève, qui les lui demandait jusqu'à l'épuisement, qui rend l'étude fastidieuse et rebutante, c'est cet enseignement qui, pendant plus de vingt ans, prit à l'Ecole la place de l'enseignement captivant, fécond par le maître. Qui nous l'apprend ? Les anciens élèves-maîtres mêmes soumis à ce régime, dont beaucoup n'en ont pas gardé un très-agréable souvenir. Des premières années de cette époque, il en existe encore un certain nombre, qui jouissent de leur retraite ; ils ont de soixante à soixante-dix ans au plus. Ceux des dernières années sont encore en exercice pour la plupart ; les moins âgés atteignent au plus cinquante-cinq ans. C'est le témoignage de ces victimes qu'on consigne ici.

Est-ce aux maîtres qu'on doit s'en prendre ? Et d'abord quelques rares et honorables exceptions se rencontraient parmi eux. Quant aux autres, ils faisaient ce qu'on en attendait. Les élèves maîtres de ce temps d'obscurantisme savent que le grand souci de l'autorité c'était de laisser ramper les esprits. Tout tendait à cela : l'enseignement par le livre, et quels livres ! — on l'a vu, de maigres précis sans saveur ; — le choix des maîtres, anciens élèves, que rien n'avait préparés spécialement à leurs fonctions, qui même parfois ne possédaient pas le « brevet complet » (nous dirions supérieur aujourd'hui) ; le peu de cas qu'on faisait des brevets attestant que le titulaire savait un peu plus que « lire, écrire et compter. » Et, malgré cet habile ensemble de mortelles influences, quelques natures privilégiées résistèrent à l'étouffement, grâce à la vertu que possède par elle-même l'instruction. Plusieurs élèves de ce temps, affamés de la vérité qui leur coûtait pourtant de bien grands efforts, ne se résignèrent pas à la portion congrue dont on voulait qu'ils se contentassent. Après leur sortie de l'Ecole ils allèrent demander à l'enseignement secondaire la nourriture fortifiante qu'on leur avait refusée, et qu'ils mirent assez bien à profit pour faire bonne figure dans le professorat.

Ah ! les élèves-maîtres d'aujourd'hui ne se doutent guère de la grande valeur du bienfait qu'ils doivent à la République ! Ils reçoivent une instruction large, libérale, que des professeurs dignes de ce nom leur distribuent avec compétence et habilité. On les pousse à l'étude ; on les y aide, en leur aplanissant les difficultés. S'ils pouvaient comparer la méthode d'aujourd'hui, qui tend à leur émancipation intellectuelle, à celle d'autrefois, qui emprisonnait et usait les esprits, combien ne se montreraient-ils pas reconnaissants envers les Pouvoirs publics qui leur ont procuré de pareils avantages !

Mais le temps marche et malheureusement aussi les événements. Les cruels revers de la France réveillèrent l'esprit public. On sentit vivement le besoin de relever l'enseignement populaire et, pour cela même, celui des écoles normales. Un ministre, dont le nom doit être cher aux instituteurs, n'avait pas attendu nos malheurs, pour apercevoir la nécessité de ce relèvement. Dès 1865, par la loi du 21 juin, qui créait l'enseignement spécial, il replaçait la géométrie dans les études normales, et y ajoutait les langues vivantes étrangères avec le dessin d'ornement, d'imitation et la tenue des livres, étendant ainsi le cercle des connaissances de l'élève-maître. En 1867 (loi du 10 avril) il affirmait son libéralisme en faisant inscrire l'histoire et la géographie de la France parmi les les matières obligatoires de l'enseignement primaire.

Toutefois l'effet immédiat de ces mesures ne se manifeste guère à l'École normale, si on en juge par la lecture des pièces de nos archives. Il y est fait allusion pour la première fois dans le rapport annuel de 1868, qui constate « qu'une amélioration notable dans les « résultats de l'enseignement scientifique, sans amoindrissement « de la partie littéraire », s'est produite par « la mise en pratique « des principes contenus dans la circulaire du 2 juillet 1866 ». Ce rapport nous apprend aussi que deux élèves concourent pour l'admission à l'école normale d'enseignement spécial de Cluny (1).

(1) Ce sont MM. Lagondet et Graillet, qui ont été tous deux admis, le premier dans la section des sciences, le second dans celle des lettres. M. Graillet, agrégé de l'enseignement spécial, dirige aujourd'hui l'école normale de Mirecourt ; M. Lagondet est décédé en 1891, après avoir exercé les fonctions de professeur d'allemand dans divers collèges.

Les bons sujets vont bientôt trouver là un débouché qui les stimulera, au grand avantage des études normales.'

Toutes les matières inscrites dans les lois du 15 mars 1850 (art. 23) et 21 juin 1865 (art. 9) sont donc, en 1868, enseignées à l'Ecole normale, sauf une langue vivante. Ce n'est que dans le premier semestre de l'année 1872 que l'étude de l'allemand entre dans l'emploi du temps. « Le cours est fait par un maître-adjoint « nouveau, qui emploie dans l'enseignement de cette matière les « moyens pratiques recommandés par l'expérience ». (Rapport annuel du Directeur, 8 juillet 1872). Le départ du maître-adjoint en question, au commencement de l'année 1875, entraîna la suppression du cours d'allemand. Il ne semble pas, d'ailleurs, qu'il ait donné des résultats bien appréciables et qu'on dût le regretter. Néanmoins il fut rétabli définitivement le 1er mars 1878 et confié, cette fois, au professeur de langues vivantes du Lycée. Mais ce n'est qu'à partir du jour où l'allemand devint obligatoire pour l'obtention du brevet supérieur, c'est-à-dire en 1888, que les élèves-maîtres s'y appliquèrent sérieusement.

Mais n'anticipons pas. Aussitôt après la guerre la plus grande activité règne, comme partout du reste, à l'Ecole normale de Vesoul. L'arrivée d'un directeur possédé d'un vigoureux esprit d'initiative, plein de confiance en lui et désireux de produire de l'effet, introduit dans la maison un ferment puissant. Sous sa fiévreuse impulsion, les élèves prennent de hardies aspirations. Tous ceux qui se découvrent quelques ressources dans l'esprit s'élancent audacieusement à la conquête des emplois de l'enseignement spécial et des fonctions supérieures de l'enseignement primaire. L'exemple brillant de quelques anciens élèves, l'exemple plus récent de quelques autres, devenus inspecteurs primaires ou entrés à l'école de Cluny, excitent les énergies. C'est surtout l'enseignement spécial, en pleine floraison et alors facilement accessible, qui appelle à lui les bons élèves-maîtres, et, en mettant l'espérance au cœur de beaucoup, communique à tous une ardeur féconde. A ce moment d'ailleurs on songe à relever sérieusement l'enseignement des écoles normales. La circulaire ministérielle du 21 février 1874 annonce que le moyen qu'on se propose d'employer c'est, tout en conservant le personnel actuel de ces établissements, de lui adjoindre des professeurs de lycée pour des conférences aux élèves-maîtres. La mesure est aussitôt appliquée à Vesoul. Dès le 12 avril, le Ministre charge deux agrégés, MM. Genay et Amoureux, et un bi-licencié et docteur en médecine, M. Mocquard, — ce dernier est même un ancien élève de l'Ecole normale —, de conférences de langue française, de mathémathiques et de physique et chimie. A ce contact d'intelligences fortement cultivées, les esprits s'éveillent ; la confiance y naît et grandit. On se dit qu'après tout on peut faire ce que d'autres ont fait, en constatant qu'ils ne sont pas d'une autre essence. En voyant à quoi ils sont parvenus par le travail bien dirigé et persévérant, on se persuade qu'avec du travail et de la persévérance on pourra sinon arriver au même point, du moins s'en approcher. La ténacité franc-comtoise en est accrue. De tout temps les élèves-maîtres de Vesoul ont donné le spectacle d'une infatigable application. Maintenant, les premiers de chaque promotion regardent plus loin que le brevet supérieur. Pendant plusieurs années l'Ecole envoie des candidats à Cluny : elle a déjà eu 3 admissions en 1873 ; elle en obtient 4 en 1874 ; 5 en 1875 ; 4 en 1876. La concurrence que font aux normaliens les élèves de l'enseignement secondaire arrête ce bel essor. Les candidatures se continuent quelque temps encore ; mais il n'y a plus, jusqu'à la suppression de l'école normale de Cluny, que 3 admissions d'élèves-maîtres : une en 1877, une en 1881 et une en 1885.

L'institution du titre de professeur d'école normale (décret du 5 juin 1880) et la création de l'école de Saint-Cloud (décret du 30 décembre 1882) offrent d'ailleurs une nouvelle orientation à l'ambition légitime de l'élite des élèves-maîtres. Mais s'il y a beaucoup d'appelés, qu'il y a peu d'élus ! Cependant l'Ecole normale n'est pas trop mal partagée, ainsi qu'on le verra dans un autre chapitre.

L'évolution des études normales, commencée avec l'introduction des conférences aux élèves-maîtres par des professeurs du Lycée, ne se dessina bien nettement que lorsque la décision ministérielle du 11 novembre 1879 autorisa la présentation des élèves-maîtres, à la fin de la seconde année, à l'examen du brevet élémentaire. Le souci que faisait peser sur les esprits, jusqu'à la fin de la troisième année, la pensée de cet examen, où un échec, même le plus invraisemblable, était toujours possible (on en avait eu de retentissants exemples), nuisait singulièrement aux progrès généraux. Et d'abord pendant les trois années on devait toujours consacrer beaucoup de temps aux connaissances du brevet élémentaire. La dictée, cauchemar de tous les candidats, en prenait une partie. La rigueur inintelligente avec laquelle on l'appréciait aux examens obligeait maîtres et élèves à multiplier les heures consacrées à cet exercice aussi fastidieux que médiocrement utile. Ce n'est pas ici le lieu de faire son procès à la dictée. On ne peut toutefois s'empêcher de regretter l'influence prépondérante qu'elle a eue et qu'elle garde même encore dans nos examens primaires. Avec la dictée, la grammaire, dans ce qu'elle a d'ailleurs de moins propre à ouvrir l'intelligence, c'est-à-dire les subtilités qui encombraient alors les ouvrages scolaires ; le catéchisme et l'histoire sainte, perpétuellement répétés ; voilà ce qui absorbait la plus grande partie des efforts des élèves-maîtres. De 1850 à 1866, l'examen du brevet supérieur ne se préparait qu'en troisième année, par ceux-là seuls que la Commission de surveillance avait désignés. C'était toujours l'exception. Les autres se confinaient exclusivement dans l'étude des matières obligatoires et s'y rétrécissaient l'esprit. En prescrivant, dans son article 3 de répartir l'enseignement de toutes les « matières facultatives » entre les trois années, et en obligeant tous les élèves à suivre tous les cours, le décret du 2 juillet 1866 réalisait déjà un indéniable progrès. Toutefois le complet bénéfice de cette double mesure restait toujours compromis par la nécessité de ne pas perdre de vue l'examen du brevet élémentaire, soumis aux terribles aléas qu'ont trop connus les élèves de ce temps. Il est vrai que ceux qui ne se sentaient pas de taille à affronter en entier l'examen du brevet supérieur avaient la possibilité de le fractionner. La division en séries, que les candidats avaient la faculté de prendre une à une, fut une des dispositions les plus libérales de l'arrêté du 3 juillet 1866. Beaucoup en profitèrent. Ne pouvant mener de front toutes les parties du programme, ils concentrèrent leurs forces sur ce qui leur semblait abordable. Les brevets facultatifs avec une ou deux séries devinrent communs. C'était autant de gagné pour les études.

Mais ce ne fut que lorsque le temps passé à l'Ecole pût être entièrement consacré à la préparation de l'examen du brevet supérieur que l'enseignement normal s'élargit et s'approfondit sérieusement. On n'y arriva que par degrés. On craignait que la possession du brevet élémentaire n'incitât les élèves-maîtres à l'indifférence à l'égard des connaissances exigées pour le brevet supérieur et même ne les disposât à l'insubordination. On restait toujours sous l'empire de l'état d'esprit créé par la loi de 1850, pourtant virtuellement abrogée. Pendant les quinze premières années de son application, l'élève-maître avait borné son ambition à la conquête du brevet élémentaire. On a vu plus haut que l'Administration ne lui demandait pas davantage. Sans doute dans chaque promotion quelques bons sujets faisaient des efforts inouïs pour arriver au brevet supérieur. Mais la masse s'en désintéressait, vu la difficulté d'y atteindre ; et cela se perpétua longtemps, bien qu'à Vesoul, en général, les élèves se soient toujours faits remarquer par leur application. Il ne faut cependant pas attendre de la nature humaine plus qu'elle ne peut donner. Aussi avait-on peine à se persuader que l'élève-maître pourvu du brevet élémentaire continuerait d'étudier d'une façon aussi soutenue et de se montrer aussi discipliné. Pour empêcher les défaillances on prit d'abord une mesure bâtarde. L'élève-maître subit à la fin de la seconde année l'examen du brevet élémentaire sauf sur l'histoire et la géographie. De sorte qu'il restait sous la menace d'un échec à la double épreuve réservée pour le moment de la sortie de l'Ecole, échec qui dépendait de la volonté de l'Administration. Ainsi on le tenait. Il se trouva que l'expérience dissipa peu à peu des craintes mal fondées. A part des exceptions, qui furent toujours très rares, et qui le deviennent de plus en plus, les élèves-maîtres ont un désir si grand de s'instruire que cela suffit pour exciter et soutenir leur ardeur au travail. En 1880 les élèves de seconde année se présentèrent à l'examen du brevet élémentaire, avec ceux de troisième année. Tous furent jugés dignes de leur titre, sous la réserve indiquée tout à l'heure. Ils continuèrent à étudier comme auparavant. Dès l'année suivante l'examen du brevet élémentaire fut placé à la fin de la première année, sans réserve de matière cette fois (décret du 29 juillet 1881). Il y eut bien alors un peu de mollesse chez quelques élèves, à leur entrée en seconde année. Leur pauvre petit succès les avait grisés. Toutefois la sortie volontaire des plus atteints rétablit la santé intellectuelle des autres, qui apprécièrent mieux leur intérêt. La docilité et l'application reparurent après quelques mois et ne subirent plus jamais d'éclipse. On vit alors un phénomène qui causa une grande surprise : quelques jeunes gens déjà brevetés concoururent pour l'admission à l'Ecole. Entrés, ils étudièrent non moins assidûment que les autres, et prouvèrent que les jeunes gens qui aspirent aux fonctions d'instituteur méritent plus de confiance qu'on ne leur en avait accordée jusque-là. Il faut le reconnaître, nos recrues forment une incontestable élite morale. Les candidats à l'Ecole normale ne veulent pas seulement s'assurer la possession d'un titre de capacité, qui leur ouvre la carrière ; ils sont fermement décidés à s'instruire le plus possible, pour se grandir à leurs propres yeux et se rendre plus dignes du rôle d'instituteur, par l'acquisition, dans un milieu convenable, de toutes les qualités dont ils sentent qu'ils ont besoin.

Déjà le décret du 29 juillet 1881, en prescrivant à tous les élèves-maîtres de se présenter aux examens du brevet supérieur à la fin de leur cours triennal, avait nettement proclamé l'intention de l'Administration d'en faire le couronnement normal de leurs études, et déterminé ainsi le but proposé à leurs efforts. Cela n'alla pas tout seul, il est vrai, pendant assez longtemps. Mais on n'en saurait attribuer la faute aux élèves. Les commissions d'examen eurent de la peine à accepter l'idée, si contraire aux pratiques antérieures, que les brevets supérieurs devaient se généraliser. On les a vues, pendant plusieurs années, en limiter le nombre avant l'examen, eu égard au nombre des candidats. Ce ne fut que par le renouvellement progressif de leurs membres, et grâce à une véritable lutte, qu'on parvint à changer ces dispositions fâcheuses. Même encore après le décret du 18 janvier 1887, qui exigea la possession du brevet élémentaire pour l'entrée à l'Ecole, et, en débarrassant totalement par là les élèves-maîtres du souci de s'en munir sans préparation spéciale, à la fin de leur première année, posa nettement le principe que l'Ecole normale doit conduire naturellement au brevet supérieur, même après l'application du décret il fallut encore lutter. Il n'y allait pas seulement du bon renom de l'Ecole. Les échecs multipliés couraient le risque de décourager les meilleures volontés. Il y en a eu des exemples. L'extrême sévérité dans les examens n'est pas moins funeste aux études que l'extrême indulgence. Un juste milieu est nécessaire. Et même mieux vaut rendre la réussite plus facile que d'en accroître les difficultés. Rien n'encourage comme le succès. Celui qui se voit en présence d'un insurmontable obstacle cesse tout effort ; un résultat obtenu redouble, au contraire, son ardeur. Si vous voulez faire aimer l'étude au-delà du temps passé à l'Ecole, faites en sorte qu'elle n'apporte pas que déboire à celui qui s'y livre. Ne vaut-il pas mieux pour la propagation de l'instruction que le grand nombre se hausse à un niveau moyen et se sente entraîné, par la satisfaction éprouvée, à poursuivre son perfectionnement intellectuel, que de réserver à quelques-uns seulement l'admissibilité, en laissant aux autres l'amertume d'efforts péniblement dépensés en pure perte ?

Au reste qu'est-ce qui s'opposerait à ce que l'élève-maître, depuis la réorganisation des études, emportât le brevet supérieur à sa sortie de l'Ecole normale ? Les programmes du 3 août 1881 avaient déjà rendue aisée la tâche des professeurs. Ceux du 10 janvier 1889 l'ont réglée mieux encore par une meilleure distribution des études ; par la suppression d'un certain nombre de doubles emplois, due à une plus exacte pondération et pénétration des cours ; par la réduction des heures de leçons, favorables à la préparation, par les maîtres, de leur enseignement, à la réflexion personnelle des élèves, sans laquelle la parole du professeur et l'étude des livres restent infécondes.

Et quel changement dans le personnel enseignant ! Sans doute, ceux qu'antérieurement l'Administration avait appelés à instruire les élèves-maîtres possédaient d'incontestables qualités. Presque tous se recommandaient par une vie studieuse, une conduite exemplaire et un zèle infatigable. Quelques-uns même, fort bien doués, firent preuve d'une haute valeur, témoin M. Truchot, qui, élève distingué de l'Ecole, y rentra après quelques années comme maître-adjoint, et en sortit pour s'élever, de degré en degré, jusqu'au professorat de faculté, sans parler de plusieurs autres, devenus, grâce à leur travail persévérant, inspecteurs primaires et directeurs d'écoles normales. Mais ce n'étaient que des exceptions. Les maîtres-adjoints, choisis en général parmi les anciens élèves-maîtres qui avaient laissé dans la maison un bon souvenir, ne plaçaient guère leur idéal au-dessus de ce qu'ils avaient connu comme élèves. Aucune préparation spéciale que celle qu'eux-mêmes ils s'étaient donnée ne les avait rendus maîtres de leur enseignement. Tenant exclusivement du livre leurs modestes connaissances, et du livre élémentaire, tranchant, dogmatique, dont ils avaient le respect absolu, faute d'esprit critique, ils ne savaient qu'enseigner de même. Enseignaient-ils au vrai sens du mot ? Il a déjà été répondu plus haut à cette question. Quelques élèves de l'école normale de Cluny apportèrent pourtant des pratiques plus intelligentes au milieu de cette routine.

Mais le progrès ne se dessina fortement qu'au jour où les écoles normales eurent leurs professeurs propres, venant de l'Ecole de Saint-Cloud ou d'ailleurs, mais marqués de l'estampille officielle, à la suite d'un concours sérieux, véritable agrégation primaire. Ce jour-là s'opéra une profonde révolution. Jamais les écoles normales n'en avaient vu de pareille. L'enseignement étroit, littéral, mortel à l'épanouissement de l'intelligence, en était banni pour toujours, et cédait la place à l'enseignement large, souple et vivifiant du professeur qui professe, c'est-à-dire qui fait son cours à lui, y met son imagination, son cœur, ses idées, tout son âme enfin, et, par son exemple, montre l'usage qu'il convient de faire du livre, qu'on ne regarde plus comme un fétiche, mais dans lequel on ne voit qu'un instrument dont la valeur utile dépend autant de celui qui l'emploie que de celui qui l'a composé. On ne nie nullement l'importance d'un livre bien conçu, dont toutes les parties se déroulent lumineusement, dont chaque partie se rattache nettement à l'ensemble et présente ses développements avec clarté, dans une langue précise et même élégante. De pareils livres sont précieux : pour les maîtres, dont ils simplifient la tâche, et pour les élèves à qui ils aplanissent les difficultés de l'étude. Nous en avons, et de bien appropriés à nos besoins, ni trop complets, ni de cette maigreur de squelette qui caractérisait les traités d'autrefois. On y trouve autre chose que d'arides nomenclatures et de sèches définitions. Ils mettent en jeu l'intelligence par une habile organisation des matières et par une suffisante discussion des questions. En lettres, en sciences, les professeurs ont de quoi arrêter leurs choix. Et les élèves de ce temps ont, à cet égard, un avantage immense sur leurs devanciers d'il y a vingt ans. Mais si bien fait que soit le livre il ne produit tous ses heureux effets qu'avec la leçon orale, qui porte la lumière dans les esprits et leur trace la voie dont elle écarte les obstacles. Si elle était autrefois l'exception, depuis que nous avons nos professeurs diplômés elle est devenue la règle générale. Tout cours est donc professé aujourd'hui pour le plus grand bien des études, qui y gagnent en étendue, en profondeur et en facilité. Nos programmes ne sont pas lettre morte. On les applique. Et nous, qui avons subi un autre régime, nous sommes à chaque instant tentés de nous demander comment nos élèves parviennent à s'établir solidement dans ce vaste domaine. Sans doute dans la rapidité avec laquelle ils le parcourent sous la conduite de guides habiles, quelques recoins leur échappent, mais l'ensemble demeure, ainsi qu'en témoignent les résultats des examens. Et quand, après quelque temps, l'élève-maître, sorti de la course furieuse au diplôme, a le loisir de réfléchir, tout cela se case dans son esprit, et, par l'effet du recul, les grandes lignes saillissent, tandis que les détails se fondent dans la masse. L'esprit allégé de tout ce qui ne mérite pas qu'il s'en embarrasse, porte allègrement sa richesse et se sent entraîné à l'augmenter. Qui a produit ce miracle ? Le « professeur d'école normale » préparé à ses fonctions, et les remplissant avec zèle et intelligence.

Soyons juste pourtant, n'oublions pas celui qui a rendu possible cet admirable résultat, l'homme qui a conçu et réalisé l'œuvre de la réorganisation des écoles normales, à qui professeurs et élèves-maîtres ne sauraient trop garder de reconnaissance. Est-il besoin de nommer M. Buisson ?

XIII

CONFÉRENCES HEBDOMADAIRES

Les écoles normales sont essentiellement des écoles professionnelles. L'instruction générale qu'elles donnent s'acquerrait tout aussi bien dans une école ordinaire, dans un pensionnat, dans un collège, dans un lycée. On en a la preuve à toutes les sessions d'examens du brevet de capacité. Cependant les élèves de l'enseignement secondaire recherchent peu les diplômes primaires. Les autres, sauf d'estimables exceptions, se contentent facilement du brevet élémentaire, attestation d'un savoir qui ne répond guère aujourd'hui au rôle de l'instituteur, ou ne se hissent qu'assez péniblement au brevet supérieur. Grâce aux écoles normales le niveau intellectuel des instituteurs s'élève donc, se soutient. Elles ont déjà à ce point de vue une incontestable utilité. Elles en tirent encore une autre, et non moindre, de la manière dont s'y fait l'éducation morale des élèves. Toutefois la vraie raison de leur existence, c'est que tout y concourt à l'éducation professionnelle des futurs maîtres de l'enfance. Dans les leçons on n'oublie jamais que ceux qu'on instruit auront avant tout besoin d'enseigner avec simplicité, méthode et clarté. Aussi on tâche avant tout d'être avec eux simple, méthodique et clair. Foin du langage pompeux ou alambiqué! Foin aussi de la science prétentieuse! Cela n'empêche nullement qu'on y pousse assez loin les études scientifiques élémentaires et qu'on y cultive solidement les connaissances littéraires et le goût esthétique. La grande faculté à laquelle on fait le plus appel est le bon sens, qui sera le grand recours des élèves-maîtres lorsqu'ils enseigneront à leur tour. On les exerce aussi beaucoup à parler. Jamais le professeur ne garde seul la parole dans une classe. Toujours un et même plusieurs élèves ont à rendre compte de la dernière leçon, de manière à prouver qu'ils savent l'exposer clairement en totalité ou en partie. Cela s'est toujours fait. Les élèves se familiarisent ainsi pratiquement avec l'art d'enseigner, comme l'éducation morale qu'ils reçoivent les initie, par l'exemple, aux meilleures règles de discipline.

Tout cela cependant pourrait bien n'en faire que des instituteurs routiniers, aptes à imiter ce qu'ils auront vu appliquer avec eux, mais ne les saurait mettre en possession d'une pédagogie raisonnée, souple, adroite, assez vivante enfin, pour s'adapter intelligemment à toutes les circonstances.

L'école annexe elle-même, où ils s'exercent au métier, ne les élèverait guère au-dessus de la routine, s'il ne s'y joignait des études rationnelles pour en vivifier la pratique, et des discussions destinées à féconder la théorie.

Néanmoins on se contenta longtemps d'une pédagogie tout à fait terre à terre. C'est déjà bien beau qu'on ait, dès le début, compris la nécessité de l'étudier spécialement. L'arrêté du Conseil royal du 14 décembre 1832 contient les deux dispositions suivantes, qui s'y rapportent.

« Les examens de sortie comprennent une leçon d'épreuve qui puisse faire juger le degré de capacité des élèves pour l'enseignement ». (Dernier paragraphe de l'article 24.)

« Un certificat d'aptitude est délivré par la Commission (1) à
« ceux qui ont répondu d'une manière satisfaisante. Il y est fait
« mention de la conduite que l'élève a tenue, et de la méthode
« d'enseignement dont il connaît le mieux la théorie et la pratique ».
(Art. 25, 2° §.)

D'accord avec l'arrêté précédent, l'arrêté du 19 juillet 1833, règlementant les examens, imposa aux candidats à chacun des deux brevets une épreuve de pédagogie. Les aspirants au brevet élémentaire devaient répondre à des questions sur les « Procédés pour l'enseignement de la lecture et de l'écriture » (art. 8). Pour l'obtention du brevet supérieur, il y avait une épreuve ainsi libellée à la fin de l'article 9 :

« Méthodes d'enseignement,.... { simultané ».
{ mutuel ».

Dans l'un comme dans l'autre cas c'était peu sans doute. C'était néanmoins la reconnaissance officielle que la pédagogie ne se bornait

---

(1) Sous-entendu « de surveillance ».

pas à la routine de l'enseignement, mais qu'elle réclamait des apprentis instituteurs une étude particulière. Elle resta longtemps toutefois à l'état d'embryon. Il faudra un demi-siècle avant qu'elle prenne bien conscience d'elle-même et se constitue normalement.

Après 1850, il n'en est plus question. A peine a-t-elle une place dans les études de l'élève-maître. On la passe sous silence dans les examens des brevets.

1860 arrive sans modifier sérieusement cette situation. Si on conçoit de plus en plus l'importance de la pédagogie, on ne l'étudie guère que comme un ensemble de règles empiriques, sans appui rationnel. Le temps que l'élève-maître y consacre ne cultive guère son esprit. Les vrais principes d'où elle découle demeurent dans l'ombre. C'est aux réformes de 1881 (décret du 29 juillet et arrêté du 3 août) qu'elle doit sa véritable organisation et la place considérable qui lui appartient dans les études normales. En la faisant reposer sur la psychologie, on l'a débarrassée de son aspect dogmatique et mystérieux, qui la faisait regarder comme intangible par ses adeptes, tandis que les profanes ou la niaient ou la méprisaient. La psychologie lui a fourni, avec ses principes vivifiants, sa méthode active, qui l'anime et l'assouplit aux circonstances. Elle devient surtout intéressante et féconde quand les questions dont elle s'occupe se précisent dans des exemples, non dans ceux que présente le professeur à l'appui de son cours, mais dans les faits pris sur le vif et au sujet desquels on discute. Alors la pédagogie qui, enfermée dans un programme de leçons, demeurerait inerte, s'éveille, apparaît lumineuse et claire, allume la vie dans l'esprit du futur éducateur, au contact de la réalité.

C'est ce qu'ont eu en vue les auteurs de l'arrêté du 3 août 1881, qui a institué les conférences hebdomadaires par son article 3, dont le second paragraphe est ainsi conçu :

« Les élèves de troisième année font, à tour de rôle, des leçons
« devant leurs professeurs et les élèves-maîtres. Cet exercice a lieu
« de préférence le jeudi et le dimanche. La leçon dure une demi-
« heure au plus. Elle porte sur un sujet d'enseignement ou de
« méthode choisi par l'élève et agréé par le Directeur. Elle donne
« lieu, de la part des élèves, à des observations critiques, qui sont
« complétées ou rectifiées par les professeurs et le Directeur ».

La pratique affirma l'utilité des conférences hebdomadaires, que maintint l'arrêté du 18 janvier 1887, dont le § 2 de l'article 99 reproduit textuellement le précédent, à l'exception de la disposition relative au jeudi ou au dimanche comme jours de conférence.

Dès le mois d'octobre 1881 l'institution fonctionna à l'Ecole normale, et non sans succès si on en juge par le témoignage du Directeur qui les inaugura. « Je n'aurai garde, dit-il dans son « rapport de fin d'année (13 juillet 1882), de passer sous silence « les conférences hebdomadaires faites, à tour de rôle, par les « élèves-maîtres de troisième année à toute l'Ecole, en présence des « maîtres. Toutes ont été sérieusement préparées ; et la plupart, « bien choisies et bien rendues, ont donné lieu à des discussions « parfois animées, toujours courtoises, indice certain, dans tous « les cas, de l'intérêt qu'y prenait l'auditoire ».

La fin de la citation évoque un séduisant tableau, qui détourne l'esprit du lecteur de la profonde erreur du commencement. La conférence s'adresse « à toute l'Ecole », d'après l'auteur du rapport. C'est donc une conférence, selon le sens mondain du mot, solennelle, brillante autant que possible, où le conférencier songe surtout à faire étalage de connaissances, d'originalité, de verve, de beau langage, à surprendre enfin et à éblouir son auditoire pour en obtenir des applaudissements ; une conférence plus faite pour le conférencier lui-même que pour ceux qui l'écoutent. Est-ce là ce qu'on a voulu dans l'arrêté du 3 août ? Ne se proposait-on pas au contraire de fournir aux élèves, par la conférence, l'occasion d'appliquer sur le vif les idées acquises dans les leçons de pédagogie pure, en les appelant à discuter soit la question traitée dans son ensemble ou dans ses parties, soit la méthode adoptée pour la présenter ? En un mot n'est-ce pas l'échange d'idées qu'amenait la discussion qu'il fallait considérer comme la partie essentielle de la conférence plutôt que la leçon par laquelle débutait la séance ? Il ne semble pas que le doute soit possible. Cette interprétation est la plus conforme au sens étymologique du mot et la seule qui corresponde exactement, croit-on, au résultat à atteindre.

Le rapport de l'année suivante (10 juillet 1883), sans dire précisément en quoi consiste la conférence, laisse assez clairement entendre qu'elle demeure dans la fausse voie du début. « Nos

« conférences hebdomadaires, y lit-on, donnent à nos élèves de
« troisième année la facilité d'élocution qui leur est indispensable
« pour enseigner et qui peut leur être si immédiatement utile dans
« les examens. Elles sont soigneusement étudiées, puis exposées au
« moyen de quelques notes, critiquées ensuite, s'il y a lieu, par
« les auditeurs, et enfin résumées sommairement sur un registre
« spécial ». Ce n'est en définitive que le petit côté des avantages de
la conférence qu'on envisage encore, savoir : l'exercice de la parole
par l'élève appelé à s'installer à l'estrade. Du profit intellectuel
autant que pédagogique qui en doit sortir, et pour le conférencier
et pour ses condisciples, il n'est pas tenu compte. Cependant la
composition de la leçon, et la méthode suivie pour la mettre à la
portée des élèves sont ici de la première importance. Non seulement
la conférence n'était pas « exposée au moyen de quelques notes »,
mais elle était devenue un pur travail de mémoire, où chaque élève-
maître mettait son amour-propre à dépasser ses devanciers par le
nombre des pages à effet qu'il avait extraites de droite et de gauche
et cousues bout à bout, sans faire preuve de personnalité, ni même
de véritable intelligence. La préoccupation d'étonner son auditoire
par la longueur plus encore que par l'éclat de la conférence, l'avait
tellement viciée que, l'expérience en a été plus d'une fois renouvelée, le conférencier qui avait ébloui ses camarades, n'avait même
rien acquis intellectuellement dans ce qui lui avait valu un succès.
Il avait appris pour réciter, non pour savoir. Ceci n'est pas un
tableau fantaisiste. C'est la réalité qu'a trouvée l'auteur de cette
monographie à son arrivée à l'Ecole normale de Vesoul, et contre
laquelle il a cherché en vain à réagir, tant qu'il n'eut pas pris une
mesure radicale. On lui pardonnera sa critique en raison de la
peine que la réforme lui a coûtée. A la première conférence qu'il
entendit, il alla de surprise en surprise. Le conférencier, qui avait
employé ses vacances à réunir tout un cahier d'extraits et à les
apprendre littéralement, débitait, avec une impeccable sûreté, son
interminable compilation, que ses soixante-douze condisciples
entendaient avec admiration ou.... stupeur. Quant au Directeur,
il se demandait où il était. Ce fut bien autre chose quand la conclusion arriva. A l'instar des conférences populaires auxquelles les
élèves-maîtres avaient assisté à l'hôtel-de-ville, la conférence se

termina par un bouquet d'artifice à la glorification de la République. C'était de règle. Ce n'en était pas plus heureux. Il y eut mieux encore. Aussitôt le dernier mot prononcé, tous les élèves battirent des mains avec ensemble, avec émulation. Le calme rétabli, un élève de troisième année prit la parole et célébra, sur le mode majeur, les mérites du conférencier, et sa voix fut à son tour couverte par les applaudissements. Le professeur intéressé reprit avec variantes l'antienne, qu'un nouveau tonnerre d'applaudissements compléta. Telle était la mise en scène habituelle, convenue. Le Directeur essaya de convaincre tout le monde qu'on suivait une mauvaise voie, et, dans tous les cas, coupa court immédiatement à l'usage dangereux, autant que déplacé, des applaudissements. Le couplet obligatoire en faveur de la République, bien que sans rapport aucun le plus souvent avec les sujets traités, ne trouva pas non plus grâce à ses yeux. Persuada-t-il son auditoire ? On ne supprime pas tout d'un coup une agréable habitude sans qu'elle laisse des regrets. Les deux abus les plus criants disparurent du coup. Mais qu'il fut difficile de changer au fond le caractère essentiel de la conférence ? Le rapport annuel du 4 juillet 1884 le constate, en signalant le mal à détruire. Voici dans quels termes : « Les « conférences hebdomadaires instituées pour exercer les élèves à la « pratique de l'enseignement, n'atteignent nullement leur but. « Malgré mes critiques renouvelées chaque dimanche, je n'ai pas « encore réussi à persuader aux élèves qu'ils font fausse route en « venant nous réciter avec monotonie quelques pages apprises par « cœur des livres qu'ils ont consultés. Il y a bien eu en dernier « lieu quelques rares et heureuses tentatives, trop peu imitées, « pour échapper à ce reproche. La discussion, si féconde, lors-« qu'elle est bien comprise, de la conférence par les auditeurs, fait « complètement défaut. On croirait manquer de respect au condis-« ciple qui est à l'estrade, si on le critiquait. C'est d'un commun « accord que ce faux point d'honneur s'est établi, fondé sur la « réciprocité des égards mal entendus ».

Le rapport de l'année suivante (3 juillet 1885) se montre plus optimiste. « Quoique nous n'ayons pas réalisé de grands progrès « de ce côté, dit le Directeur, je reconnais volontiers que des efforts « ont été tentés. On vise moins à l'effet oratoire et on reste plus

« pratique. La discussion de la leçon s'anime parfois, soit au point
« de vue des idées émises, soit à celui de la méthode adoptée. Nous
« parviendrons, je l'espère, lentement sans doute, mais enfin nous
« parviendrons à rendre à ces conférences leur véritable carac-
« tère ».

D'où venait l'obstacle ? 1° De la difficulté pour un novice de faire une leçon, une vraie leçon, même bien préparée, sans élèves, devant un auditoire de camarades et surtout de maîtres dont il attend les critiques ; 2° de l'hésitation, bien naturelle à des jeunes gens non exercés, à improviser presque à brûle-pourpoint, quelques phrases d'observations motivées devant un public inhabituel.

Une leçon à des élèves apporte toujours de l'imprévu, et c'est cet imprévu, toujours prévu, qui démonte souvent le maître déjà familiarisé avec son métier, devant un supérieur présent à sa leçon. La pensée qu'un incident peut surgir, qui le prenne au dépourvu, lui enlève tout sang-froid et le conduit directement aux maladresses qu'il redoute. Dans une leçon factice, comme celle qu'on demandait aux élèves-maîtres, le danger vient d'ailleurs. S'il n'y a pas à craindre les traquenards des interruptions, des questions tendant à obtenir un éclaircissement, on a peur de parler lentement, de se répéter en reprenant sous une autre forme une explication supposée obscure ; on veut parler un temps raisonnable, c'est-à-dire plutôt trop long que court, dans une langue dont on n'est pas coutumier ; on veut faire une leçon nourrie, qui, pour cette raison, embrasse d'ordinaire un sujet trop étendu ; on n'a pas confiance dans son élocution : on monte alors à l'estrade avec la certitude qu'on s'en tirera mal, parce qu'on vise à un idéal irréalisable par un débutant, et qu'on sent vaguement, mais fortement, que ce n'est pas là ce qui convient dans l'enseignement primaire. On aperçoit ainsi tant de causes d'insuccès qu'on préfère à la leçon le sujet traité en forme de conférence, qu'on s'imagine plus abordable par cela qu'on arrive avec sa conférence apprise bien plus dans le texte que dans le fond, et qu'on la sert tel quelle à son auditoire, sans l'obsession du terrible imprévu des leçons véritables et du danger inhérent à la leçon factice. Et voilà comment malgré les critiques réitérées diri-gées contre elle, malgré les encouragements prodigués aux auteurs des essais plus ou moins heureux de leçons proprement dites, la prétentieuse conférence résista si bien aux moyens employés pour la chasser. Tout ce qu'elle présentait d'aléa, c'était un défaut momentané de mémoire. On y obviait en la préparant longtemps à l'avance et en se la répétant assez de fois, pour la débiter à coup sûr au jour fixé. On le pouvait d'autant mieux que, les promotions comptant de vingt-deux à vingt-quatre élèves, chacun n'avait que deux conférences à faire dans l'année ; plusieurs même n'en avaient qu'une.

Ce système facilitait aussi le rôle des critiques. Comme la conférence était d'abord écrite par son auteur avant d'être apprise, il la donnait à lire à l'avance à un condisciple qui se chargeait de l'apprécier. C'était généralement son intime, qui préparait avant la séance les quelques phrases laudatives auxquelles se réduisait la discussion, de la sorte escamotée. Toute l'utilité pédagogique des conférences s'évanouissait par là.

Une conséquence plus fâcheuse encore pour l'enseignement, fut la créance parmi les élèves-maîtres qu'elles constituaient sous leur forme originelle le vrai type de la bonne leçon à l'école primaire. Nommés instituteurs, ceux qui les avaient vues fonctionner de la sorte s'empressèrent de les imiter en s'adressant aux petits bambins qu'ils avaient à instruire. C'est tout d'un trait qu'ils débitaient leurs leçons à des moutards de cinq à six ans comme aux enfants de dix à douze ans, stupéfiant les uns et les autres sous les flots de leur éloquence. M. l'Inspecteur d'Académie s'en plaignait chaque fois que dans ses visites d'école il se trouvait en présence d'un de ces jeunes instituteurs. « Ils s'imaginent, disait-il, qu'ils sont dans une faculté ».

Le mal ne disparut complètement à l'École normale que quand le Directeur remplaça la conférence primitive par une leçon à une division de l'école annexe, tantôt l'une, tantôt l'autre. Il n'y eut plus moyen alors de se faire illusion. Lorsque l'élève-maître à l'estrade parlait seul, avec l'abondance devant laquelle on s'extasiait auparavant, l'attitude des petits élèves éclairait les spectateurs sur la valeur de sa leçon. Elle avait beau être bien conçue et bien sue, elle ne produisait rien qui vaille. Il fallut bien se rendre à l'évidence. On rabattit de ses prétentions à la qualité d'orateur, et on adopta peu à peu le ton de la conversation.

D'ailleurs les sujets traités rendirent aisée la transformation : on les choisit toujours dans le programme des écoles primaires, à la suite des leçons déjà faites aux enfants. On se plongea donc cette fois complètement dans la réalité, modifiée seulement par la présence des condisciples et des maîtres du patient. C'est alors que les élèves-maîtres se rendirent parfaitement compte que faire une bonne leçon à des élèves est plus difficile que de traiter ex-professo une question de son choix. Aussi leur permit-on de débuter, dans les conférences hebdomadaires, par une question de ce genre. Quelquefois même, au cours de l'année, quand un élève croit pouvoir entretenir ses condisciples d'un sujet qu'il connaît particulièrement et qui les intéressera, il exprime son désir au Directeur, qui n'y oppose jamais un refus. Cela introduit de la variété dans la succession des séances, variété que, du reste, y répandent déjà les différentes matières du programme, auxquelles se rapportent les leçons. Tous les objets d'études sont passés en revue, irrégulièrement il est vrai ; car on laisse d'ordinaire aux élèves-maîtres la liberté de prendre la faculté qu'ils préfèrent. Le sujet particulier de la leçon se détermine par le point du programme atteint par le cours de l'école annexe auquel elle s'adresse. Comme on recherche davantage les leçons d'ordre scientifique, le Directeur se voit parfois obligé de détourner le courant pour rétablir l'équilibre. De même aussi il doit ramener de temps en temps l'attention sur le cours moyen et plus encore sur le cours élémentaire, car on aime mieux généralement avoir à faire aux cours supérieur, avec qui on se sent moins embarrassé. Dans ces conditions la leçon n'a plus rien de factice : elle se présente avec tous les problèmes en face desquels pourra se trouver l'élève-maître dans sa classe.

Aussi la suit-on avec intérêt. Les remarques qu'elle suggère ne reposent pas sur des hypothèses. Elles sont peut-être plus difficiles à formuler, en raison même de ce qu'elles ne laissent plus le rôle prépondérant à l'imagination. Elles demandent une observation précise, une expression exacte, autrement dit du jugement.

Les critiques interviennent dans l'ordre ascendant : les élèves de première année émettent d'abord leur opinion, puis ceux de seconde, enfin ceux de troisième. Il est rare qu'un élève de première année se hasarde à parler si le Directeur ne l'interpelle pas. C'est assez naturel. En deuxième année on se montre moins timide, et dans certains cas les appréciations se multiplient. Les vétérans de troisième année se font moins tirer l'oreille encore, bien que certaines leçons n'excitent guère la verve ni des uns ni des autres.

Les avis portent nettement la marque de leur origine. Un élève de première année se borne presque toujours à signaler une erreur, une lacune, une incorrection. La composition de la leçon arrête assez souvent l'attention des élèves de seconde année. Les anciens ne manquent pas généralement de s'en occuper ; ils n'oublient pas non plus généralement de dire ce qu'ils pensent de la méthode suivie.

Chose digne de remarque, une bonne leçon n'inspire presque jamais rien aux assistants. Il semble qu'ils se figurent n'avoir pas le droit d'en faire valoir les mérites, malgré ce qu'on leur recommande et l'exemple qu'on leur donne.

Après les élèves-maîtres, le professeur intéressé exprime son avis sur la leçon, en montre soit les qualités soit les défauts, et, dans ce dernier cas, indique comment elle devrait être faite. Le Directeur résume tout ce qui a été dit, en y joignant ses propres observations. Il insiste tout particulièrement sur la méthode, et profite de l'occasion pour fortifier, par l'appui des réalités scolaires, les notions théoriques de pédagogie qu'il enseigne. Il clôt le tout par un jugement d'ensemble dûment motivé.

Ainsi organisée la conférence pédagogique porte justement son nom, puisqu'elle consiste essentiellement en un échange d'idées, auquel chacun a le droit de participer, et qu'elle tend à un but bien défini : porter la lumière et la vie dans les connaissances et l'esprit des élèves-maîtres sous le rapport pédagogique, et les diriger dans la pratique même de l'art si délicat de l'éducation.

Elle a d'autres avantages : 1º en réunissant chaque semaine les élèves et les maîtres sous la présidence du Directeur, dans une séance générale qui a pour objet exclusif l'aptitude professionnelle des futurs instituteurs, elle rappelle périodiquement à tous, si jamais ils l'oubliaient, le but de l'École normale ; 2º dans ces réunions, les idées du personnel enseignant, en paraissant au grand jour, se pénètrent, se modifient les unes par les autres et subissent toutes d'ailleurs l'influence du Directeur président, qui communique, par la force même des choses, son esprit à ses collaborateurs, et établit entre tous une communion de pensée dont résulte l'harmonie des efforts dans l'œuvre poursuivie.

Le même inspecteur d'académie qui improuvait rigoureusement la première forme des conférences, après avoir assisté à une autre, encouragea la réforme de ce mot au Directeur : « Vous êtes dans le vrai ».

L'enseignement post-scolaire, qui a pris un si grand essor dans ces derniers temps, et qui préoccupe à si juste titre et les Pouvoirs publics et la masse de la nation, ne pouvait demeurer étranger aux conférences hebdomadaires. Un certain nombre de sujets appropriés ont donné lieu, depuis la rentrée de 1898, à des leçons au cours d'adultes. Puisque le département est surtout agricole, ce sont surtout des questions d'agriculture qu'on a choisies. Elles avaient particulièrement trait à l'emploi des engrais chimiques, dont le besoin est grand et l'usage encore trop peu répandu. On a d'abord posé, à l'aide d'observations scientifiques relevant du simple bon sens, comme il convient quand on s'adresse à un auditoire populaire, les principes destinés à diriger intelligemment l'emploi desdits engrais, dont quelques-uns ont fait ensuite l'objet de plusieurs leçons.

On n'a pas négligé cependant les questions d'un autre ordre. Entre autres « L'affaire de Fachoda » a fourni un sujet d'actualité écouté avec un très vif intérêt par les élèves-maîtres eux-mêmes.

Voici comment s'exprime sur ce point le rapport annuel de 1899 :

« Pour les préparer (les élèves-maîtres) à l'œuvre post-scolaire
« la plus pressante dans la région, nous leur avons demandé de
« remplacer, au cours de l'année, quelques-unes des séances
« pédagogiques hebdomadaires par des conférences proprement
« dites au cours d'adultes. Notre but était de leur apprendre à se
« servir des éléments que leur fournissent les livres et surtout les
« publications périodiques, et à les adapter à un auditoire popu-
« laire. C'est tout ce que le milieu nous permet. Pour factices
« qu'aient été ces expériences, elles ne nous ont pas moins donné

« la confiance qu'elles n'avaient pas été, tant s'en faut, du temps
« perdu ».

De cette façon les élèves-maîtres ont reçu l'initiation complète au rôle qui les attend comme instituteurs de l'enfance, et comme apôtres de toute vérité dans les milieux où les enverra l'Administration.

Dans un des extraits des rapports directoriaux reproduits au cours de ce chapitre, on lit que les conférences sont « résumées sommairement sur un registre spécial ». Effectivement, depuis que l'institution existe, chaque conférence a fait la matière d'un compte-rendu, dont sont chargés les élèves-maîtres de seconde année à tour de rôle. L'ensemble des comptes-rendus forme aujourd'hui un recueil de plusieurs volumes. Toutes les conférences faites depuis le début y figurent ; on ne perd pas son temps à parcourir ce recueil, où se découvrent l'évolution subie à travers les années par la conférence, et, ce qui n'est pas moins curieux, l'esprit pédagogique qui non seulement anime l'enseignement normal, mais imprime son individualité morale propre à l'établissement tout entier.

XIV

FÊTES

Les chapitres précédents ont fait connaître comment les élèves-maîtres reçoivent l'éducation morale, l'éducation intellectuelle et l'éducation professionnelle. Il reste à dire comment on leur donne l'éducation sociale ou plutôt mondaine. On s'en préoccupait peu naguère encore. Le régime claustral des écoles normales s'y prêtait médiocrement avant les profondes réformes de 1881. Evidemment la direction ne s'en désintéressait pas. Son action, toutefois, ne pouvait s'exercer que sous forme de conseils, de recommandations touchant la politesse et le savoir-vivre, que les élèves, durant leur séjour à la maison, avaient peu l'occasion d'appliquer, étant sevrés de toute communication avec le dehors. Les personnes qu'ils voyaient au parloir appartenaient à leur famille. Dans ces visites ils se laissaient tout simplement aller à leurs habitudes du village. Comment y eussent-ils senti le besoin d'un vernis qui ne s'acquiert que dans le commerce des personnes affinées ?

Ils avaient bien leurs rapports avec leurs maîtres. On sait ce qu'ont été pendant longtemps ces rapports. Ce n'étaient ni le bienveillant intérêt d'une part, ni l'affectueuse estime de l'autre, ni la confiance réciproque qui y présidaient. Etait-ce là les meilleures conditions pour porter des jeunes gens restés frustes à la recherche des bonnes manières? On n'imite que ceux qu'on aime. Or le régime plus qu'autoritaire qui régna dans les écoles normales jusqu'aux vingt à trente dernières années, y avait accrédité comme un dogme cette parole de La Fontaine : « Notre ennemi c'est notre maître ». Après tout différaient-elles beaucoup en cela des autres établissements d'éducation ?

Néanmoins élèves et maîtres pratiquaient entre eux la politesse, sinon toujours l'atticisme. Quelle politesse ? D'un côté celle du commandement sans réplique, de l'autre celle de la subordination peureuse, qui survécut longtemps au tranchant autoritarisme. Le signataire de ces pages ne se rappelle pas sans une indulgente compassion le servilisme formel — le mot n'est pas trop fort — des élèves-maîtres des quatre ou cinq promotions de ses débuts. Le précédent Directeur n'avait pourtant rien de terrible, et son urbanité contrastait singulièrement avec les habitudes de domesticité qu'une longue tradition, conforme peut-être à de vieux usages locaux, avait implantées parmi les élèves. Cet excellent homme, mort depuis, dirigea seulement quelques années la maison au moment de la réorganisation des écoles normales, qu'il y effectua habilement. Il n'eut pas le temps sans doute de réagir, jusqu'à destruction, contre des habitudes que certainement il condamnait. Les élèves ne parlaient au Directeur qu'à la troisième personne. « Monsieur le Directeur veut-il me permettre, etc ? » Quand, par hasard, il en appelait un à son cabinet, le pauvre garçon, en ouvrant la porte, se courbait jusqu'à terre et répétait plusieurs fois son humble salut dans les quatre ou cinq pas qui le rapprochaient de son chef, en demandant : « Monsieur le Directeur m'a appelé...? » Venait-il de lui-même pour solliciter quelque chose, le même manège se produisait, encore plus accentué, et c'était d'un ton hésitant, en coupant sa phrase par des arrêts, qu'il commençait : « Je viens prier Monsieur le Directeur de vouloir bien, etc. » Aucune tournure ne lui semblait trop plate pour se concilier les bonnes grâces du maître dont il dépendait. On combattit aussitôt de tels us, qu'on réprouvait du fond de l'âme. On se sentait abaissé en voyant devant soi s'aplatir des jeunes gens à qui on tâchait d'inspirer la dignité d'homme. « Vous m'humiliez dans votre personne, en prenant cette attitude de valet, pour me témoigner votre grand respect », dit-on à plusieurs d'entre eux, qui, après quelques années de lutte, ne pouvaient se débarrasser de ces marques de servilité. Enfin peu à peu elles disparurent, bien plus sous l'influence de la confiance que le nouveau régime amena entre les maîtres et les élèves que sous les attaques qu'on avait dirigées contre elles. La vraie politesse les remplaça, non cette politesse de commande, qui déplaît souvent plus que l'impolitesse naïve, mais la politesse qui séduit par son air d'aisance et de sincérité.

Les sorties libres devaient, dans l'esprit de leur promoteur, contribuer pour une large part à l'éducation mondaine des élèves-maîtres. C'était peut-être une illusion. Du moins à Vesoul elles n'ont pas donné, sous ce rapport, tout ce qu'on en attendait. On espérait que, durant leurs heures de liberté, ces jeunes gens pourraient se rendre dans des familles où ils trouveraient l'exemple du bon ton. Malheureusement leur origine modeste les met peu en relation avec la bonne compagnie. S'ils connaissent quelques citadins, ce sont des habitants de leur village venus à la ville pour y exercer quelque médiocre industrie ou y tenir un emploi très subalterne. Les belles manières ne brillent pas toujours dans un pareil monde. Parfois les élèves-maîtres ont tout avantage à le fuir plutôt qu'à le fréquenter. Les grandes villes valent-elles mieux à cet égard que les petites ?

Cependant les sorties libres ont servi, dans une certaine mesure, à dégrossir les paysans que sont les élèves-maîtres. Elles les ont soustraits plusieurs heures par semaine à l'influence réciproque et presque exclusive qu'auparavant ils subissaient, en vivant toujours seuls entre eux. Or ce milieu les changeait à peine de celui qu'ils laissaient en s'éloignant du village. A présent qu'ils dirigent, le dimanche, leurs pas où bon leur semble, ils se promènent de temps en temps en ville, où ils voient et entendent ce qu'ils ignoraient à l'époque des promenades sous la surveillance d'un maître. Evidemment tout ce qui se présente à eux dans ces moments de liberté n'est pas à retenir. En cela ils ressemblent au commun des mortels qui vivent au milieu du meilleur et du pire. Chacun sait faire le départ de l'un et de l'autre. Pourquoi les élèves-maîtres, qui ne sont pas, après tout, des individus quelconques, se comporteraient-ils plus mal que la généralité ? Ils observent, au contraire, ce qu'il y a de bien autour d'eux et l'imitent le mieux possible. Ils ont certainement beaucoup gagné dans leur tenue, en disposant à leur gré d'eux-mêmes une fois par semaine.

Ce sont leurs manières et leur attitude en présence de personnes étrangères et de condition supérieure, *estaient toujours gauches et guindées. Sans contact autrefois avec ce qu'on appelle le monde dans une petite ville, ils éprouvaient le plus grand embarras en présence de personnes bien élevées. Le voisinage même d'une « dame » les bouleversait. Tout cela trahissait un grand défaut d'éducation, et les élèves-maîtres de Vesoul ne constituaient pas exception sous ce rapport. Aussi en prenant pour la première fois la direction d'une école normale se promit-on bien de travailler à y remédier. On ne découvrit rien de plus propre à cet objet que l'organisation de petites fêtes, où, selon la désignation adoptée, de « soirées » offertes dans l'intérieur de l'Ecole par les élèves-maîtres à leurs professeurs accompagnés de leurs familles.

La première eut lieu en 1883 à l'école normale de Châteauroux, où on avait débuté un an auparavant comme Directeur. C'était une entreprise quelque peu audacieuse au lendemain d'une période où semblable innovation eût passé pour scandaleuse. L'inspecteur d'académie, un esprit libéral cependant, normalien de la célèbre promotion de 1846, en avait accueilli l'idée sans opposition, mais sans enthousiasme. Il assista néanmoins, avec sa femme et son jeune fils, à la réunion, qui lui plut beaucoup. A plusieurs reprises il en exprima satisfaction. Le Directeur se félicitait de l'approbation toute spontanée de son chef, et les élèves se sentaient tout joyeux de ses encouragements. Ils en avaient besoin, car ils avaient accepté mollement de se préparer à cette soirée, qui les effrayait. Pensez donc ! Paraître devant un public, restreint, il est vrai, et dont les éléments masculins étaient presque tous des maîtres, c'est-à-dire des amis, mais un public, où figurait le grand chef administratif de l'enseignement dans le département, l'Inspecteur d'Académie, qui comprenait à peu près pour une moitié des dames, presque toutes inconnues de tous ! Quel embarras ! Comment se tenir ? Comment marcher ? Comment parler ? Et il fallait parler seul ! se mettre en scène ! devenir le point de mire de tous les assistants ! entendre, dans le grand silence d'une salle attentive, sa voix résonner pour dire un monologue ou une page classique ! Il fallait plus encore, il fallait chanter ! chanter dans les cœurs sans doute, ce qui n'intimide pas, mais chanter seul, avec le faible soutien d'un léger accompagnement ! Quelle audace ! Et aussi quel tourment ! Cependant il y eut des artistes qui se laissèrent gagner. L'exemple de l'un entraîna un imitateur, puis un deuxième, et bientôt les engagements dépassèrent les besoins. On ne rebuta personne. On permit à chacun de s'essayer, et on l'y aida avec la plus grande complaisance. Tout ce que les élèves entreprenaient en vue de la soirée avait son utilité pour eux, quand même tous les efforts ne dussent pas aboutir. C'était un gain qu'on se gardait bien de mépriser. Au dernier moment un ou deux élèves se retirèrent d'eux-mêmes, craignant de faire trop mauvaise figure au milieu de leurs condisciples plus adroits.

Pour rendre la soirée plus attrayante aux élèves-maîtres, l'amusant en fit presque tous les frais. Les monologues étaient alors en pleine faveur. Ils fournirent presque toutes les pièces à dire. La palme revint à l'exquis morceau d'Alphonse Daudet intitulé : « Le sous-préfet ». Outre les chœurs qui ouvrirent et fermèrent la séance, il y eut des chansonnettes et des romances. On se souvient encore d'un fabliau en musique, « Le Loup et l'Agneau », d'après la fable de La Fontaine, dont les paroles et l'air avaient une allure très spirituelle, et d'une chansonnette de Paul Henrion, « Mon Habit », qui obtint un franc succès.

Les artistes se comportèrent de manière à surprendre tout le monde. Ils se tinrent fort bien, se présentèrent convenablement, et produisirent une avantageuse impression. Les élèves-maîtres s'endormirent contents ce soir-là. Sans se griser des applaudissements qu'on leur prodigua, ils furent heureux de s'en être si bien tirés, d'autant plus heureux que l'épreuve, de loin, leur avait paru redoutable. Quant au Directeur, il s'affermit dans la pensée que de semblables soirées ne pouvaient que contribuer puissamment à leur éducation.

L'année suivante, il inaugura les « soirées » à Vesoul. L'expérience faite à Châteauroux lui servit. Il eut plus de confiance dans ses nouveaux élèves, d'ailleurs plus nombreux et meilleurs, et chez qui il trouva plus d'entrain et d'émulation. Ils avaient très vif le sentiment de l'honneur de la maison. L'avant-dernier directeur l'avait très habilement cultivé chez leurs prédécesseurs, dans l'intérêt du travail et des études, et la tradition s'en était conservée vivace de promotion en promotion.

La soirée se divisa en deux parties, encadrées chacune entre deux chœurs brillamment enlevés par les soixante-douze élèves-maîtres que comptait alors l'Ecole. On accorda, comme il est nécessaire pour gagner des jeunes gens et dérider l'auditoire, une bonne place au plaisant, afin de mieux faire passer le sérieux.

Plusieurs scènes de Corneille furent dites de manière à prouver que les élèves sentaient et goûtaient le grand classique. Mais les honneurs de la soirée furent pour Molière, dont le premier acte du Misanthrope souleva de chaleureux applaudissements en faveur des interprètes. La musique ne fut pas moins bien représentée. Au milieu des chants de caractères divers brilla le « Trio de Guillaume Tell », qui jamais plus depuis n'a été entendu à l'Ecole. Elle possédait alors un ténor remarquable, qui donnait l'ut dièze avec une étonnante facilité. Les élèves s'enthousiasmèrent à l'audition de ces chefs-d'œuvre littéraires ou musicaux.

L'auditoire n'y demeurait pas froid. Composé d'amis de l'Ecole, il était naturellement bienveillant. C'était, outre les professeurs de l'Ecole et leurs épouses, M. l'Inspecteur d'académie, les membres de la Commission de surveillance, le personnel masculin et féminin de l'enseignement secondaire et de l'enseignement primaire de la ville. M. le Préfet, ayant appris par M. l'Inspecteur d'académie que la soirée se préparait, témoigna s'intéresser au projet. On fut heureux de l'inviter. Il s'empressa de venir, amenant avec lui et les siens et M. le Procureur de la République. Ce n'était donc pas un public banal qu'avaient les élèves. Ils tinrent à honneur d'en mériter les suffrages et il les obtinrent. Une seule voix discordante s'éleva le lendemain : celle de M. l'Inspecteur d'académie, dont cette innovation troublait les idées sur les écoles normales. « Votre soirée n'a pas été goûtée », dit-il au Directeur, qui se tint pour averti, mais qui conserva l'institution, dont l'utilité lui apparaissait de plus en plus incontestable, en l'enfermant dans de plus modestes limites.

Pendant quelques années les soirées se firent, une chaque hiver, sans qu'il y assistât d'autres personnes que les maîtres de l'Ecole et leurs familles. Elles excitaient moins, dans ces conditions, l'ardeur des élèves, laissaient dormir leur amour-propre, et, comme elles ne les mettait plus en contact avec des étrangers, elles ne produisaient plus tous les heureux effets qu'on s'en promettait. Peu à peu les préventions de M. l'Inspecteur d'académie tombèrent ; il revint, mieux disposé, aux soirées, et le cercle des invités s'élargit. En 1888 elles reprirent et dépassèrent leur premier éclat. Chaque année depuis, elles ont lieu régulièrement, non plus en petit comité et comme en cachette, mais au grand jour, avec des invités de marque.

Comment s'organisent les soirées ? On en apercevra mieux ainsi les avantages. Et d'abord on y voulut faire participer tous les élèves qui avaient le plus de dispositions, à quelque promotion qu'ils appartinssent. Mais bientôt les élèves de troisième année se montrèrent jaloux d'y figurer seuls, en dehors des chœurs, où tout le monde paraissait : ce fut la troisième année qui donna la soirée. Personne d'ailleurs n'est contraint d'y jouer un rôle. Quelques-uns, il faut l'avouer, en sont absolument incapables, malgré leur bonne volonté. Par contre elles révèlent parfois des talents insoupçonnés. Ce ne sont pas toujours les premiers de la promotion qui l'emportent sur leurs émules. Plus d'un professeur, après la soirée, a modifié ses idées sur le compte de certains élèves. D'ordinaire tous les élèves de la promotion préparent quelque chose. Les répétitions leur apprennent, sans qu'on le leur dise, s'ils ont chance de réussir. On les encourage jusqu'au dernier moment : le travail auquel ils se livrent, s'il n'aboutit pas à un résultat apparent, ne demeure nullement infructueux. En présence d'une insuffisance manifeste, que ses camarades lui aident peut-être à découvrir, l'artiste maladroit se retire de lui-même sans blessure pour son amour-propre.

Les élèves choisissent eux-mêmes les morceaux, les scènes qu'ils diront, éclairés dans leurs recherches par les conseils des professeurs. On y pense longtemps à l'avance. Bien des livres sont feuilletés, lus, qu'on n'aurait jamais ouverts sans la soirée. Il faut faire des comparaisons, examiner de près, éplucher même ce qu'on croit avoir trouvé de bon, avant d'arrêter définitivement son choix. Alors seulement on le soumet au Directeur, qui a très rarement — on pourrait même dire jamais depuis quelques années — l'occasion d'arrêter ce qui serait non pas risqué, mais simplement de goût douteux dans une école normale. Le tact des élèves se forme dans ce travail préparatoire, en même temps que s'étendent leurs saines lectures.

Pour les chants on procède de même. Là l'embarras est plus grand, et ne vient pas de l'abondance des productions musicales. L'actualité ne fournit guère d'éléments dignes de l'attention des élèves-maîtres. Le classique dépasse souvent leurs moyens. On n'a donc à peu près à exploiter que le domaine très restreint des romances, chansons et chansonnettes connues, que toutes les oreilles peuvent entendre. Elles ont du moins l'avantage, si elles n'émoustillent pas la curiosité des auditeurs, de réveiller chez quelques-uns d'agréables souvenirs de jeunesse, qui les font écouter avec une indulgente complaisance.

Les choix arrêtés, il faut entrer dans la période active de préparation. La soirée a lieu généralement en janvier ou en février. On a donc la plus grande partie de l'hiver pour y travailler. C'est avec intention qu'on la place à ce moment de l'année. Pendant les froids, neigeux, pluvieux et tristes soirs d'hiver, il ne fait pas bon passer dans la cour la récréation qui suit le souper. Au lieu de se grouper dans les salles, pour se livrer à des conversations plus ou moins relevées, les uns déclament, d'autres chantent, le reste écoute ou se distrait comme il l'entend, mais sans troubler ceux qui s'occupent sérieusement. Ainsi la soirée devient, sans en avoir l'air, dans le temps où on ne saurait que faire, un moyen très avantageux de discipline morale plus encore que matérielle.

Dans certains cas, les artistes, afin de ne pas contracter de mauvaises habitudes en étudiant, demandent au préalable l'explication ou même l'interprétation de ce qu'ils diront ou chanteront. Quand ils en sont à peu près sûrs, commencent les répétitions, que le Directeur dirige lui-même. La tâche n'a rien de fastidieux, si elle occasionne quelque fatigue. Ce sont de véritables leçons supplémentaires, amusantes non moins qu'instructives. Chacun y peut assister, car elles ont lieu dans la salle d'étude, ouverte à tous. Les maladresses, les fausses intonations des débutants provoquent le rire à chaque instant. Et la gaucherie des mouvements en se présentant en scène ! et le salut à l'assistance ! et l'attitude à prendre ensuite pour s'acquitter de son rôle ! tout cela engendre une douce gaîté et appelle des explications, des conseils, quelquefois même des exemples. Comment placer ses jambes et comment tenir ses bras ? Autant de problèmes extrêmement compliqués dont ne doutent nullement ceux qui n'ont jamais dirigé la préparation d'une soirée. Et puis c'est le tour des gestes ! Ton et gestes se lient étroitement et demeurent faux tant qu'on ne comprend ni ne sent parfaitement ce qu'on dit. Il faut reprendre l'explication générale, puis celle des phrases, des propositions, des mots même, pour faire apercevoir les intentions de l'auteur, découvrir les expressions à souligner, le moyen de les signaler à l'auditoire, par l'élévation ou l'abaissement de la voix, un arrêt, un clignement, un mouvement, un geste. C'est une leçon des plus intéressantes pour tous, pour ceux à qui elle s'adresse spécialement, comme pour les autres, qui ne manquent pas d'y assister. Et combien profitable ! Plus peut-être que les leçons régulières, naturellement compassées et méthodiques. Or ici nulle raideur. Les observations sont exprimées familièrement, bienveillamment, avec bonne humeur, et par cela même accueillies de très bonne grâce et mises à profit avec une inlassable bonne volonté. On rit et on s'instruit.

Et quand une difficulté qui semblait devoir résister à tous les efforts est enfin vaincue, quelle satisfaction de s'entendre dire : « Cette fois vous y êtes ! » Et on se félicite de son intelligence, de sa ténacité, et on puise là des forces pour de nouvelles victoires.

Les pièces amusantes ont d'abord les suffrages des écoutants. Pourtant ils ne tardent pas à goûter davantage les pièces sérieuses, à mesure qu'elles sont mieux sues et mieux dites. En de certains moments on entendrait une mouche voler. Et quand un beau morceau les a captivés, « c'est beau ! » murmurent-ils entre eux d'un ton presque religieux, qui prouve jusqu'à quel point ils ont été touchés.

Les répétitions durent parfois un mois et davantage. Presque chaque jour, pendant tout ce temps, le Directeur vient, en dehors de ses obligations quotidiennes, au milieu des élèves comme un père au milieu de ses enfants. Dans ce contact intime, familier, il se montre avec simplicité, bon, dévoué à tous. Il n'apparaît plus alors comme un Jupiter tonnant, qu'on se représente volontiers trônant dans son cabinet. C'est le meilleur ami des élèves, qui sentent de plus en plus grandir leur confiance en lui, sans que le respect qu'ils lui doivent en souffre, tant s'en faut. La vie morale de la maison en bénéficie plus qu'on n'imagine.

Voilà la soirée préparée. Les élèves se croient en état de paraître convenablement en public. Ils proposent au Directeur de la donner tel jour déterminé. Rarement ils choisissent mal, habitués qu'ils sont à tenir compte de toutes les circonstances à considérer. D'ordinaire c'est un samedi, parce qu'on n'a pas à prendre souci des leçons du lendemain. Il faut maintenant faire les invitations. Les élèves eux-mêmes s'en chargent auprès des professeurs. Le dimanche précédent, divisés en groupes de deux ou trois, après partage de la besogne, ils vont en délégation au domicile de chaque professeur lui adresser verbalement leur invitation, à lui et à sa famille. C'est une invitation en règle, dont ils ont à cœur de s'acquitter dans les formes. Les premières fois cela n'alla pas tout seul. Aujourd'hui, c'est différent. Non seulement ils invitent leurs professeurs, mais depuis plusieurs années, sans qu'on le leur ait suggéré, ils ont jugé qu'ils devaient aussi porter leur invitation au Directeur et à sa famille ! N'y a-t-il pas là une preuve qu'ils ont acquis par l'usage le sens des convenances ?

Le Directeur invite les autres personnes. Il ne pouvait se remettre de ce soin qu'à lui-même, pour éviter des méprises. Outre M. l'Inspecteur d'Académie, MM. les membres du Conseil d'administration, le personnel de l'Inspection académique et primaire, le personnel administratif et enseignant du Lycée, celui de l'école normale des institutrices et celui des instituteurs de la ville, il invite MM. le Préfet, le Secrétaire général, les Conseillers de Préfecture, le Maire et les Adjoints de Vesoul, le Président du Tribunal et le Procureur de la République, ainsi que d'autres notabilités et individualités qui portent intérêt à l'Ecole. L'invitation s'étend naturellement aux dames, sans la présence desquelles une réunion manque d'un indispensable élément de vie et est dépourvu de charme. Les invités s'empressent de venir aux soirées ; les mieux qualifiés s'en abstiennent rarement ; on n'a encore remarqué qu'une fois l'absence, bien involontaire du reste, de M. le Préfet. Quelle reconnaissance on leur garde dans l'Ecole de vouloir bien ainsi encourager les élèves-maîtres ! S'asseoir au milieu d'un public aussi sélect est une faveur recherchée, d'autant que la ville de Vesoul ne fatigue pas de distractions ses habitants. Mais on ne multiplie pas les invitations, parce qu'on ne dispose que d'un espace limité, et qu'on ne veut dans l'auditoire que de sincères amis de la maison.

Voilà le jour de la soirée arrivé. Quand sont terminées les leçons de la journée, les élèves transforment la salle d'étude en salle de fête. Ils la débarrassent de son mobilier habituel, y élèvent à une extrémité une petite scène, y disposent des sièges, qu'on emprunte à la Ville, et l'ornent de drapeaux. Toute la maison reçoit un brin de toilette. C'est une ruche en grande activité durant les quelques heures qui précèdent l'heure solennelle où les invités se montreront à la porte. Pendant que les ouvriers travaillent à mettre tout en ordre, les artistes s'essayent à paraître en scène ; d'autres se distribuent les emplois accessoires ; les uns sont préposés au rideau, les autres au vestiaire, etc...; tous s'exercent à s'acquitter adroitement de leurs fonctions momentanées. C'est plaisir de voir comme tout marche avec harmonie, avec entrain, avec bonne humeur. Ah! l'ennui ne se glisse pas dans l'Ecole pendant ces heures fiévreuses.

Il faut maintenant introduire les invités et tout spécialement les invitées. La tâche en revient naturellement à ceux qui offrent la soirée, aux élèves de troisième année. Les premières fois on dut désigner les introducteurs. Quel effarement, mon Dieu! quand ils se virent imposer cette corvée !- car c'en était une, et une terrible, que d'accueillir à la porte des dames qu'on ne connaissait pas, des dames dont on savait que les maris étaient des personnages, des dames dont la distinction augmentait encore le trouble des malheureux soumis à cette rude épreuve. Comment leur adresser la parole ? Comment leur offrir le bras ? Comment se comporter, dans l'interminable trajet de quarante à cinquante pas à faire à travers la maison, pour les conduire à la salle de réception ? Nul ne saura jamais les transes par où passèrent les premiers à qui on demanda ce grand sacrifice. Il y eut bien quelques légers impairs de commis, qui, d'ailleurs, n'appelèrent jamais sur les lèvres des intéressées qu'un bon petit sourire bien indulgent. Elles savaient parfaitement qu'elles n'avaient pas à faire à des petits-maîtres, mais à de bons garçons, très simples, très timides aussi, fort désireux toutefois d'apprendre le savoir-vivre. En somme la chose alla assez bien. L'année suivante ce fut mieux. En observant les devanciers, on se familiarisa peu à peu avec la pensée du rôle à jouer, et au bout de quelques années on le remplit de manière à ne mériter aucune critique. Ce ne sont plus seulement trois ou quatre élèves, désolés de la faveur à eux accordée, qui introduisent les dames ; tous les élèves de la promotion s'y sont mis d'eux-mêmes, tenant à honneur de ne pas rester en arrière de leurs camarades. Ainsi la soirée profite en tout à tous.

On ne passera pas en revue les différents défauts ou qualités dont font preuve les élèves sur la scène, eu égard au genre des morceaux qu'ils y présentent, productions littéraires ou chants ; il y aurait trop à dire sur ce chapitre. Il suffit qu'ils s'y comportent convenablement, sans gaucherie, avec naturel et aisance. Ainsi font-ils, au grand étonnement des personnes qui les voient pour la première fois et qui savent d'où ils sortent et en combien peu de temps leur métamorphose s'est opérée. Aussi bien, en organisant une soirée, ne se préoccupe-t-on nullement de favoriser en eux l'éclosion des qualités scéniques. On n'a d'autre but que de parfaire leur éducation générale : ce qui précède a surabondamment montré que le résultat est atteint. Ils retirent de ces petites fêtes, en sus du sens des convenances, un gain intellectuel, moral et esthétique, digne de très sérieuse considération, et par surcroît ils s'amusent honnêtement, tout en amusant les personnes qui leur font l'honneur de venir les écouter.

Car les soirées des élèves-maîtres ont du succès. Ceux qui y ont assisté y reviennent avec plaisir. Souvent même, quand elles retardent sur leur date habituelle, ils s'enquièrent s'ils en seront privés cette année. Que peut-on souhaiter de plus flatteur ?

La bonne opinion que les élèves ont donnée d'eux leur a attiré des concours précieux à tous égards, et dont la valeur ne leur échappe pas. Et d'abord plus d'un ancien a reparu sur la scène, témoignant par là du bon souvenir qu'il avait gardé des soirées, ainsi que de l'Ecole, qu'avant de la quitter il appelait cependant :

« La boîte ! » selon l'usage. Ce ne sont pas les moindres qui sont revenus. Plusieurs avaient réalisé de sensibles progrès depuis leur sortie. Leur participation, en reliant les promotions nouvelles aux anciennes, a fourni à leurs jeunes camarades un encourageant exemple.

Nul ne songea à s'étonner de les revoir à l'Ecole. Mais d'autres concours causèrent, hors de l'Ecole, d'abord quelque surprise, puis une générale satisfaction. Un Vésulien, que l'école annexe a initié aux premières connaissances, et qui, pour ce motif, se considère comme de la maison, M. Haury, professeur agrégé au lycée et habile violoniste, dès son retour à Vesoul, en 1891, a bien voulu se mettre à la disposition des élèves. C'est avec un véritable bonheur qu'on l'accueillit, et parce que son talent si apprécié allait rehausser l'intérêt des soirées par l'introduction d'un élément tout nouveau, et parce que tout le monde se sentait réchauffé par cette preuve de sympathie venant d'un esprit distingué et d'un cœur généreux, qui d'emblée a conquis tous les cœurs. Au milieu des élèves il n'est pas un étranger, il est plus qu'un ami, il est un membre de la famille. Toujours depuis il leur est resté fidèle. Si son concours leur manquait ils le déploreraient sincèrement. Un peu plus tard, Mme Allard, dont le mari, professeur départemental d'agriculture, enseigne en cette qualité à l'Ecole normale, se fit un plaisir de se joindre à eux pour des chants qu'elle rend en perfection. Puis deux dames de fonctionnaires du lycée, Mmes Daval et Vernerey, non moins excellentes musiciennes, furent également heureuses de se faire entendre sur leur scène. On n'aura garde d'oublier le jeune et distingué professeur de philosophie du lycée, M. Hémon qui, tout Parisien et agrégé frais émoulu qu'il fût, ne jugea pas non plus indigne de lui, de contribuer à l'éclat des soirées normales, en y faisant savourer son habileté de mandoliniste.

Les élèves gagnèrent encore, sous divers rapports, dans leurs contacts répétés avec ces personnes aimables, courtoises et distinguées. Là encore on peut reconnaître que les soirées répondirent bien à l'intention qu'on avait eue en les instituant.

Elles produisirent même un résultat inattendu. Il y a dix-huit ans on ne songeait guère à l'œuvre post-scolaire. Au jour où elle a attiré l'attention, un certain nombre d'anciens élèves-maîtres se sont souvenus de ce qu'ils avaient fait à l'Ecole normale et du plaisir qu'ils y avaient pris. Pourquoi n'essayeraient-ils pas quelque chose de semblable avec leurs élèves, avec les jeunes gens de leurs villages ? Il n'y eut d'abord que deux ou trois tentatives assez timides. Le succès ayant dépassé l'attente on recommença ; d'autres firent de même. Le *Bulletin départemental de l'instruction primaire* cite, au cours des dernières années scolaires, bon nombre de localités où des soirées ont été organisées par d'anciens élèves-maîtres, afin d'attirer les adultes à l'Ecole. L'usage a révélé que le moyen est bon. Les programmes de ces soirées scolaires villageoises ont plus d'une fois emprunté aux soirées de l'Ecole normale tel ou tel de leurs éléments. On n'en saurait douter, puisque d'après les indications du *Bulletin* ce sont d'anciens élèves-maîtres qui utilisaient personnellement ce qu'ils avaient dit à l'Ecole normale. Et voilà comment, sans y penser, on a préparé dans son milieu les instituteurs à l'œuvre post-scolaire, dont on ne soupçonnait même pas l'apparition encore lointaine et qui a pris, en peu de temps, un si prestigieux essor.

Qu'est-ce à dire, sinon que tout ce qui est bon en soi ne saurait manquer un jour ou l'autre d'avoir son utilité ? Travaillons donc avec courage à ce que nous jugeons pertinemment être bon, sans nous demander l'usage qu'on en fera, et soyons persuadés que quelque jour il en sortira un bien. Le constater sera alors notre récompense.

Pour clore ce chapitre sur les fêtes on reproduit les programmes des quatre dernières.

SOIRÉE MUSICALE ET LITTÉRAIRE

donnée le samedi 19 mars 1898, à 8 heures très précises, par les Élèves-Maîtres, avec le gracieux concours de Mme Vernerey, de MM. J. Haury, C. Hémon, et Mathieu, professeur de musique

PROGRAMME

PREMIÈRE PARTIE

1. *Les Soldats de la France*, chœur (Battmann).
2. *Les deux Montres*, monologue (O. Pradels).

3. *Près du Moulin*, chansonnette (Goublier).
4. *Pour les Pauvres*, poésie (V. Hugo).
5. *Le Bravi de Venise*, duo (Luigi Bordèse).
6. *Marseille-Bordeaux*, duo (Maljean et Vincent).
7. *Ramage d'Oiseaux*, mandoline et piano (Missler).
8. *Le passage du Régiment*, poésie (J. Aicard).
9. *Pensée d'Automne* (Massenet).
10. *Le dîner de Pantalon*, comédie (Micromégas).
11. *Valse allemande*, chœur (Bazin).

DEUXIÈME PARTIE

1. *Chœur des Conjurés* (Meyerbeer).
2. *Je me marie*, monologue (Labiche).
3. *Barcarolle*, chant (Allwens).
4. *Les quatre Prunes*, dialogue comique (Micromégas).
5. Morceau de violon (X...)
6. *Princesse Gavotte*, mandoline et piano (Mezzacopo).
7. *Air de la Reine de Saba* (Gounod).
8. *Oh! les Parents*, monologue (J. Gascogne).
9. *Sous l'Amandier fleuri*, duo (Mazini).
10. *Le mariage forcé*, scènes 1, 2, 3, 5, 7, 8 et 9 (Molière).
11. *Hymne russe et Marseillaise* (Kasatchenko).

SOIRÉE MUSICALE ET LITTÉRAIRE

donnée le samedi 18 février 1899, à 8 h. 1/4 très précises, par les Élèves-Maîtres, avec le gracieux concours de Mmes Daval et Vernerey, et de MM. Haury et Grangier

PROGRAMME

PREMIÈRE PARTIE

1. *Le Tirage au sort*, chœur (Ch. de Perpigna).
2. *Barra*, poésie (Bouchor).
3. *Le Bûcheron*, chanson (Rollinat).
4. *La Création de la Femme*, poésie (J. Rameau).
5. *Les Sapins*, chanson (P. Dupont).
6. *Une Invention*, monologue (Al. Allais).
7. *En Route*, romance (Ch. René).

8. *Le Bourgeois gentilhomme*, acte II, scènes I à VI (Molière).
9. *Berceuse*, pour violoncelle et piano (Nathan).
10. *Le Chant du Glaive*, chœur (Bouchor et Tiersot).

DEUXIÈME PARTIE

1. *Avant le Combat*, chœur (R. Schumann).
2. *Dandolo*, poésie (Legouvé).
3. *Exil et Retour*, barcarolle (X...)
4. *Decrescendo*, dialogue (Raoul Toché).
5. *Nabuco*, violon, violoncelle et piano (Miné).
6. *A la Salle de police*, comédie (Antony Mars).
7. *Grand air de Béatrix* (Saint-Saens).
8. *Les Plaideurs*, acte II, scènes XIII, XIV ; acte III, scène III (Racine).
9. *La Bourrée*, chœur (A. du Bouéry).

SOIRÉE MUSICALE ET LITTÉRAIRE

donnée le samedi 19 mai 1900, à 8 h. 1/2, par les Élèves-Maîtres, avec le gracieux concours de Mmes Allard, Daval et Vernerey, et de M. Villemenot, professeur

PROGRAMME

PREMIÈRE PARTIE

1. *Venise*, chœur (paroles de Van Hasselt, musique de J. de Denefve).
2. *Elle est jolie*, monologue (J. Normand).
3. *Le Chant des Mousses*, duo (paroles de E. Mugny, musique de A. Saintis).
4. *Le Salut militaire*, poésie (Ch. Fuster).
5. *L'Amitié*, violoncelle et piano (Saint-Lée).
6. *Souffle-moi dans l'œil*, comédie (Labiche).
7. *Chanson du Printemps* (Mendelsohn).
8. *L'Avare*, acte II : scènes I, II, III. Acte III : scènes V et VI (Molière).
9. *Invocation à l'Harmonie*, chœur (paroles et musique d'A. Bouéry).

DEUXIÈME PARTIE

1. *Les Martyrs aux Arènes*, chœur (Laurent de Rillé).
2. *Le Médecin malgré lui*, acte I : scène VI. Acte II : scènes III et VI (Molière).

3. *Elégie*, soprano, violoncelle et piano (Massenet).
4. *L'Enfant*, poésie (V. Hugo).
5. *Le Tricorne enchanté*, saynète (Th. Gauthier).
6. *Les Cent Vierges*, valse chantée (Charles Lecocq).
7. *Bataille de Valets* saynète (E. Gouget).
8. *L'Orphéon en voyage*, chœur (Laurent de Rillé).

SOIRÉE MUSICALE ET LITTÉRAIRE

donnée le 9 mars 1901, à 8 heures précises, par les Élèves-Maîtres, avec le gracieux concours de Mmes Allard, Daval, Vernerey, et de MM. Haury, et Villemenot, professeur

PROGRAMME

PREMIÈRE PARTIE

1. *Chanson des Pyrénées*, chœur (Bouchor).
2. *Béruria*, poésie (Georges de Porto-Riche).
3. *Les Enfants d'Édouard*, romance (A. Grand).
4. *Les yeux de la Femme*, poésie (François Coppée).
5. *Barcarolle*, violoncelle et piano (Ch. Dancla).
6. *Le fluide de John*, saynète (M. Hennequin).
7. *Sérénade*, chant, violon et piano (Braga).
8. *Les Fourberies de Scapin*, scènes 5, 6, 7, acte II (Molière).
9. *La Cinquantaine*, violon et piano (Gab. Marie).
10. *Le Comte Ory*, chœur (Rossini).

DEUXIÈME PARTIE

1. *Le retour du Régiment*, chœur (Boïeldieu).
2. *Sur la Terrasse*, saynète (Ch. Quinel).
3. *Sérénade*, violoncelle, violon et piano (Ch. M. Widor).
4. *Les Prunes*, poésie (Alph. Daudet).
5. *Les Brésiliennes*, duetto (Bordèse).
6. *Un monsieur qui va dans le monde*, monologue (G. Berr).
7. *Air de Lakmé*, chant et piano (Delibes).
8. *Amphitryon*, scène II, acte I. Scène I, acte II (Molière).
9. *Le Renard et le Bouc*, chœur (Victor Paule).

XV

RÉSULTATS DES EXAMENS
EXPOSITIONS ET CONCOURS

Examens

Après avoir fait connaître par quels moyens et dans quel esprit l'Ecole a travaillé et travaille à préparer de bons instituteurs au pays, il resterait à indiquer dans quelle mesure elle a atteint son but. L'indice le plus clair et le plus immédiat de l'efficacité de son action est fourni par les examens du brevet de capacité, auxquels se présentent les élèves à la fin du cours normal. Un autre plus concluant, mais qui dépasse la portée des investigations de l'administration de l'Ecole, se tire de l'honorabilité et de l'habileté professionnelle des instituteurs qu'elle a formés. C'est à l'inspection d'abord, et, en dernier ressort, à l'opinion publique, dont relèvent, en définitive, les plus hautes autorités, à se prononcer sur ces deux points. On croit pourtant pouvoir avancer, sans crainte de contradiction, que l'immense majorité des instituteurs, anciens élèves de l'Ecole normale, lui fait le plus grand honneur. L'auteur de cette monographie a exercé les fonctions d'inspecteur primaire pendant quatre ans dans le département, avant d'y revenir comme Directeur, et toujours il a constaté la bonne tenue, la dignité et le zèle du personnel des instituteurs primaires. Les rapports annuels de M. l'Inspecteur d'académie contiennent régulièrement le même témoignage. Cela doit suffire.

Pourtant quelque chose peut contribuer à asseoir le jugement qu'il convient de porter sur l'influence heureuse de l'Ecole sur les jeunes gens dont elle a fait l'éducation : c'est la place que plusieurs ont su se faire dans la société en demandant à d'autres professions plus avantageuses des ressources et des chances d'avenir, que l'enseignement autrefois leur refusait ; c'est surtout l'élévation progressive, dans la hiérarchie de l'enseignement, d'un certain nombre d'autres, dont quelques-uns ont parcouru la plus brillante carrière qu'ait pu jamais rêver un élève-maître. Ceux qui ont montré de la sorte ce dont est capable une nature intelligente, énergique et persévérante, après avoir reçu la culture normale, méritent qu'on les cite en exemples aux normaliens présents et futurs. On réunit leurs noms, en suivant l'ordre chronologique, dans le chapitre suivant, en joignant à chacun une brève notice biographique, plus éloquente toutefois dans sa brièveté que ne le serait un éloge étudié. Ce chapitre a pour titre bien justifié : « Le livre d'or de l'Ecole ».

On n'a donc plus à retenir ici que la recherche des résultats obtenus par les élèves-maîtres aux examens des brevets à la sortie de l'Ecole.

On n'a trouvé de renseignements sur cette question que dans les rapports annuels. Encore sont-ils souvent muets. Pendant la période de 1846 à 1876, ils ne contiennent d'indication que très exceptionnellement, ainsi qu'en fait foi le tableau ci-dessous où ne figurent que les années pour lesquelles ces rapports ont fourni des chiffres, et qui, après la lecture du chapitre relatif à l'enseignement, n'a pas besoin de longs commentaires.

(Voir tableau ci-contre.)

— 289 —

ANNÉES	NOMBRE des élèves sortants	NOMBRE DES ÉLÈVES ayant obtenu le brevet		OBSERVATIONS
		élémentaire	supérieur	
1836	11	11	3	
1839	16	16	6	
1840	»	»	3	
1842	17	17	1	
1844	17	17	2	
1845	»	»	4	
1846	18	17	3	
1850	21	13	»	
1866	16	13	»	
1869	12	11	3	
1877	18	18	3	
1878	25	25	3	
1879	24	23	5	
1880	25	18	11	

		à la session de juillet	à la session d'octobre	
1882	20	»	13 »	A partir de 1882, le brevet élémentaire s'obtient à la fin de la première année.
1883	20	»	7 »	
1884	22	»	12 »	
1885	23	»	6 3	
1886	20	»	12 2	
1887	20	»	8 7	A partir de 1887, les élèves entrent à l'Ecole avec le brevet élémentaire.
1888	22	»	7 3	
1889	14	»	8 »	
1890	19	»	13	
1891	15	»	7 4	
1892	10	»	6 3	
1893	8	»	5 »	
1894	14	»	9 1	
1895	13	»	13 »	
1896	13	»	11 »	
1897	10	»	9 1	
1898	13	»	13 »	
1899	10	»	9 »	
1900	10	»	8 2	
1901	9	»	9 »	

On n'a porté dans ce cadre que les élèves ayant obtenu le brevet supérieur à l'une ou à l'autre des sessions de juillet ou d'octobre ; on regarde ces brevets comme appartenant à l'actif immédiat de l'Ecole. Mais d'autres devraient s'y ajouter, que d'anciens élèves sont venus et viennent encore chercher après leur sortie. On peut dire, en général, que depuis une dizaine d'années, les élèves-maîtres qui se contentent du brevet élémentaire forment la très rare exception. On estime qu'il ne devrait plus y en avoir.

A l'inspection du tableau, on peut reconnaître que l'Ecole a eu d'honorables succès aux examens depuis son origine. Les années non citées sont tout à son avantage. S'il y avait eu des échecs, les rapports annuels les auraient mentionnés. Une fois, en 1850, huit élèves sur vingt et un ont subi un examen malheureux. Le Directeur s'étend longuement sur cette véritable catastrophe, dont il recherche vainement les causes dans l'enseignement de l'Ecole. Il l'attribue à un de ces fâcheux hasards comme il s'en est souvent rencontré dans les examens du brevet, autrefois surtout que la composition d'orthographe s'appréciait d'une façon par trop mathétique. D'ailleurs, la pensée que les victimes ont été proportionnellement plus nombreuses encore parmi les candidats libres met quelque baume sur sa blessure.

On sait que les brevets supérieurs ne se prodiguaient pas avant 1850, et que, de 1850 à 1866, on en délivra moins encore. Après 1870, ils devinrent moins rares, sans beaucoup se multiplier. Seulement depuis 1866, nombre d'élèves, à la sortie de l'Ecole, en emportèrent un ou plusieurs lambeaux, avec les séries établies par l'arrêté du 3 juillet de cette année, séries qu'on pouvait prendre séparément. Il y eut même jusqu'en 1881 des brevets supérieurs conquis par fragments en quatre fois. Les rapports annuels ne parlent, bien entendu, que des brevets supérieurs, ou plutôt complets, obtenus à la sortie de l'Ecole. Les chiffres inscrits au tableau les font connaître.

A partir de 1881, la nouvelle organisation prescrit aux élèves-maîtres de se présenter à l'examen du brevet supérieur à la fin du cours d'études, qui les y conduit naturellement. Pendant quelques années les habitudes antérieures des commissions ont pesé sur les résultats de l'examen. Peu à peu cependant, ainsi que l'attestent les chiffres du tableau, ils ont répondu aux intentions de l'Administration supérieure et aux efforts déployés dans l'Ecole par les maîtres et les élèves.

On peut donc conclure qu'à cet égard l'Ecole normale de Vesoul, de tout temps, a rempli sa mission avec honneur et produit des élèves qui lui ont fait honneur.

Expositions

Les succès remportés dans les expositions et concours rentrent dans les résultats de l'enseignement. Evidemment dans une exposition on ne récompense pas la vraie valeur intrinsèque d'une école, mais simplement certains genres de mérite. Ce qui fait la réelle valeur d'un établissement d'éducation, c'est son action sur la culture générale des facultés intellectuelles et des facultés morales, de ces dernières surtout. Or la vie seule les met à l'épreuve et en détermine la puissance. L'efficacité des soins par lesquels l'éducation les excite et les fortifie ne saute pas aux yeux. Ce n'est qu'à la longue et par les faits qu'elle se révèle. On ne peut donc prétendre, dans une exposition, faire éclater les qualités essentielles d'une institution comme la nôtre.

L'enseignement lui-même, dans ce qu'il a de fécond et de vivant, échappe aux investigations des visiteurs. Cela, en effet, ne se fige pas, ne se cristallise pas, ne revêt pas enfin une apparence qui appelle la vue plus ou moins distraite du passant. Vous aurez beau exposer des travaux d'élèves, ils ne vous donneront ni l'esprit, ni la chaleur du maître dans sa chaire, par quoi il communique à ses leçons la plus grande partie de leur vertu.

Une exposition est faite pour les yeux. Les travaux où les mains ont plus de part que l'esprit y sont seuls bien à leur place. Tout ce qui a une apparence brillante, quelle qu'en soit d'ailleurs la pauvreté foncière, tout ce qui est peigné, léché, fardé, l'emporte sur ce qui ne compte que sur sa solidité incontestable, sans le clinquant qui tire l'œil pour se faire apprécier. On aurait tort de s'en plaindre. C'est le vice inhérent à la chose.

A la rigueur les cahiers, les devoirs d'élèves permettent, en quelque mesure, à qui veut s'en donner la peine, de se rendre compte de la marche et du degré des études. Or combien de visiteurs en sont là? Ils passent, et n'arrêtent leur regard que sur le cahier bien relié, portant des en-tête à effet. S'ils l'ouvrent, c'est pour remarquer, en courant, que les pages sont nettes, avec des blancs bien distribués, sur lesquels se détachent vivement texte et titres ; que l'écriture est élégante et soignée. Quant au reste, c'est-à-dire à ce qui importe essentiellement, comment y accorderaient-ils quelque attention ? Le plus grand nombre n'y entend que fort peu. Beaucoup de ceux qui pourraient intelligemment l'examiner ne s'y intéressent guère. Ceux-là mêmes qui veulent ou qui doivent s'en occuper n'en ont ni le temps, ni la force, pour arriver à un classement fortement motivé et judicieux. Inévitablement les examens particuliers se font au hasard de la fourchette ou sous l'inspiration d'intrigantes habiletés. Encore un coup on n'a pas le droit de s'en fâcher. Il n'en saurait être autrement.

Et d'ailleurs, en supposant que les comparaisons reposent sur une observation sérieuse, détaillée, approfondie, qui garantira la sincérité absolue des travaux ? Ce qui en pourrait être la marque, c'est-à-dire les nombreuses imperfections de forme : disposition générale, écriture rapide et irrégulière, aspect fatigué des cahiers, tout cela, qui choque le regard, les exclut des expositions, ou, tout au moins, les condamne à la relégation dans les coins obscurs ou les parties non fréquentées.

Aussi quiconque vise aux brillantes récompenses en doit prendre son parti et sacrifier le travail régulier, seul vraiment utile, aux œuvres extraordinaires, préparées longtemps à l'avance, par les sujets bien doués, dont il exploite les diverses spécialités au détriment de leur complète culture. Il n'y aurait qu'un moyen d'empêcher pareil abus, ce serait de n'admettre aux expositions que ce qui a été fait au jour le jour, non par un élève qui s'y consacre exclusivement, mais par l'ensemble des élèves. Cette pensée a visiblement inspiré l'instruction du 29 décembre 1898, qui n'a eu que le tort de venir trop tard. A l'Ecole normale de Vesoul on avait pris ses dispositions au début de l'année scolaire. On se proposait simplement de relever, chaque fois, les deux meilleurs parmi les devoirs en tous genres faits par les élèves au cours de l'année. Les professeurs, avertis, auraient ainsi constamment songé à l'Exposition sans rien changer à leur mode de procéder. Les études devaient suivre leur marche ordinaire, sans trouble, sans dérangement pour personne, et les travaux destinés à l'Exposition n'être que les travaux quotidiens, présentant avec leurs défauts inévitables toutes les garanties désirables de sincérité. La sincérité absolue a toujours été la règle inviolée qu'on a suivie chaque fois qu'on a exposé, soit dans les petites expositions départementales, soit à l'Exposition universelle de 1889. On n'a pas voulu s'en départir en 1900. Cependant par suite de l'arrivée tardive de l'instruction ministérielle, on a dû faire recommencer un certain nombre des travaux déjà exécutés, mais ne répondant pas aux conditions de forme prescrites. Sans cela l'Ecole n'aurait envoyé que des œuvres originelles. Au reste, elle n'a rien préparé de spécial à l'Exposition, sauf son recueil de chants et ses carnets pédagogiques pour l'enseignement du dessin à l'école annexe, demandés dans l'instruction, et auxquels on n'avait nullement pensé. Ce n'est pas par dédain des récompenses ; on les apprécie comme il convient et on les reçoit avec joie ; c'est par un vif sentiment de dignité et de respect de soi-même ; car on se reprocherait de manquer de conscience en agissant autrement, dans le simple but d'emporter une récompense, si flatteuse qu'elle soit.

Cela dit on donne ici la liste des récompenses obtenues dans les expositions par l'Ecole normale.

La première date de 1873. L'Ecole avait envoyé à Vienne (Autriche) des « travaux graphiques » qui lui valurent une « médaille de mérite » (Verdienst-médaille), dont le diplôme orne encore, dans son cadre, le cabinet du Directeur.

En 1878, elle étala à l'Exposition universelle de Paris, une riche collection de dessins. Elle avait alors un fort habile professeur, que l'Exposition de 1873 avait déjà mis en relief, et un directeur qui s'entendait à merveille à organiser une exposition. L'Ecole n'obtint rien comme établissement ; mais elle fut récompensée dans la personne de son chef, M. Mougel, nommé chevalier de la Légion d'honneur, et de son professeur de dessin, M. Jeanneney, « promu officier de l'Instruction publique ». (Décret du 20 octobre 1878).

En 1889, elle avait perdu son professeur, enlevé par la mort. Aussi n'envoya-t-elle à Paris que les travaux courants des élèves, dessins et surtout devoirs de toute sorte, qui lui firent cependant octroyer deux médailles de bronze, dont elle conserve précieusement les diplômes.

On a dit plus haut dans quel esprit l'Ecole a préparé l'Exposition de 1900, qui lui a valu une médaille de bronze. Pour que le lecteur se rende assez bien compte de ce qu'était cette Exposition, un appendice en donne l'indication sommaire, avec spécimens, pour l'enseignement moral et pédagogique, de ce qu'étaient les « recueils de devoirs » présentés.

Inutile maintenant de mentionner la médaille de bronze que l'Ecole a eue à l'exposition scolaire de Dôle, en 1884, et la médaille de vermeil que lui a décerné le jury de l'exposition scolaire de Vesoul, en 1897, pour le bel ensemble de travaux divers qu'elle avait pu présenter, sans avoir à subir de grands frais de transport.

« Lendits franc-comtois »

Ne convient-il pas d'ajouter ici les succès remportés par l'Ecole dans les « Lendits franc-comtois », qui ne sont que des concours de gymnastique, organisés par M. le Recteur entre les élèves des lycées, des collèges, des écoles normales et des écoles primaires supérieures de l'Académie ? Fondés en 1893, ils ont eu lieu chaque année dans une des villes chef-lieux de la région. L'Ecole normale n'a pas pris part à tous, à cause des dépenses à supporter par les élèves pour se rendre dans la ville siège du Lendit.

Indépendamment des nombreux prix individuels, médailles d'argent et de bronze et simples diplômes, décernés individuellement à ses lendistes, l'Ecole a encore recueilli dans ces concours spéciaux une abondante collection de récompenses, accordées à titre collectif à l'établissement, savoir :

En 1893, à Besançon,

Le deuxième prix de bâton,
Le troisième prix de boxe,
Le quatrième prix d'établissements ou du Championnat ;

En 1895, à Vesoul,

Le premier prix de mouvements d'ensemble,
Le quatrième prix du Championnat,

Le quatrième prix de bâton,
Le septième prix de boxe,
Le treizième prix de gymnastique ;

En 1896, à Besançon,

Le deuxième prix de course en section,
Le deuxième prix de mouvements d'ensemble,
Le deuxième prix du Championnat ;

En 1897, à Lons-le-Saunier,

Le deuxième prix de tir,
Le troisième prix de mouvements d'ensemble,
Le troisième prix de course en section,
Le quatrième prix du Championnat,
Le quatrième prix de ballon au pied,
Le septième prix de boxe ;

En 1898, à Besançon,

Le dixième prix de mouvements d'ensemble ;

En 1899, à Belfort,

Le premier prix de mouvements d'ensemble,
Le deuxième prix de boxe,
Le sixième prix de bâton,
Le onzième prix du Championnat ou de la Coupe.

Plusieurs années, certains diplômes se sont accompagnés de médailles.

De ce fait, l'Ecole possède :
Une médaille de vermeil,
Deux médailles d'argent,
Et cinq médailles de bronze.

Ces récompenses prouvent en faveur de la discipline, de l'ardeur et de la ténacité des normaliens de Vesoul. Il suffit d'ailleurs qu'on les ait vus à l'œuvre, quand il s'agit d'atteindre à un but bien défini et de soutenir l'honneur de la maison, pour qu'on proclame leurs précieuses qualités de terroir, dissimulées sous des apparences assez froides : amour-propre individuel et surtout collectif, généreuse vigueur, entrain sans éclat, mais égal et toujours soutenu. Grâce à elles, ils font merveille, pour peu que les circonstances les servent. Le chapitre suivant, ou « Livre d'or de l'Ecole », justifiera amplement cette affirmation.

Malgré les succès de l'Ecole aux Lendits, on ne peut s'empêcher d'ajouter quelques réflexions sur ces concours, qui, comme les expositions, sont destinés à frapper les yeux du public, bien plus qu'à favoriser la saine éducation physique. Et d'abord une partie des élèves seulement y prennent part. On les y prépare par un long entraînement, qui nuit forcément aux études régulières. Ils n'ont plus de récréations pendant les deux ou trois mois qui précèdent le Lendit. Toujours ils répètent leurs exercices, pour se rapprocher de la perfection. Qu'on n'aille pas croire que les mouvements auxquels ils se livrent les reposent de la fatigue intellectuelle. Ils ont besoin d'une attention aussi soutenue, d'une aussi forte contention d'esprit, pour les bien exécuter que pour résoudre un problème difficile ou traiter un sujet de composition française. Qu'on juge alors de leurs dispositions en rentrant dans la salle d'étude, l'heure de la récréation finie. Très énergiques, nos élèves résistent à ce surmenage, mais ils portent ensuite pendant quelque temps les marques de l'épuisement qu'il leur a causé. Il n'y a, pendant le temps des études, qu'une gymnastique récréative (qui repose, refait, *recrée* l'organisme), c'est la gymnastique libre, celle des jeux, à laquelle on se livre en raison même du besoin qu'on en a.

Pendant le concours, autre inconvénient : on doit craindre que les lendistes ne s'excèdent, pour sortir en bon rang. Tous les ans se sont produits des incidents, parfois inquiétants. En 1897, à Lons-le-Saunier, un normalien de Vesoul, pour ne pas se laisser dépasser, à l'épreuve de la marche, a fait, au moment de toucher le but, un effort tel, qu'en l'atteignant il est tombé sans connaissance sur le sol. On a dû l'emporter sur un lit dans une maison voisine, où il resta longtemps dans un complet état de prostration, sans pouvoir prononcer une parole. Il ne s'est remis sur pied que le soir. Le Directeur, pendant ces longues heures, s'agitait douloureusement, effrayé de l'état du pauvre garçon, et tourmenté par la pensée de la responsabilité qu'il encourrait dans le cas de suites graves. Il n'y en eut pas fort heureusement. Tous les chefs d'établissement ont passé par de semblables transes. Alors même que rien de fâcheux n'arrive, ils sont sur les épines pendant les deux jours du Lendit.

D'autres dangers existent encore, qui ne sont pas moindres. Les épreuves, qui se font simultanément dans des endroits différents, éparpillent les jeunes gens loin de la surveillance de leurs maîtres. Au milieu de l'affluence des concurrents et des curieux, on ne distingue plus personne. A la faveur de la foule et sous l'excuse de la chaleur et de la fatigue, plus d'une petite sottise se commet. Dans la soirée, c'est bien autre chose. La ville donne toujours une fête en l'honneur des lendistes. Ils jouissent alors, quoi qu'on fasse, d'une liberté dont il leur devient trop facile et trop tentant d'abuser, sous les incitations diverses qui les entourent. Isolés ils se conduiraient parfaitement ; réunis en groupes nombreux et rivaux, à combien d'entraînements ne sont-ils pas exposés ! C'est déjà fâcheux en soi ; ce ne l'est pas moins en ce que les malintentionnés en déclarent l'Université responsable.

Aussi, bien qu'on soit fier des succès de l'École aux lendits auxquels elle a participé, on s'est réjoui lorsque, en 1900, le nouveau recteur de l'Académie, M. Laronze, après une enquête sérieuse auprès des chefs d'établissements, a jugé qu'il était sage de laisser tomber l'institution.

En définitive, examens, expositions, lendits ont toujours montré, dans la mesure où ils le peuvent, que l'École s'acquit avantageusement de sa mission d'enseignement, et que sans cesse les élèves-maîtres ont su profiter des soins qu'elle leur a prodigués.

XVI

LE LIVRE D'OR DE L'ÉCOLE

C'est la vie même qui se charge d'assigner aux hommes leur juste valeur. Les examens n'en donnent pas toujours l'exacte mesure ; mais ils permettent de la présumer. En eux-mêmes, ils font déjà ressortir un genre de mérite. C'est surtout la position qu'il conquiert dans la société qui fait éclater l'essentiel mérite de l'individu. Si le hasard intervient parfois, ce n'est pas, qu'on se le persuade bien, aussi communément qu'on aime à se le dire. Et si les qualités natives y entrent pour quelque chose, c'est surtout à l'éducation qu'il a reçue, et qui les a développées et fécondées, que l'homme doit d'être ce qu'il devient. Les élèves-maîtres qui parcourent dignement la carrière de l'enseignement ont droit à la reconnaissance du pays. Quoique leur situation soit modeste, leur rôle est grand. Combien, d'ailleurs, grâce à l'honorabilité de leur existence et à leurs succès professionnels se voient entourés de la considération publique ! Malgré tout, en leur rendant hommage, on estime qu'ils n'ont rien fait que d'ordinaire. Ils se destinaient à être instituteurs ; ils l'ont été, même avec distinction ; quoi d'étonnant à cela ? L'éducation qu'on leur a donnée permettait de s'y attendre. Mais qu'un élève-maître abandonne l'enseignement pour d'autres fonctions où, par un travail persévérant, il se crée une situation meilleure, mieux cotée dans l'esprit public, il prouve ainsi en faveur de l'instruction qu'il a emportée de l'Ecole normale et de la culture qu'il y a reçue. Qu'un autre, restant dans l'enseignement, y conquière grades et situations supérieures, ne jette-t-il pas, par ses succès inattendus dans la voie dont il semblait destiné à ne franchir que les premiers pas, un lustre incontestable, et dont l'éclat dépend de la hauteur à laquelle il parvient, sur la maison qui l'a initié à l'étude et lui a inspiré une généreuse ambition ? Ce sont les noms de ceux qui se sont signalés à l'attention, à l'un ou l'autre de ces titres, qui figurent ici. La liste en est assez longue, quoique sûrement incomplète. Un certain nombre d'élèves-maîtres des premiers temps ont été perdus de vue après avoir abandonné l'enseignement. On ne s'imagine pas combien il faut de recherches pour suivre les traces de ceux sur l'éloignement desquels vingt ou trente années ont passé. Or c'est quarante, cinquante et même soixante ans qui ont épaissi pour plusieurs le voile dont le temps recouvre toute chose. Parfois les familles ont disparu des localités d'origine de ceux qu'on voudrait retrouver, et à peine s'y souvient-on de leurs noms. Entre condisciples même, on s'oublie, après s'être dispersés aux quatre vents de l'horizon. D'ailleurs, les quelques vieillards qui ont survécu à leurs contemporains des premières promotions ne peuvent plus fournir que des renseignements généraux et à peine utilisables. On a donc la certitude d'avoir commis de ce fait des omissions qu'on regrette, mais inévitables. Quelques autres ont pour cause le refus des intéressés, refus que leur a dicté une modestie qu'on a respectée, tout en la jugeant excessive.

PRÉVOST, Jean-Baptiste

Né le 12 mars 1819, à Vesoul. Elève-maître de 1834 à 1836. Brevet élémentaire et brevet supérieur (septembre 1838).

Maître d'étude à l'Ecole normale de Vesoul (1836-avril 1839). Directeur de l'école primaire annexée au collège de Beauvais. Entré dans le service des chemins vicinaux, est devenu agent-voyer d'arrondissement à Lure, où il a pris sa retraite. Décédé à Besançon en janvier 1901.

VITOT, Pierre-Etienne-Stanislas

Né le 9 novembre 1817, à Laître. Elève-maître de 1836 à 1838. Brevet élémentaire et brevet supérieur (1838).

Instituteur à Laître (1838). Maître-adjoint à l'Ecole normale de Vesoul (1841). Directeur intérimaire après la mort du titulaire, M. Béliard (décision préfectorale du 24 décembre 1846). Directeur des écoles normales de Vesoul (1853), de Nice (mai 1861), de Lons-le-Saunier (1865), de Villefranche (Rhône) en 1872. Admis à la retraite en 1879. Décédé à Vesoul en janvier 1880.

Officier de l'Instruction publique.

RIGAUD, François-Félix

Né le 24 juillet 1821, à Marnay. Elève-maître de 1838 à 1840. Brevet élémentaire et brevet supérieur (1840). Certificat d'aptitude à l'inspection primaire (1853).

Instituteur à Buthiers (1840), à Boult (1842), à Esprels (1844) et à Jussey (1846). Directeur de l'école annexe de l'Ecole normale de Vesoul (octobre 1851). Inspecteur primaire à Vesoul (1868), à Commercy (1868), à Remiremont (1876), et à Vassy (1878). Admis à la retraite en 1881.

Officier de l'Instruction publique (1883).

RIANDEY, Pierre-François

Né le 14 juin 1822, à Jussey. Elève-maître de 1839 à 1841. Brevet élémentaire et brevet supérieur (1841). Certificat d'aptitude à l'inspection primaire (1853).

Instituteur à Velleminfroy (1841) et à Fougerolles (1850). Inspecteur primaire à Gaillac et Lavaur (1862) et à Châtillon (1866). Admis à la retraite en 1880.

Officier d'académie (1869) et de l'Instruction publique (1878).

MENIGOZ, Claude-François

Né le 24 août 1825, à Genevreuille. Elève-maître de 1841 à 1843. Brevet élémentaire (1843). Brevet supérieur (mars 1846).

Instituteur à Genevreuille (1843). « Troisième maître-adjoint à l'Ecole normale de Vesoul (avril 1845), chargé de l'enseignement de la grammaire et de la direction des écoles d'application ». Instituteur à Fallon (décembre 1851), et à Villersexel (octobre 1854). De nouveau maître-adjoint à l'Ecole normale de Vesoul (mars 1855), puis à celles de Moulins (décembre 1861), de Lons-le-Saunier (décembre 1865) et de Villefranche-sur-Saône (1873-1878). En congé pour raisons de santé (extinction de voix et perte d'un œil résultant de l'explosion d'une cornue dans une expérience) jusqu'à son admission à la retraite (janvier 1880). Décédé à Genevreuille (avril 1893).

Officier d'académie (août 1867).

LANGROGNET, François

Né le 20 septembre 1824 à Lieffrans. Elève-maître de 1841 à 1843. Brevet élémentaire et brevet supérieur en 1843. Maître de la classe primaire au collège de Lure (1843).

« En remplissant ces fonctions, il a conquis les deux baccalau-
« réats ès lettres et ès sciences, après quoi il a été nommé profes-
« seur de mathématiques audit collège. Un peu plus tard, il a
« obtenu la licence ès sciences mathématiques. Après quatorze ans
« passés à Lure, il a pris un an de congé pour suivre les cours de
« la faculté de Besançon (1857-1858). A la fin de cette année, il
« obtenait la licence ès sciences physiques, puis en 1860 l'agréga-
« tion de physique. Deux années plus tard, il était nommé profes-
« seur de physique et de chimie au lycée de Chambéry, puis
« directeur de l'école préparatoire de ladite ville, en même temps
« qu'il enseignait la chimie. Sa santé l'obligea alors à entrer dans
« l'administration. Nommé en 1877 inspecteur d'académie à
« Annecy, il prenait, trois mois après, possession de l'inspection
« académique de Bar-le-Duc, où il est resté jusqu'à son admission
« à la retraite (1er janvier 1892) ».

« Officier de l'Instruction publique et, en 1884, chevalier de la
« Légion d'honneur ». (Renseignements fournis par la famille).

« Il ne lui fut pas donné de jouir longtemps d'un repos auquel
« il avait tant de droits. Cœur aimant et sensible, il ne put survivre
« aux malheurs domestiques qui l'accablèrent sans répit ; il perdit,
« à de très courts intervalles, sa fille aînée et ses deux fils, l'un
« officier, tué à l'ennemi au Tonkin, l'autre étudiant en médecine
« à Paris. Langrognet était une intelligence d'élite, d'un caractère
« droit, juste et bon. On ne pouvait avoir d'ami plus sûr, et sa
« modestie égalait son mérite. Comme inspecteur d'académie, il
« était adoré de ses subordonnés ». (M. Bredin).

JOLY, Claude

Né le 7 novembre 1824, à Vellexon. Elève-maître de 1841 à 1843. Brevet élémentaire et brevet supérieur (1843). Baccalauréat ès sciences (1854).

Instituteur à Noidans-le-Ferroux. Maître-adjoint à l'Ecole normale de Vesoul (1847). Professeur de mathématiques au collège de Compiègne (mars 1855). Admis à la retraite en 1892.

« Très intelligent, bon et honnête, il était très apprécié comme « professeur, et aurait pu parcourir une carrière plus brillante s'il « eût été moins modeste ». (M. Bredin).

BREDIN, Charles

Né le 26 octobre 1824, à Conflandey. Elève-maître de 1841 à 1843. Brevet élémentaire (septembre 1843). Brevet supérieur (mars 1844). Baccalauréat ès sciences (août 1854). Licence ès sciences mathématiques (novembre 1859).

Instituteur communal à Conflandey. Maître adjoint par intérim à l'Ecole normale de Vesoul (dernier trimestre de 1845-1846). Professeur au collège de Baume-les-Dames (1846-1847). Directeur de l'école primaire supérieure annexée au collège de Vesoul (1847 à 1854). Maître répétiteur au lycée de Besançon (1854 à 1860). Chargé de cours de mathématiques au lycée de Mâcon (1860-1862). Chargé de cours de mathématiques et maître des travaux graphiques au lycée de Vesoul, de 1862 à 1886, date de son admission à la retraite.

A fait partie de toutes les commissions d'examen du brevet, des aspirants agents voyers, etc. etc. Sous le ministère Duruy a organisé, avec le concours de ses collègues du Lycée, les cours secondaires de jeunes filles et des cours gratuits de mathématiques aux jeunes gens se destinant aux ponts et chaussées. A organisé le service météorologique dans le département de la Haute-Saône, comme président de la Commission départementale de météorologie. Secrétaire, jusqu'à son admission à la retraite, de la Commission chargée des examens d'entrée et de sortie à l'Ecole pratique d'agriculture de Saint-Remy. Nommé professeur honoraire en 1898.

Officier d'académie en 1865. Officier de l'Instruction publique en 1869.

MILLOT, Auguste-Désiré

Né le 22 juillet 1826, à Dampvalley-les-Colombe. Elève-maître de 1842 à 1844. Brevet élémentaire et brevet supérieur en septembre 1844.

Instituteur à Neurey-lès-La Demie et à Mont-le-Vernois. Agent voyer en 1853, puis chargé du service des travaux communaux. Chef du bureau vicinal à la préfecture en 1874. Admis à la retraite en 1881. Décédé à Vesoul en 1897.

BRULEY, Désiré-François

Né le 11 septembre 1826, à Amance. Élève-maître de 1844 à 1846. Brevet élémentaire et brevet supérieur en 1846. Baccalauréat ès lettres (1851). Baccalauréat ès sciences (1853).

Instituteur à Cubry-les-Faverney (1846). Professeur de français au collège de La Ferté-Bernard, département de la Sarthe (1849). Répétiteur au collège de Vesoul (1852). Professeur de mathématiques aux collèges de Neufchâteau (1853) et de Saint-Dié (1857) jusqu'à son admission à la retraite. Décédé en 1895.

Officier d'académie (1857) et de l'Instruction publique (1864).

LOBEREAU, Jean-Baptiste

Né le 17 janvier 1828, à Dampierre-sur-Salon. Élève-maître de 1844 à 1846. Brevet élémentaire (août 1846). Brevet complet (juillet 1863). Certificat d'aptitude aux fonctions d'inspecteur primaire (octobre 1863).

Instituteur à Quitteur (1846), à Igny-les-Angirey (1850), à Maizières (1851) et à Rioz (1854). Commis de l'académie de Strasbourg (1862). Inspecteur primaire à Florac (1868), à Besançon (1870) et à Lons-le-Saunier (1878). Admis à la retraite en 1885.

Officier d'Académie (1876) et de l'Instruction publique (1882).

GOUX, Jean

Né le 23 mars 1828, à Colombe-les-Vesoul. Élève-maître de 1844 à 1846. Brevet élémentaire et brevet supérieur en septembre 1846. Certificat d'aptitude à l'inspection primaire (1858).

Instituteur communal à Contréglise (1846) et à Purgerot (1854). Régent des cours spéciaux de l'enseignement primaire au collège de Luxeuil (1856). Commis de l'Académie de Besançon (1858). Inspecteur primaire à Montbéliard (1861), à Dôle (1865), à Langres (1876) et à Besançon de 1878 à 1888, date de son admission à la retraite.

Officier de l'Instruction publique.

TRUCHOT, Pierre

Né le 19 décembre 1829, à Leffond. Elève-maître de 1846 à 1848. Brevet élémentaire et brevet supérieur (août 1848). Bachelier ès sciences (juillet 1855). Licencié ès sciences physiques (novembre 1859). Licencié ès sciences mathématiques (décembre 1865). Docteur ès sciences physiques (août 1868). Dix inscriptions de médecine.

Instituteur à Chariez (1848). Maître-adjoint à l'Ecole normale de Vesoul (1853). Préparateur de physique à la faculté des sciences de Besançon (janvier 1856). Préparateur de chimie à ladite faculté (novembre 1856). Professeur suppléant (par intérim) de chimie à la faculté des sciences de Clermont-Ferrand (avril 1869). Professeur de chimie à l'école normale de Cluny (juillet 1869). Sous-directeur de ladite école (octobre 1871). Chargé d'un cours de chimie agricole à la faculté des sciences de Clermont-Ferrand (février 1873). Professeur suppléant de chimie à ladite faculté (novembre 1873). Chargé d'un cours de chimie à ladite faculté (novembre 1876). Professeur titulaire de chimie à ladite faculté (décembre 1876). Décédé à Clermont-Ferrand le 9 mars 1887, à l'âge de 57 ans.

Membre de la Société chimique de Paris, de la Société d'Hydrologie médicale de Paris, de la Société d'émulation du Doubs, de la Société du Musée de Riom, de l'Académie des sciences et arts de Clermont.

Vice-président de la Société d'agriculture de Clermont.

Membre du conseil d'hygiène du Puy-de-Dôme.

Membre de l'Association française pour l'avancement des sciences.

Membre du jury d'agrégation de l'enseignement spécial.

Officier d'académie (décembre 1872).

Officier de l'Instruction publique (août 1878).

Chevalier de la Légion d'honneur (octobre 1878).

Médaille d'argent du Ministère de l'Instruction publique au Congrès des Sociétés savantes de 1877.

Médaille d'or à l'Exposition universelle de 1878.

M. Truchot est le plus bel exemple qu'on puisse proposer à la jeunesse studieuse. Sans hâte, sans impatience du succès, mais avec une persévérance admirable, il conquiert tous les grades universitaires et s'élève progressivement des humbles fonctions d'instituteur communal au sommet de la hiérarchie professorale, qu'il atteint, malgré cette lenteur voulue, à l'âge encore jeune de 38 ans. Et quand il meurt en possession de toute sa puissance intellectuelle, avant d'avoir touché le seuil de la vieillesse, il jouit depuis vingt ans déjà des honneurs officiels et de la considération publique comme de celle des savants.

NANTILLET, Jean-Claude

Né le 8 novembre 1828, à Vy-les-Rupt. Élève-maître de 1846 à 1848. Brevet élémentaire et brevet supérieur en septembre 1848. Certificat d'aptitude à l'inspection primaire (1863).

Instituteur-adjoint à Vesoul (1848). Instituteur-communal à Frotey-les-Vesoul (1849), à Montarlot-les-Rioz (1850), à Noidans-le-Ferroux (1852), à Purgerot (1856), et à Noroy-le-Bourg (1871). Inspecteur primaire à Dinan (1875), à Lure (1877), à Saint-Claude (1880), à Trévoux (1884), à Céret (1885), et à Arnay-le-Duc (1887). Admis à la retraite (1888).

VACHERET, Pierre

Né le 26 mars 1832, à Champlitte-la-Ville. Élève-maître de 1849 à 1852. Brevet simple et brevet complet (août 1852). Certificat d'aptitude à l'inspection primaire en 1863.

Instituteur à Montarlot-les-Champlitte (1852), à Charmes-Saint-Valbert (1853), à Pont-du-Bois (1862), à Luxeuil (1863), et à Rioz (1869). Inspecteur primaire à Issingeaux (1877), à Dôle (1880), à Montbrison (1882), et à Roanne (1885). Admis à la retraite en 1888.

Officier d'académie (1883).

CHALOT, François

Né le 14 décembre 1832, à Equevilley. Élève-maître de 1849 à 1852. Brevet simple et brevet complet en août 1852.

Instituteur à Echenoz-la-Méline (1852), à Recologne-les-Fondremand (1854). Après concours, à Strasbourg, nommé garde-mines (aujourd'hui contrôleur des mines) à Vesoul (1860). Régisseur, au nom de l'Etat, de l'établissement thermal de Luxeuil (1868 à 1878). Contrôleur des mines à Vesoul jusqu'à sa retraite (1er juillet 1899).

AUBRY, Désiré

Né le 25 juillet 1832, à Lyon. Elève-maître de 1849 à 1852. Brevet simple et brevet complet (août 1852). Est devenu vérificateur des poids et mesures. A fait la campagne de 1870 comme franc-tireur et y a trouvé la mort.

GOBIN, Jean-Baptiste

Né le 2 octobre 1833, à Baulay. Elève-maître de 1851 à 1854. Brevet simple et brevet complet (1854). Certificat d'aptitude à l'inspection primaire (septembre 1867. Aix).

Instituteur à Mercey-les-Gevigney (2 mois), et à Verchamp (11 mois). Maître-adjoint à l'Ecole normale de Vesoul (avril 1856 à décembre 1861), et à l'Ecole normale de Nice (janvier 1862 à mars 1868). Inspecteur primaire à Marseille (mars 1868 à avril 1870). Directeur de l'Ecole normale de Chaumont (1870 à 1880), de l'Ecole normale de Besançon (de 1880 à octobre 1892), date de son admission à la retraite.

Officier de l'Instruction publique.

DOILLON, François-Elisée

Né le 8 juin 1833, à Polaincourt. Elève-maître de 1851 à 1854. Brevet simple et brevet complet en septembre 1854. Instituteur à Cromary. Après concours, nommé garde-mines à Briançon, puis à Gray et à Dijon, où il est décédé.

MOCQUARD, François

Né le 27 octobre 1834, à Leffond. Elève-maître de 1852 à 1855. Brevet simple et brevet complet (août 1855). Baccalauréat ès sciences (juillet 1859). Licence ès sciences physiques (juillet 1862). Licence ès sciences mathématiques (juillet 1866). Doctorat en médecine (janvier 1873). Licence ès sciences naturelles (juillet 1879). Doctorat ès sciences naturelles (juin 1884).

Instituteur-adjoint et organiste à Faverney (1855). Instituteur-adjoint, à Champlitte (1856). Maître-répétiteur au lycée de Besançon (1869). Professeur de sciences physiques et naturelles pour l'enseignement spécial au lycée de Vesoul (1873-1877). Assistant de zoologie au Muséum d'histoire naturelle à Paris (1er août 1884).

Officier de l'Instruction publique.

M. Mocquard est l'auteur de nombreux travaux scientifiques, dont voici la brève énumération chronologique :

1° Sur la docimasie pulmonaire et sur un caractère de respiration chez les nouveau-nés, tiré des gaz contenus dans les poumons (Thèse inaugurale. Paris 1873).

2° Sur l'armature stomacale du *Birgus latro* (Annales des sciences naturelles. 6° série, t. XIII, art. 3. 1882).

3° Sur les ampoules pyloriques des crustacés podophtalmaires (Comptes-rendus de l'Académie des sciences, t. XCIV, p. 1208-1882).

4° Note sur un nerf cardiaque naissant des ganglions cérébroïdes chez la langouste (Bulletin de la Société philomathique de Paris, 7° série, t. VII, p. 55. 1882-83).

5° Sur les solutions de continuité qui se produisent au moment de la mue dans le système apodémien des crustacés décapodes. (Comptes-rendus de l'Académie des sciences, t. XCVI, p. 284. 1883).

6° Recherches anatomiques sur l'estomac des crustacés podophthalmaires (Annales des sciences naturelles, 6° série, t. XVI, art. 1. 1883).

7° Traduction française de la partie organogénique du Traité d'embryologie de Balfour (1885).

8° Sur une nouvelle espèce d'atractaspis, Atr. leucura (Bulletin de la soc. philom. de Paris. 7° série, t. X, p. 14. Avec une planche. 1885).

9° Sur un nouveau genre de Blenniidæ (Bulletin de la Soc. Philom. de Paris, t. X, p. 18. 1885).

10° Du genre Hétérolépis et des espèces qui le composent, dont trois nouvelles (Ibid., t, XI, p. 5. Avec 2 planches. 1886-87).

11° Sur une nouvelle espèce d'Elaps, E. hétérochilus (Ibid. t. XI, p. 39. 1886-87),

12° Sur les Ophidiens rapportés du Congo par la Mission de Brazza (Ibid., t. XI, p. 62. 1886-87).

13° Contribution à l'histoire naturelle du genre Psammodynastes (Ibid., t. XI, p. 172. Avec 2 planches. 1886-87).

14° Observations sur les embryons de Pelophilus madagascariensis (Ibid., t. XII, p. 34. 1887-88).

15° Seconde contribution à l'histoire du genre Psammodynastes Ibid., t. XII, p. 104. 1887-88).

16° Sur une collection de reptiles et batraciens rapportés du pays Somalis et de Zanzibar par M. G. Révoil (Volume du centenaire de la Soc. philom. 1888).

17° Sur quelques reptiles du Haut-Sénégal (Le Naturaliste. 1888).

18° Révision des Clinus de la collection du Muséum (Bulletin de la Soc. philom. de Paris, 18e série, t. I, p. 40. 1888-89).

19° Sur les ovaires de la Baudroie (Ibid., 8e série, t. I, p. 46. 1888-89).

20° Sur une collection de reptiles du Congo (Ibid., 8e série, t. I, p. 145. Avec 1 planche. 1888-89).

21° Sur une collection de reptiles et de batraciens des îles de Bornéo et de Palawan (Congrès international de zoologie, p. 79. 1889).

22° La larve de la salamandre tachetée (La Nature. 1889).

23° La Chelone imbricata (Le Naturaliste. 1889).

24° Diagnoses d'espèces nouvelles de reptiles et de batraciens des îles de Bornéo et de Palawan (Le Naturaliste. 1890).

25° Sur une nouvelle espèce Grayea, Gr. longicaudata (Comptes-rendus de la Soc. philom. de Paris. 1890).

26° Recherches sur la faune herpétologique des îles de Bornéo et de Palawan (Nouvelles archives du Muséum, 3e série, t. II, p. 115. Avec 5 planches. 1890).

27° Mission scientifique du cap Horn : crustacés podophthalmaires. 1891 (En collaboration avec M. Alph. Milne Edwards).

28° Poisson et homard à propos de Terre-Neuve (Le Naturaliste. 1891, p. 139).

29° Description de deux ophidiens et d'un batracien d'espèces nouvelles (Ibid. 1892, p. 350).

30° Nouvelle contribution à la faune herpétologique de Bornéo (Mémoires de la Société zoologique de France. 1892, p. 190. Avec 1 planche).

31° Sur l'existence d'une poche auxiliaire chez certains caméléons (Comptes-rendus de la Soc. philom. de Paris, n° 19. Séance du 22 juillet 1893).

32° Diagnoses de quelques reptiles nouveaux de Madagascar (Ibid., n° 9. Séance du 25 février 1894).

33° Un cas de monstruosité chez la tortue caret (La Nature. 1894).

34° Reptiles nouveaux ou insuffisamment connus de Madagascar (Comptes-rendus de la Soc. philom., n° 17. Séance du 23 juin 1894, p. 3).

35° Sur les reptiles recueillis à Madagascar de 1867 à 1885 par M. Grandidier (Bulletin de la Soc. philom., 8e série, t. vii, p. 93. 1894-95).

36° Sur une collection de reptiles recueillis à Madagascar par MM. Alluaud et Belly (Ibid., t. vii, p. 113. 1894-95).

37° Sur la collection des Uropeltidæ, types du colonel Beddome (Bulletin du Muséum d'histoire naturelle. 1895. p. 150).

38° Sur quelques reptiles du cap Blanc (Bulletin du Muséum d'histoire naturelle. 1895, p. 310).

39° Sur quelques reptiles et batraciens nouveaux du Haut-Oubanghi (Comptes rendus des séances du 3e congrès international de zoologie tenu à Leyde en 1895, p. 231).

40° Sur une collection de reptiles du Haut-Oubanghi (Comptes-rendus de la Soc. philom., n° 19. Séance du 25 juillet 1896).

41° Sur quelques ophidiens de Konakry envoyés par M. Maclaud (Bulletin du Muséum d'histoire naturelle. 1896, p. 59).

42° Note préliminaire sur une collection de reptiles recueillis par M. Hang à Lambaréné (Ibid. 1897, p. 57).

43° Note sur quelques reptiles de Tanga, don de M. Gierra (Ibid. 1897, p. 122).

44° Notes herpétologiques (Ibid. 1897, p. 211).

45° Sur une collection de reptiles recueillis par M. Hang à Lambaréné (Bulletin de la Soc. philom., 8° série, t. ix, p. 5. 1896-97).

46° Reptiles rapportés de l'Afrique australe et centrale, par M. Edouard Foa (Bulletin du Muséum d'histoire naturelle. 1899, p. 218).

47° Le droit de la France de pêcher le homard à Terre-Neuve, au point de vue scientifique (Bulletin de la Soc. centrale d'agriculture et de pêche. 1899, p. 141).

48° Contribution à la faune herpétologique de la Basse-Californie (Nouvelles archives du Muséum. 1899, p. 297. Avec 3 planches.)

49° Reptiles et batraciens recueillis au Mexique par M. Léon Diguet, en 1896 et 1897 (Bulletin de la Soc. philom., 9° série, t. I, p. 154. Avec 1 planche. 1898-99).

50° Diagnoses d'espèces nouvelles de reptiles de Madagascar (Bulletin du Muséum d'histoire naturelle. 1900, p. 345).

51° Nouvelle contribution à la faune herpétologique de Madagascar (Bulletin de la Soc. philom., 9° série, t. II, p. 93, avec 1 planche. 1899-1900).

M. Mocquard est probablement le plus diplômé de tous les élèves-maîtres sortis de nos écoles normales primaires.

Ils sont rares en effet, non seulement parmi les anciens instituteurs, mais même parmi les savants, ceux qui possèdent trois licences et deux doctorats. Quelle somme de travail a dû dépenser l'ancien aspirant au modeste brevet d'instituteur, pour s'élever ainsi jusqu'aux sommets de la science ! Combien un pareil exemple est réconfortant ! Et comme les jeunes, dont certains semblent parfois si avides de liberté, de repos et de plaisir, feront bien de méditer sur une telle vie, pour y puiser le courage qui pourrait leur manquer ! L'Ecole normale est fière de son ancien élève.

N'est-ce pas que la croix de chevalier de la Légion d'honneur serait bien placée sur la poitrine de cet homme au cœur fort et à l'esprit vigoureux et toujours actif ?

LOYEZ, François

Né le 15 mai 1833, à Liévans. Elève-maître de 1852 à 1855. Brevet simple en septembre 1855. Instituteur suppléant à Aillevans (1855) et à Lure (1861). Directeur de l'école primaire annexée à l'Ecole normale de Vesoul de 1868 à 1886, date de sa mort.

Officier d'académie (1878) et chevalier du Mérite agricole.

CLERC, Jean-Baptiste

Né le 7 septembre 1835, à Jancigny (Côte-d'Or). Elève-maître de 1853 à 1856. Brevet simple et brevet complet (août 1856). Baccalauréat ès sciences (avril 1861). Licence ès sciences mathématiques (juillet 1866). Licence ès sciences physiques (novembre 1868).

Instituteur communal à Gray-la-Ville (1856). Régent de mathématiques au collège de Pontarlier (1861). Régent de mathématiques au collège de Poligny (novembre 1862). Chargé de cours au lycée de Besançon (octobre 1863). Inspecteur primaire à Albertville (avril 1872) et à Poligny (août 1873). Directeur de l'école normale de Draguignan (juin 1876) et de celle d'Orléans (juin 1878).

Inspecteur primaire à Paris (avril 1879). Délégué à l'administration centrale (mars 1884). Chargé d'une mission d'inspection générale (avril 1886). Inspecteur général de l'enseignement primaire (mars 1887) jusqu'à sa mort, en 1894.

Officier d'académie (août 1879), et de l'Instruction publique (décembre 1884).

Chevalier de la Légion d'honneur (juillet 1886).

JURET, Claude

Né le 5 novembre 1835, à Margilley. Elève-maître de 1853 à 1856. Brevet simple et brevet complet (août 1856). Baccalauréat ès sciences.

Instituteur à Pont-de-Planches (1856). Instituteur-adjoint à Gray (   ). Maître répétiteur au lycée de Strasbourg (   ). Régent de mathémathiques au collège d'Arnay-le-Duc (   ). Régent de mathématiques au collège de Semur (1867-1895). Admis à la retraite en 1895. Décédé en 1896.

GIBAUX, Just

Né le 18 mai 1837, à Margilley. Elève-maître de 1854 à 1857. Brevet simple et brevet complet en septembre 1857. Certificat d'aptitude à l'inspection primaire (1867).

Maître de français au collège de Gray (1857-1858). Instituteur à Colombier (1858-1862). Directeur de l'école annexe de l'école normale de Nice (1862). Maître-adjoint à l'école normale de Valence 1865), à l'école normale de Vesoul (1865). Inspecteur primaire à Calvi (1868), à Saint-Pons (1870), à Poligny (1872), à Vesoul (1874). Directeur de l'école normale de Valence (1877) et de l'école normale de Dijon (1880). Admis à la retraite en 1897.

Officier de l'Instruction publique (1883).

BONNAMY, Aristide-Basilide

Né le 12 juin 1836, à Corre. Elève-maître de 1854 à 1857. Brevet simple (août 1857). Brevet complet (mai 1870). Certificat d'aptitude à l'inspection primaire (octobre 1873).

Instituteur-adjoint à Scey-sur-Saône (1857). Instituteur à Frotey (décembre 1857), à Héricourt (1868), à Montbozon (1872). Inspecteur primaire à Belley (1875), à Rochechouart (1878), à Montbéliard (1880) et à Langres (1887). Admis à la retraite le 2 juin 1887. Décédé à Vaivre le 29 août 1899.

Officier d'académie (1881).

DUCHANOY, Augustin

Né le 2 septembre 1835, à Anchenoncourt. Elève-maître de 1855 à 1858. Brevet simple (1858).

Instituteur à Quers (1858), à Champagney (1861) et à Jussey (1876), où il a été admis à la retraite en 1894, et où il est décédé en en 1895.

Médaille d'argent en 1881.

Officier d'académie en 1884.

Homme estimable entre tous, instituteur de grande valeur, M. Duchanoy a eu l'insigne honneur de voir son mérite hautement proclamé par ses pairs, lorsque, à sa fondation, le 28 septembre 1891, l'Association amicale des anciens élèves-maîtres lui a conféré par acclamation les fonctions de Président de l'Association, qu'il a remplies à la satisfaction de tous jusqu'à sa mort, le 22 janvier 1895.

LALLOUETTE, Nicolas

Né le 20 février 1841, à Vy-les-Rupt. Elève-maître de 1859 à 1862. Brevet complet (août 1862).

Instituteur à Mersuay (1862), à Dampierre-les-Montbozon (1865), à Scey-sur-Saône (mai 1870), et à Vesoul (janvier 1886). Admis à la retraite en 1894. Instituteur honoraire (février 1895).

Médaille d'argent (1886).

Officier d'académie (mai 1889).

A été de 1886 à 1894 représentant des instituteurs au Conseil départemental. Secrétaire de la Société de secours mutuels des instituteurs et institutrices.

BAILLET, Louis

Né le 12 janvier 1841, à Margilley. Elève-maître de 1859 à 1862. Brevet simple et brevet complet (septembre 1862). Certificat d'aptitude à l'inspection primaire (octobre 1876).

Maître d'études au collège de Lure (1862). Maître de français (1863). Professeur de l'enseignement spécial (1866) audit collège. Inspecteur primaire à Nogent-sur-Seine (mai 1878) et à Pontarlier (1891), où il est décédé le 22 août 1895.

Officier d'académie (juillet 1884).

COUDRIET, Claude-François-Amédée

Né le 27 mai 1842, à Saint-Marcel. Elève-maître de 1859 à 1862. Brevet facultatif (1862).

Maître élémentaire au collège de Gray (1863-1864). Instituteur libre à Paris (1866). Employé, après concours, au ministère de la guerre (1870). Sous-chef de bureau, après concours (1891). Chef de bureau (août 1899).

A fait comme volontaire la campagne de Paris (1870-1871) et a pris part aux affaires des environs de Paris, notamment à celle de Buzenval (19 janvier 1871).

Officier de l'ordre du Nicham-Iftikhar (décembre 1889).

Chevalier de la Légion d'honneur (décembre 1892).

DUCHANOY, Désiré

Né le 7 novembre 1840, à Anchenoncourt. Elève-maître de 1859 à 1862. Brevet simple (août 1862).

Instituteur-adjoint à Amance (1862). Instituteur titulaire à Vauconcourt (1863). Démissionnaire (1871). Secrétaire suppléant de commissariat de police du département de la Seine (juin 1873). Secrétaire de commissariat de police (novembre 1873). Secrétaire aux délégations judiciaires (décembre 1881). Officier de paix détaché au contrôle général (mars 1882). Commissaire de police au contrôle général (1885). Décédé à Paris en 1897.

Officier d'académie en 1894.

LEFRANC, Eugène

Né le 18 novembre 1843, à Amance. Elève-maître de 1860 à 1863. Brevet simple et brevet complet (1863). Instituteur-adjoint à Selles (1863). Professeur de neuvième au lycée de Vanves de 1865 à 1895, date de son admission à la retraite.

LAMARCHE, Claude-Antoine

Né le 24 février 1843, à Margilley. Elève-maître de 1860 à 1863. Brevet simple et brevet complet (1863). Service militaire (1864-1869). Secrétaire du parquet de Besançon (janvier 1869-20 juillet 1870). Rappelé sous les drapeaux (20 juillet 1870-16 juin 1871). Secrétaire du parquet de la Cour d'appel de Besançon (1885).

Sergent (18 décembre 1870). Officier d'administration, adjoint de 2e classe des bureaux de l'Intendance (16 mars 1875), de 1re classe (4 février 1896).

BOULÉE, Pierre

Né le 16 octobre 1843, à Autrey-les-Gray. Elève-maître de 1861 à 1864. Brevet simple et brevet complet (1864). Baccalauréat ès sciences ( ).

Chargé de cours de mathématiques aux lycées de Belfort et de Lons-le-Saunier.

Officier d'académie (1890) et de l'Instruction publique (1901).

POISSENOT, Auguste

Né le 29 mai 1844, à Chauvirey-le-Châtel. Elève-maître de 1861 à 1864. Brevet simple et brevet complet en 1864.

Instituteur-adjoint à Arc-les-Gray. Instituteur à Chaux-les-Port (1865), à Frahier (1868). Sous-chef de bureau à la préfecture de la Haute-Saône (1874). Chef de division en 1895. Admis à la retraite en 1899.

Officier d'académie (1898).

Secrétaire de l'Association amicale des anciens élèves de l'Ecole normale (1900).

GUENELEY, Auguste

Né le 4 novembre 1843, à Echenoz-la-Meline. Elève-maître de 1861 à 1864. Brevet simple en 1864.

Instituteur-adjoint à Noroy et à Port-sur-Saône. Instituteur à Baignes (1865), à Buthiers (1871). Employé à la préfecture de la Haute-Saône (1875). Chef de bureau (1885). Retraité en 1895. Décédé en avril 1901.

RAINCOURT, Edouard

Né le 10 octobre 1845, à Vesoul. Elève-maître de 1861 à 1864.
Employé à la Direction de l'enregistrement (1864) et à la Préfecture de la Haute-Saône (1877). Chef de bureau à la préfecture de la Haute-Saône (1886). Chef de division adjoint (1er janvier 1900).

SIMON, Emile

Né le 26 mars 1842, à Breuches. Elève-maître de 1861 à 1864. Brevet simple et brevet complet (1864). Baccalauréat ès sciences (1866).
Maître d'étude au collège de Lure (1864). Professeur de l'enseignement spécial aux collèges de Gray (1866), de Salins (1867), de de Gray (1868). Professeur de mathématiques (ens. class.) au collège de Salins (1882). Principal des collèges de Saint-Amour (1884), de Salins (1896), d'Aubusson (1898), et de Semur (12 janvier 1900). Admis à la retraite en septembre 1900.
Officier d'académie (1885).
Officier de l'Instruction publique (1896).

DARNEY, Célestin

Né le 18 mai 1845, à Pont-du-Bois. Elève-maître de 1863 à 1866. Brevet facultatif (août 1866). Elève à l'école de Cluny (1866). Brevet de Cluny (1868).
Maître-adjoint à l'Ecole normale de Vesoul (1868-1870). Professeur de l'enseignement spécial (sciences) au collège d'Arbois (1870-1872), puis au collège de Gray (1872).
Officier d'académie (juillet 1887).
Officier de l'Instruction publique (juin 1901).

DEROCHE, Désiré

Né le 10 janvier 1845, à Jasney. Elève-maître de 1863 à 1866.

Brevet simple et brevet supérieur (août 1866). Baccalauréat ès sciences. Certificat d'aptitude à l'inspection primaire (1884).

Instituteur-adjoint à Vellexon (1866). Maître d'étude au collège de Lure (1867). Maître-adjoint à l'Ecole normale de Vesoul (1870). Directeur de l'école primaire supérieure de Champlitte (1874), et de l'Ecole municipale de Vesoul (1880). Inspecteur primaire à Aubusson (1885), à Guéret (1886), à Saint-Claude (1888) et à Semur.

Officier de l'Instruction publique (1895).

CADET, Nicolas

Né le 24 octobre 1845, à Courhaut (Côte-d'Or). Elève maître de 1863 à 1866. Brevet simple et brevet facultatif (août 1866).

Instituteur-adjoint à Arc-les-Gray (1866). Instituteur titulaire à Arsans (1867). Sous-chef de bureau de la sous-préfecture de Gray (1er janvier 1882). Secrétaire de ladite sous-préfecture (15 mars 1886). Secrétaire de la Chambre de commerce de Gray 9 novembre (1898).

FROISSARDEY, Stéphane

Né le 8 décembre 1844, à Noroy-le-Bourg. Elève-maître de 1863 à 1866. Brevet simple et brevet complet (août 1866). Instituteur au collège de Lure. Après concours, nommé garde-mines à Belfort (1868), à Chaumont (1869), à Vesoul (1873), puis à Paris (1880).

BOULÉE, François

Né le 28 mai 1845, à Autrey-les-Gray. Elève-maître de 1864 à 1867. Brevet simple et brevet complet (1867). Bachelier ès sciences (1872). Licencié ès sciences mathématiques (1878).

Répétiteur au lycée de Vesoul (1867) et au lycée de Besançon (1872). Professeur au collège de Salins (1873). Commis de l'académie de Caen (1875). Chargé de cours de mathématiques au lycée d'Evreux (1879). Principal des collèges d'Avranches (1883), de Beauvais (1886), de Beaume-les-Dames (1889), de Bernay (1890), et de Condé-sur-Noireau (1898).

Officier de l'Instruction publique (1894).

MICHEL, Joseph

Né le 21 juillet 1847, à Grattery. Elève-maître de 1864 à 1867.

Brevet simple et brevet complet (1867). Élève à l'école de Cluny (1867-1870). Brevet de capacité de l'enseignement spécial, section littéraire et économique (1870). Agrégation de l'enseignement spécial, section d'histoire (1885).

Professeur au collège de Poligny ( ). Chargé de cours aux lycées de Besançon ( ), Poitiers ( ) et Angoulême ( ).
Officier d'académie (1888).

SIMONIN, Charles

Né le 5 août 1846, à Châteney. Élève-maître de 1864 à 1867. Brevet simple et brevet complet (août 1867).

Instituteur-adjoint à Arc-les-Gray (1867). Après concours (mai 1868) surnuméraire à Vesoul (septembre 1868) dans l'administration télégraphique. Titularisé à Chambéry (septembre 1869) ; puis successivement appelé à Marseille, Pauillac, Bordeaux, Bar-le-Duc, et enfin au Poste centrale télégraphique de Paris (mai 1873). Employé principal en 1882. Sous-chef de section en mars 1898. Actuellement en première classe.

BRULARD, Jean-Baptiste

Né le 16 juin 1846, à Aisey. Élève-maître de 1864 à 1867. Brevet simple et brevet complet (août 1867). Élève à l'école de Cluny ( ). Brevet de capacité (sciences) de l'enseignement spécial (1869). Agrégé de mathématiques de l'enseignement spécial (1878).

Professeur de mathématiques aux collèges de Saint-Claude (octobre 1870 - 1er novembre 1871) et de Gray (1871 - novembre 1878). Professeur aux lycées de Coutances (1878-1880) et de Lyon (1880-83), et enfin au lycée Charlemagne (octobre 1883).

Officier d'académie (1885) et de l'Instruction publique (1895).

LOUIS, Jean-Baptiste

Né le 6 septembre 1846, à Authoison. Élève-maître de 1864 à 1867. Brevet simple et brevet complet (août 1867). Élève à l'école de Cluny (1867-1870). Brevet de capacité (sciences) de l'enseignement spécial (août 1869). Agrégation de mathématiques de l'enseignement spécial (septembre 1884).

Engagé volontaire (1er novembre 1870 - 12 mars 1871). Professeur aux collèges de Pontarlier (octobre 1871) et de Beaune (mai 1872). Chargé de cours au lycée de Dijon (avril 1876). Professeur aux lycées d'Orléans (octobre 1884). et de Dijon (octobre 1887).

Officier d'académie (février 1890).

Officier de l'Instruction publique (juillet 1898).

LAGONDET, Jean-François

Né le 2 janvier 1848, à Breurey-les-Faverney. Elève-maître de 1865 à 1868. Brevet simple et brevet complet (août 1868). Elève à l'école de Cluny (1868). Brevet de capacité de l'enseignement spécial (lettres) en 1870.

Professeur d'allemand aux collèges de Luxeuil, de Gray et de Constantine (1893). Décédé en 1894.

GRAILLET, Jean-Baptiste

Né le 8 février 1848, à Champlitte. Elève-maître de 1865 à 1868. Brevet simple et brevet complet (août 1868). Elève à l'école normale de Cluny (1868-1871). Agrégé de l'enseignement spécial, section des lettres (1874).

Professeur au collège annexe de Cluny (1871). Professeur à l'école industrielle des Vosges, à Epinal (1874). Directeur de l'école normale de Mirecourt (1883).

Officier d'académie (1881) et de l'Instruction publique (1888).

Conseiller municipal à Mirecourt depuis 1892.

SIMONIN, Aristide

Né le 28 juin 1848, à Montesseaux. Elève-maître de 1866 à 1869. Brevet simple et brevet complet (août 1869). Elève à l'école de Cluny (1869-1872). Certificat d'aptitude (sciences) à l'enseignement spécial (juillet 1871). Agrégation des sciences physiques et naturelles avec le n° 3 (août 1880).

Etant élève de Cluny, engagé volontaire pour la durée de la guerre (novembre 1870). Rentré ensuite à Cluny pour préparer l'agrégation.

Professeur au collège de Saint-Claude (octobre 1872). Maître-adjoint à l'école normale de Moulins (novembre 1872). Chargé de cours au lycée de Moulins (octobre 1877). Professeur de sciences physiques et naturelles au lycée de Clermont-Ferrand (février 1880). Nommé professeur hors classe le 1er janvier 1898.

Officier d'académie (juillet 1883) et de l'Instruction publique (juillet 1889).

ARNOUX, Hippolyte

Né le 16 octobre 1847, à La Villedieu-en-Fontenette. Elève-maître de 1866 à 1869. Brevet facultatif (septembre 1869).

Instituteur-adjoint à Scey-sur-Saône (octobre 1869). Instituteur titulaire à Fleurey-lès-Saint-Loup (septembre 1870), à Mignavillers (octobre 1872), à Villers-lès-Luxeuil (septembre 1873), et à Lure (janvier 1879), et directeur de l'école municipale de Vesoul (février 1901).

Mention honorable (1878). Médaille de bronze (1885). Médaille d'argent 1889).

Officier d'académie (1894), et de l'Instruction publique (1901).

JOLIVET, Joseph

Né le 19 mai 1849, à Noidans-le-Ferroux. Elève-maître de 1866 à 1869. Brevet simple et brevet complet (août 1869). Elève à l'école de Cluny (1869). Brevet de capacité de l'enseignement spécial pour la section des sciences mathématiques et physiques (1871).

Directeur des écoles publiques de Cavaillon, département de Vaucluse (1872-1875.) Professeur de mathématiques au collège de Louhans (4 octobre 1875).

Bibliothécaire de la ville de Louhans (1876). Délégué cantonal et membre de l'Académie de Mâcon (1897).

Officier d'académie (29 décembre 1888).

DOUBLOT, Charles

Né le 4 octobre 1849, à Sauvigney-les-Angirey. Elève-maître de 1866 à 1869. Brevet simple et brevet complet (août 1869). Elève à l'Ecole de Cluny (1869-71). Brevet de capacité (lettres) de l'enseignement spécial (1873).

Professeur libre à Paris (1871). Professeur de lettres aux collèges de La Châtre (1874), d'Issoudun (1876), de Gray (1880) et de Nantua (1893)

DODEY, Constant

Né le 4 avril 1850, à Vy-les-Rupt. Elève-maître de 1867 à 1870. Brevet facultatif (1870) et brevet complet (juillet 1873). Certificat d'aptitude à l'inspection primaire (octobre 1881).

Instituteur-adjoint à Scey-sur-Saône (1870-71). Instituteur à Grandecourt (1871-1873), à Montseugny (1873-1874), à Montigny-les-Cherlieu (1874-1878), à Saint-Loup-sur-Sémouse (1878-juin 1882). Délégué spécial à la Roche-sur-Yon pour la surveillance des bâtiments scolaires de la Vendée (1882-septembre 1883). Inspecteur primaire à Albertville (1883-1887), et à Bar-sur-Seine depuis 1887.

Officier d'académie (1er janvier 1882), et de l'Instruction publique (juillet 1900).

Médaille de bronze à l'Exposition universelle de 1889 pour un travail relatif à l'inspection primaire. Médaille de bronze (décret du 27 mai 1899) pour l'œuvre de la mutualité scolaire.

Auteur d'une Petite géographie départementale et d'une Petite histoire du département de l'Aube ; et, en collaboration, de l' « Ecole primaire en action » et de « la Classe préparée », publiée chez P. Dupont.

PHILIPPE, Théodore-Aristide

Né le 6 septembre 1849, à Bourguignon-les-La Charité. Elève-maître de 1867 à 1870. Brevet simple et brevet complet (juillet 1870). Elève à l'école de Cluny (1870-1872). Certificat d'aptitude à l'enseignement spécial, section des sciences (1875). Baccalauréat ès sciences (1881). Licence ès sciences physiques (1884). Licence ès sciences naturelles (1886). Agrégation de l'enseignement spécial pour les sciences physiques et naturelles (1893).

Instituteur-adjoint, à Raddon et à Breurey-les-Faverney (1870-1871). Professeur pour l'enseignement spécial, au collège de Verneuil, département de l'Eure (1873). Professeur de physique au collège de Bayeux (1882). Chargé de cours au lycée de Tournon (1888). Chargé de cours, puis professeur de sciences physiques et naturelles au lycée de Laon (1890). Professeur de physique au lycée de Bourges (1895).

Officier d'académie (1889).

TISSERAND, Nicolas-Jean

Né le 27 août 1850, à Morey. Élève-maître de 1868 à 1871. Brevet simple et brevet complet (août 1871). Certificat d'aptitude à l'inspection primaire (1877).

Instituteur-adjoint à Jussey, puis à Bourbonne-les-Bains. Instituteur-adjoint à Paris (1875). Professeur à l'école Diderot (1876). Directeur d'école à Paris (1877). Inspecteur primaire à Marchenoir (Loir-et-Cher) en 1881, puis à Saint-Amand, à Pont-l'Évêque, et à Nancy (1894).

Officier de l'Instruction publique.

CHAUDEY, Jean-Gustave-Edmond

Né le 6 janvier 1853, à Vallerois-le-Bois. Élève-maître de 1869 à 1872. Brevet simple (1872) et brevet complet en mars 1873. Baccalauréat ès sciences en novembre 1874. Licence ès sciences mathématiques en novembre 1877. Licence ès sciences physiques en juillet 1879. Agrégation de l'enseignement spécial (mathématiques) en août 1886.

Attaché à l'Inspection académique (1872-1873). Aspirant répétiteur au lycée de Vesoul (1873-1875). Maître-adjoint à l'école normale de Clermont-Ferrand (février 1875 à janvier 1878). Professeur de physique au collège de Beaume-les-Dames (janvier 1868 à novembre 1879). Chargé de cours de physique aux lycées d'Albi, de Bar-le-Duc, de Vesoul, du Mans, de Bar-le-Duc (1879-1883). Chargé de cours de mathématiques au lycée de Tours (novembre 1884 à décembre 1886). Professeur de mathématiques aux lycées d'Angers (1886), de Troyes (1887), et de Vesoul (1894).

Officier d'académie (1891).

MONTUREUX, Nicolas-Théodore

Né le 27 août 1853, à Breurey-les-Faverney. Élève-maître de 1869 à 1872. Brevet simple (18 août 1872). Élève à l'école de Cluny (1872-1874).

Professeur au collège de Larochefoucauld (Charente) en 1874. Maître-adjoint aux écoles normales de Loches (1875) et de Vesoul

(1877-1880). Professeur à l'Ecole normale française du Caire (Egypte) de 1880 au 28 juin 1886, date de sa mort.

Officier d'académie.

MICHAUD, Stanislas-Emile

Né le 26 mars 1852, à Mailleroncourt-Charette. Elève-maître de 1869 à 1872. Brevet simple (août 1872). Brevet complet (avril 1873). Brevet de capacité de l'enseignement secondaire spécial, section des lettres (juillet 1875). Agrégation de l'enseignement spécial, section des lettres (1880).

Instituteur-adjoint à Lure (1872-mars 1874). Maître-répétiteur au collège de Cluny (mars 1874-avril 1877) et au lycée de Belfort (avril 1877-novembre 1878). Professeur à l'école primaire supérieure et professionnelle de Douai (1878-1881), au lycée de Saint-Quentin (octobre 1881-novembre 1881), au lycée de Lille (1881-1885), et au lycée Charlemagne (novembre 1885).

Officier d'académie (1884) et de l'Instruction publique (1900).

Auteur des notices géographiques accompagnant les « Images géographiques publiées sous la direction de M. l'Inspecteur général Foncin ».

GROSSEIN, Pierre

Né le 8 octobre 1853, à Françourt. Elève-maître du 15 avril 1871 à 1873). Brevet simple et brevet complet (1873). Certificat d'aptitude à l'inspection primaire (octobre 1882).

Commis auxiliaire à l'inspection académique de la Haute-Saône (1873). Maître-adjoint à l'école normale de Mirecourt (1875). Inspecteur primaire à Monastier (Haute-Loire), le 31 janvier 1883, à Annecy (septembre 1885), à Clamecy (octobre 1889), à Sézanne (avril 1896).

Officier d'académie (juillet 1891).

VITREY, Joseph

Né le 30 avril 1851, à Franois. Elève-maître du 15 avril 1871 à 1873). Brevet facultatif (juillet 1873).

Instituteur-adjoint à Villersexel (1873). Aspirant répétiteur au lycée de Vesoul (1874-1876). Instituteur titulaire à Champagney

(1876). Professeur des classes élémentaires au collège de Lure (octobre 1877).

Officier d'académie (1896).

PHILIPPE, PIERRE-JOSEPH-CHARLES-STANISLAS

Né le 7 mai 1854, à Margilley. Elève-maître de 1871 à 1873. Brevet simple (1873) et brevet complet (1879). Certificat d'aptitude pédagogique ( ).

Instituteur-adjoint à Arc-les-Gray (1873) et à Autrey-les-Gray (1874). Instituteur titulaire à Poyans (1877), à Marnay (1878) et à Gray (1881). Directeur du cours complémentaire de Gray depuis sa fondation (1892). Admis à la retraite en 1901.

Fondateur de l'Orphelinat de l'enseignement primaire (1885). Conseiller général de la Haute-Saône pour le canton de Champlitte (juillet 1895). Membre des Conseils d'administration des écoles normales, de la Société de secours mutuels des instituteurs et de l'Association amicale des anciens élèves-maîtres de l'Ecole normale de Vesoul. Vice-président de la section de prévoyance au congrès de 1887 et secrétaire général du Congrès (1887). Président de la commission départementale (août 1899).

RENAUD, ALFRED-JEAN-FRANÇOIS

Né le 30 juin 1855, à Pont-sur-l'Ognon. Elève-maître de 1871 à 1874. Brevet simple et brevet complet (juillet 1874). Elève à l'école normale de Cluny (1874-1876). Brevet de capacité de l'enseignement spécial (1896). Certificat d'aptitude à l'enseignement de l'allemand (1877).

Professeur d'allemand au collège de Pont-à-Mousson (1877-1880). Chargé de cours d'allemand aux lycées d'Albi (1880-88), d'Auch (1888-91), d'Aurillac (1891). En congé d'inactivité (1895).

Officier d'académie (1895).

MAUFFREY, JULES-CONSTANT

Né le 4 août 1854, à la Montagne. Elève maître de 1871 à 1874. Brevet simple et brevet complet (août 1874). Brevet de capacité de l'enseignement spécial en 1876 (section des lettres).

Instituteur-adjoint à Arc-les-Gray (1er-19 octobre 1874). Elève à l'école normale de Cluny (1874-janvier 1877). Suppléant dans la chaire de lettres de l'enseignement spécial au lycée de Bordeaux (janvier-décembre 1877). Professeur (E. S.) au collège d'Auxerre (1877) et au lycée de Sens (1878). Professeur d'histoire au lycée de Moulins depuis 1882.

Officier d'académie.

CORNU, Joseph-Eugène-Auguste

Né le 28 octobre 1854, à Quincey. Elève-maître de 1871 à 1874. Brevet simple (juillet 1874). Brevet supérieur (juillet 1875). Brevet de Cluny (18 août 1878). Certificat d'aptitude à l'enseignement de l'allemand (août 1888).

Instituteur-adjoint à Lure (1874). Aspirant répétiteur au lycée de Belfort (avril 1875). Elève à l'école de Cluny (1876). Séjour en Allemagne (octobre 1879-avril 1882). Professeur d'allemand au collège de Beaune (novembre 1882). Chargé de cours d'allemand au collège de Bastia (avril 1892).

Officier d'académie (1897).

PARISOT, Victor-Joseph

Né le 22 octobre 1855, à Breuches. Elève-maître de 1872 à 1875. Brevet simple et brevet complet (août 1875). Elève à l'école normale de Cluny (1875-77). Certificat d'aptitude (sciences) à l'enseignement spécial (1877).

Professeur de l'enseignement spécial dans les lycées de Lille, Douai et de Saint-Quentin. Professeur de mathématiques au collège de Boulogne (1890).

JASSEY, Marie-Claude-Lucien

Né le 10 mai 1856, à Pusy. Elève-maître de 1872 à 1875. Brevet simple et brevet complet (août 1875). Diplôme de professeur d'école normale (sciences) en 1881.

Instituteur-adjoint à Plancher-les-Mines (1875). Répétiteur au lycée de Vesoul (1er janvier 1876). Délégué dans les fonctions de maître-adjoint à l'école normale de Limoges (1880). Elève à l'école normale supérieure de Sèvres, lors de son ouverture (1880). Professeur à l'école normale de Vesoul (octobre 1881). Professeur à l'école normale d'Arras (décembre 1889).

Officier d'académie (1894) et de l'Instruction publique (1901).

BERNARD, Jean-Claude-Alexandre

Né le 14 février 1856, à Argillières. Élève-maître de 1872 à 1875. Brevet simple et brevet complet (juillet 1875).

Maître-surveillant à l'Ecole normale de Vesoul (1875). Maître-adjoint délégué (1876) et titulaire (1877). Professeur à l'école normale de Tewfik, au Caire (Egypte), de septembre 1880 au 1er janvier 1898. Inspecteur des écoles du gouvernement égyptien pour la langue française et les mathématiques depuis le 1er janvier 1898.

Officier d'académie (1882). Officier du Medgidieh (1887).

Officier de l'Instruction publique (1893). Bey (1893). Chevalier de l'ordre d'Isabelle la Catholique (1899).

Auteur d'ouvrages pour les écoles égyptiennes, spécialement d'une *Géographie de l'Egypte*.

« M. Bernard, comme fonctionnaire français au service du
« Gouvernement égyptien, a le grand mérite de se faire respecter
« par les Anglais, qui sont ses chefs, et de défendre de son mieux
« le peu d'influence qui nous reste dans les écoles égyptiennes ».

TRUCHOT, Pierre-Victor

Né le 3 janvier 1856, à Achey. Élève-maître de 1872 à 1875. Brevet facultatif (juillet 1875).

Instituteur-adjoint à Champlitte (1875). Délégué dans les fonctions de professeur de dessin (1877), puis professeur de dessin à titre provisoire (1883) au collège de Luxeuil. Professeur de dessin au collège et directeur de l'école municipale de dessin de la ville de Langres (1884).

Officier d'académie (1892) et de l'Instruction publique (1898).

GOUBLET, Victor-Joseph-Hermant

Né le 24 juin 1856, à Betoncourt-les-Ménétriers. Élève-maître de 1872 à 1875. Brevet simple et brevet complet (août 1875).

Instituteur à Preigney et à Dampierre-sur-Salon ; puis employé au ministère de l'instruction publique.

Officier de l'Instruction publique en 1897.

BOUCHARD, François-Hippolyte

Né le 13 août 1855, à Igny. Elève-maître de 1873 à 1876. Brevet simple et brevet complet (août 1876). Diplôme de professeur de lettres (1887).

Instituteur-adjoint à Gy (1876) et à Dampierre-sur-Salon (1877). Sous-directeur de l'école primaire supérieure de Champlitte (1881). Professeur à ladite école (1887). Directeur des écoles primaires supérieures de Charlieu, département de la Loire (1889) et de Montbrison (1895).

SOYARD, Joseph-Frédéric

Né le 1er décembre 1854, à Montbéliard. Elève-maître de 1873 à 1876. Brevet facultatif (août 1876). Brevet complet (juillet 1879).

Répétiteur au lycée de Vesoul (1876). Maître élémentaire au lycée de Vesoul (janvier 1882).

Officier d'académie (1897).

MONNET, Louis-Virgile

Né le 16 juin 1856, à Brussey. Elève-maître de 1873 à 1876. Brevet simple et brevet complet (août 1876). Elève à l'école normale de Cluny (1876-1878). Brevet de capacité de l'enseignement spécial (1878). Agrégé de l'enseignement spécial pour les sciences mathématiques (1883).

Professeur de mathématiques au collège de Saint-Claude (1878-1892). Publiciste à Saint-Claude depuis 1898.

Officier d'académie (juillet 1890).

Auteur des ouvrages suivants : 1° *Cours élémentaire d'arithmétique* 2° *Solutions des problèmes énoncés dans ce cours* ; 3° *Cours élémentaire de géométrie* ; 4° *Solutions des problèmes énoncés dans ce cours* ; 5° *Cours élémentaire d'algèbre et de trigonométrie* ; 6° *Tables des lignes trigonométriques naturelles de minute en minute*, éditées en 1894-95 chez M. André.

Collaborateur, de 1889 à 1892, à la *Revue d'enseignement primaire et primaire supérieur*.

MARMILLOT, François

Né le 9 août 1856, à Eguenigue (Haut-Rhin). Elève-maître de

1873 à 1876. Brevet simple et brevet complet (août 1876). Elève à l'école normale d'enseignement secondaire spécial de Cluny (1876-1878). Brevet de capacité de l'enseignement secondaire spécial (1879).

Professeur au collège de Charolles (1878), et au lycée de Saigon (1880). Décédé en 1894.

SARAZIN, Charles-Joseph

Né le 2 avril 1857, à Auxelles-Bas (Haut-Rhin). Elève-maître de 1873 à 1876. Brevet simple et brevet complet (juillet 1876). Elève à l'école normale de Cluny (1876-1878). Brevet de capacité (lettres) de l'enseignement secondaire spécial (1878). Agrégation (lettres) de l'enseignement secondaire spécial (1882).

Chargé de cours (1879), puis professeur (1882) au lycée de Belfort. Professeur de lettres au lycée de Bordeaux (1884) et au lycée Charlemagne (1887). Censeur des études au lycée de Lons-le-Saunier (1890), au lycée de Nevers (1892), au lycée de Belfort (1893) et au lycée d'Amiens (1897). Proviseur du lycée de Vesoul (1898).

Officier de l'Instruction publique (1899).

TRAVAILLOT, Jean-Baptiste-Victor-Octave

Né le 2 juin 1858, à Francourt. Elève-maître de 1874 à 1877. Brevet simple et brevet complet (juillet 1877). Certificat d'aptitude à l'inspection primaire (1889).

Commis auxiliaire à l'Inspection académique de Vesoul (1877-1880). Commis principal de l'Inspection académique de Vannes (1880-1889). Inspecteur primaire à Vitré (1889), à Louhans (1892), à Mascara (1897), où il est décédé (1898).

Officier d'académie (1891).

JURET, Alexandre

Né le 6 août 1857, à Margilley. Elève-maître de 1874 à 1877. Brevet simple et brevet complet (août 1877). Elève à l'école normale de Cluny (1877-1880). Brevet de capacité de l'enseignement spécial, section des sciences (1879). Agrégation (mathématiques) de l'enseignement spécial (1881).

Professeur à l'école professionnelle de Saint-Chamond (1880), au lycée de Limoges (1881), au lycée de Besançon (février 1886), de nouveau au lycée de Limoges (octobre 1887).

Officier d'académie (juillet 1890).

LACLEF, Auguste-François

Né le 6 mai 1858, à Gémonval (Doubs). Elève-maître en 1874. Démissionnaire en août 1876. Brevet simple (1877). Brevet complet (1879). Baccalauréat ès sciences (1884). Certificat d'aptitude à l'inspection primaire (1887).

Répétiteur et maître d'une classe primaire au lycée de Bar-le-Duc (1877-1880). Instituteur communal à Paris (janvier-décembre 1880). Professeur à l'école Turgot (1880-1890). Inspecteur primaire à Bressuire (1890), à Gien (1894) et à Orléans (1896).

Officier d'académie (1892) et de l'Instruction publique (1898).

BARRATH, Léopold

Né le 6 janvier 1858, à Aisey. Elève-maître de 1874 à 1877. Brevet facultatif (août 1877).

Instituteur adjoint au collège de Luxeuil (1877). En congé d'un an pour se perfectionner dans l'art du dessin. Professeur de dessin au collège, à l'école primaire supérieure de jeunes filles et au cours municipal de Joigny (1879), au collège, à l'école normale des instituteurs et au cours municipal de Mirecourt (1894).

Officier d'académie (1895).

COLLIN, Etienne-Auguste

Né le 23 janvier 1859, à Margilley. Elève-maître en 1875. Démissionnaire (mars 1876). Brevet simple (1876). Brevet complet (1878). Baccalauréat ès sciences (1882). Licence ès sciences mathématiques (1890).

Maître d'étude au collège de Gray (1879). Aspirant répétiteur au lycée de Bar-le-Duc (1882). Répétiteur aux lycée de Saint-Quentin (1884) et de Laon (1888).

Officier d'académie (1898).

CLERC, Pierre-Jean-Claude-Maxime

Né le 20 mars 1859, à Frétigney. Elève-maître de 1875 à 1878. Brevet simple et brevet complet (août 1878). Certificat d'aptitude à l'enseignement du travail manuel (1883), au professorat des sciences dans les écoles normales (1891).

Instituteur-adjoint à Gy (1878) et à Verfontaine (1880). Instituteur à Motey-sur-Saône (1881) et à Etuz (1882). Elève à l'Ecole normale de travail manuel (1882-1883). Maître-adjoint à l'Ecole normale de Vesoul (1883), puis professeur titulaire de sciences (1891).

Officier d'académie (1895).

Trésorier de l'Association amicale des anciens élèves de l'Ecole normale depuis sa fondation.

PARNIN, Charles-Théodule

Né le 18 juillet 1855, à Courchaton. Elève-maître de 1875 à 1878. Brevet facultatif (juillet 1878). Baccalauréat ès sciences (avril 1880).

Instituteur-adjoint à Baume-les-Dames, puis répétiteur au collège de Semur, au lycée de Bourg et au lycée Henri IV. Il est mort le 2 juillet 1884, à la veille de l'examen de la licence, qu'il allait subir.

SIMONIN, François-Théodore

Né le 17 mai 1856, à Phaffans (Haut-Rhin). Elève-maître de 1875 à 1878. Brevet facultatif (1878). Brevet complet (mars 1879). Certificat d'aptitude (sciences) au professorat dans les écoles normales (mars 1880). Certificat d'aptitude à l'inspection primaire (novembre 1890).

Instituteur-adjoint à Belfort (1878). Professeur aux écoles normales de Valence (mars 1880), de Belfort (octobre 1880), et de Beauvais (janvier 1886). Inspecteur primaire à Corte (mars 1891) et à Arnay-le-Duc (avril 1894).

Officier d'académie (avril 1894).

THOMANN, Charles-Joseph-Lucien

Né le 7 février 1859, à Saint-Loup-sur-Sémouse. Elève-maître de 1876 à 1879. Brevet simple et brevet complet (août 1879). Certificat d'aptitude pédagogique (1885).

Instituteur-adjoint à l'école annexe de l'Ecole normale de Vesoul (septembre 1879). Instituteur-adjoint à Lure (septembre 1880). Maître répétiteur, chargé de la classe de huitième au lycée de Vesoul (décembre 1880). Instituteur titulaire à Colombier (octobre 1889), à Breurey-les-Faverney (septembre 1892). Directeur de l'école municipale de Vesoul (août 1893). Directeur du cours complémentaire de Gray (février 1901).

Mention honorable (1896).

Médaille d'or à l'exposition scolaire de Vesoul (1897).

Médaille de bronze à l'Exposition universelle de 1900.

GRÉGOIRE, Amédée-Just-Auguste

Né le 8 avril 1860, à Hautevelle. Elève-maître de 1876 à 1879. Brevet simple et brevet complet (août 1879). Certificat d'aptitude au professorat des lettres dans les écoles normales (1892).

Instituteur adjoint à Scey-sur-Saône (octobre 1879) et à Vesoul (1880). Instituteur titulaire à Scey-sur-Saône (janvier 1885). Directeur de l'école annexe de l'Ecole normale de Vesoul (décembre 1886).

Officier d'académie (1897).

Secrétaire de l'Association amicale des anciens élèves de l'Ecole normale, de sa fondation à 1901.

DUPAS, Adolphe-Gustave

Né le 23 juin 1860, à Thiénans. Elève-maître de 1876 à 1879. Brevet simple et brevet complet (1879). Certificat d'aptitude à l'enseignement de l'allemand dans les lycées (1891).

Instituteur-adjoint à Rioz (1879) et à Champlitte (octobre 1880-mai 1881). Maître élémentaire au lycée de Vesoul (mai 1881-octobre 1884). Répétiteur audit lycée (1884), puis au lycée de Lons-le-Saunier (1885).

Ayant pris un congé, va à Munich comme étudiant libre (octobre-1886-octobre 1888). Répétiteur au lycée de Belfort (1888). Professeur d'allemand au collège de Valence (1891) et au lycée de Rochefort (1893) pour l'enseignement classique et la classe préparatoire à Saint-Cyr.

VERRIER, Edouard-Joseph

Né le 12 janvier 1860, à Giromagny. Elève-maître de 1876 à 1879. Brevet facultatif (août 1879).

Instituteur-adjoint à Rougemont (1879) et à Etueffond (1881). Instituteur à Petitmagny (1882). Chargé du cours de dessin au collège de Luxeuil (1884). En congé (janvier 1894-1898). Chargé du cours de dessin au collège de Salins (1898).

BAGUE, Marie-Armand-Auguste

Né le 17 octobre 1858 à Lavigney. Elève-maître de 1877 à 1880. Brevet facultatif (août 1880). Brevet supérieur (15 août 1881). Certificat d'aptitude à l'enseignement du travail manuel (août 1884). Certificat d'aptitude au professorat des sciences dans les écoles normales (juillet 1886).

Instituteur-adjoint à Arc-les-Gray (1880), puis à Gray (octobre 1881-décembre 1882). Elève à l'Ecole spéciale de travail manuel (décembre 1882-octobre 1884). Professeur à l'Ecole normale d'Arras (octobre 1884-avril 1888) et à l'Ecole normale de Châlons-sur-Marne (avril 1888).

Officier d'académie (février 1896).

LESTRADE, Auguste-Marie

Né le 21 août 1860, à Raincourt. Elève-maître de 1877 à 1880. Brevet facultatif (août 1880). Certificat d'aptitude (1er degré) à l'enseignement du dessin dans les lycées et collèges (1882). Admissible au 2e degré en 1883.

Professeur de dessin au collège de Lure (mars 1881). Professeur de dessin d'imitation et de dessin géométrique au collège de Remiremont, au cours secondaire de jeunes filles, et directeur des cours municipaux de dessin de ladite ville (octobre 1883). Professeur de dessin d'imitation et de dessin géométrique au collège et directeur des cours municipaux de dessin de Médéa (octobre 1887). Chargé en outre de l'enseignement de l'allemand dans les classes supérieures de l'enseignement secondaire audit collège (décembre 1889).

Médaille de bronze à l'Exposition de Tunis pour une Méthode de perspective d'observation (1888).

Médailles de bronze à l'Exposition universelle de Paris (1889), à l'Exposition internationale de Bordeaux (1895), à l'Exposition internationale de Rouen (1896), et à l'Exposition universelle de Paris (1900).

Officier d'académie (juillet 1897).

CAMELOT, Henri-Clément-Auguste

Né le 26 juillet 1862, à Esmoulins. Elève-maître de 1878 à 1881. Brevet simple (juillet 1881).

Instituteur-adjoint à Arc-les-Gray (1881), puis suppléant départemental (1882). Instituteur primaire au lycée de Vesoul (1884).

BERTIN, Etienne-Théophile

Né le 11 mai 1862, à Bourbévelle. Elève-maître de 1878 à 1881. Brevet simple (1880) et brevet complet (août 1881). Elève à l'école normale d'enseignement secondaire spécial de Cluny (1881-1883). Brevet scientifique de l'enseignement spécial (1883). Licence ès sciences mathématiques (1895).

Professeur de mathématiques aux collèges de Bonneville (1885), de Pontarlier (1887), de Saint-Pol (1890), de Sancerre (1894) et de Langres (1898).

JAMAIS, Pierre-Joseph

Né le 23 avril 1861, à Lambrey. Elève-maître de 1879 à 1882. Brevet élémentaire (juillet 1880). Brevet supérieur (juillet 1882). Certificat d'aptitude pédagogique (1883). Certificat d'aptitude au professorat des lettres dans les écoles normales (1888). Certificat d'aptitude à l'inspection primaire (1892).

Maître élémentaire au collège de Dôle (1882). Aspirant répétiteur au collège de Sens (décembre 1884). Maître-adjoint délégué (1885), puis professeur (1888) à l'école normale de Quimper. Professeur-directeur de l'école annexe de Saint-Brieuc (1890). Inspecteur primaire à Sartène (décembre 1892) et à Ajaccio (mai 1895). Directeur de l'école normale d'Ajaccio (1899).

Officier d'académie (1897). Chevalier du Mérite agricole (1899).

PERRENOT, Charles-Fernand

Né le 7 juin 1863, à Lusy (Nièvre). Elève-maître de 1879 à 1882. Brevet supérieur (juillet 1882). Certificat d'aptitude pédagogique (février 1887). Diplôme de maître de gymnastique (juillet 1889). Certificat d'aptitude au professorat des sciences dans les écoles normales (1893).

Instituteur-adjoint à Scey-sur-Saône (1882), au cours complémentaire de Fougerolles (janvier 1884) et à l'école annexe de l'école normale d'Alger (mai 1886). Délégué à la direction de l'école annexe à Alger (mai 1886) et à Gap (janvier 1888). Professeur directeur de l'école annexe de Gap (août 1893).

Officier d'académie (avril 1896).

MELIN, Paul-Joseph

Né le 11 mars 1861, à la Basse-Vaivre. Élève-maître de 1879 à 1882. Brevet supérieur (août 1882).

Instituteur-adjoint à Champagney (1882). Instituteur titulaire à Paris (janvier 1884). Répétiteur à l'école Arago (juillet 1884). Chef de culture, professeur à l'école d'agriculture du Rhône (octobre 1885). Élève à l'Institut agronomique (1887-1890). Diplôme d'ingénieur agronome (juillet 1889). Professeur à l'école d'agriculture de la Mayenne (juillet 1890). Titulaire de la chaire d'agriculture de Belley (août 1892).

Chevalier du Mérite agricole (janvier 1895).

DUFOURG, Auguste-Joseph-Marie

Né le 1er novembre 1862, à Vauvillers. Élève-maître de 1879 à 1882. Brevet supérieur (1882). Baccalauréat ès sciences (Nancy, 21 juillet 1890). Certificat de minéralogie (Besançon, 10 juillet 1897). Certificat de chimie agricole (Besançon, 11 juillet 1898).

Répétiteur au lycée de Vesoul (1882) et au lycée de Besançon (1895).

PÉROZ, Jules-Augustin

Né le 20 avril 1863, à Champagney. Élève-maître de 1879 à 1882. Brevet élémentaire (1881). Brevet supérieur (avril 1883).

Instituteur-adjoint à Plancher-les-Mines (1882). Instituteur à Velleguindry (1884). Démissionnaire (1886). Militaire au 44e de ligne (1886). Successivement caporal, sergent-fourrier, sergent-major et élève à Saint-Maixent (1891). Sous lieutenant au 101e (1892). Lieutenant au 101e (1894).

BOBAY, François-Joseph

Né le 8 juin 1863, à Montreux-Vieux (Haut-Rhin). Élève-maître à Vesoul (1879-1880), à Belfort (1880-1882). Brevet supérieur (août 1882). Certificat d'aptitude à l'enseignement de l'allemand dans les écoles normales (1887). Diplôme de professeur d'école normale (lettres, 1889). Certificat d'aptitude à l'enseignement de l'allemand dans les lycées et collèges (1891).

Instituteur-adjoint à l'école annexe de Belfort (1882). Maître-surveillant à l'école normale de Belfort (1882). Boursier d'allemand à Küssnacht (Suisse) de 1883 à 1884, puis à Eger (Bohême) de 1884 à 1885. Maître-adjoint délégué à l'école normale de Loches (1885) et à l'École normale de Vesoul (1886). Professeur d'École normale à Vesoul (1889). Professeur d'allemand au collège de Montbéliard (1893).

Officier d'académie (1901).

RONDOT, Henri-Louis-Gabriel

Né le 11 novembre 1863, à Paris. Élève-maître de 1880 à 1883. Brevet supérieur (août 1883).

Instituteur-adjoint à Vesoul (octobre-novembre 1883). Professeur de dessin aux collèges de Lure (novembre 1883), de Sainte-Menehould (1888) et de Remiremont (janvier 1889). Directeur des cours municipaux de dessin de Remiremont. Professeur de dessin aux cours secondaires de jeunes filles.

Officier d'académie (1895).

Médailles de bronze et d'argent aux expositions des beaux-arts de Langres, de Nancy et de Dijon (1897 et 1898).

ROUSSE, Céleste-Marie-Emmanuel

Né le 16 août 1864, à Saint-Sulpice. Élève-maître en 1880. Démissionnaire (6 mars 1883). Brevet élémentaire (1881). Certificat de grammaire (1883).

Soldat au 60e de ligne en 1884. Sergent-major (1888). Élève à Saint-Maixent (1888). Sorti le 5e en 1889. Sous-lieutenant au 3e régiment de turcos. Lieutenant en 1891.

Campagnes à l'extrême sud-africain (1897-98).

ROUSSEL, Emile-Stanislas

Né le 5 février 1864, à Betaucourt. Elève-maître (1880). Brevet élémentaire (novembre 1881). Démissionnaire (31 décembre 1881).

Engagé volontaire au 15e bataillon de chasseurs à pieds (mars 1882). Caporal (30 septembre 1882). Sergent-fourrier (30 mars 1883). Sergent-major (30 septembre 1883). Admis avec le n° 7 à Saint-Maixent (1885). Sorti en 1886 avec le n° 15 et nommé sous-lieutenant au 76e d'infanterie. Lieutenant le 30 décembre 1889, au 35e à Belfort. Admissible avec le n° 83 aux examens oraux de l'école de guerre (1894). Officier d'ordonnance du général Jeannerod à Belfort (1894-95) et du général Michaud (juin-décembre 1895). Capitaine au choix, le 30 décembre 1895, au 27e de ligne, à Dijon.

FALQUE, Jules-Henri

Né le 4 février 1864, à Chassey-les-Montbozon. Elève-maître de 1881 à 1884. Brevet élémentaire (1882). Brevet supérieur (juillet 1884).

Instituteur-adjoint à Vesoul (septembre 1884). Instituteur titulaire adjoint (septembre 1887). Instituteur suppléant départemental (novembre 1887). Rédacteur à la préfecture de la Haute-Saône (1er novembre 1898). Secrétaire de la sous-préfecture de Gray (avril 1901).

GUYOT, Paul-Aimé

Né le 28 avril 1865, à Montagney (Doubs). Cours normal 1881-1884. Brevet élémentaire (1882). Baccalauréat ès sciences, puis brevet supérieur (juillet 1884). Sorti de l'école le 28 juillet, il entre comme boursier départemental, au lycée de Besançon, dans la classe de mathématiques spéciales, en octobre 1884. Admis à l'école polytechnique en 1886, il en sort en 1888, pour aller à l'école d'application du génie à Fontainebleau.

Lieutenant du génie en 1890 (5e régiment). Capitaine en 1897. A rempli plusieurs missions au Soudan et au Congo. Expédition de Chine (1900).

Chevalier de la Légion d'honneur (décembre 1899).

PATUSSET, Eugène-Marie-Lucien

Né le 14 juillet 1864, à Mercey-sur-Saône. Elève-maître de 1881 à 1884. Brevet supérieur (juillet 1884). Certificat d'aptitude au professorat (lettres) des écoles normales (1890).

Instituteur-adjoint à Dampierre-sur-Salon (1884). Instituteur suppléant départemental (1885). Délégué comme maître-adjoint à l'école normale de Mirecourt (1887). Elève à l'école de Saint-Cloud (1888-1890). Professeur à l'école normale de Belfort (1890) et à celle du Puy (1892).

Officier d'académie (1901).

CAMPIN, Pierre-François-Frédéric

Né le 7 décembre 1863, à Quitteur. Elève-maître de 1882 à 1885. Brevet élémentaire en mars 1882. Brevet supérieur en juillet 1885. Admis à l'école normale d'enseignement spécial de Cluny en octobre 1885. Bachelier ès sciences (1886). Boursier de licence à la faculté des sciences de Lyon (1888). Licence ès sciences naturelles (juillet 1891). Professeur à l'école primaire supérieure de Charleville (1893).

JEUNOT, Auguste-Alfred

Né le 7 mai 1867, à Courchaton. Elève-maître de 1882 à 1885. Brevet élémentaire (juillet 1883). Brevet supérieur (juillet 1886). Diplôme de professeur d'école de commerce et d'industrie (1894).

Instituteur-adjoint dans différentes localités, en dernier à Vesoul. Professeur à l'école professionnelle de Nîmes (1894).

MILLEROT, François-Adolphe

Né le 4 mars 1865 à Baulay. Elève-maître de 1882 à 1885. Brevet élémentaire (mars 1882). Brevet supérieur (juillet 1885). Certificat d'aptitude au professorat des sciences dans les écoles normales (1889). Certificat d'aptitude à l'inspection primaire (mars 1896).

Instituteur-adjoint à Fresse (1885-1886) Elève à l'école normale de Saint-Cloud (1886-1888). Professeur à l'école normale de Montbéliard (1888) et à l'Ecole normale d'Amiens (1890).

Inspecteur primaire à Moutiers (avril 1896).

Officier d'académie (1898).

DROUOT, Jean-Baptiste-Edmond

Né le 13 octobre 1867, à Agey (Côte-d'Or). Elève-maître de 1883 à 1886. Brevet élémentaire en juillet 1884.

Instituteur stagiaire en Savoie de novembre 1887 à janvier 1888. Après concours, entre le 1er janvier 1888 à l'Institution nationale des sourds-muets de Paris, en qualité de répétiteur de troisième classe. Conquiert les divers grades de l'enseignement des sourds-muets aux examens de 1889-1890-1892 et 1893. Est actuellement professeur audit établissement.

A publié dans un grand nombre de Revues parisiennes, notamment dans la *Revue pédagogique*, la *Revue encyclopédique de Larousse*, la *Nature*, la *Revue philanthropique*, la *Revue internationale de l'enseignement des sourds-muets*, la *Revue pédagogique pour les jeunes filles* et la *Revue de pédagogie comparative de Nantes*, des articles sur les sourds-muets et leur enseignement. Auteur de :

1º *La première éducation du sourd-muet dans la famille et à l'école primaire* (Conseils aux parents et aux instituteurs). Librairie Hachette 1898.

2º *Du rôle de l'instituteur primaire dans l'éducation des enfants anormaux*. (Mémoire couronné par le cercle pédagogique des instituteurs et institutrices de Loire-Inférieure. Extraits de la *Revue internationale de pédagogie comparative de Nantes*).

Membre de l'Association générale de la Presse de l'enseignement.

HAYAUX, Jules-Alphonse

Né le 12 décembre 1867, à Vauvillers. Elève-maître de 1883 à 1886. Brevet élémentaire en juillet 1884. Brevet supérieur en juillet 1886. Elève à la ferme école de Beaufroy (Vosges) en 1886. Diplôme de professeur des classes élémentaires des lycées (juillet 1894).

Instituteur-adjoint à l'orphelinat Prévost, à Cempuis (Oise) en 1886. Instituteur stagiaire à Jussey en octobre 1887, puis à Vesoul (1888). Professeur des classes élémentaires au lycée d'Alençon (octobre 1894).

QUENEY, Joseph-Auguste

Né le 22 juillet 1867, à Abelcourt. Elève-maître de 1883 à 1886.

Brevet élémentaire en juillet 1884. Brevet supérieur en juillet 1886. Diplôme de professeur d'école normale (sciences) en 1891.

Délégué à l'école normale de Rodez pour l'enseignement du travail manuel (17 février 1887), ensuite à l'école normale d'Angers (1888). Élève à l'école primaire supérieure de Saint-Cloud, section des sciences en 1889. Professeur à l'école normale du Puy (1891), à celle de Montbrison en 1895, et à celle de Lyon (1900).

REGNAULD, Joseph

Né le 18 septembre 1867, à Oyrières. Élève-maître de 1884 à 1887. Brevet élémentaire en juillet 1884. Brevet supérieur en juillet 1887. Diplôme de professeur d'école normale (sciences) en 1890.

Élève à la ferme-école de La Roche (Doubs) en 1887-1888. Élève à l'école normale de Saint-Cloud en 1888. Professeur à l'école normale de Valence en 1890, puis à l'école normale de Tunis en 1891, et à l'école normale de Chartres (octobre 1895).

SOYER, Auguste-Joseph

Né le 9 août 1868, à Velesmes. Élève-maître de 1884 à 1887. Brevet élémentaire en juillet 1885. Brevet supérieur en octobre 1887.

Élève à la ferme-école de La Roche (1887-1888). Stagiaire à Arc-les-Gray (1888). Maître répétiteur aux collèges de Gray et de Salins. Bachelier ès sciences en 1892. Boursier de licence à Besançon la même année. Licencié ès sciences physiques en 1893. Boursier de licence à Besançon, pour les mathématiques, en 1893. Maître répétiteur au lycée de Vesoul en 1895. Licencié ès sciences mathématiques en 1896. Boursier d'agrégation (sciences physiques) à Nancy, en 1896. Professeur de physique au collège de Bourgoin (Isère) en 1898.

JACQUEMARD, Alcas-Auguste-Emmanuel

Né le 14 avril 1870, à Bourguignon-les-Morey. Élève-maître de 1885 à 1888. Brevet élémentaire en juillet 1886. Brevet supérieur en octobre 1888.

Élève à l'Ecole Mathieu de Dombasle, près de Nancy (1888-1889). Stagiaire à Fougerolles (1889), puis attaché à l'Inspection académique de Vesoul (1890). Fait son service militaire en 1891-1892. Stagiaire suppléant départemental à Vesoul en 1892. Elève à l'Ecole normale primaire supérieure de Saint-Cloud en 1894. Pourvu du professorat des écoles normales (sciences) en 1896. Professeur à l'école primaire supérieure d'Aubeterre (Charente) en septembre 1896, à l'école primaire supérieure de Douai (Nord) en avril 1897, puis professeur directeur à l'école annexe à l'école normale de la Sauve (Gironde) en septembre 1897.

COUSIN, Léon-César

Né le 25 juillet 1868, à Montbozon. Elève-maître de 1886 à 1889. Brevet supérieur et certificat d'aptitude à l'enseignement de la gymnastique en juillet 1889. Elève à l'école Mathieu-de-Dombasles, près de Nancy (1889-1890). Certificat d'aptitude au professorat des lettres (1901).

Stagiaire à Gy (1890), à Lure (1892), à Vesoul (1893). Délégué comme maître-adjoint à l'école normale de Quimper (1894). Instituteur-adjoint à l'école primaire supérieure de Vaucouleurs (Meuse) (1896).

ROLLET, Albert-Marie

Né le 11 avril 1872, à Vallerois-le-Bois. Elève-maître de 1888 à 1891. Brevet supérieur et certificat d'aptitude à l'enseignement de la gymnastique en juillet 1891. Elève à l'école Mathieu-de-Dombasles (1891-92). Inscrit comme suppléant sur la liste des admissibles à l'école de Saint-Cloud, après un an de stage à Gouhenans, il reçoit une délégation de maître-adjoint à l'école normale de Bonneville en décembre 1892. Fait son service militaire en 1893-94, et obtient le certificat d'aptitude pédagogique pendant cette période. Stagiaire à Vesoul en 1894. Reçu à l'examen du professorat en 1897, il est envoyé en octobre comme professeur à l'école normale de Foix, puis, en janvier 1899, à celle de Douai.

COLLINET, Edouard-Pierre

Né le 6 juin 1874, à Champlitte-la-Ville. Elève-maître de 1890 à 1893. Brevet supérieur et certificat d'aptitude à l'enseignement de la gymnastique en juillet 1893. Service militaire en 1895-96. Elève à l'Institut agronomique de 1896 à 1898. Diplôme d'ingénieur agronome à sa sortie de l'Institut.

Professeur d'agriculture à Joinville-le-Pont (Seine) en 1898.

Attaché au Laboratoire municipal de la ville de Paris.

COPPEY, Léon-Joseph-Amédée

Né le 30 mai 1874, à Dampierre-les-Conflans. Elève-maître de 1890 à 1893. Brevet élémentaire en octobre 1890. Brevet supérieur et certificat d'aptitude à l'enseignement de la gymnastique en juillet 1893. Baccalauréat ès sciences en juillet 1894. Répétiteur au collège de Gray en 1893, au collège de Baume-les-Dames en 1894. Service militaire en 1895-96. Boursier de licence à Besançon en en 1897. Licence ès sciences naturelles (août 1899). Boursier d'agrégation à Paris (1899). Admissible à l'agrégation d'histoire naturelle (1900). Agrégé des sciences naturelles avec le n° 1 en 1901.

Une école normale qui a produit des hommes dont les qualités d'intelligence, d'énergie et de persévérance se révèlent sous des formes si diverses, dans les courtes notices qu'on vient de lire, n'a-t-elle pas le droit de s'en enorgueillir ? Ainsi qu'on devait s'y attendre, la plupart ont pourtant fait leur chemin dans l'enseignement. On compte parmi les anciens élèves-maîtres de Vesoul :

1 Inspecteur général (1),
1 Professeur de faculté,
1 Assistant au Muséum d'histoire naturelle à Paris,
1 Inspecteur d'Académie,
1 Proviseur,
18 Professeurs ou chargés de cours de lycée,
2 Principaux de collège,
19 Professeurs de collège,
8 Directeurs d'école normale,
10 Inspecteurs primaires,
1 Directeur d'école primaire supérieure,

(1) Les fonctions indiquées ici sont celles auxquelles les anciens élèves sont parvenus soit au moment de la cessation de leurs services soit à la date de la publication de la Monographie.

12 Professeurs d'école normale ou d'école primaire supérieure,
4 Maîtres-adjoints d'école normale,
1 Professeur des classes élémentaires des lycées,
11 Maîtres des classes élémentaires ou autres fonctionnaires, diplômés de l'enseignement secondaire ou de divers établissements d'enseignement,
2 Professeurs d'agriculture, ingénieurs agronomes.

On peut s'assurer, à l'examen des dates, que ce n'est pas par une poussée momentanée et exceptionnellement que des élèves-maîtres sont sortis du rang. Dès l'origine, il y en eut en qui l'Ecole normale alluma le feu sacré. Les premiers récompensés de leurs efforts excitèrent par leur exemple l'émulation de leurs successeurs. Peu à peu, un sentiment de fierté généreuse s'empara des générations nouvelles à la pensée des succès remportés par plusieurs de ceux dont elles avaient pris la place. L'honneur du drapeau, non moins que l'intérêt individuel, entraîna sur les traces de ces derniers les natures bien douées. Ainsi s'établirent des traditions qui se sont, sans interruption, perpétuées jusqu'aujourd'hui. Espérons qu'elles ne se perdront pas de sitôt. Les normaliens de la Haute-Saône ne voudront pas démentir le bon renom que leurs devanciers ont acquis à leur école normale.

XVII

ASSOCIATION AMICALE

DES

ANCIENS ÉLÈVES

Cette monographie ne serait pas complète s'il ne s'y ajoutait un chapitre sur « l'Association amicale des anciens élèves », qui continue moralement l'Ecole normale. Au lieu de se dissoudre comme autrefois, après la dispersion des promotions, la famille normalienne, grâce à l'Association amicale, demeure unie. Ceux de ses membres qui auparavant vivaient comme étrangers les uns aux autres, parce qu'ils appartenaient à des divisions non contemporaines, se rapprochent fraternellement dans les réunions annuelles où se débattent les questions d'ordre moral et matériel qui intéressent l'Association. Tous se sentent chaud au cœur et ragaillardis dans ce milieu sympathique. Quiconque, par suite des circonstances, ne peut s'y rendre, en reçoit du moins l'écho par le *Bulletin*, dont la lecture le fait vivre en pensée pendant quelques instants avec « les camarades ». Ce qui vaut mieux, c'est de savoir qu'on n'est pas isolé dans la société, d'avoir la persuation qu'on y trouvera au besoin, par l'Association amicale, l'aide morale et même, dans certains cas, l'aide pécuniaire qu'on se prête avec empressement dans une famille où règne l'accord. Quel réconfort dans les moments d'affaissement, auxquels peu d'hommes échappent ! Quelle confiance aussi y gagnent les jeunes, qu'elle met en contact intime avec les aînés, déjà parvenus, qui leur tendent la main pour les tirer à eux !

Quelques anciens élèves avaient conscience des avantages qui devaient sortir d'une association amicale. Ils les avaient touchés du doigt en voyant fonctionner ailleurs des associations semblables.

Ils tentèrent d'en assurer le bénéfice aux normaliens de Vesoul. Chose digne de remarque, ce n'est pas à eux-mêmes qu'ils songeaient principalement en prenant cette initiative : ils avaient prouvé par ce qu'ils avaient fait qu'ils n'en avaient pas besoin. Ils pensaient au moins favorisés, à qui l'institution pourrait rendre de précieux services. Leurs essais, plusieurs fois renouvelés, demeurèrent vains. Le dernier, en 1885, partit de professeurs de l'Ecole normale, qui avaient fait leurs études dans l'établissement. Le sentiment qui les guidait aurait dû, semble-t-il, leur assurer la réussite. Leur appel ne fut pas entendu, parce qu'ils agissaient sans mandat, avec le seul souci de se rendre utiles. Il faut presque toujours faire du bien aux hommes malgré eux.

Cependant partout les associations amicales se multipliaient, dans l'enseignement secondaire, dans l'enseignement primaire. Depuis, le mouvement s'est singulièrement étendu.

En 1890 vint dans le département de la Haute-Saône un inspecteur d'Académie, M. Fleuriel, qui avait constaté, dans d'autres départements, la grande utilité, pour ses membres, d'une association amicale des anciens élèves de l'Ecole normale. Il songea, dès son arrivée, aux moyens d'en assurer le gain à ses nouveaux administrés. Le Directeur de l'Ecole normale, qui comptait douze années de services dans le département, dont quatre années comme inspecteur primaire, lui parut tout désigné pour lancer l'idée et conduire le projet à complète réalisation. Il le pria de s'en charger, en lui promettant son aide morale. Le Directeur accepta cette mission avec d'autant plus d'empressement, qu'il y voyait l'occasion d'une bonne œuvre à accomplir, dont le plus grand profit reviendrait à ses propres élèves. Il se mit au travail immédiatement, habilement secondé par le directeur de l'école municipale de Vesoul, M. Lalouette, aujourd'hui en retraite. Il fallait d'abord rechercher les adresses des anciens élèves. Le registre matricule de l'Ecole fournit tous les noms. Mais combien de ceux qui les portaient avaient quitté l'enseignement primaire et s'étaient dispersés au loin ! Grâce à M. Lalouette, on les retrouva presque tous. Son étonnante mémoire avait conservé un souvenir exact des personnes et des étapes de leur carrière. Il a été un ouvrier actif de la constitution de l'Association. Il convient de lui rendre cette justice.

Le Directeur de l'Ecole normale, après ce travail préliminaire, adressa à tous les anciens élèves dont l'adresse était connue une lettre-circulaire destinée à leur annoncer le projet et à solliciter leur adhésion. Cette circulaire appartient à l'histoire de l'Association. Aussi la reproduit-on ici.

Vesoul, le 16 janvier 1891.

« Monsieur,

« Avec l'autorisation et l'appui bienveillant de M. l'Inspecteur
« d'Académie, qui en a même eu la première inspiration, je viens
« vous soumettre une idée qui, je l'espère, vous agréera, car elle
« répond au désir du grand nombre. Il s'agit de la formation d'une
« association entre les anciens élèves-maîtres de l'Ecole normale de
« Vesoul.

« De semblables associations existent déjà entre les anciens
« élèves de la plupart des lycées et ceux des écoles normales supé-
« rieures. Leur rapide multiplication atteste assez leur utilité.

« Peut-on, pendant trois des plus belles années de sa vie, avoir
« vécu dans un même établissement, où, en respirant le même air,
« on a recueilli les mêmes traditions et reçu les mêmes enseigne-
« ments et la même éducation, sans se sentir unis les uns aux
« autres par d'étroits liens ? Ce ne sont pas seulement les condis-
« ciples qui en subissent l'action. Les diverses générations d'élèves
« qui se succèdent dans la même maison ne peuvent plus se consi-
« dérer comme étrangers. Imprégnées d'un même esprit, elles for-
« ment une grande famille dont tous les membres se reconnaissent
« moralement solidaires. Il n'en est pas un qui ne bénéficie du bon
« renom de l'Ecole, et qui ne tienne à honneur de s'en montrer
« digne, tout en contribuant à l'accroître.

« Bien que très vif, ce sentiment perd à la longue, faute d'ali-
« ment, une grande partie de sa puissance. L'association dont je
« propose la formation en empêcherait le lent étiolement, et lui
« donnerait toute son efficacité.

« Grâce à elle tous les normaliens se grouperaient en un vigou-
« reux faisceau. Elle les soustrairait ainsi à l'isolement moral,
« souvent si pernicieux aux faibles. En les rapprochant d'une ma-
« nière effective, elle rendrait plus fécond l'exemple des forts, dont

« la carrière, toute d'honneur, de travail et de dévouement, a reçu
« sa récompense. Plus d'un jeune peut-être, guetté par le découra-
« gement, y puiserait l'énergie nécessaire pour ne pas s'abandonner
« et faillir.

« Mais en dehors de cette aide morale, que l'association prêterait
« à tous ses membres, pourquoi n'interviendrait-elle pas, par un
« secours pécuniaire, là où cesse la sphère d'action de la société
« de secours mutuels? D'autre part, ne pourrait-elle, autant que
« ses ressources le lui permettront, accorder chaque année un ou
« plusieurs prix à l'élève-maître ou aux élèves-maîtres qui se seront
« distingués soit dans leurs études, soit à l'école annexe? Et si un
« candidat à l'école normale a besoin de secours pour se procurer
« le trousseau réglementaire, n'y a-t-il pas là une bonne œuvre
« tout indiquée à l'association ?

« On le voit, notre association ne se confondrait pas avec la
« Société de secours mutuels. Elle ne lui ferait pas non plus
« concurrence : elle la compléterait. On conçoit bien d'après cela
« qu'elle tend essentiellement à ce but : rendre réelle la constitution
« de la grande famille normalienne.

« On n'atteindra ce résultat qui si l'association devient vivante
« et agissante : ce qui suppose qu'elle possédera des ressources, et
« que ses membres se rapprocheront ailleurs que sur le papier.

« Ses ressources ne peuvent provenir que des cotisations indivi-
« duelles et des offrandes de généreux donateurs. Pour que le taux
« de la cotisation ne constitue pas un obstacle à l'entrée dans
« l'association, il conviendrait de le fixer à un chiffre assez bas.
« Trois francs ne vous paraîtraient-ils pas un taux raisonnable ?
« Rien ne s'oppose d'ailleurs à ce qu'on en choisisse un autre.

« Enfin, pour que l'association ne demeure pas un vain mot,
« elle se réunirait chaque année. Pourquoi ses membres ne s'asseoi-
« raient-ils pas à une table modeste et tout intime? Là on causerait
« avec abandon, comme on cause dans la maison, autour du foyer
« ou de la table de famille; on se réjouirait avec ceux que le sort à
« favorisés pendant l'année écoulée, ou qui, par leur énergie, leur
« savoir-faire, leurs qualités diverses, lui ont forcé la main et
« honorent l'association ; on adresserait une parole d'adieu à ceux
« que la mort aurait enlevés ; on s'entretiendrait de l'École normale

« elle-même, cette commune mère ; on parlerait sans pose, sans
« phrase, de tout ce qui intéresse l'association ; on vivrait enfin
« pendant quelques heures dans une communauté de pensées et de
« sentiments dont on se sentirait réchauffé, et dont on conserverait
« précieusement le souvenir jusqu'à la réunion suivante.

« Dans le cas où le projet d'association que je vous soumets
« obtiendrait votre adhésion, je vous serais obligé, Monsieur, de
« m'en donner avis.

« Veuillez agréer, Monsieur, l'expression de mon entier dévoue-
« ment.

« *Le Directeur de l'Ecole normale,*

« J. VALLÉE ».

Pour bien marquer que l'administration regardait le projet d'un œil favorable, M. l'Inspecteur d'Académie avait inséré l'appel du directeur dans le *Bulletin de l'Instruction primaire de la Haute-Saône* (numéro de janvier 1891). Sous l'influence de ce haut patronage, les adhésions arrivèrent promptement et en assez grand nombre, pour que, dans son numéro de mars 1891, le *Bulletin de l'Instruction primaire* publiât un projet de statuts pour la future association.

Sur ces entrefaites un ami de l'instruction adressait à un journal local une intéressante communication concernant les associations amicales d'instituteurs. Dans son premier numéro, le *Bulletin de l'Association*, auquel sont empruntés la plupart de ces renseignements, la reproduit. Elle ne sera pas déplacée dans ce travail. La voici :

« En parcourant le n° 3 du *Bulletin de l'Instruction primaire*
« *du département de la Haute-Saône*, j'ai lu avec un vif intérêt un
« projet de statuts pour l'Association des anciens élèves de l'Ecole
« normale de Vesoul. Tout naturellement, je me suis reporté au
« n° 1 dudit *Bulletin*, qui contient la circulaire adressée aux
« intéressés par le Directeur de l'établissement. Circulaire et
« statuts font bien connaître l'esprit et le but de l'Association. Il
« s'agit avant tout de « resserrer les relations amicales que l'Ecole
« normale a fait naître » afin de grouper dans « un vigoureux
« faisceau » les cœurs et les volontés que l'isolement tue. Sans
« doute des secours provenant du produit des cotisations, sans

« lesquelles aucune association ne saurait vivre, pourront être
« distribués aux membres qui en auront besoin. Mais avant tout
« on se propose de rapprocher effectivement ceux qui ont vécu de
« la même vie matérielle et morale pendant les trois plus belles
« années de leur jeunesse, soit ensemble, soit successivement, et
« qui ont emporté aux vents de l'horizon, pour les distribuer à
« l'enfance, les leçons communes dont on a nourri leur esprit et
« leur cœur. Tous, il est vrai, ne sont pas demeurés instituteurs.
« Quelques-uns, favorisés par les circonstances ou doués d'une
« persévérante énergie, se sont élevés dans l'enseignement. On en
« trouve, paraît-il, qui sont devenus professeurs et directeurs
« d'école normale, inspecteurs primaires, professeurs à des titres
« divers dans l'enseignement secondaire et même dans l'ensei-
« gnement supérieur, sans parler de ceux qui ont fait leur chemin
« dans d'autres carrières. Est-ce que les jeunes maîtres récemment
« sortis de l'École, que les réunions de l'Association mettront en
« contact avec ces aînés, qui font tant d'honneur à la maison
« mère, ne se sentiront pas encouragés et stimulés à travailler
« opiniâtrément pour tâcher de marcher sur leurs traces, ne
« serait-ce que de loin ?

« Il me semble que si j'avais eu l'honneur d'être élève d'une
« école qui, comme l'École normale de Vesoul, a le droit de
« s'enorgueillir des nombreuses personnalités qu'elle a produites,
« je m'empresserais d'entrer dans une association qui, en me
« rapprochant des hommes distingués qu'elle réunira, décuplerait
« mes forces morales. Dans une démocratie, l'association devient
« une nécessité. Sans elle, l'individu livré à lui-même s'alanguit.
« Avec elle, il se sent soutenu et entraîné. Or, l'instituteur, isolé
« dans son village, où il est trop tenté de s'abandonner lui-même,
« a besoin de se retremper de temps en temps dans un milieu
« approprié. Il n'en est pas de meilleur que celui d'une association
« des anciens élèves d'une même école. Tous, dans les réunions,
« réagissent mutuellement les uns sur les autres, et ravivent en eux
« par ce commerce les énergies qui, sans ce secours, courraient
« grand risque de s'éteindre.

« Allons, Messieurs les instituteurs, vous avez besoin d'être
« forts pour perfectionner votre instruction et pour combattre un
« ennemi toujours renaissant : l'ignorance.

« Que tous les anciens élèves de l'Ecole normale entrent donc
« dans l'association projetée. Ils en recueilleront des avantages
« moraux inappréciables, qui les grandiront aux yeux des
« populations et dont l'influence rejaillira sur leur bien-être. Et
« nous, qui n'avons qu'un désir, assurer le progrès intellectuel et
« moral du peuple sur qui reposent nos institutions libérales, nous
« applaudirons de grand cœur à l'œuvre à laquelle vous êtes
« conviés et qui, en vous sollicitant à vous perfectionner vous-
« mêmes, contribuera par contre-coup à élever votre enseignement ».

Le 28 septembre 1891, sur la convocation du Directeur, une réunion avait lieu à l'Ecole normale ; les statuts étaient arrêtés, et une Commission, chargée de veiller aux intérêts de l'Association, était nommée par les quatre-vingts adhérents présents.

Dès la première année l'Association comprit cent soixante-quatre membres. Les instituteurs naturellement y dominent. Parmi eux on remarque deux vétérans, alors septuagénaires. L'un des deux existe encore. Un autre est venu depuis. De sorte qu'aujourd'hui l'Association possède deux octogénaires, dont l'un assiste régulièrement aux réunions annuelles, et n'est pas le dernier à y aller de sa gaie chanson au banquet qui les suit. Ceux que les circonstances ont éloignés du département ont été des premiers à envoyer leur adhésion. On voit dans la liste primitive :

Un inspecteur d'académie,
Cinq professeurs de lycées,
Cinq professeurs de collèges,
Deux directeurs d'écoles normales,
Six inspecteurs primaires,
Dix professeurs d'écoles normales,
Cinq employés de ministère, d'inspection académique ou de préfecture,
Un commissaire de police à Paris,
Un capitaine du génie,
Un agent-voyer d'arrondissement, etc.

Le nombre des adhérents actifs de cette catégorie s'est encore accrue depuis, malgré les vides produits par la mort. Aujourd'hui l'Association compte 254 membres, y compris trois membres honoraires, M. Haury, professeur de seconde au lycée de Vesoul, M. Jeannot, inspecteur primaire à Paris, ancien professeur de l'Ecole, et, ce dont elle peut se montrer très fière, M. Gœlzer, maître de conférences à l'Ecole normale supérieure, qui, passant ses vacances dans le département et ayant noué de bienveillantes et aimables relations avec les instituteurs, a voulu se joindre à « ses collègues de l'enseignement primaire », très flattés de cette preuve de sympathie. Si on cherche encore ailleurs la fusion des trois enseignements primaire, secondaire et supérieur, l'Association amicale l'a réalisée depuis plusieurs années avec un rare bonheur.

Deux cent cinquante-quatre membres ! Il s'en faut que cela représente la grande majorité des anciens élèves-maîtres actuellement vivants. En voyant le peu d'empressement des jeunes à entrer dans l'Association, un ancien, préoccupé de leur être utile, a proposé, en 1896, de les admettre sans cotisation jusqu'à leur retour du service militaire. Quand on sort de l'Ecole, on a la bourse plutôt légère, et l'année de caserne ne la remplit pas beaucoup. Deux francs ! c'est presque un capital ! On regarde à s'en dessaisir. On attend deux ans, trois ans, que le portemonnaie soit moins vide, pour demander à faire partie de l'Association. Puis on n'y pense plus et on se voue à l'isolement. Dispenser de cotisation les débutants, c'était lever l'obstacle qui les retenait presque tous de s'unir à leurs aînés. On l'a bien vu. Depuis tous les élèves-maîtres se font inscrire en sortant de l'Ecole.

On ne peut mieux faire que de transcrire les statuts de l'Association, qui en définissent le caractère et en font bien connaître le but.

STATUTS

de l'Association des anciens élèves de l'Ecole normale d'instituteurs de Vesoul, adoptés dans la séance du 28 septembre 1891 et approuvés par arrêté préfectoral du 22 janvier 1892.

I. — Objet de l'Association

ARTICLE PREMIER. — Il est formé une Association entre tous les anciens élèves de l'Ecole normale de Vesoul qui adhèrent aux présents statuts.

Art. 2. — L'Association a pour but :

1º D'entretenir et de resserrer les relations amicales que l'Ecole normale a fait naître ;

2º De venir en aide à chacun de ses membres, soit par son appui moral, soit par des secours pécuniaires, comme il est dit à l'article 7.

Art. 3. — L'Association a son siège à Vesoul.

Art. 4. — Sont seuls admis à faire partie de l'Association les anciens élèves de l'Ecole normale de Vesoul, s'ils sont majeurs ou s'ils ont l'autorisation de leur père ou tuteur.

Peuvent être admis comme membres d'honneur, moyennant le paiement de la cotisation annuelle, MM. les Directeurs et Professeurs de l'Ecole normale depuis sa fondation, et les personnes qui, par leurs dons manuels, en argent ou en nature, concourent au développement et à la prospérité de l'Association.

Art. 5. — Pour être membre de l'Association, il faut :

1º Adhérer aux présents statuts ;

2º Verser une cotisation annuelle de trois francs.

Tout membre de l'Association qui discontinuerait de remplir cette dernière condition, cesserait d'être sociétaire, et les sommes versées par lui antérieurement resteraient acquises au fonds social.

Art. 6. — Le Comité est juge des causes qui auraient pu empêcher un membre de l'Association de payer exactement sa cotisation, et il décide si ce membre doit être relevé de sa déchéance.

II. — Nature de l'Association

Art. 7. — Des secours pourront être accordés aux membres de l'Association, en faisant partie depuis un an au moins, ainsi qu'aux veuves et orphelins des sociétaires décédés.

Les secours en argent seront faits à titre de dons.

Les membres d'honneur ne peuvent prétendre à aucun secours.

Art. 8. — Toute demande de secours doit être formulée par écrit et adressée au Président du Comité.

Art. 9. — Chaque année l'Association publie un bulletin contenant :

1º Le compte-rendu de l'Assemblée générale ;

2º Des renseignements divers relatifs à l'Association et à ses membres.

Art. 10. — Si ses ressources le lui permettent, l'Association pourra faire des dons de livres à la Bibliothèque de l'Ecole normale.

III. — Fonds social

Art. 11. — Le fonds social se compose :

1º D'une cotisation annuelle, versée par chaque sociétaire et fixée à trois francs ;

2º Des sommes versées par les membres d'honneur ;

3º Des dons manuels et généralement de toutes recettes que l'Association pourra réaliser.

Art. 12. — Les recettes annuelles de l'Association, plus les intérêts ou arrérages produits par les fonds lui appartenant, déduction faite des frais généraux, seront à la disposition du Comité pour distribuer des secours aux sociétaires nécessiteux.

Art. 13. — En cas de dissolution, la liquidation s'opérera suivant les règles du droit commun.

IV. — Assemblée générale

Art. 14. — L'Assemblée générale se réunit chaque année. Elle peut être convoquée extraordinairement quand le Comité le juge convenable, ou sur la demande d'au moins vingt sociétaires.

Tous les membres participants ont voix délibérative et droit de vote.

Elle entend et approuve, s'il y a lieu, les comptes annuels des recettes et des dépenses. Elle nomme aux places vacantes du Comité.

Art. 15. — Le compte-rendu des opérations de la Société sera adressé chaque année au Préfet.

Art. 16. — Toute discussion politique ou religieuse est interdite dans les réunions.

V. — Comité de l'Association

Art. 17. — Le Comité se compose de neuf membres, y compris

le Président. Il est élu pour un an, en Assemblée générale ; les membres sortants sont rééligibles. Les fonctions de membre du Comité sont gratuites.

Art. 18. — Le Président du Comité est de droit président de l'Assemblée générale.

Art. 19. — Tous les membres du Comité doivent être Français et jouir de leurs droits civils et civiques.

Art. 20. — Le Comité est convoqué toutes les fois que le Président le juge convenable, ou lorsque cette convocation est demandée par dix membres de l'Association. Le Comité statue à la majorité des membres présents ; en cas de partage des voix, celle du Président est prépondérante.

Art. 21. — Le Comité délibère sur les demandes d'admission, sur les objets prévus à l'art. 9, sur les demandes de secours, sur les radiations et sur toutes les mesures à prendre dans l'intérêt de l'Association.

Art. 22. — Le Comité est chargé de tout ce qui concerne l'administration de l'Association ; il assure la perception des cotisations, la distribution des secours et l'emploi ou le placement des fonds.

VI. — Dispositions générales

Art. 23. — L'Association est représentée en justice et dans la vie civile par le Trésorier.

Art. 24. — Toute modification aux présents statuts ne peut avoir lieu qu'après l'observation des formalités suivantes :

1° Vote avec adhésion de la majorité des membres présents de l'Assemblée générale ;

2° Approbation du Gouvernement.

Art. 25. — L'Association a un règlement intérieur voté par l'Assemblée générale, qui détermine toutes les conditions de détail propres à assurer l'exécution des présents statuts, et auquel chacun des membres est soumis.

Pour compléter les renseignements relatifs à la constitution et au fonctionnement de l'Association, on donne également le règlement de son comité administratif.

RÈGLEMENT

I. — Pouvoirs du Président

Article premier. — Le Président de l'Association et du Comité pourvoit à l'exécution des statuts, du règlement et de toutes les décisions du Comité. Il signe tous les actes, arrêtés et délibérations.

Art. 2. — En cas d'absence ou d'empêchement, il est remplacé par le Vice-Président, qui a, dans ce cas, tous les droits et prérogatives du Président.

II. — Du Comité

Art. 3. — Le Comité se compose d'un Président, d'un Vice-Président, d'un Trésorier, d'un Secrétaire et de cinq membres.

Art. 4. — Les membres du Comité sont nommés par l'Assemblée générale au scrutin secret.

Art. 5. — Le Comité a le droit de prononcer la déchéance d'un de ses membres et l'exclusion d'un sociétaire, pour cause d'indignité personnelle constatée.

Art. 6. — Toutes les décisions du Comité sont soumises au contrôle de l'Assemblée générale.

Art. 7. — Les décisions du Comité sont prises à la majorité simple des membres présents.

Art. 8. — Au cas où les membres du Comité ne répondraient pas en nombre suffisant à une première convocation du Président, une nouvelle convocation serait faite en la même forme. Les questions posées seraient alors votées valablement par la deuxième réunion.

Art. 9. — Le Comité dresse procès-verbal de toutes ses délibérations. Toutes copies et tous extraits de ses procès-verbaux ne sont délivrés que sur l'autorisation du Président.

Art. 10. — Le Comité fixe la date et le lieu de réunion de l'Assemblée générale et en donne avis par des lettres personnelles.

Art. 11. — L'Assemblée générale délibère quel que soit le nombre des membres présents. Tous les membres de l'Association sont tenus d'assister à la réunion générale annuelle.

Art. 12. — Chaque Sociétaire doit la cotisation de l'année

entière à partir du 1er juillet, quelle que soit la date de son inscription.

Art. 13. — La cotisation sera payée en une seule fois dans le premier trimestre. Le Trésorier emploiera les moyens de recouvrement qu'il jugera convenables.

Art. 14. — M. l'Inspecteur d'Académie et M. le Directeur de l'Ecole normale sont présidents d'honneur de l'Association.

Art. 15. — Le Trésorier tient un registre des inscriptions, des recettes et des dépenses de la Société. Il fournit une situation de caisse tous les ans, et plus souvent, si le Comité croit devoir le demander.

Le jour même où l'Association se constituait, le 28 septembre 1891, elle désignait les membres composant son Comité, savoir :

Présidents d'honneur : MM. FLEURIEL, inspecteur d'Académie,
  VALLÉE, directeur de l'Ecole normale ;
Président : DUCHANOY, directeur de l'Ecole de Jussey ;
Vice-Président : CHAUDEY, professeur agrégé au Lycée de Troyes ;
Trésorier : CLERC, professeur à l'Ecole normale de Vesoul ;
Secrétaire : GRÉGOIRE, directeur de l'Ecole annexe de Vesoul ;
Membres : POISSENOT, chef de bureau à la Préfecture ;
  ARNOUX, directeur de l'Ecole de Lure ;
  GARDOT, instituteur à Corbenay ;
  PHILIPPE, directeur de l'Ecole de Gray ;
  LACHAUX, professeur à l'Ecole primaire supérieure de Champlitte.

Depuis le Comité n'a subi que les changements rendus nécessaires par les événements. On n'accusera par les instituteurs d'inconstance.

Une fois l'Association fondée, comment sa vie s'affirma-t-elle ?

1° Par les réunions annuelles de ses membres ;

2° Par les actes de son Comité administratif ;

3° Par la publication de son *Bulletin*, dénommé aujourd'hui *Annuaire*.

Les réunions ont lieu chaque année, en septembre, à l'Ecole normale, berceau de l'Association et toute désignée pour en être le siège.

La question de la date des réunions fut plus d'une fois discutée vivement. En 1896, l'Assemblée générale la trancha en faveur de la fin de septembre, conformément à ce qui s'était toujours pratiqué antérieurement. Le grand motif invoqué, c'est qu'alors chacun regagne son poste, que beaucoup vont au chef-lieu pour leurs petites affaires avant de se remettre à la tâche, qu'ils peuvent s'arranger de façon à s'y rendre au jour de la réunion, et qu'ainsi on a plus de chances de grouper de nombreux adhérents. Généralement l'assemblée en comprend de soixante-dix à quatre-vingts. C'est un beau chiffre, eu égard à la dispersion des sociétaires sur toute la surface du département et même de la France.

La journée se divise en deux parties : le matin se débattent, dans une des salles de l'Ecole normale, les questions qui intéressent l'Association, à midi s'ouvre le banquet où les cœurs s'épanouissent dans une atmosphère de chaude intimité.

A l'Assemblée générale, le président, M. Chaudey, a établi la louable coutume de commencer la séance par une allocution où il donne libre cours à ses sentiments généreux. Tout en rappelant brièvement les circonstances qui au cours de l'année ont influé sur l'Association, il n'oublie pas de célébrer chaleureusement l'esprit de solidarité d'où est née l'Association, qui à son tour l'alimente.

« L'esprit de solidarité, dit-il dans son allocution de 1897 (annu-
« aire de 1898), a toujours existé au moins en germe parmi les élèves
« de l'Ecole ; il ne lui manquait qu'un milieu favorable à son déve-
« loppement ; ce milieu, c'est l'Association.

« Pour ma part, je puis donner une belle preuve de ce vieux
« sentiment quasi instinctif qui relie les membres de la famille
« normalienne. J'ai rencontré, il y a longtemps, sur mon chemin,
« et bien loin d'ici, à Clermont-Ferrand, un ancien élève, M. Tru-

« chot, devenu savant chimiste (soit dit en attendant l'histoire de
« l'Ecole). Je n'oublierai jamais l'impression qu'il a ressentie et
« qu'il m'a communiquée, quand l'occasion nous a fait nous ren-
« contrer pour nous dire réciproquement que nous étions origi-
« naires de l'Ecole normale de Vesoul. A partir de ce moment,
« j'avais un guide sûr auquel je resterai toujours reconnaissant.

« Des exemples analogues de solidarité ne doivent pas manquer ;
« il s'agit seulement de les faciliter et de les rendre plus nombreux ;
« cela est au pouvoir de l'Association.

Voici maintenant comment il s'exprime dans son allocution de 1898 :

« Il faut grouper autour de nous tous les enfants de la famille.
« Je ne puis m'empêcher de répéter qu'une famille morale est née
« à l'Ecole, qu'une parenté nous unit (j'allais dire une religion) ;
« de ce fait nous avons des devoirs spéciaux les uns envers les
« autres. Ces devoirs sont d'ailleurs agréables à remplir, et l'Asso-
« ciation seule nous permettra de nous en acquitter facilement.

« Ces devoirs sont de deux sortes, d'ordre moral et d'ordre
« matériel :

« 1° Les anciens doivent aux jeunes les fruits de leur expérience
« sous forme de conseils amicaux, de renseignements divers et au
« besoin en leur transmettant les connaissances acquises dont ils
« ne sont que les dépositaires.

. . . .

« 2° Un de nos devoirs impérieux est de venir en aide prompte-
« ment à nos camarades qui se trouvent dans la gêne : c'est la con-
« séquence logique d'une confraternité bien entendue. Combien un
« petit secours reçu à temps et de main amie, peut être utile et
« agréable ! »

On ne saurait dire avec plus de conviction et de force ce qu'il
convient que fasse l'Association pour ceux de ses membres qui ont
besoin d'aide. Aussi de telles paroles, qui répondent à la pensée de
tous, provoquent-elles toujours de vigoureux applaudissements.
Jusqu'à présent d'ailleurs l'Association n'a pas failli à sa mission.

Le trésorier, après l'allocution présidentielle, expose la situation
financière de l'Association. Les fonds rentrent facilement, grâce à la
modicité de la cotisation (2 francs), et les dépenses se bornent

d'ordinaire aux frais d'administration. Rarement les sociétaires frappent à la porte de la caisse pour des secours, que l'Association serait cependant heureuse d'accorder. Le Président en conçoit même de l'inquiétude. « Il est à craindre, dit-il encore dans son « allocution de 1897, que les intéressés n'hésitent à faire appel à « la générosité de la Société. Qu'on le sache bien, l'Association, « comme une personne charitable, est particulièrement heureuse « de remplir ce devoir, et elle l'est d'autant plus qu'elle sait où va « le secours ».

Pourtant plusieurs secours ont déjà été alloués, toujours avec une parfaite discrétion. L'Association amicale pratique à la lettre ce précepte de l'Evangile : « Votre main gauche ne doit pas savoir ce que donne votre main droite ». En dehors des membres du Comité, tout le monde ignore le nom des sociétaires secourus. N'est-ce pas à l'honneur et du Comité et de l'Association elle-même? Mériter une confiance absolue et accorder sa confiance absolue sont deux traits également estimables. Outre les secours une fois donnés, la caisse de l'Association rend encore des services aux sociétaires qui le demandent, par des prêts sans intérêt et sur l'honneur. Ceux qui en ont profité jusqu'ici ont très scrupuleusement exécuté leurs engagements. Personne ne songera à s'en étonner. Si les instituteurs ne sont pas riches des biens du monde, du moins chacun sait qu'ils sont riches d'honneur et de délicatesse. L'Annuaire de 1901 en contient un bel exemple, dont l'Association ne saurait se montrer trop fière.

Aussi la besogne du trésorier ne présente-t-elle point de bien grandes difficultés. De la vigilance et du soin pour la régularité des encaissements et des dépenses, voilà ce qu'elle suppose. Le trésorier donne chaque année la preuve que ces qualités ne lui manquent pas, fort heureusement pour l'Association, qui ne lui ménage pas d'ailleurs ses applaudissements, lorsqu'il présente ses comptes à l'Assemblée générale.

Comment donc est-il procédé pour l'octroi des secours ou des prêts ? Chaque année, l'Assemblée générale met à la disposition du Comité une somme déterminée pour chacun de ces services. Par exemple pour 1899 elle a affecté 200 francs à des distributions en secours ne pouvant pas excéder 40 francs, et 390 francs pour des prêts d'un maximum de 50 francs (Annuaire de 1899). Jamais le Comité ne s'est trouvé à court. En cas d'urgence, il n'hésiterait pas d'ailleurs à dépasser le crédit ouvert, avec la certitude d'être approuvé. Aucune infortune pressante ne courrait donc le risque d'un refus. Cela résulte des observations échangées au moment du vote. Tous les sociétaires n'ont qu'un grand désir : secourir les membres de la famille aussitôt qu'ils en ont besoin. Ils savent que l'Association n'aura jamais à souffrir d'abus de la part d'un solliciteur. Le Comité en est si bien persuadé qu'il va même au-devant des demandes, ainsi que le révèle l'exemple de l'Annuaire de 1901, cité quelques lignes plus haut.

L'Assemblée générale se termine d'ordinaire sur l'examen des motions dues à l'initiative individuelle des sociétaires, qui les ont préalablement communiquées au Comité. Toutes partent du même principe d'aide mutuelle et de solidarité volontaire, d'où sort l'Association. Un profane s'y tromperait cependant à la lecture des brefs comptes-rendus du *Bulletin*.

Qu'on en juge. En 1894, l'Assemblée rejeta la proposition d'un de ses membres de transformer le *Bulletin* en recueil pédagogique, donnant « des conseils, des directions qui résulteraient de l'expérience de chacun et dont tout le monde serait appelé à profiter ». Reproduite en 1897, cette motion subit le même sort. Ainsi en advint-il d'une autre, tendant à créer un système de concours, avec prix en argent, sur « des questions se rapportant à la pédagogie ou à la morale ».

A quels mobiles obéissait donc l'Assemblée en refusant catégoriquement de les adopter ? D'abord elle ne voulait pas se mettre en contradiction avec les autorités scolaires, à qui appartient le droit et à qui revient le devoir de diriger les instituteurs. Et puis n'existe-t-il pas assez de journaux pédagogiques de toute sorte, pour recevoir des communications de ce genre et même pour proposer des questions de concours à leurs abonnés ? A quoi bon ajouter une unité à leur très longue liste ? L'Association convie ses membres à se rapprocher, comme le foyer familial appelle les enfants, pour qu'ils se sentent unis de cœur, et se réjouissent à cette réconfortante pensée. Nul, pas même le Comité, en qui les lumières ne font pas défaut, n'a voulu assumer officiellement le rôle morose de pédant directeur de ses co-sociétaires. Qui l'en blâmera ? Alors, que devient l'aide morale dont on faisait tant état lors de la création de l'Association ? Ceux qui en ont déjà profité, et il en est quelques-uns, ne la nieront pas. Les arrivés se font un vrai bonheur de guider individuellement les débutants, qui ont besoin de conseils pour le fécond emploi de leurs efforts. Ainsi les aînés restent ce qu'ils ont voulu être : des amis prêtant leurs lumières à des amis, avec une générosité inépuisable. Le Président se plaint seulement qu'on ne le mette pas davantage à contribution. Quelle plus belle réponse à ceux qui prétendraient que l'Association ne remplit pas toutes ses promesses !

A côté du Président, un membre honoraire, dont il a déjà été parlé au chapitre des « Fêtes », se distingue par l'activité infatigable qu'il déploie, pour se rendre utile aux jeunes membres que travaille le désir de s'élever. C'est M. Haury, qui, on l'a déjà dit, se regarde, quoique agrégé des lycées, comme le simple collègue et se comporte comme le grand ami des instituteurs. Il se plaît au milieu d'eux. Il s'y sent et il est en effet de la famille. N'a-t-il pas appris ses lettres à l'école annexe ? Le lien ténu constitué par ce souvenir suffit pour qu'il ne croie jamais trop témoigner sa reconnaissance à l'Ecole normale dans la personne des anciens élèves-maîtres, qui s'adressent à lui et qu'il accueille avec une cordialité et un zèle qu'on n'exaltera jamais assez. Sociétaire actif, il l'est autant que pas un. Il eût été vraiment dommage que l'Association ne l'eût pas parmi ses membres. C'est pour elle un honneur autant qu'un profit. En annonçant, en 1897, son inscription sur le registre social, M. le Président a tenu à énoncer ses titres, en rappelant ce qu'il a fait pour trois sociétaires, qui lui doivent en très grande partie leur situation de directeur d'école annexe, de professeur des classes élémentaires des lycées, de professeur d'école normale. On sait à l'Ecole que là ne s'est pas arrêté son généreux concours, et que ceux à qui par la suite il sera utile l'obtiendront sans même avoir à le demander.

Enfin l'heure du banquet a sonné ! Adieu les affaires sérieuses ! Maintenant tout le monde se réjouit de se restaurer à une table autour de laquelle circule un chaud courant de fraternité. Au centre, entourant le Président, prennent place les invités : inspecteur d'Académie, secrétaire d'inspection, inspecteurs primaires, directeur et professeurs de l'Ecole normale, trop heureux de répondre, quand ils le peuvent, à la gracieuseté qui leur est faite. Là encore s'asseyent le maître de conférences à l'Ecole normale supérieure et les professeurs de lycée, qui oublient leur supériorité sociale et intellectuelle, pour s'abandonner au vif plaisir de vivre quelques heures dans un milieu si sympathique. Plus de subordination, plus de distinction entre les fonctions remplies. Il n'y a là que des amis en pleine joie d'épanchements. Aucune règle imposée ne préside à la distribution des places. Cependant des groupes naturels se forment : les condisciples se rapprochent, pour revivre plus intimement les bonnes heures d'autrefois. Quant aux jeunes ils préfèrent, cela va de soi, les extrémités de la table, où leur exubérance se sent plus à l'aise.

Pour que le prix du banquet n'arrêtât personne, on l'avait primitivement fixé à trois francs. C'était trop peu. On ne peut banqueter sans toaster, et comment toaster sans vin fin ? Il fallait chaque fois payer un supplément. Il fut décidé, pour parer à toute surprise, de porter le prix du banquet à quatre francs, tout compté. C'est un taux raisonnable, surtout si on le rapproche de la carte, toujours fort bien composée. En voici du reste un échantillon, emprunté à l'Annuaire de 1898 :

>Potage Saint-Germain
>Hors d'œuvre
>Beurre — Radis
>Poisson
>Brochet, sauce hollandaise
>Relevé
>Bouchées à la reine
>Entrée
>Civet de lièvre
>Légumes
>Haricots verts maître d'hôtel
>Rôti
>Poularde de Bresse
>Salade

Ecrevisses en buisson
Entremets
Tarte aux fruits — Desserts
Vins
Beaune — Champagne
Café — Liqueurs

Il n'est pas besoin de dire que la plus franche gaîté règne pendant toute la durée du banquet. Oh! mes amis, on ne s'ennuie pas ce jour-là à l'hôtel Paternaut.

Tout à coup les conversations tombent au plus fort de leur animation. C'est que le Président s'est levé pour proposer un toast, que d'autres suivront. En les citant ici, d'après l'Annuaire de 1897, on donnera une juste idée des sentiments dans lesquels communient les assistants.

Toast du Président. — « Chers camarades, nous avons l'honneur
« de voir réunis à notre table nos supérieurs hiérarchiques. Ils me parais-
« sent bien venus ici dépouillés de leur caractère officiel pour nous apporter
« leurs encouragements paternels. (Nous ne sommes pas, en effet, en confé-
« rence pédagogique). Ils s'intéressent, M. l'Inspecteur d'Académie en parti-
« culier, au développement de notre jeune corps; il a cinq ans, espérons
« qu'il vieillira et qu'il grandira! Il faut voir dans ce corps comme une autre
« école, prolongement de l'Ecole normale, école pratique où, connaissant
« mieux la vie, l'on peut apprendre à être bons, à faire le bien et où l'on
« peut puiser plus d'autorité pour enseigner aux enfants l'art de se rendre
« utiles les uns aux autres. Je remercie M. l'Inspecteur d'Académie et M. le
« Directeur de nous avoir mis en possession de ce moyen d'éducation qui
« peut porter de si beaux fruits.

« A Monsieur Fleuriel! A la santé de tous nos invités! » (Applaudissements unanimes).

Toast de M. Fleuriol. — « Messieurs! pourquoi ne pas dire : Mes
« chers amis!

« Je suis heureux de me retrouver au milieu de vous. Voilà deux ans que
« j'avais été privé du plaisir de prendre part à cette fête des anciens norma-
« liens.

« C'est avec regret que je n'ai pu assister à vos deux précédentes
« réunions. Mais je suis heureux de constater que le « jeune corps » auquel
« faisait tout à l'heure allusion votre sympathique et dévoué président,

« M. Chaudey, se porte bien. Je fais des vœux pour sa prospérité et souhaite
« de le trouver grandi l'année prochaine.

« A votre Société, Messieurs, à la santé de tous ses membres ! » Applaudissements prolongés).

Toast de M. Vallée. — « Messieurs, j'ai à vous proposer un toast
« pour toute une catégorie d'oubliés jusqu'ici. Lors de votre premier ban-
« quet, je vous disais que vos réunions, en rapprochant ceux qui, grâce à
« un travail opiniâtre, avaient fait leur chemin de ceux qui bornaient leur
« ambition, susciteraient entre tous une émulation salutaire, émulation qui
« profiterait à chacun sans doute, mais dont en définitive, les écoles elles-
« mêmes bénéficieraient à leur tour.

« Or ceux-là qui, par leurs succès, quelle que soit d'ailleurs la voie choisie
« par eux, jettent du lustre sur l'Association et sur l'Ecole normale elle-
« même, ceux-là, il me semble qu'on les a un peu laissés dans l'ombre. Et
« cependant, ne méritent-ils pas qu'on pense à eux ? Sans les citer tous, je
« nommerai entre autres Guyot, capitaine du génie, Patusset, Regnault, pro-
« fesseurs d'école normale, que j'ai connus élèves-maîtres et dont l'Association
« peut être fière. Mais ici même, au milieu de nous, n'avons-nous pas Soyer,
« aujourd'hui bi-licencié, qui tout récemment a conquis de haute lutte et
« brillamment le diplôme de licencié ès sciences mathématiques et qui vient
« d'obtenir une bourse d'agrégation.

« Enfin, il en est un dont personne ne parle et qui pourtant honore gran-
« dement l'Association. C'est M. Chaudey, votre président si actif et si dévoué,
« dont l'ardeur communique à l'Association une vie intense. N'est-il pas un
« bel exemple de ce que peut l'énergie unie à la persévérance ? Lui aussi il
« a conquis, à la force du poignet, les grades de l'enseignement secondaire
« qu'il a couronnés par le beau titre d'agrégé. Personne ne vous fait plus
« d'honneur.

« Messieurs, je vous propose de boire aux succès de ceux de vos membres
« qui se sont élevés dans l'enseignement et notamment de votre cher Prési-
« dent, dont vous appréciez tous les généreuses qualités ». (Nouveaux et
vigoureux applaudissements).

Comment ne pas donner aussi une place dans cette Monographie
à la délicate allocution de M. Gœlzer, lors du premier banquet
auquel il a participé en 1897 ? A l'entendre, c'est lui qui doit se
féliciter de l'honneur d'être admis dans l'Association, quand l'Association au contraire se sent moralement grandie en voyant venir à
elle un homme d'une aussi haute valeur. Quel bon moment pour
tous que celui où il célébra, avec une sincérité dont sa conduite

était le gage, « l'union fraternelle des trois ordres de l'enseignement public »; que celui où il définit, dans un langage dont la simplicité le dispute à l'élévation de la pensée, le rôle social de l'instituteur, qu'il égale à celui du maître de conférence à l'Ecole normale supérieure ! Sans doute il existe entre les deux quelque différence ; mais comment ne pas savoir gré à un esprit éminent de tant de modestie ! Voici d'ailleurs les belles paroles de M. Gœlzer :

« Permettez-moi, Messieurs, de vous adresser quelques mots. Je serai
« bref, car j'ai horreur des phrases, et d'ailleurs, en fût-il autrement, que
« je serais quand même obligé d'être court ; le bon dîner que nous venons
« de faire est une mauvaise préparation à l'éloquence. Mais, si courts qu'ils
« doivent être, je ne puis manquer d'adresser de vifs et sincères remercie-
« ments à votre camarade M. Goux qui m'a fait connaître votre Association,
« à votre dévoué président M. Chaudey, qui m'a présenté à vous en termes
« beaucoup trop flatteurs, à vous enfin, Messieurs, qui avez bien voulu
« m'accueillir parmi vous. Le titre que vous m'offrez, je l'accepte avec
« reconnaissance et avec fierté, car il me rapproche de vous, et s'il m'était
« permis d'exprimer un vœu, je souhaiterais que l'exemple qui est donné ici
« fût suivi partout et qu'on vît plus souvent associés dans une union frater-
« nelle les trois ordres de l'enseignement public. A quelque degré que nous
« soyons placés, ne sommes-nous pas tous des instituteurs, n'avons-nous pas
« tous la même charge qui est de dresser, de former la jeunesse ? Sans
« doute, quelques-uns semblent privilégiés, parce que l'enseignement qu'ils
« donnent paraît plus relevé. Mais croyez-le bien, Messieurs, votre tâche est
« à mes yeux au moins aussi noble que la nôtre : si nous essayons de former
« des savants, vous tâchez de former des citoyens ; peut-il y avoir une
« mission plus haute dans un pays de liberté et de suffrage universel ? Aux
« enfants qui se pressent autour de vous, vous essayez de donner des idées
« justes et saines ; vous ne bornez point vos soins à leur apprendre les
« subtilités de l'orthographe, mais vous tâchez d'élever leur esprit et leur
« cœur ; vous leur inspirez le culte du devoir et l'amour de la Patrie. Je
« vous salue donc avec respect et j'ajoute que chez moi ce sentiment s'ac-
« compagne d'une affection aussi profonde que sincère. Je n'ai jamais oublié,
« et aujourd'hui je suis moins que jamais tenté d'oublier, que c'est à un
« modeste instituteur de campagne que je dois ma vocation et par consé-
« quent la place que j'occupe aujourd'hui dans l'enseignement. En le voyant
« si zélé, si dévoué à ses élèves, si exact à remplir des fonctions qui étaient,
« à l'époque dont je vous parle, beaucoup moins appréciées qu'aujourd'hui,
« j'avais conçu pour ceux qui ont charge d'enseigner la plus grande vénéra-

« tion, et je m'étais dit qu'assurément il n'y avait pas de rôle plus enviable à
« remplir dans la société. J'acquitte donc, en quelque sorte, une dette de
« reconnaissance en vous disant aujourd'hui tout le bien que je pense de
« vous, et c'est en toute sincérité que je lève mon verre pour boire à la
« prospérité de votre Association et à l'union de tous les membres de l'ensei-
« gnement public ».

Inutiles d'ajouter que de telles paroles provoquèrent des applaudissements aussi chaleureux que nourris.

Les petits discours qu'on vient de lire ne prouvent-ils pas qu'au
milieu de leurs amusements les instituteurs ne se débarrassent pas
des idées sérieuses, comme ils le feraient d'un pesant fardeau? Et
pourtant ils s'amusent franchement dans ces bonnes réunions, d'où
chacun s'en va emportant « de l'hilarité pour plus d'un mois »,
selon le mot d'un convive sortant du banquet de 1896.

Car on rit après avoir toasté. Chansons gaies, monologues comi-
ques et parfois pièces de beauté sévère, se succèdent sans interruption, faisant parcourir aux convives toute la gamme des agréables
et des saines émotions qui rajeunissent l'âme. On voudrait citer
tous les artistes et les œuvres qu'ils interprètent. Il y en aurait
trop.

On ne peut s'empêcher de remarquer pourtant que ce ne sont pas
les jeunes qui payent le plus de leur personne? La jeunesse ne
sait-elle plus rire, ni n'a-t-elle plus le privilège d'engendrer la
gaîté autour d'elle? Sans doute l'instituteur, même jeune, doit
avoir de la retenue; mais où a-t-on jamais dit qu'il lui est défendu
de se réjouir honnêtement? L'homme a besoin de gaîté pour se
bien porter dans son corps et dans son âme. Voyez plutôt le vert
doyen de l'Association, M. Courberand. Il ne se prive pas de rire,
et comme il chante! Mais aussi quelle vigoureuse vieillesse! Qui
se douterait de ses nombreuses années, quand, de sa voix vibrante,
il entonne la chanson : « L'eau et le Vin », avec laquelle il se taille
toujours un franc succès? Et M. Laurent, ancien professeur à
l'Ecole, quelle bonne figure! Quelle heureuse humeur! Et quel
jovial convive, quand de son inimitable voix il détaille avec son
intarissable verve ses inénarrables chansons? On aimerait cependant au milieu de ces joyeusetés quelque large chœur, à l'unisson
ou à plusieurs voix, où les âmes se fondraient dans une grande

harmonie et communieraient dans le beau, comme elles communient dans le rire. C'est de la joie, et non seulement de l'hilarité, comme le disait le convive de 1896, que chacun emporterait du banquet pour longtemps. Avec quelle sérénité et quel courage ensuite on reprendrait la lutte, toujours à recommencer, contre l'ignorance et contre l'erreur ! C'est aux jeunes que revient le devoir d'introduire dans les banquets la coutume de mêler aux choses gaies qui s'y débitent et qui y sont trop bien à leur place pour qu'on songe à les en chasser, quelques beaux chants d'ensemble comme ceux qu'ils chantaient à l'Ecole et qu'ils n'ont pas sans doute oubliés tout à fait. Ils ennobliraient encore davantage, par ce nouvel élément, des réunions d'où déjà tous s'en vont l'âme dilatée et le cœur meilleur.

L'Annuaire de l'Association atteste qu'elle vit à ceux de ses membres surtout que des raisons diverses ont contraints de s'abstenir de se rendre à la réunion générale. Ce n'est pas un gros volume. L'Association n'a pas voulu, ainsi qu'on l'a déjà dit, en faire un recueil pédagogique. Outre les raisons qu'on en a données, il y en a une autre. Sans doute la très grande majorité des anciens élèves-maîtres demeurent instituteurs. Cependant un certain nombre, quelques années après avoir quitté l'Ecole normale, aiguillent leur vie vers d'autres professions. Eût-on espéré rallier ces déserteurs, dont plusieurs font grand honneur à l'Ecole, si on avait imprimé à l'Annuaire un cachet résolûment professionnel ? C'était une « amitié », selon le mot de Michelet, que fondaient les normaliens. L'Annuaire, dans sa teneur, le devait proclamer pour ainsi dire à chaque ligne. Il représente en somme, sous une forme apparente, le lien cordial qui unit tous les sociétaires. Il ne peut donc contenir, et ne contient en effet, que l'expression des sentiments affectueux d'où l'Association a tiré son existence et qui l'entretiennent. On peut regretter cet exclusivisme, qui prive peut-être l'Association de très intéressantes communications. C'est pourtant par une entente presque unanime que la décision a été prise.

L'Annuaire accueille néanmoins d'originales productions, mais sans caractère technique. Elles ne sont ni nombreuses, ni longues ; on ne leur reprochera jamais de fatiguer le lecteur. Tout au contraire, elles tendent à amener le sourire sur les lèvres, en réveillant en lui quelque bon souvenir de jeunesse, ou même en tournant son esprit, d'une façon plaisante, sur les petits désagréments du métier, qui lui semblent après cela plus supportables. Témoin la chanson composée par M. Laurent, pour la réunion de 1897, et qu'il a lui-même chantée au banquet, en en soulignant, avec cette malicieuse rondeur, qui n'appartient qu'à lui, les petits traits pas bien méchants. Elle exprime, d'une manière amusante, la douce philosophie quelque peu rabelaisienne de l'auteur. Après tout, n'est-ce pas la vraie sagesse : prendre la vie par le bon côté, et remplir son devoir en ayant confiance dans la souveraine bonté ? Cela n'élève peut-être pas l'âme dans de très hautes régions. Néanmoins, cela la dispose à la sérénité, qui ne nuit nullement à l'accomplissement de son rôle par l'homme quel qu'il soit, et dont l'instituteur a tout particulièrement besoin dans sa tâche, souvent ardue, il faut bien le reconnaître. Voici l'œuvre sans prétention de M. Laurent :

AUX INSTITUTEURS

(Sur l'air « Des Cerises » de Nadaud)

1ᵉʳ COUPLET

Votre sort fait des jaloux :
« C'est toujours à l'ombre ! »
Dit, murmurant contre vous,
Tel qui fauche ou sombre :
Le soleil les a brunis ;
Ils aiment à braire !
Et cependant, mes amis,
Je lève mon verre !

2º COUPLET

Le métier, à dire vrai,
Est-il donc tout rose ?
Inspecteur, maire, curé...
Et, sur toute chose,
Les cancans, les sots écrits !
Peuvent-ils se taire !
En attendant, mes amis,
Je lève mon verre !

3e COUPLET

Sous la grêle de ces traits
Qu'un maître supporte,
Plutus viendra-t-il jamais,
Frapper à sa porte ?
Il a bien d'autres soucis !
Laissez-le donc faire ?
En attendant, mes amis,
   Je lève mon verre !

4e COUPLET

Foin des grandeurs et du bruit !
Foin de la richesse !
Le sage repousse et fuit
Leur fausse caresse.
Il préfère aux sacs de louis
Un gai caractère :
En attendant, mes amis,
   Je lève mon verre !

5e COUPLET

Je veux croire au paradis
Comme ma grand'mère ;
Mais sous les divins lambris,
Oubliant la terre,
Puissions-nous tous réunis,
Trinquer en bons frères !
En attendant, mes amis,
   Vidons les grands verres.

Sur cet échantillon, il est facile de reconnaître que l'Association tient à ce que son Annuaire apporte à ses adhérents quelques grains de bonne humeur et non de pédantesques et ennuyeuses élucubrations. Qui aura le courage de le lui reprocher ?

C'est dans cet esprit que sont rédigés toujours les comptes-rendus et de la réunion générale et du banquet, comptes-rendus qui forment la pièce de résistance de l'Annuaire. La plume alerte du secrétaire les rend si vivants, qu'en les lisant les sociétaires qui n'ont assisté ni à l'un ni à l'autre, peuvent se croire au milieu

« des camarades », et, en tous cas, doivent regretter d'avoir été privés du vif plaisir goûté par ces derniers dans les charmantes heures vécues ensemble.

Mais comme dans la vie on rencontre côte à côte la tristesse et la joie, à côté des pages éveillées dont il vient d'être question on en voit, dans l'Annuaire, d'une inspiration plus grave et plus émue. Les sociétaires ne songent non pas seulement à rire ; ils pleurent les disparus, et, suivant une noble coutume, veulent que ceux que la mort ravit à l'Association ne soient pas entièrement perdus pour elle. Toujours l'Annuaire leur consacre un article nécrologique qui, rappelant leurs qualités, les fait servir à l'émulation des vivants. Rien ne peut donner une plus juste idée du pieux hommage qu'elle rend à ses morts, que les pages suivantes, extraites de l'Annuaire de 1895, où un sociétaire, qui n'a pas signé, célèbre les mérites du président de l'Association, M. Duchanoy.

« Nous avons à enregistrer un deuil cruel pour notre Association.
« Notre estimé président, M. Duchanoy, est décédé le 22 janvier
« 1895, à Jussey, ayant à peine joui du repos qu'il avait si bien
« gagné par toute une vie de dévouement.

« M. Duchanoy est né à Anchenoncourt le 2 septembre 1835.
« Il entra à l'Ecole normale en 1855, âgé de vingt ans. Il avait
« l'esprit mûr pour s'y préparer fructueusement à son rôle d'édu-
« cateur. Il le montra par la manière dont il exerça ses fonctions
« durant toute sa vie.

« Sans ambition pour lui-même, il croyait n'avoir jamais assez
« fait pour sa conscience. Aussi, dans les trois seuls postes qu'il
« occupa, à Quers, à Champagney et à Jussey, donna-t-il, du pre-
« mier au dernier jour, l'exemple d'un inaltérable attachement
« au devoir.

« 195 certificats d'études, de nombreuses admissions à l'Ecole
« normale et de non moins nombreux brevets élémentaires, obtenus
« par ses élèves, proclament éloquemment ses mérites scolaires.

« Les multiples récompenses qui lui ont été décernées dans
« beaucoup d'expositions scolaires, notamment en 1878 et en 1889,
« disent très haut aussi sa valeur intellectuelle et sa capacité pro-
« fessionnelle.

« Il justifiait donc amplement le choix flatteur qu'avait fait de

« lui l'Administration, en l'appelant à la direction de l'importante
« école de Jussey, où il succédait à un maître d'élite et où il avait
« à soutenir une rude concurrence.

« Là, comme dans les deux postes précédents, il fut un institu-
« teur modèle, animé d'un zèle infatigable et pratiquant avec sim-
« plicité toutes les vertus publiques et privées.

« Il fallait le voir dans son école au milieu de ses élèves. Sa
« physionomie si loyale et si vive s'illuminait ; ses yeux lançaient
« des flammes. Il emportait dans son mouvement, qui cependant
« n'avait rien de violent, son petit auditoire, à qui il communi-
« quait le feu qui le dévorait lui-même. Aussi combien ses élèves
« l'aimaient et le respectaient ! Ils reportaient sur les fonctions les
« sentiments que leur inspirait l'homme. C'est à cela sans doute
« qu'on doit les nombreuses vocations que chaque année voyait
« éclore autour de lui.

« Sa vie exemplaire lui gagnait l'estime et la considération des
« familles, qui, de tous côtés, lui envoyaient leurs enfants. La popu-
« lation tout entière ne pouvait se défendre d'entourer de respect
« ce mari modèle, ce père si affectueux et si dévoué, ce fonction-
« naire si discret, et cependant toujours prêt à rendre service.

« Il n'avait pas d'ennemis ; il ne pouvait pas en avoir. Qui était
« plus simplement obligeant pour ses collègues ? Qui se montra
« jamais plus empressé à être utile à qui que ce fût ? L'a-t-on
« jamais entendu dénigrer personne ? Naturellement bon, il ne
« soupçonnait la méchanceté nulle part. Son unique souci était de
« s'acquitter de ses fonctions de manière à mériter le témoignage
« difficile, et d'autant plus précieux, de sa conscience si délicate.

« Il suffisait de le connaître pour qu'on s'attachât à lui. Son
« caractère ouvert, accueillant, aurait désarmé l'envie et la méchan-
« ceté les plus envenimées.

« C'était un homme enfin qui ne faisait pas seulement hon-
« neur au corps des instituteurs, mais qui honorait l'homme
« même.

« Les récompenses administratives ne s'adressèrent jamais à
« quelqu'un qui les méritât mieux. En 1872, il recevait la mention
« honorable ; en 1878, la médaille de bronze ; en 1881, la médaille
« d'argent, et en 1884, les palmes académiques.

« Il était profondément touché de ces témoignages publics
« donnés à son mérite ; mais sa modestie exemplaire l'empêcha
« toujours de s'en prévaloir.

« Il en est un autre qui lui causa une profonde et intime joie :
« c'est son élection à la présidence de notre société amicale. Il sut
« prouver par la manière dont il s'acquitta de son rôle qu'il en
« était digne.

« Pourquoi nous fut-il enlevé au moment où il allait être en
« mesure de se consacrer plus complètement à la prospérité de
« notre jeune association, à laquelle il était si attaché de cœur ? Il
« avait tant travaillé qu'il s'était usé à la peine ; il ne croyait
« jamais avoir assez bien rempli son devoir. Ceux qui l'ont vu à
« l'œuvre savent combien il était infatigable. Mais les forces
« humaines ont des limites, et qui veut les dépasser en souffre
« tôt ou tard. C'est ce qui arriva à notre cher Président. Il res-
« sentit, il y a quelques années, les premières atteintes du mal qui
« l'a emporté. Dans le cours de l'année dernière, il faillit rester
« dans une crise qui attestait les progrès de la maladie. Il prit
« donc sa retraite à la fin de la dernière année scolaire, espérant
« jouir enfin de la tranquillité qu'il s'était refusée toute sa vie.
« Il eut à peine le temps de s'installer dans le nid qu'il s'était
« amoureusement préparé et où il pensait vivre entièrement pour
« sa digne compagne et ses deux chers enfants, qu'il avait élevés à
« son image, au milieu de cette population de Jussey qui l'entou-
« rait de sa considération.

« Dieu en a décidé autrement, le ravissant, après quelques mois
« de repos seulement, à l'affection des siens, de ses amis, de ses
« collègues, de son entourage.

« S'il n'a pas vécu de longues années, il n'en a pas moins eu
« une vie bien remplie. Il a tracé honorablement son sillon, et
« laisse un nom universellement respecté. Sa réputation forme
« une véritable auréole à ses deux enfants, qui ne sauraient être
« trop fiers d'un tel père, et sur les traces de qui ils ne sauraient trop
« s'efforcer de marcher ».

N'a-t-on pas eu raison de rattacher l'Association amicale des
anciens élèves-maîtres à l'Ecole normale dans cette monographie ?

C'est dans l'Ecole qu'elle a ses racines ; ce sont les souvenirs de l'Ecole qui la soutiennent. Elle continue l'Ecole par l'aide effective que trouvent en elle tous ses adhérents ; elle ravive en eux les réconfortantes affections de la jeunesse, par les réunions générales, les banquets annuels et son modeste *Annuaire*, où l'affection coule à pleins bords, dans ses pages tristes, comme dans ses pages gaies, heureusement les plus longues ; elle excite par le contact des vivants que le travail et l'énergie ont poussés dans la société et par les morts même dont elle exalte les qualités fécondes, les ardeurs généreuses de tous. Qui en profite ? Les adhérents eux-mêmes, sans doute ; mais qui oserait prétendre que le grand œuvre des instituteurs n'en recueille pas en définitive le plus grand bénéfice ? Comme le disait excellemment son honorable président, M. Chaudey, au banquet de 1897 : « Il faut voir dans l'Association « une autre école, prolongement de l'Ecole normale, école pratique « où, connaissant mieux la vie, l'on peut apprendre à être bons, à « faire le bien et où l'on peut puiser plus d'autorité pour enseigner « aux enfants l'art de se rendre utiles les uns aux autres ».

XVIII

CONCLUSION

L'étude qu'on avait entreprise est terminée. On a examiné l'Ecole sous ses différents aspects. On croit l'avoir fait connaître complètement, sous le rapport matériel comme sous le rapport moral. Si on ne se fait pas illusion, le lecteur de la monographie la connaîtra mieux que ceux-mêmes qui y ont fait leurs études et qui, au premier abord, semblent les mieux renseignés sur sa vie intime. Les mieux renseignés, ils le sont sans doute, en ce qui concerne leur temps, c'est-à-dire le temps de leur séjour dans la maison. Mais savent-ils ce qu'était l'Ecole dix ans avant d'y entrer ou dix après leur sortie. Un établissement comme le nôtre est un organisme vivant, qui se transforme sans cesse sous peine de destruction. Et puis vivre dans l'Ecole et de sa vie, ce n'est la voir que par le dedans. Or il faut l'examiner aussi du dehors, non seulement en elle-même, mais encore comme partie du mécanisme social, non seulement pendant deux ou trois années, mais pendant toute la durée de son existence, pour être à même de l'apprécier à sa juste valeur. C'est ce qu'on a tenté de faire.

Il résulte de ce travail que, depuis le jour de sa création jusqu'à une date relativement récente, l'Ecole a pris un développement matériel toujours croissant, s'étendant peu à peu dans tous les bâtiments qui l'ont abritée à son origine, et complétant sans relâche son mobilier et son matériel d'enseignement. La menace de suppression qui a plané sur elle de 1850 à 1851 n'en a même pas arrêté l'essor.

Le nombre de ses élèves, jusqu'en 1866, a peu varié, oscillant de 30 à 40, selon les besoins du recrutement. Il a rapidement augmenté de 1866 jusqu'en 1878, est resté à peu près stationnaire ensuite jusqu'en 1885, puis a décru très vite à partir de 1889. Les causes de ce dernier phénomène résident en dehors d'elle : ses effectifs suffisaient largement à combler les vides qui se produisaient dans le personnel des instituteurs. Elle a eu 78 élèves en 1870 ; elle n'en a plus que 31 en 1901. Mais aujourd'hui l'Aministration se voit obligée de prendre des instituteurs que l'Ecole n'a pas préparés, quoique les candidats au titre d'élève-maître ne manquent pas.

Le nombre des professeurs a suivi un mouvement parallèle à celui des élèves. La loi de finance du 30 mai 1899 l'a réduit à trois, à la rentrée d'octobre. C'est un vrai recul, qui ramène l'Ecole à ce qu'elle était sous ce rapport en 1862. L'enseignement ne peut qu'en souffrir : quatre professeurs, y compris le Directeur, n'accompliront évidemment pas avec le même succès la tâche confiée auparavant à cinq. L'éducation doit subir le fâcheux contre-coup de l'absorption complète du Directeur par ses cours.

Moralement l'évolution progressive de l'Ecole ne s'est pas faite sans entrave. C'est la règle de vie et la discipline imposées aux élèves-maîtres qui en déterminent surtout le caractère. Jusqu'en 1850 règne l'enseignement oral ; le livre compte peu ; les esprits se sentent moins enchaînés dans l'ordre des études. Malheureusement là s'arrête le libéralisme de l'époque. Un autoritarisme, qui prétend pénétrer au plus intime de la conscience, ne réussit souvent qu'à provoquer des résistances sourdes et quelquefois ouvertes.

De 1858 à 1866, au demi-libéralisme du temps précédent succède un système d'étouffement des intelligences et de compression des consciences que nous avons peine à concevoir aujourd'hui. On emprisonne l'esprit dans la lettre du livre, et on brise les volontés en les astreignant à d'étroites prescriptions, qu'une saine raison condamne.

En 1866, le ministre Duruy renverse les barrières mises aux études : les programmes s'étendent, et, ce qui vaut mieux, on s'efforce de les enseigner dans un esprit large, de manière à libérer les intelligences. Le Ministre n'ose faire davantage. Ce qu'il a entrepris ne s'accomplit même que bien incomplètement, faute d'un personnel affranchi des habitudes contractées sous le régime antérieur.

Il faut aller jusqu'en 1881 pour qu'un franc libéralisme entre enfin dans l'Ecole normale et amène une transformation radicale des études et de la règle intérieure, transformation dont les heureux effets n'ont pas tardé à se faire sentir et à s'affirmer de plus en plus nettement chaque année. Ceux qui ont vu les systèmes d'autrefois et qui en comparent les résultats avec les résultats du système actuel ne sauraient trop vanter les progrès réalisés. Études plus larges, plus approfondies ; esprits plus ouverts, sous l'influence d'une culture intelligemment conduite par un personnel ayant fait ses preuves, et, par dessus tout, compréhension exacte et pratique volontaire du devoir, se traduisant par une acceptation sans arrière-pensée de la règle raisonnable de l'École et des directions raisonnées des maîtres, voilà l'état moral né des très heureuses réformes de 1881.

Dans ce rapide aperçu de l'évolution de l'esprit de l'éducation à l'École normale, on peut voir en raccourci l'historique même de l'esprit de l'enseignement primaire tout entier, pendant des trois quarts de siècles de son existence légale, non seulement dans le département de la Haute-Saône, mais dans toute la France. Tout changement introduit dans les écoles normales se reflète rapidement dans les écoles primaires. Et les progrès moraux des dernières générations d'écoliers, que les inspecteurs enregistrent dans leurs rapports avec une légitime satisfaction, et que se plaisent à reconnaître les hommes sincères, sont loin de contredire ce qu'on vient d'avancer.

Au milieu des changements, partis d'en haut, qui se succèdent dans l'École normale, quelque chose de précieux persiste, c'est l'indomptable amour de l'étude, dont les premières promotions ont légué l'exemple et la tradition à celles qui les ont suivies ; c'est l'ardent désir du mieux qui, de tout temps, a fait accomplir à certains élèves de véritables prodiges, pour s'élever moralement et socialement ; c'est la fierté généreuse que les nouveaux éprouvent d'appartenir à un établissement sur le passé duquel leurs devanciers ont jeté un éclat qu'ils sont bien résolus à ne pas laisser ternir.

FIN

XIX

APPENDICE

L'envoi de l'Ecole à l'Exposition de 1900 comprenait d'abord trois œuvres personnelles du Directeur :

1° La « Monographie de l'Ecole normale » ;

2° Un volume de « Résumés de Psychologie, Morale et Pédagogie », qui est un « précis » de ces trois enseignements ;

3° Un « Recueil de chants scolaires », que le professeur de musique empêché par la maladie, n'avait pu réunir lui-même.

A cela s'ajoutaient :

Treize « Cahiers de notes » de cours, prises en leçon même par les élèves et concernant les différentes facultés, savoir: 1° Psysologie ; Morale et Pédagogie ; 2° Grammaire ; 3° Littérature ; 4° Histoire ; 5° Géographie ; 6° Arithmétique et Algèbre, etc.;

Vingt-deux « Recueils de devoirs et de compositions », dans toutes les branches d'études ;

Deux Albums de dessin (dessin d'imitation et dessin géométrique) ;

Un « Carnet pédagogique » de dessin ;

Une collection de vingt et une substances obtenues par les élèves dans leurs manipulations ;

Une collection très complète de travaux manuels, dont le détail serait trop long et dont les nombreux exemplaires embrassaient le pliage du papier, des objets en carton, des exercices gradués de menuiserie (assemblages divers), de tournage, serrurerie, cartonnage, modelage et même trois spécimens de « sculpture rudimentaire sur bois ».

Un Registre de préparation de la classe, une collection de cahiers de devoirs journaliers d'un élève, un Album de dessins et de découpage de papier, appartenant à l'école annexe et s'étendant à toute l'année scolaire 1898-99, complétaient cet ensemble, où tout ce qui se fait à l'Ecole normale était représenté.

De tout cela il n'est allé, croit-on, que peu de chose à l'Exposition. On n'y a découvert que la *Monographie de l'Ecole*, le *Recueil de chants*, trois *Recueils de devoirs de sciences physiques*, un *Carnet de notes de manipulations*, des dessins et quelques spécimens de travaux manuels.

Pourquoi les devoirs de sciences physiques ont-ils eu l'honneur de figurer à Paris plutôt que les autres, demeurés en route ? Il serait bien difficile d'en découvrir une raison plausible, car tous les recueils de devoirs ont été for més semblablement et avec le même soin. Selon les instructions ministérielles on avait adopté pour tous le même plan : chacun débutait par un avant-propos où le professeur indiquait son mode de procéder ; venaient ensuite, sur chaque sujet traité, les deux ou trois meilleurs devoirs, en originaux et non en copies, avec les annotations du professeur.

Au reste on ne peut mieux faire que de reproduire, à titre d'exemples, avec les avant-propos placés en tête des trois recueils, les trois séries de sujets traités par les élèves-maîtres en psychologie, en morale et en pédagogie, cours professés par le Directeur.

DEVOIRS FAITS EN 1898-1899 PAR LES ELEVES DE TROISIEME ANNEE

PSYCHOLOGIE APPLIQUÉE A L'ÉDUCATION

Avant-Propos

Pour l'étude de la psychologie pédagogique, les élèves-maîtres ont l'aide :
De la leçon du professeur,
Des résumés que le professeur leur donne,
Des notes qu'ils ont recueillies en leçon,
Du livre.

En outre, des devoirs, au nombre d'une dizaine dans l'année, leur permettent de donner la mesure des connaissances qu'ils ont acquises dans le cours, et, ce qui vaut mieux, de prouver qu'ils possèdent l'intelligence pratique de la méthode psychologique.

Les leçons suivent à peu près pas à pas le programme officiel.

La pédagogie théorique ne se sépare pas de la psychologie : elle vient, après l'étude de chaque faculté, comme une conséquence naturelle de cette étude.

Leçon orale. — Le professeur fait d'abord la leçon en partant des exemples, des faits. Parle-t-il de l'imagination, il la montre en action, sous sa forme reproductrice et sous sa forme créatrice, dans son fonctionnement spontané, puis volontaire ; et, sur les constatations de la réalité, il établit les distinctions précédentes. De même la pédagogie de l'imagination résulte des faits observés par les élèves, et que le professeur s'efforce d'évoquer en eux-mêmes à l'aide des interrogations socratiques.

Résumé. — Les élèves ont eu le résumé avant la leçon. Ce résumé, bref et net, en contient la substance, ce qu'il importe de retenir. L'ensemble des résumés constitue un véritable *précis de psychologique pédagogique.* Un inspecteur général l'ayant parcouru disait que si les élèves le possédaient bien, ils en sauraient assez. On avait joint ces résumés, rédigés par le professeur, aux cahiers de notes des élèves, en réunissant sous une couverture ceux des trois promotions, avec le titre : Psychologie, Morale, Pédagogie et Administration scolaire.

Notes. — Les élèves ayant à l'avance connaissance, par le résumé, de l'objet de la leçon et de ce dont ils disposeront pour l'étudier, savent mieux quelles notes ils doivent prendre au cours. Le professeur leur indique d'ailleurs, quand il le juge à propos, ce qu'il convient de recueillir. Mais le plus souvent, au début surtout, c'est pour les arrêter dans leur empressement à tout écrire, qu'il leur adresse ses recommandations. Au reste, chaque année, une leçon sur la manière de prendre des notes précède le cours proprement dit.

Sous le bénéfice de ces observations les notes sont écrites par les élèves en toute liberté. Si elles ne brillent pas toujours d'une grande clarté pour le lecteur, l'auteur les comprend et c'est l'essentiel. Leur principal mérite, c'est leur brièveté, qui ne se concilie pas toujours, il faut en convenir, avec la correction et l'élégance.

Livre. — Le livre s'ajoute à ces moyens d'étude. Bien qu'on en recommande plusieurs aux élèves, c'est l'ouvrage de M. Janet qui obtient leurs préférences.

Compte-rendu de la leçon. — Ils étudient le résumé, qu'ils apprennent à peu près littéralement, et, en rendant compte de leur leçon, ils le complètent à mesure, en y joignant les explications qu'ils ont retenues du professeur et qu'ils retrouvent très abrégées dans leurs notes, ou bien encore en y intercalant les renseignements puisés dans le livre ou dus à leur propre inspiration. Ce compte-rendu est la partie la plus féconde de la leçon, car ce n'est pas une récitation ; c'est au contraire une conversation où le professeur arrête l'élève, lui demande un éclaircissement, lui présente une objection, l'obligeant à réfléchir et à fournir la preuve qu'il n'a pas seulement entendu et lu ce qu'il dit, mais qu'il l'a vu en lui-même, et qu'il le sait pertinemment et non seulement par ouï-dire. Chacun d'ailleurs est interpellé à son tour, ou autorisé à demander la parole, pour faire une observation, rectifier une erreur ou réclamer une explication complémentaire.

Devoirs. — Empruntés progressivement aux diverses parties du cours, les sujets de devoirs ne sont pas la répétition des questions étudiées : ils se greffent sur elles et en supposent la connaissance mais surtout ils obligent les élèves à faire œuvre personnelle de recherches, moins dans les livres qu'en se scrutant eux-mêmes. C'est en cela qu'ils permettent au professeur de s'assurer que les élèves ont pris réelle possession de la méthode (chose capitale), et aux élèves d'affirmer leur individualité intellectuelle par le libre essor de leur esprit.

Énoncé des sujets traités comme devoirs d'application au cours de l'année

1º Qualités diverses de l'activité physique. Circonstances où elles trouvent leur application.

2º Heureuse influence de la glissade pour l'éducation de l'enfant.

3º Hiérarchie des sens au point de vue esthétique.

4º La perception ; ses deux domaines.

5º Sans l'attention soutenue des élèves, les leçons demeurent infructueuses. A quels signes l'instituteur peut-il reconnaître, tout en enseignant, que les élèves l'écoutent attentivement ?

6º Montrez de quelle utilité est l'imagination à l'instituteur dans son école.

7º Importance du jugement pour l'instituteur dans l'application des récompenses et des punitions.

8º On dit que l'enseignement doit être intuitif. Justifiez cette recommandation, et dites comment vous l'appliquez pour apprendre à vos élèves ce que c'est que l'ingratitude.

9º Louis, enfant de six ans, arrive trop tard en classe ; il s'excuse en disant que sa mère l'a retenu pour le peigner. Vous apprenez qu'il a quitté la maison assez tôt pour être en classe à l'heure, mais qu'il a flâné en chemin. Que ferez-vous ? Généralisez.

10º L'habitude. — Ses lois. — Son importance en éducation (composition).

DEVOIRS FAITS EN 1898-1899 PAR LES ELEVES DE DEUXIÈME ANNÉE

MORALE

Avant-Propos

Pour l'étude de la morale, comme pour celle de la psychologie, les élèves on l'aide :

    De la leçon du professeur,
    Des résumés que le professeur leur donne,
    Des notes qu'ils ont recueillies en leçons,
    Du livre.

Le cours de morale ne prétend nullement à l'érudition. C'est dans la conscience des élèves qu'on va chercher le fondement du devoir et des devoirs, ainsi que celui des idées essentielles sur lesquelles repose la morale tout entière : conscience, liberté, bien, dignité personnelle, responsabilité, mérite et démérite, sanctions. Ces bases établies, on vise moins à leur faire retenir imperturbablement la liste bien cataloguée de tous les devoirs, qu'à les habituer à demander à leur conscience en quoi, dans chaque circonstance donnée, consiste le devoir.

Néanmoins on suit dans la marche du cours le programme officiel. Il faut bien que les élèves le possèdent pour l'examen du brevet supérieur et pour l'enseignement qui les attend. Aussi ne néglige-t-on pas l'étude des devoirs. Toutefois, on s'ingénie à les faire jaillir des lumières de la conscience et non à les présenter comme des préceptes venus du dehors. On ne veut pas que la morale leur paraisse chose d'emprunt ni de convention, — ce qu'ils pourraient croire, si on la leur enseignait d'autorité, — mais on tient à ce qu'ils acquièrent en eux-mêmes la conviction qu'elle fait partie de leur propre substance, que c'est en eux qu'ils la peuvent le mieux étudier, et que c'est par sa connaissance et son observance qu'ils s'affirmeront hommes.

Comme en psychologie, c'est en évoquant les faits intimes qu'on pose les bases de toute leçon. Par exemple, la grosse question de la liberté morale les embarrasse presque toujours, quand on leur fait connaître les principales objections dirigées contre elle. Ils n'avaient pas douté tout d'abord de leur liberté, quand on les avait appelés à s'observer pour se rendre bien compte de ce noble attribut de la personne. A peine y apportaient-ils quelque attention, tant cela leur semblait évident. Les objections à la liberté et, chose plus étonnante, les réponses à ces objections jettent le trouble là où la clarté brillait dans leur esprit. La perplexité du doute se trahit alors sur leurs physionomies. On leur fait avouer leur incertitude, et, pour la faire tomber définitivement, on doit recommencer la leçon, en les interrogeant sur ce qu'ils ressentent en eux-mêmes quand par hasard ils se croient incapables de vouloir, c'est-à-dire dépourvus de liberté. On prend surtout un exemple pour eux toujours actuel. Se lever le matin à cinq heures est souvent pénible, leur dit-on ; vous le savez de reste. En vous, quand, chez vos parents, vous n'entendez plus la cloche de l'Ecole, vous discutez pour savoir si vous vous lèverez. Et d'abord cette discussion prouve en faveur de la liberté. Si vous ne vous sentiez pas libres, discuteriez-vous ? Néanmoins, vous passez par diverses alternatives : vous voulez ou plutôt vous allez vouloir, puis vous vous laissez retenir dans l'inaction par le bien-être que vous goûtez au lit. Et vous êtes ainsi ballottés plusieurs fois jusqu'au moment où vous vous dites: « Mais je suis mon maître, je suis libre d'agir comme il convient ; je puis me lever et je le veux ». Cette affirmation de votre liberté vous rend à vous mêmes, et vous sautez hors du lit, l'affirmant mieux encore par cet acte. Oui, vous savez bien que vous êtes libres. Vous vous en êtes ainsi donné la preuve mainte et mainte fois. Et rien ne peut prévaloir contre cette constatation de votre liberté. Et votre liberté a été d'autant plus réelle que vous y avez cru davantage. Doutez-vous maintenant de votre liberté ?

Le professeur fait donc la leçon en partant des faits. C'est dire qu'il interroge les élèves pour jeter ses points d'appui. Les élèves prennent des notes en tenant compte du résumé qu'ils ont eu avant la leçon et que les notes doivent éclairer et non répéter. Ils étudient la leçon avec le résumé, avec leurs notes et avec le ou les livres mis à leur disposition, complétant le premier par les autres. Interrogés, ils *disent* leur leçon d'après la préparation ainsi faite ; ils ne récitent pas. Souvent on les interrompt, et la leçon, en cette partie, devient une conversation qui appelle la participation de tout le monde. La discussion oblige les élèves à trouver en eux-mêmes des raisons de leurs idées, et non à accepter les yeux fermés les préceptes tombés de la bouche d'autrui. Ils apprennent de la sorte à déterminer, suivant les circonstances, leur devoir, que, dès lors, on pourrait presque ne pas leur enseigner. Une fois qu'on en est là, *l'enseignement de la morale* a donné le fruit qu'on en attend. Les élèves savent lire dans leur conscience : elle est le livre toujours ouvert qu'il auront à consulter. Par ces exercices, on a rendu leur conscience vigilante, ce qui importe hautement. Car, le plus souvent, ce n'est pas l'ignorance du devoir qui fait qu'on ne l'observe pas. C'est le sommeil de la conscience, abandonnée à l'inertie ou à l'indolence, qui nous empêche de penser à demander au passage à nos actions la catégorie, bonne ou mauvaise, dans laquelle elles rentrent.

Les élèves traitent au cours de l'année une dizaine de sujets de devoirs, qui correspondent à la progression des leçons. Ce sont des questions générales qui obligent les élèves, non à reproduire un passage du cours, mais à appliquer les connaissances acquises, ou à trouver en eux-mêmes les éléments de la solution d'un problème moral. Toujours on se place au point de vue du rôle de l'instituteur en choisissant une question à traiter. Tout ce qu'on veut, c'est tenir en éveil la conscience des élèves, leur ouvrir l'esprit, de façon à les mettre en état de sortir victorieusement, avec leurs propres lumières, des difficultés morales que leur apportera leur profession.

Énoncé des sujets traités comme devoirs d'application au cours de l'année

I. — Un de vos petits élèves à qui l'on a dit qu'il a l'âge de raison vous demande ce qu'il faut entendre par là. Vous en profitez pour faire une leçon sur ce sujet au cours dont il fait partie.

2. — Vous faites une leçon à vos grands élèves pour leur expliquer ce que c'est que le bien en général, en ne recourant qu'aux lumières de la conscience.

3. — Quand un enfant s'est distingué par quelque bonne action qu'on peut dire belle, convient-il de l'en féliciter publiquement, pour qu'il en ressente plus vivement la satisfaction intime ?

4. — Rôle de la conscience morale.

5. — Un de vos élèves est paresseux ; jamais ses devoirs ne sont faits en entier ni ses leçons bien sues. Que ferez-vous pour le corriger ?

6. — Un enfant vous a dit que Dieu n'existe pas, puisqu'on ne le voit pas. Répondez-lui ?

7. — Faut-il croire Sénèque quand il dit : « Ceux qui refusent à l'homme le droit de se donner la mort ne voient-ils pas qu'ils lui refusent la liberté? »

8. — Que pensez-vous de cette maxime souvent invoquée : « Il faut hurler avec les loups ».

9. — « L'ivrogne se prive pendant un certain temps de sa nature « raisonnable et morale..... ».

« Les autres maux de l'intempérance ne sont rien en comparaison de celui-là, puisque tous en viennent ». (Channing).

10. — Devoirs de l'obligé à l'égard du bienfaiteur (composition).

DEVOIRS FAITS EN 1898-1899 PAR LES ÉLÈVES DE TROISIÈME ANNÉE

PÉDAGOGIE

Avant-Propos

L'enseignement pédagogique, en troisième année, est tout objectif.

Pour ce qui est de la pédagogie pratique, il repose sur l'expérience scolaire. On fait donc appel aux souvenirs des élèves comme écoliers et à leur courte, mais déjà suggestive expérience personnelle dans leur passage à l'école annexe, pour jeter les bases des leçons relatives à l'organisation pédagogique. Chaque fois qu'il y a lieu, on invoque à l'appui des solutions recommandées les connaissances psychologiques et morales acquises les deux années précédentes.

Pour l'administration scolaire et l'étude des principaux pédagogues, on part des documents législatifs et administratifs, et des œuvres des auteurs pédagogiques, qu'on fait connaître par courts fragments pour étayer la leçon.

L'exposition est la forme généralement adoptée, avec, de temps en temps, quelques interrogations destinées à stimuler l'esprit des auditeurs.

Les élèves prennent des notes en tenant compte du résumé qu'ils ont transcrit auparavant. On leur indique des références. Malheureusement le temps leur manque le plus souvent pour en tirer parti.

Pour l'économie politique on procède de même, sauf en ce que les faits dont doivent sortir les idées générales sont toujours présentés par le professeur et empruntés à la vie sociale et économique. Néanmoins on rapproche, autant qu'on le peut, les exemples classiques des petits faits puisés dans la vie journalière des élèves, pour les leur rendre plus saisissants. Exemple : on leur fait toucher du doigt la stérilité relative du travail commun en attirant leur attention sur la manière dont ils travaillent quand on les met au jardin dans un même carré à bêcher.

Les élèves étudient leurs leçons, comme en première et en deuxième année, avec le résumé, leurs notes et le ou les livres qu'ils possèdent. Ils en rendent compte librement, et sont sollicités alors à réfléchir par le professeur, qui converse et discute avec eux.

Les devoirs donnés en troisième année relèvent toujours de la pédagogie et tendent à la pratique professionnelle. Ils ont pour objet d'exercer les élèves à trouver les solutions de difficultés scolaires et d'achever leur émancipation intellectuelle.

Énoncé des sujets traités comme devoirs d'application au cours de l'année

1. — Spencer a dit : « L'éducation est la préparation à la vie complète ». Qu'en pensez-vous ?

2. — Quelles sont les qualités qui, selon vous, sont les plus nécessaires à l'instituteur dans l'application du système disciplinaire ?

3. — « Le fouet est une discipline servile qui rend le caractère servile ». Examinez cette maxime de Locke.

4. — Les compositions à l'école primaire. Règles à observer pour qu'elles produisent tous leurs bons effets.

5. — Dans l'instruction qui précède le programme de morale des écoles primaires, on lit que l'instruction primaire donnée dans l'esprit indiqué méritera le nom d'*éducation libérale*. Que doit-on entendre par une *éducation libérale* ? L'école primaire peut-elle la donner ?

6. — Dans le programme des écoles primaires, cours élémentaire, il est

recommandé de distinguer le *manquement au devoir* de la simple *infraction au règlement*. Faites cette distinction.

7. — Un enfant que vous avez puni vous présente une réclamation. Que ferez-vous ?

8. — Le programme de morale du cours élémentaire contient cette recommandation : « Ne jamais décourager le franc parler des enfants, leurs réclamations, leurs demandes, etc.... » Vous paraît-elle heureuse, et pourquoi ?

9. — On entend souvent rapprocher les mots de *solidarité* et de *fraternité*. Comparez les idées qu'ils expriment et tirez une conclusion de votre comparaison.

10. — Si dans la devise républicaine on mettait le mot *charité* à la place du mot *fraternité*, le sens de la devise en serait-il atteint ?

FIN

TABLE DES MATIÈRES

Dédicace.	
Avertissement.	
I. — Création de l'École	7
II. — Locaux et dépendances	16
III. — Mobilier. — Matériel d'enseignement. — Bibliothèque	28
IV. — Commission de surveillance et Conseil d'administration	42
V. — Services budgétaires :	
Budgets. — Entretien des élèves. — Nourriture. — Prix de pension. — Économat	54
VI. — École annexe	77
VII. — Cours spéciaux	89
VIII. — Retraites religieuses et pédagogiques	106
IX. — Personnel administratif et enseignant :	
Directeurs. — Économes. — Professeurs. — Directeurs de l'école annexe. — Surveillants	121
X. — Personnel des élèves :	
Effectifs. — Recrutement. — Recrutement et gratuité. — Internat et externat. — Recrutement suspendu, puis rétabli. — L'École menacée de suppression	157
XI. — Éducation et discipline	198
XII. — Enseignement	236
XIII. — Conférences hebdomadaires	258
XIV. — Fêtes	270
XV. — Résultats des examens. — Expositions et Concours	287
XVI. — Le Livre d'or de l'École	298
XVII. — Association amicale des anciens élèves	342
XVIII. — Conclusion	372
XIX. — Appendice	375

www.ingramcontent.com/pod-product-compliance
Lightning Source LLC
Chambersburg PA
CBHW060607170426
43201CB00009B/928